インドネシアの
イスラーム改革主義運動

アラブ人コミュニティの教育活動と社会統合

山口元樹
Motoki Yamaguchi

慶應義塾大学出版会

インドネシアのイスラーム改革主義運動

目　次

凡　例　vi
本書対象地域　viii

序　章　問題の所在
——インドネシアのイスラーム改革主義運動とアラブ人の社会統合　3
Ⅰ．インドネシアのアラブ人　4
ｉ．アラブ人とオランダ領東インド
ⅱ．アラブ人とイスラーム改革主義運動
Ⅱ．先行研究と問題の設定　11
ｉ．先行研究の状況
ⅱ．問題の設定
Ⅲ．史料と章構成　21
ｉ．アラブ定期刊行物
ⅱ．章構成

第１章　イスラーム改革主義運動の源流　31
Ⅰ．東インドとマッカ　32
ｉ．ジャーワの巡礼者
ⅱ．ハラーム・モスク
Ⅱ．マッカの教育改革運動とスールカティーの経歴　42
ｉ．教育改革運動
ⅱ．スールカティーの経歴
おわりに　56

第２章　イスラーム改革主義運動の始まり　59
Ⅰ．アラブ人の覚醒とその要因　60
ｉ．アラブ人コミュニティの社会的状況
ⅱ．ジャムイーヤト・ハイル
ⅲ．覚醒の要因
Ⅱ．アラウィー・イルシャーディー論争の発端　76
ｉ．婚姻の規制

ii．手に口づけをする慣習
Ⅲ．結成時のイルシャードの性格　83
i．学校と協会
ii．法学派の問題
おわりに　91

第３章　インドネシア・ナショナリズムの形成　93
Ⅰ．公教育の拡充　94
i．東インドの公教育制度
ii．公教育とアラブ人コミュニティ
Ⅱ．東インドのイスラーム運動　104
i．成立期のイスラーム同盟
ii．東インド・イスラーム会議
iii．イスラーム勢力の変容
Ⅲ．二方向の「巡礼」　124
i．公教育制度への対応
ii．カリフ論における教育機関の構想
おわりに　133

第４章　アラウィー・イルシャーディー論争の収束　135
Ⅰ．東洋連盟の仲介による和解交渉　136
i．争点の変化
ii．和解条件
Ⅱ．イスラーム改革主義者たちによる仲裁の試み　148
i．ラシード・リダー
ii．シャキーブ・アルスラーン
iii．論争の鎮静化
おわりに　164

第５章　ハドラマウトかインドネシアか　167
Ⅰ．帰属意識の分裂　168
i．インドネシア人とハドラミー
ii．インドネシア・アラブ協会
Ⅱ．二方向の教育活動　177

i．教育活動の停滞
ii．エジプトへの留学生の派遣
iii．公教育制度の活用
Ⅲ．「アラブ人協会」から「イスラーム協会」へ 191
i．スールカティーの「現地志向」
ii．1930 年代の教育活動
iii．アラブ人性の保持の問題
おわりに 206

第６章 独立後のインドネシア社会への統合 209
Ⅰ．アラブ人コミュニティの状況の変化 210
i．日本軍政期
ii．独立革命期から独立直後
Ⅱ．1950 年代のイルシャード 220
i．マシュミ党との接近
ii．教育活動の決定
iii．現在のイルシャード
おわりに 238

終 章 インドネシアにおける統合の原理としてのイスラーム 239

参考文献 247
あとがき 267
索 引 271

凡　例

全般

・年号は基本的に西暦で表記し、必要な場合のみヒジュラ暦を併記した。

・単語の説明や原語を示す際には（　）を、引用文中に語句を補足する場合には〔　〕を用いた。また（　）の中で説明や原語の表記を示す場合には［　］を、史料の引用の中に括弧がある場合には〈　〉を使用した。ただし、人名・固有名詞に関しては、原語を示す際に括弧を用いていない。

・クルアーンの章句からの引用は（Q）で示した。例えば、（Q 5:3）はクルアーンの 5 章 3 節を意味する。章節番号はカイロ版（標準エジプト版）に従った。翻訳にあたっては、井筒俊彦訳『コーラン』（岩波書店 1964）を参照しつつ、必要に応じて変更を加えた。

転記・表記

・アラビア語の表記にあたっては、基本的に正則アラビア語（フスハー）に拠った。

・人名の間の ibn（イブン）は b. で示し、「ブン」と表記した。ただし、ハドラマウト地方出身者とその子孫の名前には、ibn の代わりに bin を用い、人名の間で b. で示した際も「ビン」と表記した。

・アラビア語の定冠詞 al- は、「アル＝」と表記したが、太陽文字が続くときは「アッ＝」、「アン＝」とした。ただし、語頭の al- はカナ表記では省略した。

・アラビア語の語末のターマルブータは転写していない。ただし、属格による限定（イダーファ）および長音の後のターマルブータは t と転写し、「ト」と表記した。

・インドネシア語のローマ字綴りは、1972 年に定められた綴り字法に従った。ただし、史料からの引用、人名、歴史的な出来事については当時の綴りを用いた。

・インドネシア人の名前でアラビア語起源のもののカナ表記の際には、長音は基本的にすべて省いた。

・ラデン、キヤイ、ハーッジュ（インドネシア語ではハジ）、シャイフ、サイイドといった人名に付される称号は、通称の一部となっている場合や史料からの引用の部分を除いてすべて省略した。

省略記号

AJSS	*Asian Journal of Social Science*
Ar.	アラビア語
BKI	*Bijdragen tot de Taal-, Land- en Volkenkunde*
CSSAAME	*Comparative Studies of South Asia, Africa and the Middle East*

Dt.	オランダ語
*EI*²	*The New Encyclopaedia of Islam*, 13 vols.（Leiden: Brill, 1960-2009）
Ind.	インドネシア語（ムラユ語）
INIS	The Indonesian-Netherlands Cooperation in Islamic Studies
ISEAS	Institute for Southeast Asian Studies, Singapore
JMBRAS	*Journal of the Malayan Branch of the Royal Asiatic Society*
KITLV	Koninklijk Instituut voor Taal-, Land-, en Vokenkunde, Leiden 王立言語地理民族学研究所（在オランダ、ライデン）
NA	Nationaal Archief, Den Haag オランダ国立公文書館（在オランダ、ハーグ）、旧 Algemeen Rijksarchief
SI	*Studia Islamika*

本書対象地域１　インド洋周辺部

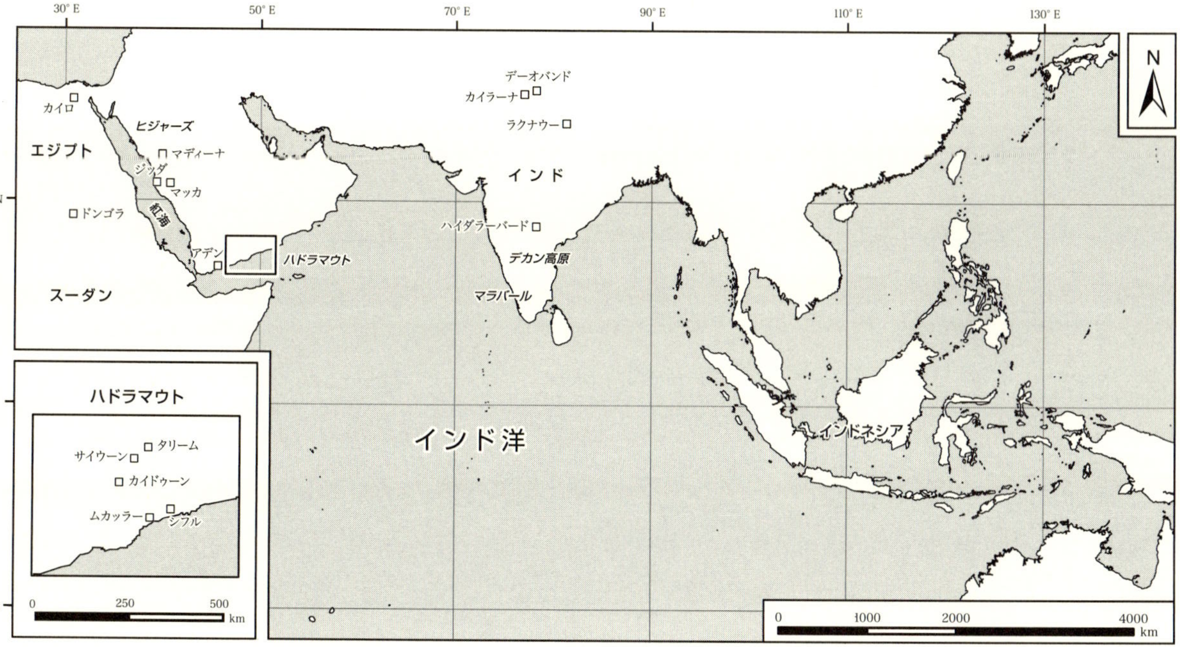
30° E
50° E
70° E
90° E
110° E
130° E
20° N
0°
20° S
N
カイロ
エジプト
ヒジャーズ
マディーナ
ジッダ
マッカ
ドンゴラ
紅海
アデン
ハドラマウト
スーダン
デーオバンド
カイラーナ
ラクナウー
インド
ハイダラーバード
デカン高原
マラバール
インド洋
インドネシア
0
1000
2000
4000
km
ハドラマウト
タリーム
サイウーン
カイドゥーン
ムカッラー
シフル
0
250
500
km

本書対象地域2　インドネシア

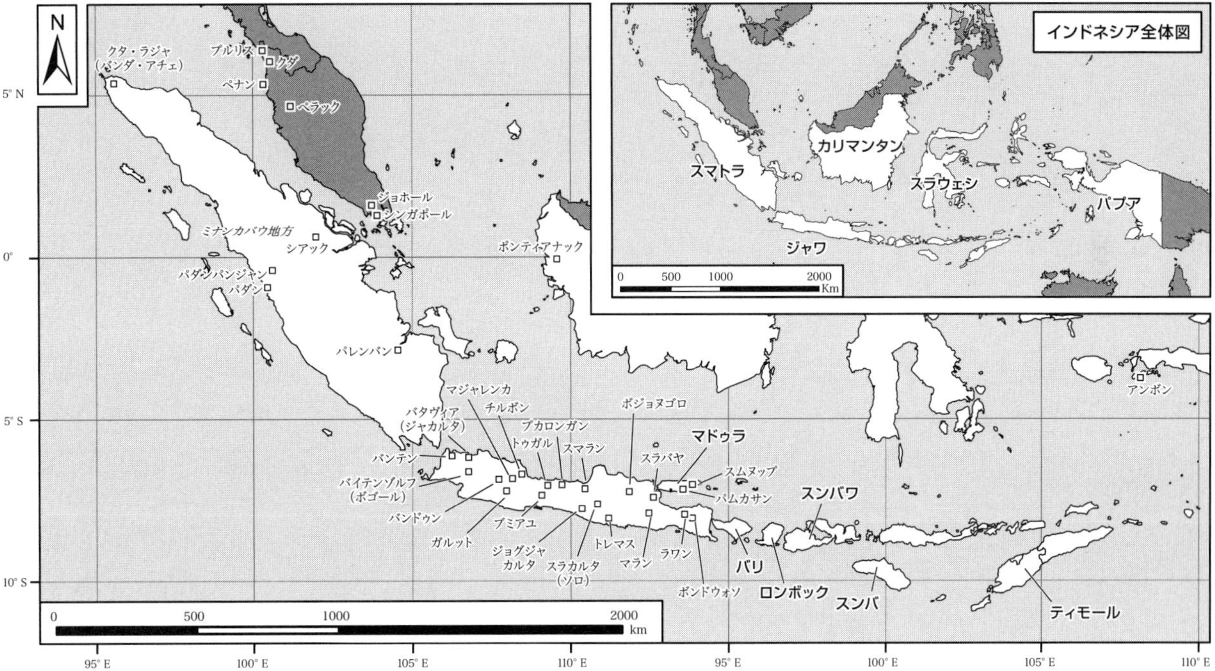

インドネシアの
イスラーム改革主義運動

序　章

問題の所在
――インドネシアのイスラーム改革主義運動とアラブ人の社会統合

前近代の東南アジア海域世界では、様々な地域から外来者が訪れたことによって国際色豊かで多様性と流動性の高い社会が形成されていた。東西海上交易の十字路に位置するこの地域は、インドや中国、さらには中東やヨーロッパといった外部世界を結びつけるとともに、それらの文明から多大な影響を受けながら独自の地域社会を築いてきた。外来系住民は、現地社会と自らが起源を持つ異文化世界との介在者の役割を担う一方で、地域で共有される言語や文化を受容することで容易に現地社会に溶け込んでいった。

だが、このような多様性と流動性の高い社会は、近代になると大きな変容を迫られることになった。19 世紀以降、欧米列強は東南アジア各地で領域的な支配を本格化させ、互いの勢力圏を画定し植民地体制を構築していくことになる。そのようにして生み出された植民地国家の中でやがて現地の住民による独立運動が起こり、20 世紀半ば以降に次々と新たな国民国家が誕生していった。この過程の中で領域やエスニシティといった概念が台頭し、それらに基づいたナショナリズムが支配的な原理になると、外来系住民の社会統合の問題が生じることになった。

本書では、この問題について、20 世紀、国民国家が形成されていく時期のインドネシア（1942 年まではオランダ領東インド）におけるアラブ人コミュニティの活動を通して考察する。インドネシアに少数ながら居住するアラブ人は、社会の中で独特の立場を占めてきた。すなわち、彼らは民族的には外来系のマイノリティであるが、宗教的にはマジョリティであるムスリム社会に属している。なお、後に述べるような観点から、本書での考察は、20 世紀初頭にインドネシアのアラブ人が結成し、イスラーム改革主義運動において活躍したイルシャード（al-Irshād,「導き」の意）という教育団体を中心に進める。

I. インドネシアのアラブ人

まず、インドネシアに住むアラブ人とはどのような人々であるのかを説明しておく必要がある。以下では、アラブ人のインドネシアへの移住の歴史とオランダ植民地期において彼らが置かれた立場、そして20世紀のイスラーム改革主義運動における活躍について瞥見しておきたい。

i. アラブ人とオランダ領東インド

東南アジアはインド洋海上交易ルートの要衝であるとともに、香料・香辛料など貴重な国際商品の産地でもある。そのため、この地域には非常に古い時代からアラブ人の商人が訪れていたと考えられている。7世紀にイスラームが誕生し国際交易が活発になると、アラブ系やペルシア系のムスリム商人は、東南アジアを頻繁に訪れて経済活動を行った[1]。東南アジアは、15世紀頃から国際交易活動に依拠した経済的興隆期である「交易の時代」を迎えた[2]。この時代の主要な港市に滞在する外来系商人の中には、多くのアラブ人の姿が認められる。また、「交易の時代」は、東南アジアの現地住民の間にイスラームが広まっていった時期でもある。この地域に移住したアラブ人の中には、ウラマー（ʻulamāʼ, 伝統的なイスラーム知識人）やスーフィー（ṣūfī, イスラーム神秘主義者）として活躍する者も存在した[3]。

1　G. R. Tibbetts, “Early Muslim Traders in South-East Asia,” *JMBRAS* 30/1 (1957): 1-45.

2　Anthony Reid, *Southeast Asia in the Age of Commerce, 1450-1680, Vol. I: The Lands below the Winds* (New Haven: Yale University Press, 1988); id., *Southeast Asia in the Age of Commerce, 1450-1680, Vol. II: Expansion and Crisis* (New Haven: Yale University Press, 1993).

3　Reid, *Southeast Asia*, vol. 2, 66-67, 92-93, 116, 144; 弘末雅士『東南アジアの港市世界――地域社会の形成と世界秩序』（岩波書店 2004年）、24-42. 15世紀から16世紀に活躍し、ジャワにイスラームを広めることに貢献したとされるワリ・ソンゴ（Wali Songgo, 九聖人）の一部、もしくはすべてをアラブ系とする説もある。Syed Farid Alatas, “Hadhramaut and the Hadhrami Diaspora: Problems in Theoretical History,” in Freitag and Clarence-Smith (eds.), *Hadhrami Traders, Scholars and States-*

多くの研究が指摘するように、列強による植民地化が始まる以前の東南アジア社会は流動性と多様性が際立っており、外部世界に開かれた地域であった[4]。そのような場所では、外来系住民は比較的容易にホスト社会に同化していった。例えば、西ジャワのバンテンでは、華人がイスラームと現地の慣習を受容することによって「ジャワ人」になるという現象が見られた[5]。アラブ人に関しても、前近代に東南アジアに定住した者の子孫は時間とともに現地社会に吸収されていったものと推察される。18世紀後半以降にも、スマトラのシアック、カリマンタンのポンティアナック、マレー半島のペラックやプルリスでは、アラブ人が現地の王家と婚姻関係を結び、統治者の地位に就くことさえあった。それらの国もアラブ人としての民族性を強調することはなく、ムラユ世界の王権の伝統の中に取り込まれていった[6]。

東南アジアへのアラブ人移民は18世紀末から増加し始め、特に欧米列強による植民地化が本格化する19世紀半ばを過ぎると急増していった。この時期から20世紀半ばまでのアラブ地域からの移住者の大部分は、ハドラミー（Ḥaḍramī）と呼ばれる人々である[7]。ハドラミーとは、アラビア半島南部

---

men in the Indian Ocean, 1750s-1960s（Leiden: E. J. Brill, 1997）, 33; 新井和広「東南アジアにイスラームをもたらしたのは誰か？――ワリ・ソンゴの起源をめぐる問題とアラブ系住民」永原陽子編『生まれる歴史、創られる歴史――アジア・アフリカ史研究の最前線から』（東京外国語大学アジア・アフリカ言語文化研究所 2011年）、153-179.

4　例えば以下の研究を参照せよ。Anthony Reid, *Charting the Shape of Early Modern Southeast Asia*（Singapore: ISEAS, 2000）, chapter 1; Robert W. Hefner, "Introducation: Multiculturalism and Citizenship in Malaysia, Singapore, and Indonesia," in Robert W. Hefner（ed.）, *The Politics of Multiculturalism: Pluralism and Citizenship in Malaysia, Singapore, and Indonesia*（Honolulu: University of Hawaii Press, 2001）, 12-19; 弘末『東南アジアの港市世界』、第1章.

5　Reid, *Southeast Asia*, vol. 2, 122.

6　Jeyamalar Kathirithamby-Wells, "'Strangers' and 'Stranger-kings': The Sayyid in Eighteenth-century Maritime Southeast Asia," *Journal of Southeast Asian Studies* 40/3（2009）: 567-591では、「異人王」という概念を用いて、ペラック、シアック、ポンティアナックのアラブ人の事例が論じられている。

7　L. W. C. van den Berg, *Le Hadhramout et les Colonies Arabes dans l'Archipel Indien*（Batavia: Imprimerie du Gouvernement, 1886）, 111.

のハドラマウト Ḥaḍramawt 地方（現イエメン共和国）の出身者とその子孫のことを指す。ハドラマウトは自然環境が厳しく限られた人口しか支えられない一方で、沿岸部にシフルやムカッラーといった交易港を擁する。そのため、ハドラミーは、古くから東アフリカ沿岸部、紅海沿岸部、インドの南西部及びデカン高原といったインド洋海域世界に移住してきた。

ハドラマウトから東南アジアへの移民活動が盛んになった要因としては、主に次の 3 点が指摘されている。すなわち、18 世紀末頃からハドラマウトにおける部族間抗争が激化し政治情勢が悪化したこと、1869 年にスエズ運河が開通してインド洋に汽船の定期ルートが導入され移動が容易になったこと、そして東南アジアの植民地支配が進む中でヨーロッパ人と現地住民を結ぶ仲介業者が必要とされたことである [8]。東南アジアはハドラマウトからの移住先としては比較的新しいが、20 世紀前半には、海外で最も多くのハドラミーの人口を抱える地域になった [9]。その中でも、最も多くのアラブ人が移住したのがオランダ領東インド（以下、東インド）である。

オランダ植民地期におけるアラブ人の立場は、前近代のものとは大きく異なっていた。植民地支配の構造は、「人種」の概念を持ち込むことで彼らを現地社会から分断した。東インドの住民区分において、アラブ人は、華人やごく少数のインド人らとともに「外来東洋人（Vreemde Oosterlingen）」に分類された [10]。外来東洋人には、大多数のムスリムが属する「原住民（Inland-

8　William G. Clarence-Smith, "Hadhramaut and the Hadhrami Diaspora in the Modern Colonial Era: an Introductory Survey," in Freitag and Clarence-Smith (eds.), *Hadhrami Traders, Scholars and Statesmen in the Indian Ocean, 1750s-1960s*, 16-17; Linda Boxberger, *On the Edge of Empire: Hadhramawt, Emigration and the Indian Ocean, 1880s-1930s* (Albany, New York: State University of New York Press, 2002), 40.

9　フライタークは、1930 年代の各地域のハドラミー・コミュニティの人口を概算している。それによれば、東南アジアは 75,926 人、インドは 20,000 人以上、サウディアラビアが 12,717 人、その他の地域はそれぞれ数百人から数千人程度であった。Ulrike Freitag, *Indian Ocean Migrants and State Formation in Hadhramaut: Reforming the Homeland* (Leiden: E. J. Brill, 2003), 52.

10　植民地の実質的な憲法である 1854 年統治法 Regeringsreglement（1855 年公布）は、109 条において、東インドの住民を「ヨーロッパ人」と「原住民」に区分し、それぞれの住民集団と「同等視される者」という分類を設けていた。その中では、アラブ人は華人とともに「原住民と同等視される者」に含まれた。外来東洋人が

ers)」、すなわちプリブミ(pribumi)とは異なる法や社会制度が適用された[11]。ファーニヴァルの「複合社会」論によれば、それぞれの住民集団は、例外的な状況を除いて共通の政治的意思を持たなかったとされる[12]。実際、アンダーソンが『想像の共同体』の中で論じているように、1920年代末に確立された世俗的なインドネシア・ナショナリズムはプリブミとしての意識に基づいたものであり、そこに外来東洋人は含まれていなかった[13]。

しかしながら、別の一面では、アラブ人は東インドの現地社会と緊密に結びついていたと言える。まず、アラブ人の移住者はほぼ男性のみであり、多くの場合移住先の女性と婚姻関係を結んだ。既に19世紀末には、トトック(totok, アラブ生まれ)ではなく、プラナカン(peranakan, 移住地生まれ)がアラブ人コミュニティの大多数を占めるようになっていた[14]。さらに、アラブ人がプリブミの多数派と同じ宗教を信奉していたことも、彼らを現地社会と結びつけた。アラブ人たちは東インド社会の中で強い宗教的影響力を持ち、20世紀前半には、イスラーム改革主義運動の初期の段階において際立った存在感を示した[15]。

法的範疇として正式に定められたのは、1906年に統治法の109条が改正された時である。ただし、外来東洋人という言葉自体は、19世紀半ばから用いられていた。東インドの統治法における住民区分に関しては、吉田信「オランダ植民地統治と法の支配――統治法109条による「ヨーロッパ人」と「原住民」の創出」『東南アジア研究』40/2(2002): 115-140; 同「文明・人種・法――「日本人法」制定過程をめぐる議論から」『東南アジア――歴史と文化』37(2008): 3-27に詳しい。

11 プリブミは、現在のインドネシア語で外来の人々に対して土着の住民を指す。20世紀前半には、ブミプトラ(boemipoetra, 土地の子)という言葉が使用されることの方が多い。本書では、アラビア語で同様の意味を持つ ahālin/al-ahālī も、場合によっては Jāwī や waṭanī もプリブミと訳した。また、「原住民」という言葉はオランダ植民地期の制度に関してのみ用いている。

12 J. S. Furnivall, *Netherlands India: A Study of Plural Economy* (London: Cambridge University Press, 1967[1939]), chapter 8. ただし、ファーニヴァルの研究は外来東洋人として主に華人を想定しており、アラブ人についてはほとんど言及していない。

13 ベネディクト・アンダーソン(白石隆・白石さや訳)『定本想像の共同体――ナショナリズムの起源と流行』(書籍工房早山 2007)、第7章.

14 Berg, *Le Hadhramout*, 106-109.

ii. アラブ人とイスラーム改革主義運動

イスラーム改革主義運動とは、近代になり西欧諸国と比べて後進的となったイスラーム世界の復興を目的に、イスラームの純化及びイスラームと近代文明との調和を掲げて様々な地域で展開した運動のことである[16]。中東アラブ地域におけるイスラームの純化や正統化を目指す動きは前近代からあり、東南アジアのイスラームの展開にも多大な影響を及ぼしていた[17]。だが、西洋列強に対抗するための汎イスラーム主義や近代主義という観点から言えば、ジャマールッディーン・アル＝アフガーニー Jamāl al-Dīn al-Afghānī（1839-1897）とその弟子ムハンマド・アブドゥフ Muḥammad ‘Abduh（1849-1905）の登場が改革主義運動の起点と言える。彼らがパリで発刊した『固き絆 *al-‘Urwa al-Wuthqā*』やアブドゥフの弟子のラシード・リダー Muḥammad Rashīd Riḍā（1865-1935）が主宰した『マナール *al-Manār*』といった定期刊行物（新聞・雑誌）は世界各地で読まれ、改革主義運動の影響を拡散していっ

---

15 M. C. Ricklefs, *A History of Modern Indonesia since c. 1200*, 4th ed.（Basingstoke: Palgrave Macmillan, 2008）, 203-204.

16 アラブ地域におけるイスラーム改革主義運動に関しては、Albert Hourani, *Arabic Thought in the Liberal Age, 1798-1939*（London: Oxford University Press, 1983）を参照。アフガーニーやアブドゥフに始まる思想・運動は、しばしば「サラフ主義（Ṣalafīya）」とも呼ばれる。しかし、ロジエールによれば、この言葉がムスリム自身によって改革主義の意味で用いられるようになったのは1920年代になってからのことである。Henri Lauzière, “The Construction of Salafiyya: Reconsidering Salafism from the Perspective of Conceptual History,” *International Journal of Middle East Studies* 42（2010）: 369-389.

17 アズラは、東南アジアにおけるイスラームの改革運動は17世紀には始まっていたと主張する。Azyumardi Azra, *The Origins of Islamic Reformism in Southeast Asia: Network of Malay-Indonesian and Middle Eastern ‘Ulama’ in the Seventeenth and Eighteenth Centuries*（Honolulu: University of Hawai’i Press, 2004）. これ以降の研究では、東南アジアのイスラーム改革主義運動を前近代からの長期的なスパンで捉える傾向が強い。このような見解は、中東アラブ地域の影響を受けた東南アジアのイスラームの純化・正統化の進展を理解するうえでは有効であろう。しかし、19世紀後半から20世紀前半のイスラーム改革主義運動は、イスラームの純化・正統化のみを求めたのではなく、むしろ近代主義にその特徴があると言える。そのため、筆者はこの運動をそれ以前のものとは区別するべきだと考える。

た。

19世紀から20世紀への転換期に東インド社会が「進歩の時代（zaman kemadjoean）」を迎えた頃から、この地域のムスリムたちも近代への対応を模索し、改革主義運動に取り組み始めた[18]。東南アジアのイスラーム改革主義運動やナショナリズム運動では、しばしば任意団体、西欧式の学校、そして定期刊行物という3つの近代化の媒介が着目される。東インドや英領マラヤでは、それらに関して、アラブ人たちがムスリム社会の中で早い時期から活躍を見せている[19]。例えば、彼らが1901年頃にバタヴィアで結成したジャムイーヤト・ハイル Jam'īyat Khayr（「慈善協会」の意）は、東インドで最も古い近代的なイスラーム団体とされる。この団体は主に教育の分野で活動し、西欧の学校制度を取り入れたイスラーム教育機関を開設した[20]。

---

18 「進歩」や「発展」を意味するムラユ語（インドネシア語）の kemadjoean、オランダ語の vooruitgang や ontwikkeling は、やや漠然とした「近代」を象徴する標語として19世紀末から20世紀前半に盛んに用いられた。Takashi Shiraishi, *An Age in Motion: Popular Radicalism in Jawa, 1912-1926*（Ithaca and London: Cornell University Press, 1990）, 27; Ahmet B. Adam, *The Vernacular Press and the Emergence of Modern Indonesian Consciousness*（*1855-1913*）（Ithaca: Cornell Southeast Asia Program, 1995）, xii–xiii. アラビア語の定期刊行物においても、同様の意味を持つ taqaddum や ruqīy といった言葉が頻繁に使われている。

19 R. Michael Feener, *Muslim Legal Thought in Modern Indonesia*（Cambridge: Cambridge University Press, 2007）, chapter 1. マレーシア・ナショナリズム運動におけるこれら3つの近代化の媒介に着目した研究として、William R. Roff, *The Origins of Malay Nationalism*, 2nd ed.（Kuala Lumpur: Oxford University Press, 1994）があげられる。フィーナーは、ロフの議論を踏まえて20世紀前半の東インドにおけるイスラーム改革主義運動の概観を示している。東インドのイスラーム改革主義運動におけるアラブ人の活躍については、以下の研究でも言及されている。Deliar Noer, *The Modernist Muslim Movement in Indonesia, 1900-1942*（Singapore and Kuala Lumpur: Oxford University Press, 1973）, 56-69; G. E. Pijper, *Studiën over de Geschiedenis van de Islam in Indonesia 1900-1950*（Leiden: E. J. Brill, 1977）, 109-120; Karel A. Steenbrink, *Pesantren, Madrasah, Sekolah: Pendidikan Islam dalam Kurun Modern*（Jakarta: LP3ES, 1986）, 58-62.

20 'Alī b. Aḥmad al-Saqqāf（ed.）, *Lamaḥāt Tārīkhīya 'an Nash'at Jam'īyat Khayr*［*Lintasan Sejarah Berdirinya*（*Lahirnya*）*"Jamiat Kheir"*］（n. p., 1953）, 2; Steenbrink, *Pesantren, Madrasah, Sekolah*, 59. 前者はアラビア語の部分とインドネシア語の部分からなる冊子である。両者は同じ内容であるので、アラビア語のページのみを示

20 世紀前半には、ジャムイーヤト・ハイルのような任意団体が、アラブ人によって数多く設立された。その中でも本書が中心的に取り上げるイルシャードは、インドネシアの主要なイスラーム改革主義団体のひとつにまで発展した。イルシャードもジャムイーヤト・ハイルと同じく主に教育の分野で活動したが、その支部や学校はインドネシアの広範な地域に開設された。この団体は、同じく改革主義を掲げるムハマディヤ Muhammadiyah やプルシス Persis（イスラーム協会 Persatuan Islam)、そして伝統派のナフダトゥル・ウラマー Nahdlatul Ulama とともに、オランダ植民地期から現在まで存続する重要なイスラーム団体のひとつに数えられる。

イルシャード誕生の背景には、20 世紀前半に東インドのアラブ人コミュニティ内で生じた対立、アラウィー・イルシャーディー論争がある。ハドラマウトの住民は、系譜意識に基づいたいくつかの階層に分かれていた。その中で特別な地位を有していたのが、アラウィー ‘Alawī（もしくはバーアラウィー Bā ‘Alawī）と呼ばれるサイイド・シャリーフ（sayyid-sharīf)、すなわち預言者ムハンマドの子孫の一族である[21]。アラウィーたちはジャムイーヤト・ハイルの中でも指導的な立場を占めていたが、東南アジアのアラブ人コミュニティの中から彼らの権威に挑戦するグループがあらわれた。彼らは、ジャムイーヤト・ハイルの元教師でエジプト領スーダン出身のウラマー、アフマド・スールカティー Aḥmad b. Muḥammad［al-］Sūrkatī（1875/76-1943）を指導者に、1914 年にバタヴィアでイルシャードを設立した。スールカティーは、イスラーム改革主義の立場から、系譜に基づくアラウィーたちの特権的地位を否認していた。アラウィーとイルシャーディー（Irshādī, イルシャードの会員・支持者）の対立は、1930 年代前半まで約 20 年間に渡ってアラブ

すことにする。

21　預言者ムハンマドの子孫の尊称は地域や時代によって異なる。インドネシアでは、かつては“サイイド（Ind. sajid/Ar. sayyid)”、現在では“ハビーブ（Ind. habib/Ar. ḥabīb)”という尊称がよく使われる。本書では、森本一夫が論じるように、地理的限定性を払拭するために、最も一般的な 2 つの尊称をあわせて「サイイド・シャリーフ」という表現を用いる。森本一夫「サイイド・シャリーフ研究の現状と展望」赤堀雅幸・東長靖・堀川徹編『イスラームの神秘主義と聖者信仰』（イスラーム地域研究叢書 7）（東京大学出版会 2005)、231.

人コミュニティを二分した。

1930年代半ばを過ぎるとこの論争は下火になるが、アラブ人コミュニティの中では新たな対立が顕在化していった。1920年代末から、東南アジアのアラブ人たちは、彼らにとっての「起源の地」であるハドラマウトの改革に取り組む動きを活発にしていた。その一方、同じ頃から、プラナカンのアラブ人の間では東インドにおける自分たちの利益を重視する考えが強まっていた。後者のグループによって、1934年に中部ジャワのスマランでインドネシア・アラブ協会 Persatoean Arab Indonesia: PAI が結成された[22]。インドネシア・アラブ協会は、プラナカンにとっての祖国はインドネシアであると主張し、ハドラマウトに帰属意識を持つイルシャーディー、アラウィーらと対立した。帰属意識をめぐる問題は、オランダ植民地期の終わりまでアラブ人コミュニティの主要な争点になった。

Ⅱ．先行研究と問題の設定

続いて、インドネシアのアラブ人に関するこれまでの研究と本書の問題設定を提示することにしたい。インドネシアのアラブ人（ハドラミー）の存在は、近年になって研究者の多大な関心を集めるようになった。しかし、従来の研究には、アラブ人とイスラーム改革主義運動、そしてアラブ人とホスト社会との関係に関して課題も残されている。

ｉ．先行研究の状況

1990年代半ば頃から、インド洋海域世界各地に離散するハドラミー移民を対象とした研究が活況を呈している。その契機となったのは、1995年にロンドン大学の東洋アフリカ研究学院（SOAS）で開かれた国際学会、「インド洋における南アラビア移民の動き——1750年頃から1967年までのハドラミーの事例」“South Arabian Migration Movements in the Indian Ocean, the Hadh-

---

22　インドネシア・アラブ協会は、1940年にインドネシア・アラブ党 Partai Arab Indonesia に改称する。本書では、インドネシア・アラブ協会という名称で統一する。

rami Case c. 1750 to 1967" とそれに基づく論集の出版である。1997 年にも、ライデンの王立言語・地理・民族学研究所（KITLV）で、近現代の東南アジアにおけるアラブ人（ハドラミー）を対象としたワークショップ、「東南アジアのアラブ人——1870 年から 1990 年」"The Arabs in Southeast Asia（1870-1990)" が開かれ、この成果も論集として出版された[23]。それ以降も、インド洋海域世界や東南アジアのハドラミー移民に関する国際学会やワークショップが相次いで開かれ、論文集や研究書の出版も続いている[24]。

日本においても、ハドラミー移民を対象とした研究がいくつか発表されている。すなわち、家島彦一はインド洋海域世界に関する研究の一環としてハドラマウトの自然環境や海上交通における位置づけを説明するとともに、ハドラミー移民の具体的な事例を紹介した。中世イエメン史を専門とする栗山保之は、アイダルース家 Āl al-'Aydarūs というアラウィーの一族を取り上げ、インド洋海域世界各地への移動・移住の方法や理由を考察した。さらに、インドネシアにおけるハドラミー移民を専門とする新井和広が、主にハドラマウトとの関係に着目しながら、近現代のアラウィーの一族の活動を対象とした研究を進めている[25]。

以上のような、ハドラミー移民に対する研究者の関心の高まりの背景としては、まず、クラレンス＝スミスが指摘するように、1980 年代以降のディ

23 Ulrike Freitag and William G. Clarence-Smith (eds.), *Hadhrami Traders, Scholars and Statesmen in the Indian Ocean, 1750s-1960s* (Leiden: E. J. Brill, 1997); Huub de Jonge and Nico Kaptein, *Transcending Borders: Arabs, Politics, Trade and Islam in Southeast Asia* (Leiden: KITLV Press, 2002).

24 2005 年までに開催されたハドラマウトやハドラミー移民に関する国際学会・ワークショップに関しては、新井和広「ハドラマウト及びハドラミー移民研究展望」『イスラム世界』65 (2005): 28-36 で紹介されている。

25 家島彦一「南アラビア・ハドラマウトの人びとの移住・植民活動」『海が創る文明——インド洋海域世界の歴史』（朝日新聞社 1993）、345-377; 栗山保之『海と共にある歴史——イエメン海上交流史の研究』（中央大学出版部 2012）、第 3 章. 新井和広の研究としては、「インド洋におけるハドラミー・ネットワークと英国——1920 年代の事例より」『日本中東学会年報』15 (2000): 175-203; id., "Arabs who traversed the Indian Ocean: The history of the al -'Attas family in Hadramawt and Southeast Asia, c. 1600-c. 1960," (PhD dissertation, University of Michigan, 2004) などがあげられる。

アスポラ研究全般の興隆があげられる[26]。彼は、インド洋海域世界各地に離散するハドラミー・コミュニティをひとつのディアスポラとして理解する必要性を提唱している。また、ハドラミー移民の活躍の舞台であるインド洋海域世界を対象とした研究が活発であるという状況も、彼らが注目されることにつながったと言える。さらに、移民たちの故国であるハドラマウトにおいては、旧南イエメンが1969年に社会主義国家となったため外国の研究者が学術調査を行うことは困難であったが、1991年の南北イエメンの統一によって研究状況が大幅に改善されたことも指摘できるだろう[27]。

近年の研究が強調する重要な点として、前近代と近代とでは、東南アジアにおけるアラブ人のアイデンティティの在り方が大きく異なるということがあげられる[28]。前近代の東南アジア社会では、アラブ人というエスニシティやハドラマウトへの帰属意識は、アイデンティティを形成する決定的要因とはならなかった。アラブ人は移住先の社会と深く混淆し、複合的なアイデンティティを持った、クレオール性やハイブリッド性によって特徴づけられる存在であった[29]。これに対し、近代になると、植民地国家が領域、人種、エスニシティといった概念を明確化し、それらが個人のアイデンティティを規

26　Clarence-Smith, “Hadhramaut and the Hadhrami Diaspora.” ディアスポラという語は、元来はユダヤ人の離散の経験をあらわすものであったが、現在ではアフリカ人やアルメニア人など他の集団にも拡大されて用いられている。ディアスポラ研究の概要については、ロビン・コーエン『新版グローバル・ディアスポラ』駒井洋訳、明石書店、2012年、第1章でまとめられている。

27　ボックスバーガーによる現地調査に基づいたハドラマウトの近代史の概説書が出版されたのも、ハドラマウトの研究状況が改善された結果と言える。Boxberger, *On the Edge of Empire*. しかし、2015年からの内戦によって、状況は悪化したものと思われる。

28　R. Michael Feener, “Hybridity and the “Hadhrami Diaspora” in the Indian Ocean Muslim Network,” *AJSS* 32/5(2004): 353-372; Sumit K. Mandal, “The Significance of the Rediscovery of Arabs in the Malay World,” *CSSAAME* 31/2(2011): 296-311.

29　中東研究では、一人の人間が複数のアイデンティティを持ち、状況に応じて選択をするという状態が、「アイデンティティ複合」という概念で論じられる。板垣雄三『歴史の現在と地域学——現代中東への視角』(岩波書店 1992)、213-222; 加藤博「エジプトにおける「民族」と「国民国家」」『歴史学研究』633(1992): 13-25.

定するようになった。ジャワにおけるアラブ人コミュニティを研究したマンダルによれば、20 世紀初頭にファーニヴァルの唱えるような「複合社会」が植民地体制の中で確立し、アラブ人コミュニティの人種的な枠組みも制度化されていった[30]。

続いて、イルシャードに関するこれまでの研究を見ていきたい。この団体に関して研究者が最初に関心を向けたのは、アラウィーたちとの論争であった。サージェントは、この論争について、伝統的な特権を持つ保守的なアラウィーたちとそれに対抗する勢力の間でのハドラミー・コミュニティ内における優位をめぐる争いとする見解を示した。その一方、彼は、イルシャーディーたちが掲げた改革や近代化といった理念や目的には懐疑的な見方をした[31]。この論争の要因については、ブジュラによって初めて本格的な分析が行われた。彼によれば、東南アジアへの移民活動に伴って環境が大きく変化し、ハドラマウトの社会階層が維持されなくなったことで階層間の争いが発生した。ブジュラは、イルシャードについて、「サイイドたち（アラウィーたち）との抗争において、非サイイドたちを集め、統合するために設立された組織」と捉え、サージェントと同様、この団体の掲げる理念や目的は重視していない[32]。

だが、その後の研究では、イルシャーディーたちがイスラーム改革主義者や近代主義者であることが認められ、この団体による教育活動にも注意が払われるようになった。ヌルやペイペルによる 20 世紀前半のインドネシアにおけるイスラーム改革主義運動全体を論じた研究では、イルシャードは主要な団体のひとつとして取り上げられている[33]。また、アラウィー・イルシャーディー論争がハドラマウトに及ぼした影響を分析したコスティナーは、サージェントに反論し、実際にイルシャーディーが「イスラーム近代主義者」

30 Sumit Kumar Mandal, “Finding Their Place: A History of Arabs in Java under Dutch Rule, 1800-1924,”(PhD dissertation, Columbia University, 1994).

31 Robert Betram Serjeant, “Historians and Historiography of Ḥaḍramawt,” *Bulletin of the School of Oriental and African Studies* 25(1962): 249.

32 Abdalla S. Bujra, “Political Conflict and Stratification in Ḥaḍramaut I,” *Middle Eastern Studies* 3/4(1967): 355-375.

33 Noer, *The Modernist Muslim*, 59-69; Pijper, *Studiën over de Geschiedenis*, 109-120.

だと認められると主張した[34]。さらに、マンダルは、アラウィーたちとの対立を主な考察の対象としながらも、イルシャードの初期の教育活動についても比較的詳しく言及している[35]。

近年の研究の中でオランダ植民地期のイルシャードの活動を最も詳細に論じたのが、モビニ＝ケシェーによるものである[36]。この研究は、それまで利用されてこなかった20世紀前半に東インドのアラブ人たちが編集・発行したアラビア語（及び一部ムラユ語）の定期刊行物を史料として駆使している。モビニ＝ケシェーの議論の要点は、20世紀前半のイルシャードの活動を、「ハドラミーの覚醒 al-Nahḍa al-Ḥaḍramīya」、すなわちハドラミーとしてのアイデンティティの形成という文脈の中で理解することにある。そのような観点から、この研究は、アラウィー・イルシャーディー論争とイルシャードの教育活動についてそれぞれ次のような見解を提示した。

従来の研究では、アラウィー・イルシャーディー論争は、伝統主義的な支配階級であるアラウィーたちと、それに対抗する新興勢力であるイルシャーディーたちの間の対立として理解されてきた。これに対し、モビニ＝ケシェーは、実際にはイルシャーディーたちだけでなくアラウィーたちの多くも改革を志向していたと指摘する。すなわち、互いに「クルアーンとハディースに依拠し、かつてのイスラーム学者たちの著作を引用するよりも理性に訴える」という「イスラーム近代主義」の方法に基づいた議論を展開しているのである。この点を踏まえ、彼女はこの論争を、ハドラミー・コミュニティ内の改革集団同士の方法論や主導権、そしてハドラミーとしてのアイデンティ

34　Joseph Kostiner, “The Impact of the Hadrami Emigrants in the East Indies on Islamic Modernism and Social Change in the Hadramawt during the Twenties Century,” in Raphael Israeli and Anthony H. Johns (eds.), *Islam in Asia Volume II: Southeast and East Asia* (Jerusalem: The Hebrew University, 1984), 206-37.

35　Sumit K. Mandal, “Challenging Inequality in a Modern Islamic Idiom: Social Ferment amongst Arabs in Early 20th-century Java,” in Eric Tagliacozzo (ed.), *Southeast Asia and the Middle East: Islam, Movement, and the Longue Durèe* (Singapore: NUS Press, 2009), 156-175.

36　Natalie Mobini-Kesheh, *The Hadrami Awakening: Community and Identity in the Netherlands East Indies, 1900-1942* (Ithaca: Cornell Southeast Asian Program Publications, 1999).

ティの在り方をめぐる争いと捉えた[37]。

さらに、モビニ＝ケシェーの研究は、ハドラミーとしてのアイデンティティの形成にイルシャードの教育活動が決定的な役割を果たしたことを、アンダーソンの議論に基づいて次のように説明する。東インドの官僚制度・教育制度内のキャリア形成において、出身地域の異なるプリブミがバタヴィア（さらにはハーグ）を最終目的地として国家の境界内を移動し、共通の経験を経ながら社会的遭遇を繰り返した。アンダーソンはこの過程のことを「巡礼」と呼び、それによって領域的輪郭を持ったインドネシア人としてのネーションの感覚がプリブミの間に生み出されたと論じる。他方で、モビニ＝ケシェーによれば、イルシャード、さらに言えばアラブ人コミュニティ全体の教育活動は、植民地の公教育制度からほとんど分離していた。「巡礼」の最終目的地も、バタヴィアではなく中東アラブ地域、主にエジプトのカイロであった。その結果、イルシャードの学校の卒業生の間には、インドネシア人とは異なるハドラミーとして意識が生まれたと指摘される[38]。

ii．問題の設定

以上のように、近年の研究では、東南アジアのアラブ人はハドラミー移民／ディアスポラ研究の枠組みの中で論じられる。そこでは、前近代には顕著であった彼らのハイブリッド性やクレオール性が近代になると失われ、アラブ人やハドラミーといった民族的な意識が顕在化していったという点が強調される。イルシャードに関しても、本質的にハドラミーの団体として捉えられ、ホスト社会から分離していく動きを中心に議論が進められている。しかしながら、このような議論は、インドネシアのアラブ人コミュニティとイルシャードの理解に関して2つの問題点を孕んでいる。

ひとつは、イルシャードは、東インドの主要なイスラーム改革主義団体と評価されるにも拘らず、その「イスラーム改革主義」の性質が表面的にしか扱われていないことである。アラウィーたちとの論争は、移住地のハドラミ

37　Ibid., chapter 5.

38　Ibid., chapter 4.「巡礼」という概念については、アンダーソン『定本想像の共同体』、196-200を参照。

ー・コミュニティ内における主導権争いとしてのみ捉えられ、ハドラミー以外のムスリム、特に論争の契機となった改革主義者によるサイイド・シャリーフの特殊性をめぐる議論が軽視されてしまっている。また、イルシャードの教育活動は、ハドラミーとしてのアイデンティティの形成という観点のみから論じられ、やはり他のムスリムを排除していたかのような印象を与える。これらの問題点は、イルシャードの設立者・指導者でありながらハドラミーではないスールカティーが組織や活動の中に全く位置づけられていないことに端的にあらわれている。

スールカティーは、アブドゥフやリダーに代表される中東アラブ地域の改革主義運動の影響を東インドにもたらした人物の一人として評価されてきた[39]。ただし、アブドゥフとリダーの思想にも少なからず相違が認められるにも拘らず、インドネシア研究者が中東アラブ地域からの改革主義運動の影響を過度に単純化して捉えてきたことは既に問題点として指摘されている[40]。インドネシアなど東南アジアのイスラームに関する近年の研究では、中東アラブ地域からもたらされた影響や両地域の間の連動性に多大な関心が払われるようになった[41]。しかし、両地域の個々の改革主義の思想家を比較した実

---

39 この評価は、欧米の研究者とインドネシアのムスリムの双方で認められる。Pijper, *Studiën over de Geschiedenis*, 109-120; Hamka, *Pengaruh Muhammad 'Abduh di Indonesia*(Jakarta: Tintamas, 1961), 30-34; Aboebakar Atje, *Perbandingan Madzhab Salaf: Muhji Atsaris Salaf Gerakan Salafijah di Indonesia*(Jakarta: Permata, 1970), 109-112; Jutta Bluhm-Warn, "Al-Manār and Ahmad Soorkattie: Links in the Chain of Transmission of Muḥammad 'Abduh's Ideas to the Malay-Speaking World," in Peter G. Riddell and Tony Street(eds.), *Islam: Essay on Scripture, Thought and Society. A Festschrift in Honor of Anthony H. Johns*(Leiden: E. J. Brill, 1997), 295-308; Peter G. Riddell, *Islam and the Malay-Indonesian World: Transmission and Responses*(Singapore: Horizon Books, 2001), 209-210.

40 Michael Francis Laffan, *Islamic Nationhood and Colonial Indonesia: The Umma Below the Winds*(London: Routledge, 2003), 9; Feener, *Muslim Legal Thought*, 29. アブドゥフとリダーの思想的な相違点については、ホーラーニーの古典的な研究でも指摘されている。Hourani, *Arabic Thought*, 230-231.

41 例えば以下の研究があげられる。Azra, *The Origins of Islamic Reformism*; Laffan, *Islamic Nationhood*; Chiara Formichi, *Islam and the Making of the Nation: Kartoswiryo and Political Islam in 20th Century Indonesia*(Leiden: KITLV Press, 2012), 64-66.

証的な研究が進んでいるとは言い難い。スールカティー自身の改革主義思想についても、やはりこれまで充分な分析はなされてこなかった。

スールカティーに関する専論としては、彼の活動全体を論じたアファンディによる学位論文や、東インドにやって来る以前の経歴を詳述したアブー・シャウクらの研究があげられる[42]。しかしながら、これらの研究でも、スールカティーの思想については、アブドゥフやリダー、そして近代の改革主義者が理論的な根拠とするイブン・タイミーヤ Ibn Taymīya（1258-1326）やイブン・カイイム・アル＝ジャウズィーヤ Ibn Qayyim al-Jawzīya（1292-1350）からの影響や類似点が漠然と指摘されているに過ぎない。さらに、いずれの研究でも、「ハドラミーの組織」であるイルシャードとスールカティーとの関係は等閑視されている。

先行研究のもうひとつの問題点として、アラブ人コミュニティがインドネシア社会に統合されていく動きが充分に検討されていないことがあげられる。

42　アファンディには、2つの学位論文を一冊にまとめた研究書もある。しかし、内容に重複する部分があるなど充分に再構成されていない。Bisri Affandi, "Shaykh Ahamd Al-Surkati: His Role in Al-Irsyad Movement in Java in the Early Twentieth Century,"(MA thesis, McGill University, 1976); id., "Shaykh Ahmad Sūrkatī: Pemikiran Pembaharuan dan Pemurnian Islam dalam Masyarakat Arab Hadrami di Indonesia,"(PhD dissertation, Institut Agama Islam Negeri Sunan Kalijaga, 1991); id., *Syaikh Ahmad Syurkati (1874-1943): Pembaharu dan Pemurni Islam di Indonesia* (Jakarta: Pustaka Al-Kautsar, 1999). アブー・シャウクによる同時期に発表された2つの論文は、前者の方が情報量は多いが出典が明らかにされていない箇所や誤りが少なからず見受けられる。Ahmad Ibrahim Abushouk, "A Sudanese Scholar in the Diaspora: Life and Career of Aḥmad Muḥammad al-Surkittī in Indonesia (1911-1943)," *SI* 8/1 (2001): 57-86; id., "An Arabic Manuscript on the Life and Career of Ahmad Muhammad Sūrkatī and His Irshādī Disciples in Java" in Jonge and Kaptein (eds.), *Transcending Borders*, 203-217. アブー・シャウクには、アラウィー・イルシャーディー論争を関して、スールカティーのカリスマ的性質と改革のメッセージについて論じた研究もある。Ahmad Ibrahim Abushouk, "An African Scholar in the Netherlands East Indies: al-Shaykh Ahmad Surkitti (1876-1943) and His Life, Thoughts and Reforms," *Islamic Africa* 2/2 (2011): 23-50. 東インド到来以前のスールカティーの経歴については、オファーヒーとアブー・サリームによってもまとめられている。R. S. O'Fahey and M. I. Abu Salim, "A Sudanese in Indonesia: A Note on Ahmad Muhammad Surkitti," *Indonesian Circle* 59/60 (1992/93): 68-72.

前述のように、東南アジアのアラブ人に関する近年の研究では、近代になると彼らは民族的な意識を先鋭化させ、ホスト社会から分離していったと論じられる。この見解は、インドネシアのイスラーム運動とナショナリズムの形成の問題を扱ったラッファンの研究にも反映されている。ラッファンは、多数派の宗教の役割を軽視するアンダーソンの議論を批判し、東南アジアのムスリムとしての共同体意識がインドネシア・ナショナリズムの形成過程において果たした役割の重要性を唱えている。だが、彼の研究の中でも、アラブ人（ハドラミー）の活動は「ジャーワの地（東南アジア島嶼部）における外来の運動（a foreign movement within the *bilād al-jāwa*）」として描かれている。この研究で焦点が当てられているのはプリブミのみであり、アラブ人は現地社会にとって異質な存在として扱われている[43]。

アラブ人がインドネシア社会に統合されていく動きに関して、これまで注目を浴びてきたのはインドネシア・アラブ協会である[44]。独立後のインドネシア人の言説においても、この団体の活躍によってアラブ人はインドネシア社会に受け入れられたのだと語られてきた。著名なナショナリズム運動の指導者、デワントロ Ki Hadjar Dewantoro（1889-1959）は、インドネシア・アラブ協会が、人種の枠を超えた「東インド人のための東インド」を掲げて自身が結成に参加した東インド党 Indische Partij と同じ理念を持っていたとして称賛している。また、元副大統領のアダム・マリク Adam Malik（1917-84）も、アラブ人の帰属意識の問題はインドネシア・アラブ協会の結成によって解決されたと述べている[45]。インドネシアの正統な歴史叙述では、1920 年

43 Laffan, *Islamic Nationhood*, 184-195.

44 Husain Haikal, "Indonesia-Arab dalam Pergerakan Kemerdekaan Indonesia (1900-1942)," (PhD dissertation, Universitas Indonesia, 1986), chapter 5; Mobini-Kesheh, *The Hadrami Awakening*, chapter 7; Huub de Jonge, "Abdul Rahman Baswedan and the Emancipation of the Hadramis in Indonesia," *AJSS* 32/3 (2004): 373-400; id., "In the Name of Fatimah: Staging the Emancipation of the Hadhramis in the Netherlands East Indies," in Ahmad Ibrahim Abushouk and Hassan Ahmed Ibrahim (eds.), *The Hadhrami Diaspora in Southeast Asia: Identity Maintenance or Assimilation?* (Leiden and Boston: E. J. Brill, 2009), 245-262; id., "Selective Accommodation: The Hadhramis in Indonesia during World War II and the Struggle for Independence," *CSSAAME* 31/2 (2011): 343-354.

代末に独立インドネシアという理想が明示されたことがナショナリズム運動の到達点とされる[46]。同じ歴史観から、この理想を受け入れたインドネシア・アラブ協会の誕生によって、アラブ人たちの国民国家への統合が完成されたと理解されてきたのである。

だが、アラブ人コミュニティがホスト社会に統合されていく動きのすべてを、インドネシア・アラブ協会のみに帰することは明らかに誤っている。この団体のメンバー以外のアラブ人は、オランダ植民地期にはインドネシア・ナショナリズムに関して明確な態度を示さなかった。それにも拘らず、ほとんどの者が独立後もインドネシアに留まることを選択し、現在では充分に社会に適応している[47]。近年では、アラタスによる研究が、独立後にアラウィーたちが、自分たちの宗教的慣行を活用してインドネシアのムスリム社会との関係を強化し、地歩を得ていったことを明らかにしている[48]。それでは、イルシャーディーたちはどのようにしてホスト社会に適応し、統合されていったのであろうか。

以上の問題点を踏まえ、本書は、20 世紀初頭から 50 年代までのアラブ人コミュニティについてイルシャードの活動を中心に論じる中で 2 つの課題に

45　Hamid Algadri, *C. Snouck Hurgronje: Politik Belanda terhadap Islam dan Keturunan Arab*(Jakarta: Sinar Harapan, 1984), 3, 203-205; Suratmin, *Abdul Rahman Baswedan: Karya dan Pengabdiannya*(Jakarta: Departemen Pendidikan dan Kebudayaan, 1989), 203-205. デワントロ（スワルディ・スルヤニングラット Soewardi Soerjaningrat）は、ジャワ的な価値観に基づいた教育改革運動タマン・シスワ Taman Siswa の創始者である。

46　Shiraishi, *An Age in Motion*, xi-xii.

47　現在のインドネシア社会に適応しているアラブ人の事例としては、例えば、Frode F. Jacobsen, *Hadrami Arabs in Present-day Indonesia: An Indonesia Oriented Group with an Arab Signature*(London and New York: Routledge, 2009)を参照せよ。

48　Ismail Fajrie Alatas, “Becoming Indonesians: The Bā ‘Alawī in the Interstices of the Nation,” *Die Welt des Islams* 51(2011): 45-74. 他の研究においても、アラウィーたちは独立後のインドネシア社会の中に充分に統合されてきたと指摘される。例えば、Arai Kazuhiro, “The *Sayyids* as Commodities: the Islamic Periodical *alKisah* and the *Sayyid* community in Indonesia,” in Morimoto Kazuo(ed.), *Sayyids and Sharifs in Muslim Societies: The Living Links to the Prophet*(London and New York: Routledge, 2012), 250 を参照。

取り組んでいく。ひとつは、イルシャードの「ハドラミー」や「アラブ人」という性質を相対化しながら、「イスラーム改革主義」の性質の意義を明らかにすることである。そのために本書は、この団体の設立者・指導者でありながらハドラミーではないスールカティーの存在に着目する。彼の思想をアラブ地域のイスラーム改革主義者のものと比較することでその特徴を提示するとともに、それがイルシャードの活動に及ぼした影響を検証していく[49]。また、アラウィー・イルシャーディー論争に関しても、ハドラミー・コミュニティ内の主導権争いという地域的な枠組みの中でのみ捉えるのではなく、中東アラブ地域のイスラーム改革主義運動との関連性も考慮に入れてその性質を検討したい。

本書のもうひとつの課題は、イルシャードの活動の分析から、アラブ人コミュニティがホスト社会に統合されていく過程とその要因を検証することである。本書はこの点に関して、イルシャードの「イスラーム改革主義」の性質が決定的な重要性を持っていたことを提示したい。アラブ人は、同じ外来東洋人に分類された華人と比べ、独立後に大きな軋轢を生むことはなかった[50]。彼らがプリブミの大多数と同じムスリムであることに鑑みれば、こうした検討は、イスラームがインドネシアの社会統合において果たした機能を考察する上でも意義があると思われる。さらに、近代の東南アジアにおいても、アラブ人たちがハイブリッド性やクレオール性、アイデンティティの複合性をどれほど保持していたのかを理解することにもつながるだろう。

Ⅲ. 史料と章構成

本章の最後に、この研究で利用した史料、章構成そして各章の概要につい

---

49 特に近年のハドラミー移民研究では、「アラブ人」と「ハドラミー」は同義語のように用いられている。本書では、ハドラミーではないアラブ人のスールカティーに焦点を当てているため、この2つの言葉を峻別する。

50 華人の社会統合の問題に関しては、以下の文献を参照せよ。Leo Suryadinata, *Pribumi Indonesians, the Chinese Minority and China*(Kuala Lumpur: Heinemann Educational Books(Asia), 1978); 貞好康志『華人のインドネシア現代史——はるかな国民統合への道』(木犀社 2016).

て述べる。本書が依拠した史料は、同時代の定期刊行物、オランダ植民地政庁の報告書、アラブ人団体の冊子、アラブ人の手による歴史書や自伝など多岐に渡る[51]。その中でも、ここでは主要な史料である東南アジア（東インドとシンガポール）のアラブ人の手によって編集・発行された「アラブ定期刊行物」について取り上げることにしたい。

ⅰ．アラブ定期刊行物

東南アジアのムスリム社会の中で、アラブ人たちは早い時期から出版・印刷業に携わり、特に20世紀前半には定期刊行物の編集・発行において大きな役割を果たした[52]。彼らは東南アジアのムスリム一般を読者対象とした定

51　本書が用いた20世紀前半のインドネシアのアラブ人コミュニティ、特にイルシャードに関する歴史書としては、主に次のものがあげられる。(1) サラーフ・アル＝バクリーの『ハドラマウト政治史』第2巻 Ṣalāḥ ʻAbd al-Qādir al-Bakrī, *Tārīkh Ḥaḍramawt al-Siyāsī*, vol. 1 (Cairo: Muṣṭafā al-Bābī al-Ḥalabī, 1936)、(2) 同じ著者による『インドネシアにおけるイルシャードの歴史』id., *Tārīkh al-Irshād fī Indūnīsiyā* (Jakarta: Jamʻīyat al-Irshād al-Islāmīya, 1992)、(3) ムハンマド・ヌールの編纂による『イルシャードとイルシャーディーたちのシャイフ、アフマド・ムハンマド・アル＝アンサーリー教授の歴史』Muḥammad Nūr b. Muḥammad Khayr al-Anṣārī Abū al-Anwār (ed.), *Tārīkh al-Irshād wa-Shaykh al-Irshādīyīn al-ʻAllāma al-Shaykh Aḥmad Muḥammad al-Anṣārī*, Ms, 1943、(4) ウマル・ナージーによる『インドネシアにおける改革と導きの革命史』第1巻 ʻUmar Sulaymān Nājī, *Tārīkh Thawrat al-Iṣlāḥ wa-l-Irshād bi-Indawnaysiyā* vol. 1., n.d. (3) は手稿のまま長い間未公刊であったが、2000年にアブー・シャウクによってクアラルンプールで校訂版が出版された。Aḥmad Ibrāhīm Abū Shawk (ed.), *Tārīkh Ḥarakat al-Iṣlāḥ wa-l-Irshād wa-Shaykh al-Irshādīyīn al-ʻAllāma al-Shaykh Aḥmad Muḥammad al-Sūrkittī fī Indūnīsīya* (Kuala Lumpur: Research Centre International Islamic University Malaysia, 2000). (4) は未公刊のままである。

52　スラバヤのアラブ人が経営していた印刷所が1853年に出版した石版本の宗教書は、ヨーロッパ人以外によるものでは東インドで現存する最も古い出版物である。Nico Kaptein, "An Arab Printer in Surabaya 1853," *BKI* 149/4 (1993): 352-356. 1910年代から1920年代の東インドのアラブ人たちによる出版・印刷活動については、Sumit K. Mandal, "Forging a Modern Arab Identity in Java in the Early Twentieth Century," in Jonge and Kaptein (eds.), *Transcending Borders*, 172-176 を参照。シンガポールでは、1906年に発行されたイスラーム改革主義の雑誌『イマーム *al-Imam*』や1930年代に最も流通した日刊紙『ワルタ・マラヤ *Warta Malaya*』にア

期刊行物に加え、自分たちのコミュニティ向けのものも数多く刊行した。ここではそれらを「アラブ定期刊行物」と総称することにする。アラブ定期刊行物は、東インドとシンガポールで発行されたものを併せると、これまでに50誌／紙以上の存在が確認されている[53]。

東インドで最初のアラブ定期刊行物として知られるのが、1914年にパレンバンで創刊された月刊誌『バシール *al-Bashīr*』である[54]。主筆のムハンマド・ビン・ハーシム Muḥammad b. Hāshim（1882-1960）は、ハドラマウトのタリームの近くにあるマスィーラで生まれた。彼は1907年に東インドに移住し、ジャーナリストや教育者として活躍した[55]。1914年にビン・ハーシムがジャムイーヤト・ハイルに教師として招かれてバタヴィアに移ったため、この定期刊行物もバタヴィアで発行されるようになった。『バシール』の誌面は、ムラユ語の部分とアラビア語の部分から構成されている。ムラユ語の部分には東インドのすべてのムスリム向けの内容が、アラビア語の部分には

ラブ人が関与していた。William R. Roff, *Bibliography of Malay and Arabic Periodicals Published in the Straits Settlements and Peninsular Malay States 1876-1941*（London: Oxford University Press, 1972）, 8-9, 43.

53　アラブ定期刊行物の定義については、新井和広「20世紀前半東南アジアのアラブ新聞・雑誌」『上智アジア学』19（2001）: 63-73に従った。シンガポールで発行されたものについては、ロフがリストのみを作成し、東インドで発行されたものについては、モビニ＝ケシェーがリストを作成するとともに内容の分析も行っている。上述の新井和広の研究では、両者の内容に基づいて補足・修正が加えられている。Roff, *Bibliography of Malay and Arabic Periodicals*, 59-61; Natalie Mobini-Kesheh, "The Arab Periodicals of the Netherlands East Indies, 1914-1942" *BKI* 152/2（1996）: 236-256. しかし、東南アジアのアラブ人たちの編集・発行した定期刊行物を論じた研究として最も詳しいのは、ザインによるものである。ただし、この研究では、アラブ定期刊行物だけでなく、『イマーム』のようなアラブ人たちがムスリム社会全体に向けて発行したものも取り上げられている。'Abd Allāh Yaḥyā al-Zayn, *Al-Nashāṭ al-Thaqāfī wa-l-Ṣuḥufī li-l-Yamanīyīn fī al-Mahjar: Indūnīsiyā-Malaiziyā-Singapūra, 1900-1950*（Damascus: Dār al-Fikr, 2003）.

54　Mobini-Kesheh, "The Arab Periodicals," 239.

55　ムハンマド・ビン・ハーシムの経歴については、Freitag, *Indian Ocean*, 270-275、及び彼の著作集、'Alī b. Anīs al-Kāf（comp. and commented）, *Mukhtārāt min Kitābāt Shaykh al-Ṣiḥāfa al-Ḥaḍramīya al-Ustādh Muḥammad b. Hāshim*（Tarīm: Tarīm li-l-Dirāsat wa-l-Nashr, 2008）, chapter 1を参照。

アラブ人コミュニティ向けの内容が掲載された。

シンガポールでも既に20世紀初めにアラブ定期刊行物が存在していたが、活発に発刊されるのは1930年代のことである[56]。シンガポールで発行されたアラブ定期刊行物は東インドにも流通し、記事の内容も東インド（インドネシア）に関するものが多い。1930年代のシンガポールにおけるアラブ人の人口は2,000人弱、英領マラヤ全体でも5,000人弱に過ぎず、むしろ読者の大半は東インドのアラブ人だったと推察される[57]。実際、シンガポールで発行されていた『ハドラマウトの声 *Ṣawt Ḥaḍramawt*』は、購読者の大多数が東インドに住んでいるという理由から、1941年にバタヴィアでの発行を試みている[58]。反対に、東インドで発行されたアラブ定期刊行物も、シンガポールやマラヤのアラブ人の間でも読まれ、さらにハドラマウトやその他の地域のハドラミーの移住地にまで流通していた[59]。

とはいえ、アラブ定期刊行物が対象とする読者は限られたものであり、発行部数は一般的な定期刊行物よりも少なかった。オランダ植民地期末期にプリブミが発行した有名なイスラーム系定期刊行物でも、発行部数は数千部である。アラブ定期刊行物の場合、それぞれ数百部程度が発行されていたと見積もられる[60]。大半の定期刊行物が短期間で廃刊になっていることは、発行

56　シンガポールでは、20世紀初頭に『アイヤーム *al-Ayyām*』（1906年）、『イスラーフ *al-Iṣlāḥ*』（1908年）、『ワタン *al-Waṭan*』（1910年）の3紙／誌が発行されていた。これらについては未読であるが、ザインの説明を読む限り、アラブ人コミュニティを対象に発行されたものと考えられる。Zayn, *Al-Nashāt al-Thaqāfī*, 205-209.

57　シンガポールと英領マラヤにおけるアラブ人の人口については、J. A. E. Morley, “The Arabs and the Eastern Trade,” *JMBRAS* 22/1（1949）: 175を参照。

58　“Ḥadīthī ilā al-Qurrā’: Ṣudūr Ṣawt Ḥaḍramawt min Batāwī,” *Ṣawt Ḥaḍramawt* 2/14（January 20, 1941）, 1.『ハドラマウトの声』は何度か長期間の休刊を挟んで発行された。発刊は1935年であるが、1941年1月20日に2年目、さらに1946年8月15日発行の号に3年目と記されている。Zayn, *Al-Nashāt al-Thaqāfī*, 223.

59　Mobini-Kesheh, “The Arab Periodicals,” 244-245.

60　Howard M. Federspiel, *Islam and Ideology in the Emerging Indonesian State: The Persatuan Islam（PERSIS）, 1923 to 1957*（Leiden, Boston, and Köln: E. J. Brill, 2001）, 92; Mobini-Kesheh, “The Arab Periodicals,” 244. ザインは、それぞれのアラブ定期刊行物の発行部数として数千部の数字をあげているが典拠が示されていない。Zayn,

部数の少なさに主な原因があると推察される。ただし、当時は一部の定期刊行物を知人や友人同士で共有することは普通であったし、アラブ人団体に付属する図書室では、定期刊行物を自由に閲覧することができた。さらに、アラブ人の学校で授業の教材として定期刊行物が用いられることもあった。そのため、実際の読者の数は、発行部数よりもはるかに多かったと想定される[61]。

アラブ定期刊行物に関して留意すべき点として、一概にアラブ人コミュニティを主な読者対象としていたと言っても、使用される言語には違いがあることである。正則アラビア語（フスハー）を用いたものが最も多いが、東インドで発行されたものには『バシール』のように正則アラビア語とムラユ語を併用しているものも目立つ。1920年代半ば以降になると、東インドではムラユ語（インドネシア語）のみを用いたアラブ定期刊行物も登場する。その一方、1930年代には、シンガポールの『キサース *al-Qiṣāṣ*』や東インド（インドネシア）の『バルフート *Barhūt*』のように、ごく少数ではあるがハドラマウト方言のアラビア語で表記された定期刊行物も発刊されている[62]。このような使用される言語の違いは、それぞれの定期刊行物の主筆や編者のアイデンティティやアラブ人コミュニティに対する認識の違いを反映していると考えられる。

アラブ定期刊行物のほとんどは、ジャムイーヤト・ハイル、イルシャード、インドネシア・アラブ協会など、何らかの団体に所属するメンバーによって編集・発行された。イルシャーディーたちが手掛けた最初のものは、1920年4月にスラバヤのイルシャード出版社 Maṭba‘at al-Irshād から発行された『サラーム *al-Salām*』である。この定期刊行物は、チュニジア出身のムハンマド・アル＝ハーシミー Muḥammad b. ‘Uthmān al-Hāshimī が編集を務め、週刊で発行される予定であった。しかし、ハーシミーと経営陣の間に見解の相

Al-Nashāṭ al-Thāqāfī, 209-210, 228-229, 261-263, 304-306.

61　Mobini-Kesheh, “The Arab Periodicals,” 244.

62　Mobini-Kesheh, “The Arab Periodicals,” 252; Zayn, *Al-Nashāṭ al-Thāqāfī*, 230. 270-271.『キサース』は編集者の交代に伴い、28号以降は正則アラビア語の表記になる。

違が生じたため、創刊号が出たのみで廃刊になってしまった。同じ出版社は、同年6月にマッカ出身のハサン・アッ＝スィカ Ḥasan b. ʻAlī al-Thiqa を編集者に据え、新たに『イルシャード *al-Irshād*』を創刊した。この定期刊行物は週刊で、翌年5月まで発行されたことが確認できる[63]。その後もイルシャーディーたちは、東インドの各地で多くの定期刊行物を編集・発刊している。

ここで留意すべき点として、イルシャーディーたちが編集・発行した定期刊行物は、必ずしもイルシャードの公式の機関誌ではなかったということがある[64]。例えば、『ダフナー *al-Dahnā'*』は、イルシャーディーたちが編集に関与し、イルシャードに関する情報を多く掲載している。しかし、この雑誌を発行したのは、スラバヤで活動していたプラナカンのアラブ人が結成した団体、ジャムイーヤ・タフズィービーヤ al-Jamʻīya al-Tahdhībīya（「教育協会」の意。以下、タフズィービーヤ）である[65]。また、シンガポールで発行された『フダー *al-Hudā*』の編集者アブドゥルワーヒド・アル＝ジーラーニー ʻAbd al-Wāhid al-Jīlānī は、自身はイルシャードの会員ではなく、『フダー』もイルシャードの機関誌ではないと度々断りを述べている。しかし、この雑誌は、アラウィー・イルシャーディー論争に関して明らかにイルシャードを支持する立場をとっている[66]。本研究でイルシャード系という表現を使う場合には、

63 Mobini-Kesheh, “The Arab Periodicals,” 249; Abū al-Anwār (ed.), *Tārīkh al-Irshād*, 134. ハーシミーは教育者としても活躍している。彼については第2章でも言及する。

64 モビニ＝ケシェーは、20世紀前半にイルシャードの機関誌は存在しなかったとしている。Mobini-Kesheh, “The Arab Periodicals,” 240. しかし、1933年にプカロンガンで発行された『イルシャード *al-Irshād*』は、「イルシャードのグループの機関誌（lisān ḥizb al-Irshād）」を名乗っている。この定期刊行物の発行は、1933年4月にスラバヤで開かれたイルシャードの大会で決定された。“Bi-sm Allāh al-Raḥmān al-Raḥīm,” *al-Irshād* 1 (July 1933): 1.

65 タフズィービーヤの活動については、第3章で取り上げる。

66 ジーラーニーはハドラミーではなく、父親はイラク人、母親はトルコ人で、1910年頃エジプトで生まれ、父親の仕事の関係でシンガポールに移住した。彼は第二次世界大戦の時にインドのカルカッタに渡りそこで没したと言われている。W. Harold Ingrams, “Report on tour to Malaya, Java and Hyderabad,” Typescript, Mukalla, 1940, 119; Yaʻqūb Yūsuf al-Ḥajjī, *Al-Shaykh ʻAbd al-ʻAzīz al-Rashīd: Sīrat Ḥayāt-hi* (Kuwayt: Markaz al-Buḥūth wa-l-Dirāsāt al-Kuwaytīya, 1993), 622.

これらの定期刊行物も含めることにする。

イルシャード系の定期刊行物のひとつとして、スールカティーが主筆を務めた『イスラームの至宝 *al-Dhakhīra al-Islāmīya*［*Azzachiratoel Islamijah*］』がある。これは月刊誌で、1923年8月から翌年5月まで全10号がバタヴィアで発行された。この雑誌には、アラビア語版とムラユ語版がある。ムラユ語版の編集には、スールカティーの高弟で長年にわたってイルシャードの要職を歴任したアブドゥッラー・バージュライ ʻAbd Allāh b. ʻAqīl Bā Juray が携わった[67]。2つの版の内容はほぼ同じであるが、アラビア語版が元であるためムラユ語版では抄訳になっていたり、掲載されていなかったりする部分が見受けられる。スールカティーは寡作で、『イスラームの至宝』以外に大部の著作を残していない。だが、イルシャード系の定期刊行物には、彼の論説、演説の記録、記者とのインタビューなどが掲載されている。また、イルシャーディーたちの編纂した歴史書にも、彼の著作や定期刊行物に掲載された論説等が収められている。

ii．章構成

本書は、序章に続いて、概ね時系列に従った6章の本論と終章から構成されている。以下では、各章の内容と各章の間の関係について簡単に説明しておく。なお、インドネシア史では、1920年代末にインドネシアという国民国家の概念が確立されたと理解されている[68]。そこで、本書では、それ以降の時期に関しては、オランダ領東インドではなくインドネシア、ムラユ語ではなくインドネシア語という表現を用いることにする。

67　アブドゥッラー・バージュライは1904年にバタヴィアで生まれ、イルシャードのバタヴィア校で学んだ。卒業後、彼はイルシャードのバタヴィア校の教師及び中央執行部の書記になるとともに、スールカティーの通訳兼秘書の役割を担った。Hussein Abdullah Badjerei, *Al-Irsyad Mengisi Sejarah Bangsa*（Jakarta: Penerbit Presto Prima Utama, 1996）, 44-46; id.［Ridwan Saidi（ed.）］, *Anak Krukut Menjelajah Mimpi, Sebuah Otobiografi*（Jakarta: LSIP, 2003）, 39-46; Mobini-Kesheh, *The Hadrami Awakening*, 65.

68　永積昭『インドネシア民族意識の形成』（東京大学出版会 1980）、第8章; Shiraishi, *An Age in Motion*, xi-xii; R. E. Elson, *The Idea of Indonesia: A History*（Cambridge: Cambridge University Press, 2008）, 64.

まず、第1章では、イルシャードの設立者・指導者であり、この団体の「イスラーム改革主義」の性質を中心的に担っていたスールカティーの東インド以前の経歴について論じたい。そこでは特に、彼が長期間滞在していたマッカに焦点を当て、彼の思想形成の背景と東インドに赴くことになった経緯について明らかにしたい。次に、第2章では、東インドにおけるアラブ人コミュニティの覚醒の動きと広域的なイスラーム改革主義運動との関係について考察する。そして、それを踏まえてイルシャードが結成された過程と結成時のこの団体の性格を検討し、その中でのスールカティーの位置づけを明示したい。続く第3章では、インドネシア・ナショナリズムが形成されていく20世紀初頭から1920年代後半までを対象に、イルシャードの活動を検討する。まず、東インドにおける公教育とイスラーム運動という観点から、アラブ人コミュニティ全体について論じる。その上で、この時期のスールカティーの教育に関する言説とイルシャードの教育活動について考察する。

1920年代末からオランダ植民地期の終わりまでの時期は、アラブ人コミュニティにとって大きな転機となる。まず、1930年半ばまでにアラウィー・イルシャーディー論争が収束に向かっていく。第4章では、1930年代前半に行われた中東アラブ地域の改革主義者たちによる論争の仲裁を取り上げる。それによって、この論争の性質を、「ハドラミー・コミュニティ内の主導権争い」という側面だけではなく、超地域的なイスラーム改革主義運動という文脈も考慮に入れて検討する。論争の収束に伴い、1930年代後半には、インドネシアかハドラマウトかという帰属意識の問題がアラブ人の間で主要な対立軸になる。第5章では、1920年代末からオランダ植民地期の終わりまでのアラブ人コミュニティの帰属意識と教育活動の状況を論じた後に、イルシャードが活動の方向性を決定していく過程を明らかにしていく。

1942年のオランダによる支配の終了後、日本軍政期と独立革命期を経て1950年代になると、インドネシアという新しい国民国家が整備されていく。第6章では、まず、この時期にアラブ人コミュニティの置かれた社会的な状況の変化を論じる。次に、それを踏まえて、1950年代のイルシャードの活動を検討し、この団体がホスト社会に統合されていく動きが決定的なものとなることを示す。

そして、終章では、イルシャードの変容に関して本研究の結論を述べるとともに、アラブ人のアイデンティティの構造とインドネシアにおける社会統合の原理について考察を加えることにしたい。

第1章

イスラーム改革主義運動の源流

イルシャードの設立者・指導者であるスールカティーとは、どのような背景を持った人物であろうか。彼がエジプトのイスラーム改革主義運動から多大な影響を受けたことはしばしば指摘されてきたとおりである。実際、東インドに来る以前から、彼はアブドゥフの著作や『マナール』を読んでいたとされる[1]。だが、彼がエジプトの改革主義者から直接教えを受けたわけではないということに注意しなければならない。スールカティーが20代から30代にかけて約15年間を学問修行のために過ごしたのは、ヒジャーズ地方の両聖都 al-Ḥaramayn、マッカとマディーナである。そのため、スールカティーの改革主義思想が形成された背景を探るためには、ヒジャーズ地方における活動を看過すべきではない。

本章では、スーダンから両聖都までのスールカティーの経歴を、特にマッカを中心に検討し、彼の思想形成の背景と彼が東インドにやって来ることになった経緯を明らかにしていく。スールカティーは、中東アラブ地域の改革主義運動の影響をインドネシアにもたらした先駆者とされる。彼の経歴を考察することは、インドネシアにおける改革主義運動全体の源流を考察する上でも意義があると言える。これまでの研究から、彼が両聖都で師事した人物については概ね判明している[2]。本章では、それらの研究に依拠しつつ、これまで見過ごされてきたマッカで展開していた教育改革運動とスールカティーとの関連性に着目したい[3]。以下ではまず、スールカティーの経歴を論じ

---

1 Noer, *The Modernist Muslim*, 64; Pijper, *Studiën over de Geschiedenis*, 110.

2 O'Fahey and Abu Salim, "A Sudanese in Indonesia," 68-72; Abushouk, "A Sudanese Scholar,"; id., "An Arabic Manuscript."

3 19世紀末から20世紀初めのマッカにおける教育活動に関して、以下のアラブ

る前に、19 世紀末から 20 世紀初めにかけて、東インドとマッカとの間に存在した学問ネットワークの重要性について説明しておきたい[4]。

I．東インドとマッカ

スールカティーが東インドに渡った前提として、マッカと東インドの間に巡礼者を介した緊密な学問ネットワークが存在していたことがあげられる。ここでは、19 世紀末から 20 世紀初めにかけての東インドからのマッカ巡礼と、マッカにおける教育活動の中心と見做されるハラーム・モスク al-Masjid al-Ḥarām について概観する。

i．ジャーワの巡礼者

イスラーム世界にはウラマーによる「知識を求める旅」の伝統が確立しており、それによって広範な地域に渡る学問ネットワークが形成されていた。東南アジアにおけるイスラーム化の進展とともに、現地の住民の間でさらなる学識を求めて中東アラブ地域へと渡る者たちが増加していった。東南アジアの様々な地域の出身者は、アラビア語で「ジャーワ（Jāwa）」（単数ではジャーウィー［Jāwī］）と総称された。ジャーワのムスリムにとって、20 世紀初頭までは、ヒジャーズの両聖都、とりわけ大巡礼の目的地であるマッカがイスラーム世界における学術活動の中心地であった[5]。

人による研究を利用した。これらの研究はいずれも資料集的な性格が強い。Abdullatif Abdullah［ibn］Dohaish, “A Critical and Comparative Study of the History of Education in the Hijaz during the Periods of Ottoman and Sharifi Rule Between 1869-1925,”（PhD dissertation, University of Leeds, 1974）; id.（‘Abd al-Laṭīf ‘Abd Allāh b. Duhaysh）, *Al-Katātīb fī al-Ḥaramayn al-Sharīfayn wa-Mā ḥawla-humā*（Makka: Maṭba‘at al-Nahḍa al-Ḥadītha, 1986）; Muḥammad ‘Abd al-Raḥmān Shamīkh, *Al-Ta‘līm fī Makka wa-l-Madīna Ākhir al-‘Ahd al-‘Uthmānī*（Riyad: n.d, 1973）.

4 東インドに来る以前のスールカティーの経歴についてはいくつかの記述が存在するが、以下では、実弟ナーッティー・スールカティー Sāttī Sūrkatī が、ムハンマド・ヌールの編纂したイルシャードの歴史書の中に著したものに主に依拠した。Abū al-Anwār（ed.）, *Tārīkh al-Irshād*, 9-13. 後述のように、後にサーッティーは兄に呼ばれて東インドに渡り、イルシャードの教育活動に参加している。

もちろん、アズハル al-Azhar やダール・アル＝ウルーム Dār al-ʻUlūm（1871年に開設された師範学校）を擁するエジプトのカイロも、スンナ派イスラーム世界における重要な学術活動の中心地である。しかし、19世紀末までの東南アジアとエジプトの関係は、間接的・限定的なものにとどまっていた。両聖都で学ぶジャーワの学生の中にはアズハルの教授と接触を持つ者もいたが、エジプトに滞在する者は多くなかった。アズハルに付設するジャーワの学生のための宿泊施設（riwāq al-Jāwa）に居住する者の数は、19世紀末にはごく僅かであった[6]。オランダ人の東洋学者スヌック・ヒュルフローニェ（1857-1936）の指摘によれば、ヘディーヴ・イスマーイール Khedīv Ismāʻīl（在位1863-1879）の時代に進んだ西欧化と1882年のイギリスによるエジプト占領のせいで、東インドのムスリムにとってカイロの権威はマッカと比べて低下していた[7]。東南アジアのムスリムの留学先としてカイロの重要性が高まるのは、20世紀に入ってからのことである[8]。

その一方、東インドとマッカの関係は、特に19世紀末から20世紀初めにかけての巡礼者の急激な増加に伴って緊密さを増していた。年によってかなりのばらつきがあるものの、東インドからの巡礼者の数は、1860年代から1880年代までは毎年3,000人台から5,000人台で推移していた。それが、

5　イスラーム世界においてウラマーが形成した伝統的な学問ネットワークについては、湯川武「ウラマー遊学の世界」柴田三千雄他編『歴史のなかの地域』（シリーズ世界史への問い8）（岩波書店 1990）、225-248に概要が述べられている。東南アジアからの巡礼者は、遅くとも16世紀には存在していた。Eric Tagliacozzo, *The Longest Journey: Southeast Asians and the Pilgrimage to Mecca*（Oxford: Oxford University Press, 2013）, chapter 1. 17から18世紀の東南アジアと両聖都との学問ネットワークについては、Azra, *The Origins of Islamic Reformism* で論じられている。

6　Mona Abaza, *Indonesian Students in Cairo: Islamic Education, Perceptions and Exchanges*（Paris: Association Archipel, 1994）, 38-39; Michael Laffan, “An Indonesian Community in Cairo: Continuity and Change in a Cosmopolitan Islamic Milieu,” *Indonesia* 77（2004）: 3-4.

7　C. Snouck Hurgronje［J. H. Monahan（tr.）］, *Mekka in the Latter Part of the 19th Century*（Leiden and Boston: E. J. Brill. 2007［1931］）, 201.

8　William R. Roff, “Indonesian and Malay Students in Cairo in the 1920’s,” *Indonesia* 9（1970）: 74. 本書第5章も参照。

1890年代には毎年6,000人から8,000人程度にまで増加し、1910年代初めにはしばしば20,000人以上にまで達した。アラビア半島から地理的に遠く離れているにも拘らず、東インドのムスリムは海外からの巡礼者全体の中でもかなりの割合を占めるようになった。その数は、年によっては全体の2割以上、最大で5割とさえ見積もられる[9]。

巡礼者が増加した背景としては、まず東インドの経済的発展によって現地住民の現金収入が増加し、巡礼の費用を賄える社会層があらわれたことがあげられる。また、スエズ運河の開通後、インド洋での汽船の利用が拡大し、さらに1880年代以降にオランダとイギリスの汽船会社が巡礼者の輸送業に参入したことで交通が容易になった。これらに加え、オランダ植民地政庁による巡礼に対する制限が緩和されたことも指摘できる。オランダ植民地政庁は、19世紀末までは、巡礼者を反植民地主義運動の芽となる危険分子と見做してマッカ巡礼を制限していた。だが、原住民問題顧問官に任命されたスヌック・ヒュルフローニェの提言もあって、20世紀初めに巡礼の規制は緩和された[10]。

巡礼者の中でも、東南アジアとマッカとの間の学問ネットワークにとって

---

9 Jacob Vredenbregt, "The Haddj: Some of its Features and Functions in Indonesia," *BKI* 118(1962): 148-149; 國谷徹「19世紀末の蘭領東インドからのメッカ巡礼について——巡礼パスポート制度の展開過程を中心に」『日蘭学会会誌』29/1(2004): 16-17. フレーデンブレフトによれば、ヒジュラ暦1296年（1878/1879年）から1358年（1939/1940年）までの期間では、以下の年に東インドからの巡礼者の数が海外からの巡礼者全体の2割を超えている。1897/98年（20.6%）、1898/99年（21.1%）、1911年（28.7%）、1911/12年（22%）、1912/13年（27.2%）、1913/14年（50%）、1919/20年（24.9%）、1920/21年（47.4%）、1922/23年（25.5%）、1923/24年（43.4%）、1926/27年（42.6%）、1927/28年（43.7%）、1928/29年（36.5%）、1929/30年（39.2%）、1930/31年（42.5%）、1939/40年（20.8%）。ただし、彼も述べているように、この数字は、オランダ植民地政庁の報告に基づく公式のものである。巡礼者の中には、植民地当局が把握していない者も多かったと考えられる。Vredenbregt, "The Haddj," 146.

10 Ibid., 113-121; 國谷「19世紀末の蘭領東インドからのメッカ巡礼について」、15-26. スヌック・ヒュルフローニェは、一般の巡礼者と後述の長期滞在者を区別するべきだとし、前者に対する制限を撤廃するべきだと唱えた。Snouck Hurgronje, *Mekka*, 258-260, 310-311.

重要なのは、長期滞在者（Ar. muqīm）の存在である。彼らの多くは学生や教師であり、一度の巡礼だけを目的とするのではなく、数年間、もしくは永続的にマッカに滞在した[11]。20世紀初頭には、ジャーワの長期滞在者は、マッカの人口の大きな割合を占めるようになっていた。1909年にエジプトのヘディーブ、アッバース・ヒルミー2世 ‘Abbās Ḥilmī al-Thānī（在位1892-1914）のマッカ巡礼に同行したバタヌーニー Muḥammad Labīb al-Batanūnī は、ジャーワの数を15,000人と伝えている。これはマッカの全人口15万人の1割に相当する。その数年後にジッダのオランダ領事館が行った調査によれば、12歳より年少の子供を除いたマッカにおける東インド出身者の数は約5,600人であった。したがって、ジャーワのコミュニティを構成したその他の多数の者は、マッカの長期滞在者の子孫であったと推察される[12]。

ジャーワの長期滞在者は、彼らの中から20世紀前半に東インドで活躍するイスラーム指導者の第一世代の多くが輩出された点でも注目すべきである。例えば、ムハマディヤの設立者アフマド・ダフラン Ahmad Dachlan（1868-1923）とナフダトゥル・ウラマーの初代総裁ハシム・アシュアリ Hasjim Asj’ari（1871-1947）は、いずれも19世紀末から20世紀初頭にかけてマッカに数年間滞在して学問を修めた。彼らはいずれもジャワの出身であるが、その他にも特に西スマトラ出身の多くのムスリムがこの時期にマッカで学んでいる。代表的な人物としては、この地域における最初のイスラーム系定期刊行物『ムニール *al-Munir*』を発行し、イスラーム教育の改革にも取り組んだアブドゥッラー・アフマド Abdullah Ahmad（1878-1933）や、同じく教育者で、『ムニール』の発行に協力し、ムハマディヤの活動を西スマトラに広めたことでも知られるハジ・ラスル Hadji Rasoel（1879-1945）らがあげられる[13]。

11　Snouck Hurgronje, *Mekka*, 273.

12　Muḥammad Labīb al-Batanūnī, *Al-Riḥla al-Ḥijāzīya li-Walī al-Ni‘am al-Ḥājj ‘Abbās Ḥilmī Bāshā al-Thānī Khidīw Miṣr*, 2nd ed.（Cairo: Maṭba‘t al-Jamālīya, 1911）, 40; “De Djawakolonie en de Mystieke Broederschappen in Mekka,” *Indische Gids* 37/1（1915）: 538.

13　Noer, *The Modernist Muslim*, 38-39, 73-74, 229. ハジ・ラスルは、本名をアブドゥルカリム・アムルッラー Abdul Karim Amroellah という。彼については以下の伝記がある。Hamka, *Ayahku: Riwayat Hidup Dr. H. Abdul Karim Amrullah dan Perjuan-*

これらの人物がマッカに滞在していた時期の中東アラブ地域では、既にイスラーム改革主義運動が興隆していた[14]。改革主義を掲げるムスリムたちは、先行するウラマーの見解への盲目的なタクリード（taqlīd, 追従すること）こそが、変化する時代への対応力を失わせている原因であると批判した。彼らは、明確な規定のない事柄については、クルアーンやスンナ（sunna, 預言者ムハンマドの慣行）をはじめとする法源に立ち返ってイジュティハード（ijtihād, 自ら解釈して結論を得ること）を実践する必要性を訴えた。さらに、法学派が分立した状態はイスラーム世界を分裂させ衰退に導いた要因と見做され、そのことはスンナ派四法学派の個々の権威の否定につながった。改革主義運動の中では、イスラームの純化・正統化が唱えられ、その一神教的性格が強調された。そのため、聖者崇敬、スーフィズムの教義、タリーカ（tarīqa, スーフィー教団）の実践・儀礼などの一部は、多神教（sirk）につながるビドア（bid'a, 逸脱）として排斥された。その一方で、この運動は近代主義的な側面も持ち合わせており、宗教を補うものとして理性（'aql）が重視され、近代科学とイスラームは対立しないと主張された。

ここで注意すべきなのは、イスラーム改革主義運動について考える際に伝

---

gan Kaum Agama di Sumatera, 4th ed.（Jakarta: UMMINDA, 1982）. シンガポールで発行され、『ムニール』のモデルとなった定期刊行物『イマーム』の編集者ムハンマド・ターヒル・ビン・ジャラールッディーン Muhammad Tahir bin Jalaluddin とムハンマド・ターハー Muhammad Taha もマッカで学んだ。『イマーム』と『ムニール』についての情報は、Azyumardi Azra, "The Transmission of *al-Manār's* Reformism to the Malay-Indonesian World: The Cases of *al-Imam* and *al-Munir*," *SI* 6/3（1999）: 77-100 にまとめられている。20 世紀前半のマラヤにおけるイスラーム運動でも、ジャーワの長期滞在者は大きな役割を果たしている。Mohammad Redzuan Othman, "The Role of Makka-Educated Malays in the Development of Early Islamic Scholarship and Education in Malaya," *Journal of Islamic Studies*, 9/2（1998）: 146-157.

14　以上の近代のイスラーム改革主義運動の特性に関しては、次の文献に基づく。小杉泰『現代中東とイスラーム政治』（昭和堂 1994）、109-122; 中村廣治郎『イスラームと近代』（岩波書店 1997）、第 2 章; 大塚和夫『近代・イスラームの人類学』（東京大学出版会 2000）、第 10 章; ワーエル・B・ハッラーク（黒田壽郎訳）『イスラーム法理論の歴史——スンニー派法学入門』（書肆心水 2011）、294-320.

統派と改革派という枠組みを過度に単純化して用いるべきではないということである。改革主義を掲げる者たちの間にも、少なからぬ見解の相違が認められる。さらに、伝統派のムスリムの多くも、新しい時代に対応するために改革主義運動の要素を取り入れていった。確かに、伝統派のムスリムは、スンナ派四法学派の枠組みを擁護し、イジュティハードの実践には慎重な立場をとった。だが、彼らも、イスラームからの逸脱と見做され得るような教義・慣行には批判的な態度をとるようになる一方で、西欧起源の近代的な技術も積極的に活用し、イスラーム教育の改革にも取り組んでいった。

中東アラブ地域におけるイスラーム改革主義運動の中心地は、アブドゥフやリダーが活動したエジプトのカイロであった。だが、東インドのムスリムは、まずは緊密な関係にあったヒジャーズから新しい運動の影響を受け始めた。ジャーワの長期滞在者の中には、何十年にも渡りマッカに滞在して学問を修め、東南アジア出身者の枠を超えてウラマーとしての名声を博する者がいた。これらのジャーワのウラマーの思想の一部には、改革主義につながる要素が認められる。彼らのもとでは多くのジャーワの巡礼者が学び、帰国後にその影響を東南アジア各地に広めていった。19世紀後半から20世紀初頭にマッカで活躍したジャーワのウラマーとしては、特に次の3名が知られている。

ひとりは、西ジャワのバンテン出身のムハンマド・ナワーウィー・アル＝バンタニー Muḥammad Nawāwī al-Bantanī（1813-1897）である。ナワーウィーはハラーム・モスクでは講義を持っていなかったものの、彼の自宅には東南アジアから多くの学生が教えを請いに集まった。また、彼には非常に多くのアラビア語の著作があり、それらは中東各地で出版されていたため、その名前はアラブ人の間でも広く知られていた[15]。ナワーウィーは、タリーカの教

15　ナワーウィーに関しては、小林寧子『インドネシア――展開するイスラーム』（名古屋大学出版会 2008）、155-157、及び以下の伝記集の記述を参照。ʻUmar ʻAbd al-Jabbār, *Siyar wa-Tarājim Baʻḍ ʻUlamāʼ-nā fī al-Qarn al-Rābiʻ ʻashr li-l-Ḥijra*, 3rd ed.（Jeddah: al-Kitāb al-ʻArabī al-Saʻūdī, 1982）, 288; ʻAbd Allāh Mirdād Abū al-Khayr［Muḥammad Saʻīd al-Amūdī and Aḥmad ʻAlī（eds.）］, *Al-Mukhtaṣar fī Kitāb Nashr al-Nūr wa-l-Ẓahar fī Tarājm Afāḍil Makka fī al-Qarn al-ʻĀshir wa-l-Rābiʻ ʻashar*（Jeddah: ʻĀlam al-Maʻrifa, 1982）, 504. 彼には約100冊のアラビア語の著作があり、

義を公然と批判することはなく、政治的な問題からも距離を置き、全体的には伝統主義の枠内にとどまっていたと評価される[16]。ただし、彼の著したクルアーン解釈書『輝ける啓典解釈 *al-Tafsīr al-Munīr*』には、理性の行使の重視など改革主義につながる要素も認められることが指摘されている[17]。

次に、西スマトラのミナンカバウ地方出身のアフマド・アル＝ハティーブ・アル＝ミナンカバーウィー Aḥmad b. ʻAbd al-Laṭīf al-Khaṭīb al-Minankabāwī（1860-1916）があげられる。ハティーブは、ナワーウィーの没後にジャーワの主要なウラマーとして台頭した人物である。彼はハラーム・モスクで講義を開き、ハティーブ（khaṭīb, 説教師）やシャーフィイー学派のイマーム（imām, 礼拝の導師）にも任命された。ハティーブは、母系制社会であるミナンカバウのアダット（adat, 慣習法）、オランダによる植民地主義、そして一部のタリーカの教義を糾弾したことで知られている。ハティーブ自身はシャーフィイー学派の立場を堅持し、エジプトの改革主義運動と直接的な関係を持っていたわけではなかった。だが、自分の弟子たちがアブドゥフの著作を読むことは認めていた[18]。

そして三人目が、東ジャワのトレマスの出身のマフフーズ・アッ＝タルマスィー Maḥfūẓ b. ʻAbd Allāh al-Tarmasī（1869-1919）である。タルマスィーもハラーム・モスクで講義を持ち、東南アジア出身者だけでなく、アラブ人やインド人の弟子もとった。ナワーウィーと同じく、彼も伝統主義のウラマーと評価されているが、ハディース学（ʻilm al-ḥadīth）を修め、ジャーワのウラマーとして初めて法源学（ʻilm uṣūl al-fiqh）を専門とした点で注目すべきである。これら 2 つの学問は、インドネシアでは 19 世紀終わりまでほとんど教

そのうちの 41 冊が出版された。

16　Snouck Hurgronje, *Mekka*, 287-292.

17　A. H. Johns, “Quranic Exegesis in the Malay World: In Search of a Profile,” in Andrew Rippin (ed.), *Approaches to the History of the Interpretation of the Qur'ān* (Oxford: Clarendon Press, 1988), 267-273.

18　ハティーブの経歴については、ʻAbd al-Jabbār, *Siyar wa-Tarājim*, 38-43、特に彼の思想については、Laffan, *Islamic Nationhood*, chapter 5 を参照。1821 年から 1837 年に西スマトラで起こったパドリ戦争の際に、オランダはミナンカバウ社会の中でアダットを支持する貴族たちに与した。そのため、アダットへの批判は、反植民地主義を意味することにもなった。

えられることはなかった。だが、改革主義運動の中で法源を独自に理解する必要性が唱えられるようになると、これらの2つの学問はクルアーン解釈学（'ilm al-tafsīr）とともに重視されるようになった[19]。これらの学問は、タルマスィーの弟子によって伝統派のムスリムの教育にも取り入れられていった。

ii．ハラーム・モスク

マッカにおける教育活動の中心であり、東南アジアはもちろん、世界全域から多数のムスリムの学生が集まってきたのがハラーム・モスクである。イスラームに改宗し、アブドゥルガッファール 'Abd al-Ghaffār と名乗って1884年から翌年にかけて約半年間マッカに滞在したスヌック・ヒュルフローニェは、ハラーム・モスクについて詳細な記述を残している。彼は、このモスクを「大学」と呼び、その組織を一種の「ギルド」に準えている[20]。

この「大学」の学長に相当するのがウラマー長（shaykh al-'ulamā'）であり、当時ヒジャーズ地方を統治していたオスマン政府によって任命された[21]。オスマン帝国の公式法学派はハナフィー学派であるが、この役職にはマッカのシャーフィイー学派のムフティー（muftī, 法勧告を出す資格を持つ学者）が就くことが多かった。これは、ヒジャーズ地方を含むアラビア半島では、シャーフィイー学派が優勢だったためである[22]。スヌック・ヒュルフローニェの滞在中にウラマー長の地位にあったアフマド・ブン・ザイニー・ダフラーン Aḥmad b. Zaynī Daḥlān（1826-86）も、シャーフィイー学派のムフティーを兼

19　Martin van Bruinessen, "Kitab Kuning: Books in Arabic Script Used in the Pesantren Milieu," *BKI* 146(1990): 237, 250; 小林『インドネシア』、159-160. タルマスィーについては、'Abd al-Jabbār, *Siyar wa-Tarājim*, 28-287 に短い伝記がある。近代におけるハディース学の重視については、Daniel W. Brown, *Rethinking Tradition in Modern Islamic Thought*(Cambridge: Cambridge University Press, 1996), chapter 6 に詳しい。

20　スヌック・ヒュルフローニェによるハラーム・モスクの記述については、Snouck Hurgronje, *Mekka*, chapter 3 を見よ。

21　ウラマー長に関しては、ibid., 189-195 で説明されている。ウラマー長は、教授全体への贈り物の分配、教授の任命、外部世界、特にオスマン政府に対するマッカのウラマー界の代表、ハラーム・モスクの教育の監督といった職務を担った。

22　Ibid., 189.

ねていた。同学派を信奉する東南アジアのムスリムにとって、彼のような人物は宗教的な権威であった。ダフラーンは、東南アジアのムスリムからの要望に応じて、非常に多くのファトワー（fatwā，法勧告）を出している。また、東南アジアのムスリムは、マッカ巡礼を機に名前をアラブ人風に変えることを好んだが、ダフラーンは命名者としても人気が高かった[23]。

ウラマー長の監督下には多数の教授が登録されており、彼らにはオスマン政府から給与が支払われた[24]。ハラーム・モスクの教授になるには、ウラマー長か彼の代理人が主宰する公開の試験に合格する必要があった。ただし、スヌック・ヒュルフローニェによれば、受験者はウラマー長によって恣意的に選ばれ、試験に落ちる者はいなかった。つまり、試験とは言っても、「ギルド」の一員となるための儀式に過ぎなかったようである[25]。19 世紀末のハラーム・モスクには、100 名以上の教授が登録されていたが、普段から講義を行っていたのは半数程度の 50 から 60 名だけだったとされる[26]。教授のうち、シャーフィイー学派の者が約半分を、ハナフィー学派の者が約 3 分の 1 を占めていた[27]。この 2 つの法学派と比べると、19 世紀のマッカではマーリク学派やハンバル学派の存在感は小さかった[28]。

23　東南アジアのムスリムからの要望に応じて、19 世紀後半にマッカのウラマーが発行したファトワーを集めた『貴重なるものの諸要件 *Muhimmāt al-Nafā'is*』には 130 件のファトワーが収められている。そのうち 89 件がダフラーンによるものである。Nico Kaptein (introduced and presented), *The Muhimmāt al-Nafā's: A Bilingual Meccan Fatwa Collection for Indonesian Muslims from the End of the Nineteenth Century* (Jakarta: INIS, 1997). 東南アジアのムスリムによる改名の慣習については、Snouck Hurgronje, *Mekka*, 252-253 を参照。

24　ただし、スヌック・ヒュルフローニェによれば、ハラーム・モスクの教授資格を得てもしばらく待たなければ給与は支払われなかった。Snouck Hurgronje, *Mekka*, 189.

25　Ibid., 189-190.

26　1886 年の『ヒジャーズ州年鑑 *Hicâz Vilâyeti Sâlnâmesi*』によれば、ハラーム・モスクの教授数は 107 名であった。Shamīkh, *Al-Ta'līm fī Makka wa-l-Madīna*, 11. しかし、スヌック・ヒュルフローニェは、この数には名前が登録されているだけの者も多数含まれているとしている。Snouck Hurgronje, *Mekka*, 199.

27　Ibid., 200.

28　Ibid., 197. オスマン政府はしばしばこの 2 つの法学派の役職を任命しないこと

それでは、当時のハラーム・モスクでは、どのような教育が行われていたのであろうか。これより前の18世紀のアラビア半島では、両聖都を中心に初期イスラームへの回帰を目指す純化主義運動が盛んであった。預言者ムハンマドの生涯や初期イスラーム共同体への関心が高まり、ハディース研究が活発に行われた。その中から、ムハンマド・ブン・アブドゥルワッハーブ Muḥammad b. ʻAbd al-Wahhāb（1703-91）による有名なワッハーブ主義運動もあらわれた。また、アフマド・ブン・イドリース Aḥmad b. Idrīs（1750 or 60-1837）とその弟子に代表されるクルアーンとスンナを重視する改革主義的なスーフィーの活動、いわゆる「ネオ・スーフィズム」も興った[29]。しかし、19世紀になると、両聖都の学術活動は保守的な傾向が強まっていた[30]。このことは、ハラーム・モスクにおける教育活動にも当てはまる。

19世紀末にハラーム・モスクで教えられていた学問は、クルアーン解釈学、ハディース学、神学（ʻilm al-kalām）（もしくは教義［ʻilm al-ʻaqīda］）、法学（ʻilm al-fiqh）、法源学、スーフィズム（taṣawwuf）といった宗教諸学と、語形変化論（ʻilm al-ṣarf）、統語論（ʻilm al-naḥw）、修辞学（ʻilm al-balāgha）といったアラビア語諸学が中心である。天文学（ʻilm al-falāk）や算術（ḥisāb）といった非宗教科目も教えられていたが、西欧起源の近代的な学問が教えられていたわけではなかった[31]。これらの学問のうち、ジャーワの学生が主に学んだのは、アラビア語諸学と、法学、神学、そしてスーフィズムであった[32]。20世紀以前の東南アジアにおける伝統的なイスラーム教育は、これらの学問が中心を占めていた[33]。

さえあった。William Ochsenwald, *Religion, Society and the State in Arabia: the Hijaz under the Ottoman Control, 1840-1908*（Columbus: Ohio State University Press, 1984）, 41.

29 「ネオ・スーフィズム」という分析概念とそれに対する批判やこの概念の有効性については、大塚和夫「ネオ・スーフィズム論争とその射程」赤堀雅幸・東長靖・堀川徹編『イスラームの神秘主義と聖者信仰』（イスラーム地域研究叢書7）（東京大学出版会 2006）、137-158で紹介されている。

30 John Obert Voll, *Islam: Continuity and Change in the Modern World*, 2nd ed.（Syracuse and New York: Syracuse University Press, 1994）, 126-129.

31 Shamīkh, *Al-Taʻlīm fī Makka wa-l-Madīna*, 11-12; Snouck Hurgronje, *Mekka*, 202-216.

32 Snouck Hurgronje, *Mekka*, 281, 294.

ハラーム・モスクでは、ほとんどの教授たちによる教育方法も、伝統的なイスラーム教育の枠内にとどまっていた。講義は、モスク内の様々な場所に学生が教授を囲んで車座になるハルカ（ḥalqa,「輪」の意）がつくられて行われた。無料で誰でも講義を受けることができ、学級や学年に分かれていなかったため、年齢の大きく離れた学生が一緒に学ぶことも珍しくなかった。カリキュラムは定められておらず、講義の内容（すなわちどの書物を学ぶのか）は教授の専門と生徒の能力によって決められた。ほとんどの教授は、高名なウラマーの著作やその注釈書（sharḥ）や脚注（ḥāshiya）の内容を字句通り読み上げるだけで、独自の講義内容や教科書を作成する者は少なかった[34]。

スヌック・ヒュルフローニェは、マッカは東インドのムスリム社会に「精神的な滋養」を与え、近代的なコミュニケーションの手段の発達は、その動きを促進したと述べている[35]。事実、マッカからの「精神的な滋養」を得た長期滞在者が、20世紀前半に東インドのイスラーム指導者の第一世代として活躍している。ただし、マッカにおける教育活動の中心であるハラーム・モスクからは、改革主義運動の源流となる要素を見出すことは難しい。

Ⅱ．マッカの教育改革運動とスールカティーの経歴

ここで見過ごすべきでないのは、マッカにおける教育活動がハラーム・モスクだけに限られていたわけではなかったということである。「民間の(ahlī)」教育機関も存在し、19世紀後半になると、それらの中から教育改革運動が起こり始めた。そして、スールカティーの経歴からは、彼も教育改革運動と密接な関係を持っていたことが認められるのである。

33　Martin van Bruinessen, “Pesantern and Kitab Kuning: Continuity and Change in a Tradition of Religious Learning,” in Wolfgang Marschall (ed.), *Texts from the Islands: Oral and Written Traditions of Indonesia and the Malay World* (Berne: University of Berne Institute of Ethnology, 1994), 122-125. 東インドにおける伝統的なイスラーム教育については、第2章で説明する。

34　Snouck Hurgronje, *Mekka*, 202-204; Shamīkh, *Al-Ta'līm fī Makka wa-l-Madīna*, 52; Bruinessen, “Pesantren and Kitab Kuning,” 135.

35　Snouck Hurgronje, *Mekka*, 277.

ⅰ．教育改革運動

マッカで活動するウラマーの多くは、ハラーム・モスクでの教授資格の有無とは関係なく、クッターブ（kuttāb, クルアーン学校）やマドラサ（madrasa, 学院）を開いていた[36]。クッターブが読み書きやクルアーンの初歩的な読誦などを児童に教えるのに対して、マドラサではイスラーム諸学に関する専門的な教育が行われるとされるが、実際の両者の境目は曖昧である[37]。ハラーム・モスクと異なり、これらの民間の教育機関の教師には、オスマン政府からの給与は支払われていなかった。クッターブやマドラサの運営は、生徒からの授業料、篤志家による寄付、そしてワクフ（waqf, 寄進財産）によって支えられていた。ヒジュラ暦1301年（1883/84年）に行われたオスマン政府の国勢調査によれば、マッカには33のクッターブと4つのマドラサがあった。これらの数は、ヒジュラ暦1309年（1891/92年）にはそれぞれ43と6に増加している[38]。

クッターブやマドラサの重要性は、ハラーム・モスクと比べても決して劣るものではなかった。ひとつには、前述のナワーウィーのように、高名で優れたウラマーであってもハラーム・モスクで講義を持たない場合があったからである[39]。そしてもうひとつの理由として、マッカにおける教育改革運動

36　19世紀のヒジャーズには、オスマン政府による西欧式の新式学校も開設されていたが、東インドなど外部から来たムスリムには直接は関係しないためここでは取り上げない。その他の学術活動としては、ハラーム・モスクでの講義が休みになる木曜日と金曜日に著名なウラマーの家で開かれた集会（majālis）があげられる。Shamīkh, *Al-Taʻlīm fī Makka wa-l-Madīna*, 115-116.

37　イブン・ドゥハイシュの研究を見る限り、この時期のマッカのクッターブは、学生数が数十名から100名程度である。ただし、アーリフ・ヒクマ ʻĀrif Ḥikma やムハンマド・アル＝イバーディー Muḥammad al-ʻIbādī の開いたクッターブのように大規模なものになると、初等マドラサ（madrasa taḥḍīrīya）と変わらなかったとされる。Ibn Duhaysh, *Al-Katātīb fī al-Ḥaramayn*, 24-25.

38　Shamīkh, *Al-Taʻlīm fī Makka wa-l-Madīna*, 29. ただし、ここであげられているマドラサの数には有名なものしか含まれておらず、実際にはもっと多かったと推察される。

39　スヌック・ヒュルフローニェによれば、ナワーウィーにハラーム・モスクで教えない理由を尋ねると、服装や外見の醜さがハラーム・モスクのアラブ人の教授

を先導したことがあげられる。19 世紀半ばまでマッカにおける教育活動は停滞しており、ハラーム・モスク以外の教育機関はほとんど存在しなかった[40]。しかし、19 世紀後半になると、西欧の学校制度を取り入れた近代的なマドラサを開設する動きがあらわれる。その端緒としてあげられるのが、サウラティーヤ学院 al-Madrasa al-Ṣawlatīya の登場である。このマドラサは、インド北部カイラーナ出身のウラマー、ラフマトゥッラー・アル＝ウスマーニー Raḥmat Allāh al-'Uthmānī（1811/12 or 1818-90/91）によって 1874 年に開設された[41]。

設立者の出身地が示すように、サウラティーヤ学院はインドにおける改革主義運動と関係が深い。ラフマトゥッラーは、1867 年にデーオバンド学院 Dār al-'Ulūm Deobandī を開設したウラマーの系譜に位置づけられる人物である。彼は、1850 年代にプロテスタントのドイツ人宣教師プファンデル Reverend K. G. Pfander との間で宗教論争を繰り広げたことで知られる。彼自身は、1857 年の大反乱が鎮圧された際にインドを離れたが、サウラティーヤ学院は、インド出身者から資金援助を受けたり、インド出身の教師を多数雇ったりするなど設立者の出身地との関係を維持していた。ヒジュラ暦 1331 年（1912/13 年）に教育内容の改革が検討された際には、このマドラサの校長がインドに赴き、ラクナウーのナドワトゥル・ウラマー Nadwat al-'Ulama のマドラサを参考にした[42]。

とは釣り合わないためだと彼は答えた。また、ナワーウィーは、その時点で約 30 年間マッカに滞在していたが、アラビア語の会話は不得手だったとされる。Snouck Hurgronje, *Mekka*, 290.

40 Dohaish, "A Critical and Comparative Study," 28-30; Bruinessen, "Pesantren and Kitab Kuning," 135.

41 ラフマトゥッラー・アル＝ウスマーニーについては、'Abd al-Jabbār, *Siyar wa-Tarājim*, 108-112; A. A. Powell, "Maulānā Raḥmat Allāh Kairānawī and Muslim-Christian Controversy in India in the Mid-19th Century," *Journal of the Royal Asiatic Society of Great Britain and Ireland* 1 (1976): 42-63; Barbara Daly Metcalf, *Islamic Revival in British India: Deoband, 1860-1900* (Princeton and New Jersey: Princeton University Press, 1982), chapter 5 を参照せよ。サウラティーヤという名称は、このマドラサのために土地を寄進したサウラト・アン＝ニサー Ṣawlat al-Nisā' という女性に因むものである。

42 Shamīkh, *Al-Ta'līm fī Makka wa-l-Madīna*, 40, 44-45. ナドワトゥル・ウラマーは、

サウラティーヤ学院の登場後、マッカでは同じような近代的なマドラサが次々と開設されていった。まず、サウラティーヤ学院で教師をしていたインド出身のアブドゥルハック ʿAbd al-Ḥaqq が独立し、1879年にファフリーヤ学院 al-Madrasa al-Fakhrīya を開いた[43]。このマドラサは、ハイダラーバード藩王国の統治者であるウスマーン・アリー・ハーン・ニザーム ʿUthmān ʿAlī Khān Niẓām（1886-1967）から多額の資金援助を受けた[44]。さらに、1886年には、ベンガル出身のアブドゥルハーリク ʿAbd al-Khāliq によってイスラーミーヤ学院 al-Madrasa al-Islāmīya が開設された[45]。アブドゥルハーリクは教育に関心を持つ裕福な人物で、ラフマトゥッラーから助言を得てマドラサを開いた。ただし、このマドラサは、学生数20名ほどと小規模な上に、近代的なマドラサと呼ぶほどには制度化も進んでいなかったようである。

20世紀に入ると、マッカにおける近代的なマドラサを開設する動きは、インド出身者以外にも広まっていった。マッカで生まれ、サウラティーヤ学院のラフマトゥッラーに師事したムハンマド・ブン・フサイン・アル＝ハイヤート Muḥammad b. Ḥusayn al-Khayyāṭ（d. 1913?）は、1908年にハイリーヤ学院 al-Madrasa al-Khayrīya を開いた[46]。このマドラサは、シャリーフ・フサイン Sharīf Ḥusayn（1853-1931）をはじめとするマッカの有力者から資金援助を受けていた。さらに、ヒジュラ暦1330年（1911/12年）には、イランに起源を持つジッダの商人とスーダン出身のウラマーによって、後述のファラーフ学院 Madrasat al-Falāḥ が開設された。

これらのマドラサの教育活動からは、マッカの教育改革運動が次第に近代的な性格を強めていったことがうかがえる。開設当初のサウラティーヤ学院

ウラマーの社会的地位向上や政治参加を目的に1893年に設立された団体である。Metcalf, *Islamic Revival*, 315-316, 335-347; Voll, *Islam*, 114.

43　Shamīkh, *Al-Taʿlīm fī Makka wa-l-Madīna*, 50; Dohaish, “A Critical and Comparative Study,” 154-155.

44　ウスマーン・アリー・ハーンは、ハイダラーバードの藩王国の最後の君主である。彼については次の伝記研究がある。Zubaida Yazdani, *The Seventh Nizam: The Fallen Empire*（Cambridge: Cambridge University Press, 1985）.

45　Dohaish, “A Critical and Comparative Study,” 156-157.

46　Shamīkh, *Al-Taʿlīm fī Makka wa-l-Madīna*, 50-52; Dohaish, “A Critical and Comparative Study,” 157-159; ʿAbd al-Jabbār, *Siyar wa-Tarājim*, 110-111.

は、カリキュラムの制定、四段階の教育課程の設置、定期試験の実施、卒業証書の発行といった制度面では近代的な学校の要素を取り入れていた。しかし、教育内容に関して言えば、ハディース学を重視した点では改革主義的な性格が認められるが、非宗教科目はほとんど教えられていなかった[47]。それと比べると、20世紀初めに設立されたハイリーヤ学院は、制度面だけではなく教育内容においても近代的な要素を備えていた。この学校では、非宗教科目として、歴史（tārīkh）、地理（jughrāfiyā）、簿記（mask al-dafātir）、代数学（‘ilm al-jabr）、幾何学（‘ilm al-handasa）、保健（ḥifẓ al-ṣiḥḥa）が教えられた[48]。サウラティーヤ学院でも、ヒジュラ暦1331年に教育内容の改革を行った際に、新たに近代的な学問が導入された[49]。

ただし、ここで留意しておきたいのは、19世紀後半以降のマッカにおける教育改革運動が穏健な性格にとどまっていたことである。非宗教科目も教えられるようになってはいったが、教育内容は依然として伝統的な宗教諸学が大半を占めていた。また、宗教諸学では、クルアーン解釈学、ハディース学、法源学といった法源を解釈するための学問は重視されたものの、イジュティハードの行使の是非やスンナ派四法学派の個々の権威といった問題が争われた形跡はない。マッカの中で教育改革運動に対して目立った抵抗が生じていないのは、おそらくこの穏健な性格のためであろう。

しかし、いずれにせよ、近代的なマドラサの登場はマッカの教育活動全体に変革をもたらした。サウラティーヤ学院は教育水準の高さが認められ、最終過程の証書（shahāda）を得ればハラーム・モスクの教授資格が与えられるようになった[50]。1913年12月には、ハラーム・モスクでも教育改革が実施

---

47 Shamīkh, *Al-Ta‘līm fī Makka wa-l-Madīna*, 40-44に、サウラティーヤ学院の1907年以降のカリキュラムが、Dohaish, "A Critical and Comparative Study," appendix IIIには、2つのカリキュラムがあげられている。イブン・ドゥハイシュの資料に関しては、ひとつ目のカリキュラムには日付がなく、もうひとつにはヒジュラ暦1325年（1907/08年）から1346年（1927/28年）のものと書かれている。

48 Shamīkh, *Al-Ta‘līm fī Makka wa-l-Madīna*, 51. 理由は不明であるが、他のマドラサとは異なり、ハイリーヤ学院ではトルコ語も教えられていた。

49 Shamīkh, *Al-Ta‘līm fī Makka wa-l-Madīna*, 44.

50 Shamīkh, *Al-Ta‘līm fī Makka wa-l-Madīna*, 48-49, 52; Dohaish, "A Critical and Comparative Study," 159. ハイリーヤ学院でもハラーム・モスクの教授になることを目

され、教育を監督する委員会の設置、教授の職務の明確化、定期試験の実施など、主に制度面が整えられた[51]。この教育改革の背景には、近代的なマドラサの増加やサウラティーヤ学院出身の教授による働きかけがあったものと推察される。すなわち、民間の教育機関から始まった教育改革運動の影響が、マッカにおける教育活動の中心であるハラーム・モスクにまで及んだと言える。

もうひとつ看過できないのは、教育改革運動にはジャーワの学生も多大な関心を示した点である。近代的なマドラサは、インド出身者が開設したものであっても出身地を問わずすべての生徒に門戸を開いていた。そこでは、インドで支配的なハナフィー学派だけではなくスンナ派四法学派のすべてが教えられていた。サウラティーヤ学院では、開設間もない1870年代からジャーワの学生が在籍し、1910年代には彼らの数は学生全体の中でも非常に高い割合を占めるようになっていた[52]。このマドラサは、20世紀前半の東インドにおけるイスラーム教育の改革の動きにも多大な影響を及ぼしたと指摘される[53]。

的とする試験の実施が計画されていた。しかし、シャリーフ・フサインとオスマン帝国との間に戦争が起こったため実施されなかった。

51　Shamīkh, *Al-Taʻlīm fī Makka wa-l-Madīna*, 14-18.

52　匿名のインド人による1912年の記録によれば、サウラティーヤ学院の生徒の出身地は、トルコ13名、ヒジャーズ4名、イエメン6名、インドネシア178名、イラク8名、シリア3名、インド74名、アフガン4名、ブハラ22名である。他方、1913年のサウラティーヤ学院の報告によれば、ヒジャーズ186名、インド108名、インドネシア156名、ブハラ23名、アフガン18名、イラク6名、イラン6名、イエメン8名、ハドラマウト7名である。Dohaish, "A Critical and Comparative Study," 153-154. イブン・ドゥハイシュによる「インドネシア」という分類は、おそらく東南アジア全域を指しており、実際にはインドネシア以外の地域の出身者も含まれていると思われる。このように、サウラティーヤ学院では、20世紀初頭まで多数のジャーワの学生が学んでいたが、後に彼らの間で「インドネシア人」としての意識が高揚すると、この学院の教授たちとの間に対立が生じるようになった。その結果、ジャーワの学生たちが独立し、1934年にディーニーヤ学院 Dār al-ʻUlūm al-Dīnīya を開設した。この動きの中心となったのは、ムフシン・アル＝ムサーワー Muḥsin b. ʻAlī al-Musāwā（1905/06-1935）というパレンバン出身のハドラミーである。Bruinessen, "Pesantren and Kitab Kuning," 137; ʻAbd al-Jabbār, *Siyar wa-Tarājim*, 293-294.

ii. スールカティーの経歴

アフマド・スールカティー
出所：*al-Ma'ārif* 29（April 12, 1928）: 1.

スールカティーが両聖都の学問世界に入っていったのは、まさにマッカで教育改革運動が進展していた時期であった。彼の本名は、アフマド・ブン・ムハンマド・［アッ＝］スールカティー・アル＝アンサーリー Aḥmad b. Muḥmmad ［al-］ Sūrkatī al-Anṣārī という。ヒジュラ暦1292年（1875/76年）にスーダン北部のドンゴラのアルクー島 Jazīrat Arqū で、代々学者を輩出する家に彼は生まれた。アンサーリーのニスバ（nisba, 由来名）が示すとおり、彼の祖先は父方母方とも、ハズラジュ族 Khazraj のジャービル・ブン・アブドゥッラー・ブン・アムル Jābir b. 'Abd Allāh b. 'Amr というアンサール（al-Anṣār）の一人である[54]。もうひとつのスールカティーというニスバは、「スールキッティー Sūrkittī」と発音する方が原音に近いらしい。ドンゴラの言葉で、「スール（サウル）（sūr ［sawr］）」は「書物」を、「キッティー（kittī）は「多い」を意味するという。このニスバは、スールカティーの四代前の祖先がエジプトに遊学し、多くの書物を持って帰ってきたことに因んで付けられた。彼の父ムハンマドもこのニスバに相応しい人物で、カイロのアズハルで学問を修めていた[55]。

53　Bruinessen, "Pesantren and Kitab Kuning," 137.

54　アンサール（援助者）とはムハンマドをはじめとするムハージルーン（al-Muhājirūn, マッカからの移住者）を受け入れたマディーナのムスリムのことを指す。

55　スールカティーの生年について、ペイペルは1870年頃と見積もり、デリアル・ヌルは1872年だと述べている。Pijper, *Studiën over de Geschiedenis*, 109; Noer, *The Modernist Muslim*, 63. ここでは、ヒジュラ暦1292年とするサーッティー、バクリー、ナージーの説に従った。Bakrī, *Tārīkh Ḥaḍramawt*, vol. 2, 255; Abū al-An-

スールカティーは、故郷のスーダンで、まずクルアーンの学習を中心とする伝統的なイスラーム教育を受けた。父ムハンマドは、子どもたちの中でもとりわけ才能のあった彼に目を掛けた。スールカティーは父の旅行に同行して、ドンゴラ近郊にあるクッターブやマアハド（ma'had, 学院）を訪れたり、学術的な集会（majālis 'ilmīya）に参加したりした。その後、スールカティーはドンゴラにあるいくつかのクッターブやマアハドを遍歴し、早くにクルアーンを暗誦できるようになった[56]。また、彼が最初に学んだ法学派は、おそらくスーダンで支配的なマーリク学派のものであったと考えられる。

スールカティーは、いずれ父親と同じようにカイロに行き、アズハルで学ぶつもりであった。しかし、19世紀末のスーダンは、マフディー運動による混乱のせいでカイロへ渡ることが困難な状況になっていた[57]。そのため、父親の死後、スールカティーは代わりの遊学先として両聖都を擁するヒジャーズ地方を選んだ[58]。ヒジュラ暦1314年（1896/97年）にマッカ巡礼を行った後、彼はまずマディーナで約4年半学び、続いてマッカに約10年間滞在して、学業を続けるとともに教師としても活動した[59]。

---

wār (ed.), *Tārīkh al-Irshād*, 9; Nājī, *Tārīkh Thawrat*, vol. 1, Ms., 37. 出生地については、バクリーは、ドンゴラ地方のイドフー Idfū と記している。読み間違えと思われるが、オファーヒーとアブー・サリームによれば、これもあり得ないことではないらしい。O'Fahey and Abu Salim, "A Sudanese in Indonesia," 71.

56　Abū al-Anwār (ed.), *Tārīkh al-Irshād*, 9-12.

57　スーダンのマフディー運動は、マフディー（mahdī, 救世主）を称したムハンマド・アフマド Muḥammad Aḥmad (1844-85) の指導により1881年に始まる。1885年にマフディー国家が成立するが、1898年にイギリス軍の侵攻によって滅亡させられた。栗田禎子「マフディー運動の域内連関――19世紀東スーダンと中東・アフリカ世界」『イスラーム世界とアフリカ』（岩波講座世界歴史21）（岩波書店 1998）、141-165. マフディー運動は同時期に中東アラブ地域で生じたイスラームに基づいた改革運動のひとつであるが、スールカティーとの直接の関係は見出せない。

58　スールカティーが東インド招いたスーダン出身のウラマー、ハサン・ブン・ハーミド al-Ḥasan b. Ḥāmid の息子、ハミド・エルアンサリは、スールカティーがヒジャーズに赴く前にカイロのアズハルで短期間学んだと述べている。Hamid Elansari, *Al-Irsjad: Selajang Pandang Perjoangan al-Irsjad pada Zaman Keemasannja* (Bogor: n.p, [1964]), 53. しかし、このことを他の史料から裏づけることはできない。

スールカティーが両聖都で師事した人物としては9名が知られている（表1を参照)[60]。これらの教師が専門とする学問からは、スールカティーが受けた教育に2つの点で改革主義の要素が見出せることが指摘されている[61]。ひとつは、9名の教師のうち4名が、改革主義運動で重視されるハディース学を専門としていることである[62]。もうひとつは、スールカティーの教師の中に、複数の法学派を専門とする人物が含まれていることである。スールカティーは、ヒジャーズ地方滞在時にイブン・タイミーヤとその弟子のイブン・カイイム・ジャウズィーヤの著作も読んでいたとされる[63]。この二人の法学者は、ハンバル学派に属するが、既存の法学派の権威を否定し、近代の改革主義運動に多大な影響を与えた。スールカティーが複数の法学派のイスラーム法を学んだことは、この考えを受け入れる下地になったとされる[64]。

さらにここで注目したいのは、スールカティー自身が近代的なマドラサで学んだかどうかは確認できないものの、彼の教師にはマッカにおける教育改革運動に携わった人物が多数含まれていることである。マディーナのウマ

---

59 Bakrī, *Tārīkh Ḥaḍramawt*, vol. 2, 255; Abū al-Anwār (ed.), *Tārīkh al-Irshād*, 12; Nājī, *Tārīkh Thawrat*, vol. 1, 38.

60 Abū al-Anwār (ed.), *Tārīkh al-Irshād*, 12-13. それぞれ教師の詳細については、Abushouk, “A Sudanese Scholar in the Diaspora,” 61-62; id., “An Arabic Manuscript,” 205-206 で論じられている。アブー・シャウクは、スールカティーが、同じスーダン出身であるアフマド・アル＝マジュズーブを頼って両聖都の学問世界に入っていったとするが、根拠は示されていない。また、ファーリフ・アッ＝ザーヒリーについては、アブー・シャウクが典拠としてあげているアブドゥルジャッバールによるウラマーの伝記集の中に記述を見出すことはできない。

61 スールカティーは後年、マッカではアブドゥッラフマーン・アッ＝ダッハーンをはじめとするアラブ人やインド人の教師から、ユーナーニー医学（ṭibb yūnānī, ギリシア医学を起源とするアラブの伝統医学）も学んだと述べている。“Manshūr al-‘Ajā’ib wa-l-Gharā’ib,” *al-Turjmān* 19 (May 16, 1938): 5; Pijper, *Studiën over de Geschiedenis*, 110.

62 O’Fahey and Abu Salim, “A Sudanese in Indonesia,” 69, 70, 71. この研究では、スールカティーとアフマド・ブン・イドリース系の「ネオ・スーフィズム」との関係が示唆されている。ただし、管見の限り、スールカティーの著作から「ネオ・スーフィズム」の影響を確認することはできない。

63 Noer, *The Modernist Muslim*, 64: Pijper, *Studiën over de Geschiedenis*, 110.

64 Abushouk, “A Sudanese Scholar in the Diaspora,” 62.

表1　両聖都におけるスールカティーの教師

教師の名前	専門
マディーナ	
ファーリフ・アッ＝ザーヒリー Fāliḥ b. Muḥammad al-Ẓāhirī	ハディース学、法学（シャーフィイー学派）
ウマル・ブン・ハムダーン 'Umar b. Ḥamdān al-Maghribī	ハディース学、クルアーン解釈学
アフマド・アル＝マジュズーブ Aḥmad b. al-Ḥājj 'Alī al-Majdhūb	法学（マーリク学派）
ムハンマド・アル＝ヒヤーリー Muḥammad al-Khiyārī al-Maghribī	クルアーン読誦学
アフマド・アル＝バルザンジー Aḥmad b. Ismā'īl al-Barzanjī	アラビア語
マッカ	
アスアド・アッ＝ダッハーン As'ad b. Aḥmad al-Dahhān	ハディース学
アブドゥッラフマーン・アッ＝ダッハーン 'Abd al-Raḥmān b. Aḥmad al-Dahhān	クルアーン解釈学、ハディース学、法学（ハナフィー学派）
ムハンマド・アル＝ハイヤート Muḥammad b. Yūsuf al-Khayyāṭ	法学（シャーフィイー学派）
シュアイブ・ブン・ムーサー Shu'ayb b. Mūsā	不明

出所：Ahmad Ibrahim Abushouk, "A Sudanese Scholar in the Diaspora: Life and Career of Aḥmad Muḥammad al-Surkittī in Indonesia（1911-1943）," *SI* 8/1(2001): 61-62; id., "An Arabic Manuscript on the Life and Career of Ahmad Muhammad Sūrkatī and His Irshādī Disciples in Java" in de Jonge and Kaptein（eds.）, *Transcending Borders: Arabs, Politics, Trade and Islam in Southeast Asia*(Leiden: KITLV Press), 205-206.

ル・ブン・ハムダーンは後にマッカに移り、サウラティーヤ学院とファラーフ学院で教鞭を執っている[65]。また、アスアド・アッ＝ダッハーンとアブド

65　'Abd al-Jabbār, *Siyar wa-Tarājim*, 204.

ゥッラフマーン・アッ＝ダッハーンの兄弟は、サウラティーヤ学院の設立者ラフマトゥッラーに師事していた。弟のアブドゥッラフマーンは、サウラティーヤ学院で2年ほど教職を務めている[66]。さらに、ムハンマド・ブン・ユースフ・アル＝ハイヤートが開いたマドラサは、「最新の教育方法（aḥdath ṭuruq al-tarbiya wa-l-ta'līm）」に従っていたとされ、近代的なマドラサであったと考えられる[67]。

続いて、スールカティーの教師としての活動を見ていくことにしたい。ヒジュラ暦1326年（1908/1909年）に、彼はウラマー長主宰の公開試験を受け、ハラーム・モスクでの教授資格を獲得した[68]。彼はこの資格を与えられた最初のスーダン出身者であったとされる[69]。スールカティーが実際にハラーム・モスクで講義を行ったのかは確認できないが、権威ある教授資格が、彼が教師としての経歴を築いていく上で大きな意味を持ったことは間違いない

---

66 'Abd al-Jabbār, *Siyar wa-Tarājim*, 72, 110, 160-161; Abū al-Khayr, *Al-Mukhtaṣar*, 129, 231-232.

67 'Abd al-Jabbār, *Siyar wa-Tarājim*, 111; Abū al-Khayr, *Al-Mukhtaṣar*, 429-430. アブドゥルジャッバールとアブー・アル＝ハイルは、ムハンマド・ブン・ユースフ・アル＝ハイヤートと、ハイリーヤ学院の設立者であるムハンマド・ブン・フサイン・アル＝ハイヤートを同一人物としている。しかし、両者が別人である可能性も否定できない。ヌルによれば、ムハンマド・ブン・ユースフ・アル＝ハイヤートは、後にマレー半島に渡ってクダのムフティーとなり、1915年にペナンで死去した。Noer, *The Modernist Muslim*, 63. その一方、イブン・ドゥハイシュは、ムハンマド・ブン・フサイン・アル＝ハイヤートが東南アジアに渡ったことには触れず、1913年に死去したと述べている。Dohaish, "A Critical and Comparative Study," 158.

68 エルアンサリは、スールカティーが「カダーとカドル（Al-Qodho wal-Qodar, アッラーの予定・決定）」に関する論文（thesis）の審査を経て教授資格を得たと記している。Elansari, *Al-Irsjad*, 53. しかし、教授資格を得るのにこのような論文を書くことがあったのか、他の文献からは確認できない。

69 Abū al-Anwār (ed.), *Tārīkh al-Irshād*, 13. サーッティーによれば、マッカ出身のウラマーは、オスマン政府から支給される手当を独占するために、その年まで「外国人（āfāqī）」をウラマーの名簿に登録することを拒んでいた。そして、そのような状況は、シャリーフ・フサインの治世に改められたという。しかし、上述のハティーブやタルマスィーのように、ハラーム・モスクの教授資格を持つ外国出身のウラマーはそれ以前から存在しており、この説明には疑問が残る。

だろう[70]。しかし、彼の教師としての活動に関してより注目すべきなのは、マッカの教育改革運動に関与していることである。ハラーム・モスクでの教授資格取得とどちらが先かは分からないが、彼はマッカのバーブ地区 Ḥārat al-Bāb にクッターブを開いた。だが、しばらくすると、彼はそのクッターブを閉鎖して、アブドゥッラー・ハムドゥーフ ‘Abd Allāh b. Ibrāhīm Ḥamdūh（1867/68-1931/32）のクッターブとその後身のファラーフ学院で教職を務めた[71]。

ハムドゥーフは、スールカティーと同じくスーダンのドンゴラの出身で、マッカでの親しい友人であった[72]。ハムドゥーフは故郷でクルアーンを暗誦できるようになると、20歳の時にマッカへ渡った。イブラーヒーム・サアド Ibrāhīm Sa‘d（d. 1898/99）やアフマド・ハーミド・アッ＝ティージー Aḥmad Ḥāmid al-Tījī のもとでクルアーンの朗誦（tajwīd）を学び、その他のハラーム・モスクの講義にも参加した。彼らのうち、イブラーヒーム・サアドは、サウラティーヤ学院で教職に就いている[73]。ハムドゥーフは、スールカティーと同じくヒジュラ暦1326年（1908/09年）にハラーム・モスクの教授資格を取得した[74]。

ハムドゥーフは、クッターブの改革に取り組んだことで知られている。サウラティーヤ学院など近代的なマドラサが登場し始めたヒジュラ暦1300年

70　バクリーはスールカティーがハラーム・モスクで講義を行ったと述べているが、このことは他の史料からは裏づけられない。Bakrī, *Tārīkh Ḥaḍramawt*, vol. 2, 255.

71　アブー・シャウクは、スールカティーはハラーム・モスクの教授資格を取得したのちにクッターブを開設したと記している。Abushouk, “A Sudanese Scholar in the Diaspora,” 63. しかし、彼がそれより前にクッターブを開設していた可能性も充分に考えられる。イブン・ドゥハイシュによれば、スールカティーのクッターブは、ヒジュラ暦14世紀の初め、すなわち1883年以降に開設された。前述のように、教授資格を持たなくてもマッカ市内にクッターブを開くことは可能であり、彼の友人であるハムドゥーフは、教授資格を取得するよりはるか以前にクッターブを開設している。Ibn Duhaysh, *Al-Katātīb fī al-Ḥaramayn*, 19, 25.

72　アブドゥッラー・ハムドゥーフの経歴については、‘Abd al-Jabbār, *Siyar wa-Tarājim*, 164-166 に基づく。彼はマフディー運動の指導者ムハンマド・アフマドの親類にあたる。

73　イブラーヒーム・サアドについては、Abū Khayr, *Al-Mukhtaṣar*, 53 を参照せよ。

74　Abū al-Anwār (ed.), *Tārīkh al-Irshād*, 12-13.

（1882/83 年）頃に、彼はズィヤーダ門 Bāb al-Ziyāda にクッターブを開いた。彼のクッターブでは、読み書きやクルアーンの暗記（ḥifẓ）と朗誦（tajwīd）だけでなく、算術（ḥisāb）や習字（taḥsīn khaṭṭ）が教えられ、生徒がクラス（ṣufūf）に分けられるなど、いくつかの点で新しい要素が導入されていた。ハムドゥーフのクッターブは評判を呼び、マッカにおける主要なもののひとつに数えられるようになった[75]。

このクッターブの名声に関心を持ったのが、ムハンマド・アリー・アリー・リダー Muḥammad ʻAlī b. Zaynal ʻAlī Riḍā（d. 1969）という人物である[76]。アリー・リダー家はイラン南部に起源を持つ商人の一族で、ジッダを基盤に活動し、インド東海岸や湾岸諸国で事業を展開していた。しかし、ムハンマド・アリーは、若い頃から商人よりも教育者になることを望み、一時はアズハルで学ぶつもりだったとされる。ヒジュラ暦 1323 年（1905/06 年）に、彼によって、ジッダで最初のファラーフ学院が開設された。彼はマッカにも教育活動を広げようと考え、ハムドゥーフに話を持ちかけた。ハムドゥーフはこの提案に賛同し、ヒジュラ暦 1330 年（1911/12 年）に彼のクッターブはファラーフ学院に改編された[77]。これらのマドラサの運営には、篤志家から寄付が集められた以外に、ムハンマド・アリーが真珠の取引から得た収入があてられた[78]。

ファラーフ学院の教育活動には、ハイリーヤ学院などと同様、制度面と内容面で近代的な性格が認められる。1916 年までジッダ及びマッカの学校で用いられたカリキュラムによれば、基礎課程（al-marḥala al-taḥḍīrīya）、初等課

75 以上の内容は、Shamīkh, *Al-Taʻlīm fī Makka wa-l-Madīna*, 37; Ibn Duhaysh, *Al-Katātīb fī al-Ḥaramayn*, 19; ʻAbd al-Jabbār, *Siyar wa-Tarājim*, 165 に基づく。

76 ムハンマド・アリー・アリー・リダーと彼の一族については、Michael Field, *The Merchants: The Big Business Families of Arabia*（London: John Murry, 1984）, 13-47 を参照せよ。

77 Dohaish, "A Critical and Comparative Study," 159-160; ʻAbd al-Jabbār, *Siyar wa-Tarājim*, 165; Ibn Duhaysh, *Al-Katātīb fī al-Ḥaramayn*, 19.

78 その後、ムハンマド・アリーは、ボンベイ（ムンバイ）、バハレーン、ドバイにもファラーフ学院を開設した。しかし、ジッダとマッカの以外のものは、それらの学校の教師たちの近代的・ナショナリスト的傾向を嫌ったイギリスの圧力によって閉鎖されてしまった。Field, *The Merchants*, 23.

程（al-marḥala al-ibtidā'īya）、中等課程（al-marḥala al-rushdīya）が設けられ、非宗教科目として、算術、歴史、地理、簿記などが教えられていた。さらに、それらの授業では、ムフイッディーン・アル＝ハイヤート Muḥyī al-Dīn b. Aḥmad al-Khayyāṭ（1875-1914）による『イスラーム史の講義 *Durūs al-Tārīkh al-Islāmī*』など当時では最新の教科書が使用されていた[79]。

スールカティーは、ハムドゥーフのクッターブがファラーフ学院に改編された頃まで教職にあり、そこで近代的な教育活動を経験する機会を得た[80]。しかし、彼はすぐにファラーフ学院を離れることになる。1911 年、東インドのジャムイーヤト・ハイルが、付属の学校の教師を探しにマッカに人を派遣した。スールカティーは、恩師の一人であるムハンマド・アル＝ハイヤートと、当時マッカのシャーフィイー学派のムフティー職にあったハドラミーのウラマー、フサイン・アル＝ハブシー Ḥusayn b. Muḥammad al-Ḥabshī（1842/43-1911/12）の推薦を受け、東インドへ赴くことになった。スールカティーには、マラケシュ出身のムハンマド・アッ＝タイイブ Muḥammad al-Ṭayyib（1878/79-1945）と、スーダン出身のムハンマド・ブン・アブドゥルハミード Muḥammad b. 'Abd al-Ḥamīd も同行した[81]。

ジャムイーヤト・ハイルがマッカで教師を探したことからは、当時の東インドのムスリムにとって、イスラーム世界における学術活動の中心地がやはりマッカであったことがうかがえる。スールカティーが推薦された理由とし

79　ファラーフ学院の教育活動については、Shamīkh, *Al-Ta'līm fī Makka wa-l-Madīna*, 54-55 に基づく。ハイヤートは、レバノンで活躍した知識人で、いくつかの教科書を著した。Khayr al-Dīn al-Ziriklī, *Al-A'lām: Qāmūs Tarājim li-Ashhar al-Rijāl wa-l-Nisā' min al-'Arab wa-l-Musta'ribīn wa-l-Mustashriqīn*, vol. 7（Beirut: Dār al-'Ilm li-l-Malāyīn, 1986）, 189.

80　Ibn Duhaysh, *Al-Katātīb fī al-Ḥaramayn*, 20, 25.

81　Bakrī, *Tārīkh Ḥaḍramawt*, vol. 2, 255; Nājī, *Tārīkh Thawrat*, vol. 1, 31-32. フサイン・アル＝ハブシーはハドラマウトのサイウーンに生まれ、マッカに遊学してアフマド・ブン・ザイニー・ダフラーンに師事した。彼はダフラーンの後にマッカのシャーフィイー学派のムフティー職に任命されるが、シャリーフ・アウン Sharīf 'Awn al-Rafīq（在位 1882-1905）によって一度罷免され、後に再びムフティー職に就いた。'Abd al-Jabbār, *Siyar wa-Tarājim*, 99; Abū Khayr, *Al-Mukhtaṣar*, 177-178.

ては、ハラーム・モスクの教授資格を得ていたことに加え、ファラーフ学院の教師であったことが指摘できるであろう。ジャムイーヤト・ハイルの運営する学校の教師としては、近代的なマドラサでの教育歴のある人物が望ましかったと推察される。スールカティーに同行したムハンマド・アッ＝タイイブも、やはりファラーフ学院の教師であった[82]。

おわりに

以上、本章では、マッカでの活動を中心に東インドに渡る以前のスールカティーの経歴を分析してきた。まず、スールカティーの思想形成の背景として重要なのは、マッカで進展していた教育改革運動に関与していたことである。この教育改革運動は、19 世紀後半からインド出身のムスリムたちによる近代的なマドラサの開設によって始まり、次第にマッカに集まる様々なムスリムに広まっていった。スールカティーが両聖都で師事した人物も教育改革運動の関係者が多く、彼自身もハムドゥーフのクッターブとその後身のファラーフ学院で教師として活動していた。エジプトの改革主義者の著作からの影響だけでなく、マッカにおける教育改革運動への関与も、スールカティーの改革主義思想の形成の背景にあるものと理解すべきであろう。

そして、スールカティーが東インドに渡った要因として、東インドとマッカとの間に築かれた学問ネットワークが重要であった。当時の東インドのムスリムにとって、イスラーム世界における学術活動の中心地はマッカであり、巡礼者の増加に伴って両地域の間のネットワークは緊密化していた。スールカティーを招聘したのが東インドで近代的なイスラーム教育機関を運営する団体であったことから、マッカにおける教育改革運動に関与していたことも彼が東インドに渡ることになった要因のひとつと推察される。スールカティーは、スヌック・ヒュルフローニェの述べる「精神的な滋養」の一部として、

82　‘Abd al-Jabbār, *Siyar wa-Tarājim*, 166, 291-292; Shamīkh, *Al-Ta‘līm fī Makka wa-l-Madīna*, 53. ただし、ムハンマド・アッ＝タイイブは、すぐにジャムイーヤト・ハイルの学校を辞めて東インドを離れ、エジプトとシリアを旅して回った後に1913 年末にマッカに戻り、再びファラーフ学院で教師となった。

マッカから東インドのムスリム社会にもたらされたと言えるだろう。

第 2 章

イスラーム改革主義運動の始まり

20 世紀初頭に、東インドのアラブ人コミュニティは、イスラーム改革主義運動の中で先駆的な活躍を見せている。その背景として、彼らの間で、ムスリム社会の中では早い時期から「覚醒（Ar. nahḍa / Ind. sadar, kesadaran）」が起こったことが指摘される[1]。東インドでは、19 世紀末から 20 世紀初めにかけての時期に、まずは外来系住民であるヨーロッパ人や華人らの間で、「進歩の時代」に対応する動きが始まった。アラブ人たちも彼らに続き、任意団体の結成、西欧式の学校の開設、定期刊行物の発行など、自分たちのコミュニティの近代化に着手するようになったのである[2]。

従来の研究の問題点は、そのようなアラブ人コミュニティの活動に関する議論が、東インドの移住地における「ハドラミーの覚醒」という地域的な枠組みに収斂していくことにある。そのため、それと超地域的なイスラーム改革主義運動との関係が不明瞭になってしまっている。イルシャードについて

1　アラビア語の「覚醒（ナフダ）」は、19 世紀半ばから 20 世紀初めに起こったアラブ文芸復興運動、さらには近代におけるアラブ地域のナショナリズムやイスラームに関する知的運動全体を意味する。東インドのムスリムは、この言葉を後者の意味で用いている。N. Tomiche, “Nahḍa,” *EI*^{2}, vol. 7, 900-903 を参照。「ナフダ」という言葉自体は用いられていないものの、アラブ地域におけるこの時期の運動については、Hourani, *Arabic Thought* で論じられている。東インドのムスリム社会では、伝統派の団体であるナフダトゥル・ウラマー（「ウラマーの覚醒」の意）の名称にこの言葉が使われている。イルシャーディーたちも、自分たちの活動をあらわす際に、「イスラームの覚醒（al-nahḍa al-Islāmīya）」や「イルシャードの覚醒（al-nahḍa al-Irshādīya）」という表現を用いた。

2　Mobini-Kesheh, *The Hadrami Awakening*, chapter 2; Mandal, “Finding Their Place,” 165-191. マンダルは、「ハドラミーの覚醒」という表現は使っていないが、20 世紀初頭のアラブ人コミュニティの活動の背景に、政治的な覚醒があったことを指摘している。

も、「ハドラミーの覚醒」の中で結成されたという点が強調され、「イスラーム改革主義」の性質が表層的にしか扱われていない。ハドラマウトや東南アジアのハドラミー・コミュニティの外部から来た改革主義者であるスールカティーが、イルシャードの中に位置づけられてこなかったのはそのためである。

本章では、イスラーム改革主義運動と東インドのアラブ人コミュニティの覚醒の動きとの関係を検討する。そして、イルシャードが結成された背景と結成時のこの団体の性質を明らかにし、スールカティーの位置づけを試みたい。なお、ここでは、ハドラミーではないスールカティーを含めたアラブ人コミュニティの覚醒の動きを理解するために、ハドラミーの覚醒ではなく、アラブ人の覚醒という言葉を用いることにしたい[3]。

Ⅰ．アラブ人の覚醒とその要因

東インドにおけるアラブ人の覚醒の起点は、一般にジャムイーヤト・ハイルの登場であると理解されている。そこで、以下ではまず、19 世紀後半から 20 世紀初頭にかけてのアラブ人コミュニティの社会的状況を概観した後にこの団体の結成の過程について検討する。その上で、アラブ人の覚醒の要因を、超地域的なイスラーム改革主義運動との関係の中から明らかにしていく。

ⅰ．アラブ人コミュニティの社会的状況

19 世紀後半になるまで、東インドにおけるアラブ人の人口に関する信頼できる統計は存在しない。19 世紀初頭にイギリスによるジャワ統治を率いたラッフルズによれば、アラブ人の人口は、モール人（Moor, インド出身のムスリムのこと）とあわせても 621 人に過ぎなかった[4]。だが、その後、オラ

3　モビニ＝ケシェーも述べているように、「ハドラミーの覚醒」という言葉が定期刊行物の中で頻繁に見られるようになるのは、1920 年代以降になってからのことである。Mobini-Kesheh, *The Hadrami Awakening*, 34 footnote 3.

4　Thomas Stanford Raffles, *The History of Java*, vol. 1（London: Black, Parburry and Al-

表2　オランダ領東インドの人口（単位1000人）

〈全域〉

年	原住民	ヨーロッパ人	華人	アラブ人	その他	合計
1860	—	44	221	9	—	—
1870	—	49	260	13	—	—
1880	—	60	344	16	—	—
1890	—	74	461	22	—	—
1900	—	91	537	27	—	—
1905	37,348	95	563	30	—	—
1920	48,300	168	809	45	22	49,344
1930	59,138	240	1,233	71	25	60,727

〈ジャワ・マドゥラ地域〉

年	原住民	ヨーロッパ人	華人	アラブ人	その他	合計
1860	12,514	—	149	6	—	—
1870	16,233	37	175	8	—	—
1880	19,541	44	207	11	—	—
1890	23,609	55	242	14	—	—
1900	28,386	72	277	18	—	—
1905	29,979	73	295	19	—	—
1920	34,429	134	384	28	3	34,977
1930	40,891	193	582	42	11	41,718

出所：蘭印経済部中央統計局編（大江恒太・中原善男訳）『蘭印統計書 1940年版、Statistisch Zakboekje voor Nederlandsch Indië 1940』（国際日本協会 1940）、5.

ンダによる植民地支配が進んでいく中で、東インドにおけるアラブ人の人口は大幅に増加していった。1860年に約9,000人となり、20世紀初頭に3万人弱、オランダ植民地期の末期の1930年代には7万人以上にまで達している（表2を参照）。アラブ人の人口は、東インドで最大の移民集団である華人と比べれば、15分の1程度に過ぎないが、年平均の増加率では華人よりも高い値を示している[5]。

len, 1817), 63. ここであげられている表にはアラブ人の人口が記されていない地域が多く、実際の人口はこの数字よりも多かったのではないかと推察される。

ハドラマウトからの移住者が東インドで最初に居留地を築いたのは、スマトラのアチェやシアック、カリマンタンのポンティアナックであったとされる。19 世紀に入ると、ジャワ・マドゥラ地域への移住も進んでいった。1885 年のオランダ植民地政庁の統計によれば、東インドにおいて多数のアラブ人が居住していた都市は、ジャワ・マドゥラ地域では、バタヴィア（1,448 人）、スラバヤ（1,145 人）、スムヌップ（1,037 人）、チルボン（834 人）、プカロンガン（757 人）、スマラン（600 人）、インドラマユ（374 人）、その他の地域では、スマトラのパレンバン（2,094 人）、カリマンタンのポンティアナック（1,561 人）であった。また、クタラジャを除くアチェの支配下の地域にも、多くのアラブ人が住んでいた（2,768 人）[6]。これらのうち、バタヴィア、チルボン、インドラマユ、トゥガルの居住地は比較的新しく、19 世紀半ば以降に人口が大幅に増加していった。これに対し、アチェでは、1874 年のオランダによる占領を契機にアラブ人の人口は他の地域に流出していった[7]。

オランダ植民地政庁は、華人やアラブ人ら外来東洋人とプリブミの間に、法律や制度の面で差異を設けた。例えば、外来東洋人は、刑法の面ではプリブミと同じ扱いを受けたが、ヨーロッパ人と商取引関係にある者に関しては、民法や商法ではヨーロッパ人の法律が適用された[8]。また、20 世紀前半に拡充した西欧式エリート初等教育では、アラブ人や華人は、基本的にはそれぞれの「民族」の学校に通うことが規定されていた[9]。さらに、19 世紀半ばから 1910 年代まで、植民地政庁は、「居住区制度（wijkenstelsel）」と「旅券制度（passenstelsel）」を厳格化して外来東洋人の活動を監理・制限した。バタヴィアでは、プコジャン地区がアラブ人の居住区と定められた[10]。この地区

---

5 *Volkstelling 1930*, vol. 7 (Batavia: Landsdrukkerij, 1935), 48.

6 Berg, *Le Hadhramout*, 105-109.

7 Ibid., 111-120.

8 弘末『東南アジアの港市世界』、181; 貞好『華人のインドネシア現代史』、44.

9 Mobini-Kesheh, *The Hadrami Awakening*, 73. 植民地の教育制度については、第 3 章で詳しく述べる。

10 バタヴィアのアラブ人コミュニティについては、Huub de Jonge, “A Divided Minority: The Arabs of Batavia,” in Kees Grijns and Peter J. M. Nas (eds.), *Jakarta-Batavia: Socio-cultural Essays* (Leiden: KITLV Press, 2000), 143-156 を見よ。実際には、プコジャン地区の近くにあるクルクット地区やタナバン地区にも多くのアラブ人

は、元々はすべての外来系ムスリムに割り当てられた居住区であり、当初は「コジャ（koja, ペルシア語のホジャ［khvāja］のこと）」と呼ばれたインド出身者（すなわちモール人）が多数を占めていたためにこの名前が付けられた。しかし、19 世紀の間にアラブ人の数がインド出身者を凌駕すると、プコジャン地区はアラブ人の居住区として扱われるようになった[11]。外来東洋人は割り当てられた居住区に住まねばならず、そこを離れて旅行する際には旅券を申請しなければならなかった。これらの制度に加えて、オランダ植民地政庁は、華人やアラブ人の有力者に軍隊式の称号を与えてコミュニティの管理にあたらせた。バタヴィア、スラバヤ、スマランなど大規模なアラブ人コミュニティにはカピタン（kaptein）が、トゥガルなど中規模のコミュニティの長にはルーテナント（luitenant）が任命された[12]。

東インド社会におけるアラブ人コミュニティの一般的な特徴としては、特に次の点が指摘できる。第一に、華人ほどではないものの、プリブミと比べると高い経済力を持っていたことである。ほとんどの者は卸売から小売りまで何らかの形で商業に携わり、主にバティック（ジャワ更紗）やサロン（腰布）などの布製品を取り扱った。また、多くのアラブ人は、商取引を通じて本来はイスラームで禁止されている高利貸し業を営んでいた。アラブ人が従事したその他の職業は、バティックやクレテック（丁子入りの煙草）の製造業、海運業、不動産業、そして出版印刷業などであった[13]。アラブ人の経済

が居住していた。

11　アラブ人の移住者が増加する以前のバタヴィアのモール人に関しては、島田竜登「近世バタヴィアのモール人」守川知子編『移動と交流の近世アジア史』（北海道大学出版会 2016）、249-274 を参照。

12　オランダ植民地政庁によるアラブ人に対する政策の概要については、Mandal, "Finding Their Place," chapter 3; Huub de Jonge, "Dutch Colonial Policy Pertaining to Hadhrami Immigrants," in Ulrike Freitag and William G. Clarence-Smith (eds.), *Hadhrami Traders, Scholars and Statesmen in the Indian Ocean, 1750s-1960s*, 94-111 で説明されている。

13　19 世紀から 20 世紀前半までの東南アジアにおけるアラブ人の経済活動に関しては、Berg, *Le Hadhramout*, 134-158; W. Harold Ingrams, *A Report on the Social, Economic and Political Condition of the Hadhramaut* (London: His Majesty's Stationery Office, 1936), 166; William G. Clarence-Smith, "Hadhrami Entrepreneurs in the Malay World, c. 1750 to c. 1940," in Freitag and Clarence-Smith (eds.), *Hadhrami Traders,*

活動は東インド内が中心であり、中東アラブ地域との間の商取引は活発ではなかった[14]。

東インド社会におけるアラブ人コミュニティの第二の特徴として、他の外来系住民と比べて、ホスト社会に同化する傾向が強かったことがあげられる。移住者のほとんどは、現地で家族を持って定住していった[15]。また、アラブ人の人口増加は新たな移民の流入よりも自然増が主な要因であり、アラブ人コミュニティに占めるプラナカンの割合は、世代を経るごとに高まっていった[16]。プラナカンのアラブ人は現地の慣習から影響を受けやすく、特に、日常的にはムラユ語やジャワ語など母親の言語を使用したため、アラビア語を流暢に話せない者や全く話せない者も少なくなかった。そのため、プラナカンのアラブ人は、しばしばトトックよりも一段劣った存在と見做された[17]。

ただし、アラブ人コミュニティとしての枠組みやハドラマウトとの結びつきも、ある程度は保たれていた。プラナカンの数が増えると、移民の第二世代以降や新たな移住者はプラナカンの中から配偶者を探した。また、20 世紀半ばまでは、東南アジアのアラブ人コミュニティとハドラマウトとの間には頻繁な人の行き来があり、緊密な人的ネットワークが維持されていた。東南アジアとハドラマウトの関係において、特に無視できないのが移民からの

Scholars and Statesmen in the Indian Ocean, 1750s-1960s, 297-314 を参照。

14　Berg, *Le Hadhramout*, 134-135, 145. 19 世紀初頭まで、アラブ人はアラビア半島のマスカットやマッカとの交易を盛んに行っていたが、19 世紀末までにその規模は縮小していった。

15　*Volkstelling 1930*, vol. 7, 160.

16　1900 年から 1933 年までの年毎のアラブ人の入国者数については、*Volkstelling 1930*, vol. 7, 49 にあげられている。アラブ人の人口は、1900 年から 1930 年までの間に 43,936 人増加しているが、この期間の入国者数の合計は 15,207 人に過ぎない。

17　プラナカンのアラブ人の特徴については、Berg, *Le Hadhramout*, chapter 8; Engseng Ho, "Hadhramis abroad in Hadhramaut: the Muwalladīn," in Freitag and Clarence-Smith (eds.), *Hadhrami Traders, Scholars and Statesmen in the Indian Ocean, 1750s-1960s*, 131-146 で論じられている。アラブ生まれのアラブ人は、アラビア語でアクハーフ（aqḥāḥ, 単数形は quḥḥ）やウラーヤティー（wulāyatī）、現地生まれのアラブ人は、アラビア語ではムワッラド（muwallad）、ムラユ語やオランダ語ではインドー・アラブ（Indo-Arab）などとも呼ばれた。

送金である。産業が限られる一方で人口の大部分が海外に居住するハドラマウトの経済にとって、移住地からの送金は決定的な重要性を持っていた[18]。

アラブ人コミュニティの特徴として第三にあげられるのが、現地社会における宗教的影響力の強さである。イスラーム世界の中心地に起源を持っていることによって、アラブ人は東インド社会の中で敬意を受け、特別視されてきた。19 世紀初頭のジャワでは、アラブ人は聖者としての性質を帯びているとさえ考えられ、19 世紀末においても、プリブミの多くはすべてのアラブ人を実際の出自と関係なく一種の貴族と理解していた[19]。そして、20 世紀初頭のイスラーム運動の中でも、アラブ人コミュニティは大きな存在感を示している。

ⅱ. ジャムイーヤト・ハイル

ジャムイーヤト・ハイルは、裕福なハドラミーの商人たちによって 1901 年頃にバタヴィアで設立され、1905 年にオランダ植民地政庁から法人として承認を受けた[20]。ジャムイーヤト・ハイルは、当時の東インドで盛んに結成されていた任意団体のひとつであり、明文化された規約や執行部を備え、登録された会員から構成されていた。この団体が目的としたのは、救貧や会員同士の相互扶助、そして何より近代的な教育の普及であった。そこで、以下ではまず、この団体が登場した 20 世紀初頭の東インドにおけるイスラーム教育の状況を瞥見しておきたい。

東南アジアの伝統的なイスラーム教育は、二段階に分けて説明されるのが一般的である[21]。まず、ランガル（langgar, 礼拝所）や教育のある農民の家で、

18　Berg, *Le Hadhramout*, 126-127; Ingrams, *A Report*, 141, 147; Christian Lekon, "The Impact of Remittances on the Economy of Hadhramaut, 1914-1967," in Freitag and Clarence-Smith (eds.), *Hadhrami Traders, Scholars, and Statesmen in the Indian Ocean, 1750s-1960s*, 271-273. 1930 年代には、ハドラマウトの全人口の 2 割から 3 割が海外で生活していたと見積もられている。

19　Raffles, *The History of Java*, vol. 2, 206-230.

20　Saqqāf (ed.), *Lamaḥāt Tārīkhīya*, 2.

21　以下の東南アジアの伝統的なイスラーム教育についての説明は、Mahmud Yunus, *Sejarah Pendidikan Islam di Indonesia*, 2nd ed. (Jakarta: Penerbit Mutiara, 1979), 33-52; Steenbrink, *Pesantren, Madrasah, Sekolah*, 7-25; ザマフシャリ・ゾフィール

児童に初歩的なクルアーンの読み方が教えられた。これはプンガジアン（pengajian）と呼ばれる。次に、それより上の段階のイスラーム諸学の教育は、プサントレン（pesantren）などと呼ばれる寄宿制の教育機関で行われた[22]。プサントレンは、高名なキヤイ（kiyai, 主にジャワにおける伝統的なイスラーム知識人）によって、多くの場合は村落の外れに開設された。そこには、キヤイの名声を聞きつけて各地からサントリ（santri, 学生）が集まり、隣接する宿舎で集団生活が営まれた。

プサントレンの教育内容は、基本的にイスラーム諸学、すなわち宗教諸学とアラビア語諸学のみであった。アラビア語の統語論や語形変化論、神学（教義）、スーフィズム、そしてシャーフィイー学派の法学、すなわちジャーワの学生がマッカのハラーム・モスクで学んだ学問と同じものが主に教えられた。これらの中でも、プサントレンの教育では、法学の教育が最も重視された。その一方、20世紀以前には、クルアーン解釈学、ハディース学、そして法源学といった学問が教えられることは稀であった[23]。

プサントレンの教育には特定のカリキュラムはなく、入学資格や修学年数も定められていなかった。アラビア語やアラビア文字表記の現地語（ムラユ

「プサントレンの伝統――ジャワのキアイとイスラム伝統主義」タウフィック・アブドゥルラ編（白石さや・白石隆訳）『インドネシアのイスラム』（めこん 1985）、183-344；西野節男『インドネシアのイスラム教育』（勁草書房 1990）、32-48；小林『インドネシア』、第2章の記述に基づく。

22　同様の寄宿制の教育機関は、マレー半島ではプサントレン、アチェではムウナサ（meunasah）、ダヤ（dayah）、ランカン（rangkang）、ジャワではポンドック（pondok）やプサントレンと呼ばれる。本書では、現在のインドネシアで最も一般的なプサントレンという名称で統一する。プサントレンは伝統的な教育機関と説明されるが、ファン・ブライネッセンによれば、実際にはそれほど古くから存在したわけではない。プサントレンが普及するのは18世紀後半以降であり、カリマンタン、スラウェシ、ロンボックでは、20世紀まで存在しなかった。Bruinessen, “Pesantren and Kitab Kuning,” 132-133.

23　マフムド・ユヌスは、伝統的なイスラーム教育でもクルアーン解釈学が学ばれ、『ジャラーラインの啓典解釈書 *Tafsīr al-Jalālayn*』が用いられたと述べている。Yunus, *Sejarah Pendidikan Islam*, 45. しかし、プサントレンで使用されてきた書物に関するファン・ブライネッセンの研究によれば、20世紀以前にクルアーン解釈学は重視されていなかった。Bruinessen, “Kitab Kuning,” 253.

語やジャワ語など）で記されたキタブ（Ind. kitab）と呼ばれるイスラーム諸学の書物が教科書として用いられた。多くの場合、キヤイは、特定の学問分野、さらには特定のキタブを専門としていたため、一冊のキタブを修得したサントリは、新たな知識を求めていくつかのプサントレンを遍歴することもあった。プサントレンにおける教育方法は、次の2つの形式がとられた。ひとつは、ソロガン（sorogan）と呼ばれる個人授業で、主に年長のサントリが初学の生徒を教えるために用いられた。もうひとつは、バンドンガン（bandongan）と呼ばれる集団授業である。これはマッカのハラーム・モスクにおけるハルカ（インドネシア語ではハラカ［halakah］と発音される）と同じもので、サントリがキヤイを囲んで車座になり、講義が行われた。いずれの形式にしても、キターブの内容を字句通り暗記することが学習の中心であった。

それでは、アラブ人コミュニティの伝統的な教育はどのようなものだったのだろうか。オランダ植民地政庁は、「アラブ人のための学校（scholen voor Arabieren）」と「ムスリムの宗教学校（Mohammedaansche gosdienstscholen）」を別のものとして扱っていた。植民地政庁の統計によれば、「アラブ人のための学校」は、1897年にジャワ・マドゥラ地域に47校存在した[24]。しかし、アラブ人の児童とプリブミの児童が、実際に別々の場所で学んでいたのかは不明である。いずれにせよ、アラブ人の伝統的な教育は、プリブミのものと大きく異なることはなかったと推察される。東南アジアで学ばれてきた法学派の伝統には、ハドラミーの学者からの影響が強く認められる[25]。また、アラビア語教育に関しても、アラブ人の学校がプリブミのプサントレンよりも

24　*Algemeen Verslag van het Inlandsch Onderwjis in Nederlandsch Indië Loopende over de Jaren 1893 t/m 1897, met een Aanhangsel over de Jaren 1898 en 1899*（Batavia: Landsdrukkerij, 1901）, 191-197.

25　例えば、ハドラミーの法学者、アブドゥッラー・バーファドル ʻAbd Allāh b. ʻAbd al-Karīm Bā Faḍl（16世紀）による『ハドラミーの序説 *al-Muqaddima al-Ḥaḍramīya*』とその注釈書・脚注は、インドネシアのプサントレンで用いられてきた4つの法学書の系統のひとつとしてあげられる。この書物には、イブン・ハジャル・アル＝ハイタミー Ibn Ḥajar al-Haytamī（1504-1567）による注釈書『真実なるものの道 *Minhāj al-Qawīm*』や、マフフーズ・アッ＝タルマスィーによる注釈書『バーファドルに対する注釈書 *Sharḥ ʻalā Bā Faḍl*』がある。とりわけ前者はジャワで広く用いられた。Bruinessen, “Kitab Kuning,” 244-350.

格別優れていたわけではなかった。プラナカンのアラブ人は、東インドで教育を受けただけではアラビア語を充分に習得できなかった。そのため、裕福なハドラミーたちは、ハドラマウトの親類のもとに自分の子弟を数年間預け、アラビア語を身につけさせた[26]。

このような伝統的なイスラーム教育に対し、20世紀に登場する新しい種類のイスラーム教育機関がマドラサ（madrasa）である[27]。マドラサは、アラビア語では学校や教育機関一般を意味するが、東南アジアの文脈では西欧の学校制度を導入した近代的なイスラーム教育機関のことを指す[28]。プサントレンとは異なり、マドラサではカリキュラムが定められ、生徒は年齢や学力に応じて学年やクラスごとに分けられた。講義は複数の生徒を相手に机、椅子、黒板などを備えた教室で行われ、学習では暗記よりも内容の理解が求められた。そして、生徒たちの学力を計るために、定期的に試験が実施された。また、マドラサでは、イスラーム諸学のみではなく、歴史、地理、化学といった非宗教科目やアラビア語以外の言語の授業も設置された[29]。宗教諸学に関しても、特に改革主義者の開いたマドラサでは、クルアーン解釈学、ハディース学、法源学といった原典を理解するための学問やシャーフィイー学派以外の法学も教えられた。

---

26 Berg, *Le Hadhramout*, 214-215; Ingrams, *A Report*, 148. サラーフ・アル＝バクリーは、20世紀以前のアラブ人の学校では、アラビア語が全く教えられていなかったと述べているが、これは誇張であろう。Bakrī, *Tārīkh Ḥaḍramawt*, vol. 2, 242.

27 マドラサについての説明は、Yunus, *Sejarah Pendidikan Islam*, 63-67; Steenbrink, *Pesantren, Madrasah, Sekolah*, 26-58に基づく。近代的なイスラーム教育機関として、マドラサの他に、非宗教科目により比重をおくスコラ・イスラム（sekolah Islam）をあげることもある。しかし、マドラサとスコラ・イスラムの違いは曖昧であるため、この研究ではマドラサとして一括して論じる。Azyumardi Azra, Dina Afrianty, and Robert W. Hefner, "Pesantren and Madrasa: Muslim Schools and National Ideals in Indonesia," in Robert W. Hefner and Muhammad Qasim Zaman（eds.）, *Schooling Islam: The Culture and Politics of Modern Muslim Education*（Princeton: Princeton University Press, 2007）, 177.

28 同時期のマラヤにおけるマドラサの発展に関しては、Othman, "The Role of Makka-Educated Malays," 153-156を参照。

29 20世紀以前のプサントレンでは、一般的な歴史だけではなくイスラーム史も教えられていなかった。Bruinessen, "Kitab Kuning," 260.

こうしたマドラサ・タイプの学校は、主に改革主義を掲げるムスリムの活動によって20世紀前半に東インドに普及していった。しかし、伝統派のムスリムたちも、イスラーム教育の改革に無関心だったわけではない。プサントレンの中にも、マドラサのように学年制や非宗教科目を取り入れたり、クルアーン解釈学、ハディース学、法源学を教授したりするなど時代の変化に対応するものがあらわれた。その代表的なものとして、ハシム・アシュアリが東部ジャワのジョンバンで主宰したプサントレン・テブイレン Pesantren Tebuireng があげられる。これは20世紀のジャワで最も権威のあるプサントレンのひとつであるが、早くも1916年に学年制を導入している。さらに、このプサントレンでは、1919年にムラユ語、算術、地理学の授業が取り入れられ、1926年にはオランダ語や歴史も加えられるなど、非宗教科目も拡充されていった[30]。

東インドのアラブ人コミュニティは、マドラサ・タイプの学校の開設にいち早く取り組んでいる。ジャムイーヤト・ハイルが1906年にバタヴィアのプコジャン地区で開いた学校は、東インドで最も古いマドラサのひとつである[31]。この団体のメンバーは大多数がアラブ人であったが、その活動はプリブミのムスリムの関心も集めた。後にムハマディヤを設立するアフマド・ダフランや、イスラーム同盟 Sarekat Islam のバンテン支部の指導者となるハサン・ジャヤディニングラット Hasan Djajadiningrat らもジャムイーヤト・ハイルに参加した[32]。ジャムイーヤト・ハイルの教育活動は成功を収め、1910

30　ゾフィール「プサントレンの伝統」、271-272.

31　Saqqāf (ed.), *Lamaḥāt Tārīkhīya*, 6; ‘Abd al-Raḥmān b. Muḥammd b. Ḥusayn al-Mashuhūr [Muḥammad Ḍiyā’ Shihāb (ed.)], *Shams al-Ẓahīra fī Nasab Ahl al-Bayt min Banī ‘Alawī*, 2nd ed. (Jidda: ‘Ālam al-Ma‘rifa, 1984), 166-168. 東インドで最も古いマドラサ・タイプの学校とされるのは、スラカルタのマンバア・アルウルム Manba‘ al-Ulum である。これは、プンフル（penghulu, 宗教官吏）の養成を目的に1905年に設立された。Muhamad Hisyam, *Caught between Three Fires: The Javanese Pangulu under the Dutch Colonial Administration 1882-1942* (Jakarta: INIS, 2001), 140-145.

32　Atjeh, *Perbandingan Madzhab Salaf*, 103. ここでは、彼らの他にも数名のプリブミのムスリムの名前と会員番号があげられている。ハサン・ジャヤディニングラットについては、藤田英里「バンテン社会とイスラーム同盟――ハッサン・ジョ

年代前半までにバタヴィアのクルクット地区とバイテンゾルフ（ボゴール）にもマドラサが開設された[33]。

ただし、初期のジャムイーヤト・ハイルのマドラサには、改革主義という観点に立てばいくらか保守性も認められる。1917年のカリキュラムによれば、生徒は5つの学年に分けられ、毎週34時間の授業と月に一度の定期試験を受けた。非宗教科目やアラビア語以外の言語として、算術（hisab）、地理（elmoe boemi）、歴史（tarich）、図画（elmoe gambar）、ラテン文字表記のムラユ語（bahasa Melajoe hoeroef Olanda）などが教えられた。これらの科目がカリキュラム全体に占める割合は高学年になるほど増加するが、全体では4割程度に過ぎない。イスラーム諸学としてあげられているのは、クルアーンの読誦、法学、教義、アラビア語諸学のみである。改革主義運動で重視されるクルアーン解釈学、ハディース学、法源学は、まだ教えられていていない。法学派に関しても、特に明記されていないのでシャーフィイー学派の法学のみが教えられていたものと推察される[34]。

だが、このように保守性は残しているものの、ジャムイーヤト・ハイルの登場によってアラブ人の覚醒が具体的な運動として始まったことは確かである。1910年代には、東インド各地のアラブ人によって、ジャムイーヤト・ハイルと同じような教育団体やマドラサ・タイプの学校が次々と開設されていった。その主なものとして、1911年に設立されたスラバヤのジャムイー

ヨディニングラットを中心に」『史学研究』255(2007)：49-72を見よ。

33 Abū al-Anwār (ed.), *Tārīkh al-Irshād*, 96; Nājī, *Tārīkh Thawrat*, vol. 1, 32.

34 "Penjaoetan dengan Suka Hati," *Pertimbangan* 23 (1917): 4-5. このカリキュラムには、いずれも「物理学・自然科学」を意味するelmoe alamとelmoe tabeatがあげられている。後者は最高学年の生徒にしか教えられていないことから、前者は基礎的な「理科」、後者は「物理学」であろうか。1917年のカリキュラムでは、オランダ語の授業も導入予定とされており、後に実現していることが確認できる。"Al-Ḥaflāt al-Madrasīya," *Ḥaḍramawt* 315 (January 14, 1932): 3. また、カリキュラムにあげられているelmoe perangiを、マンダルは「武術（martial arts）」と訳している。Mandal, "Challenging Inequality," 167, 175. しかし、カリキュラムに付された「学校で宗教を教える利点」の説明には、「生徒たちが、習慣的に聖法の諸規定の義務を実行し、宗教的な振る舞いをし（berperangi dengan perangi agama）…」とあることから、elmoe perangiとは、実際には「振る舞い」や「礼儀作法」、すなわち「倫理（Ind. akhlak/ Ar. akhlāq）」のようなものではないかと思われる。

ヤ・ハイリーヤ al-Jam'īya al-Khayrīya（「慈善協会」の意）、1911年頃に設立されたプカロンガンのシャマーイル・アル＝フダー Shamā'il al-Hudā（「導きの美徳」の意）、1912年に設立されたスラカルタ（ソロ）のアラブ・イスラーム協会 al-Jam'īya al-'Arabīya al-Islāmīya、1914年に設立されたバタヴィアのアラタス・スホール Alatas School、そして同年に結成されたイルシャードがあげられる[35]。1920年代初めまでに、ジャワだけでも14校ほどのマドラサがアラブ人によって開設されていた[36]。

これらのマドラサの特徴的な点として、後述のように、海外から多数のアラブ人教師が招聘され、大部分の授業がアラビア語で行われたことがあげられる。アラブ人のマドラサによるアラビア語教育の重視には、2つの意味合いが認められる。まず、イスラーム改革主義運動では、クルアーンやスンナといった法源を正しく理解し、イジュティハードを実践するためにアラビア語の教育が重視された[37]。さらに、アラビア語は、アラブ人にとっての「民族の言語」でもある。東インドのアラブ人の間に覚醒の動きが広まる中で、「民族の言語」の能力を欠く自分たちの子弟に、アラビア語を教育する必要性が強く感じられるようになっていった[38]。

35　アラブ人によって開設されたこれらの団体や学校については、Noer, *The Modernist Muslim*, 59 footnote 79, 60 footnote 82; Mobini-Kesheh, *The Hadrami Awakening*, 37を参照。アラタス・スホールに関しては、Mandal, "Challenging Inequality," 167、シャマーイル・アル＝フダーに関しては、*Handelingen van den Volksraad*, July 21, 1931, 369-370に説明がある。また、設立年は不明だが、同時期には、スマトラのパレンバンにもアラブ人によって開設されたマドラサ、アラビーヤ学院 al-Madrasa al-'Arabīya が存在した。

36　Ismail bin Abdoellah Alatas, "De Arabieren," in L. F. van Gent, W. A. Penard and D. A. Rinkes（eds.）, *Gedenkboek voor Nederlandsch-Indië: Ter Gelegenheid van het Regeeringsjubileum van H. M. De Koningin 1898-1923*（Batavia and Leiden: G. Kolff, 1923）, 50. ここでは単に、「アラブ人の学校（Arabische scholen）」と述べられているが、ジャムイーヤト・ハイルについて論じている文脈であること、そしてすべてのアラブ人の学校と考えると数が少なすぎることから、マドラサ・タイプのものだけを指していると判断した。

37　Feener, *Muslim Legal Thought*, 15.

38　アラブ人たちによる「民族の言語」としてのアラビア語教育の重視については、第5章でも言及する。

ⅲ．覚醒の要因

それでは、アラブ人コミュニティの覚醒が起こった背景には、どのような要因があるのだろうか。これには、東インド社会内でアラブ人が置かれていた状況によるものと、東インド社会外からもたらされたものが指摘できる。まず、アラブ人の大半はプリブミのムスリムと比べれば全体的に裕福で、近代的な任意団体やマドラサを設立するだけの経済力を有していた。また、彼らは東インドのムスリム社会の中では早い時期から出版・印刷業に携わっており、定期刊行物を介して自分たちのコミュニティに近代化の必要性を訴えることができた[39]。

さらに、アラブ人が置かれていた外来東洋人としての立場も、彼らの覚醒の要因として見過ごしてはならない。19 世紀末から以降、東インドの住民集団の中でも外来東洋人は、植民地社会の不平等を深刻に感じるようになっていた[40]。オランダ植民地政庁は、華人やアラブ人がプリブミの福祉や経済活動を阻害していると見做し、彼らに様々な規制を設けるようになった。とりわけ 19 世紀末に旅券制度と居住地制度が厳格化されたことで、仲介業者としての彼らの経済活動は著しく阻害された。そのような中、1899 年に、それまで外来東洋人に分類されていた日本人が本国の近代化を認められてヨーロッパ人と同等の法的地位を与えられ、こうした規制から除外された[41]。このことは華人やアラブ人を刺激し、彼らもヨーロッパ人の法的地位の獲得を求めるとともに、自分たちの力でコミュニティの「進歩」を目指すようになったのである。

まず華人たちが、1900 年にバタヴィアで、彼らにとって最初の近代的な任意団体である中華会館 Tiong Hoa Hwe Koan: THHK を結成した[42]。この団

39　アラブ人による出版・印刷業については、序章の脚注 52 を参照。

40　弘末『東南アジアの港市世界』、182; 貞好『華人のインドネシア現代史』、52.

41　日本人がヨーロッパ人と同等の法的な身分を認められた背景については、吉田「文明・人種・法」、3-27 を参照。

42　中華会館の設立とその教育活動に関しては、白石隆「ジャワの華僑運動 1900-1918 年――複合社会の形成（1）」『東南アジア――歴史と文化』2(1972): 第 2 章; 貞好『華人のインドネシア現代史』、50-55 を参照。

体の指導者たちは、林文慶らを中心にシンガポールで起こされていた儒教復興運動から強い影響を受けていた。彼らは、プラナカンの華人に見られるジャワ的な要素の排除と華人性の回復、そして華人の子弟のための近代的な教育の新興を目的に掲げた。中華会館は、1901年にバタヴィアで最初の学校した開校した後、ジャワの各地に活動を広めていった。華人たちの活動はアラブ人コミュニティの覚醒も促進することになり、ジャムイーヤト・ハイルの結成の際には中華会館がモデルとされた[43]。

アラブ人の覚醒の背景には、以上のような東インド社会の中でアラブ人が置かれていた状況に加え、彼らの持つ中東アラブ地域との緊密なネットワークによって東インドの外部からもたらされた要因もあげられる。第一に、19世紀末になると、アラブ人たちは、イスタンブル、カイロ、ベイルートなどで発行されたアラビア語の定期刊行物を多数入手するようになった。その中には、アフガーニーとアブドゥフが発行した著名なイスラーム改革主義の雑誌『固き絆』やリダーが主筆を務めた『マナール』も含まれていた[44]。それらの定期刊行物が媒介となって、中東アラブ地域のイスラーム改革主義運動の影響が東インドのアラブ人の間に普及していった。

東インドの外部からもたらされた要因として、第二に、オスマン帝国の奨学金制度が指摘できる。19世紀末から第一次世界大戦の勃発までの期間、東インドのアラブ人たちは、この制度を利用して、イスタンブルやヨーロッ

43　Noer, *The Modernist Muslim*, 58; Mandal, “Finding Their Place,” 165-166; Mobini-Kesheh, *The Hadrami Awakening*, chapter 2.

44　Berg, *Le Hadhramout*, 174; Michael Laffan, “Another Andalusia: Images of Colonial Southeast Asia in Arabic Newspapers,” *The Journal of Asian Studies* 66/3(2007): 698-704.『マナール』に掲載された東南アジア関係の記事・論説を集めた史料集からは、東インドのアラブ人が、この雑誌に頻繁に寄稿していたことがうかがえる。Aḥmad Ibrāhīm Abū Shawk(ed.), *Al-Āthār al-Kāmila li-Majallat al-Manār ‘an Junūb Sharq Āsiyā(1898-1945)*, 2 vols.(Kuala Lumpur: Research Centre International Islamic University Malaysia, 2006).『マナール』がアラブ人の間で広く読まれていた理由として、東南アジアでの『マナール』の流通にムハンマド・ビン・ヤフヤー Muḥammad b. ‘Aqīl b. Yaḥyā というシンガポールに住むアラブ人が関わっていたことがあげられる。また、スールカティーは、植民地政庁の顧問官だったペイペルの執り成しによって、検閲を受けずに『マナール』を手に入れることができた。Bluhm-Warn, “Al-Manār and Ahmad Soorkattie,” 297.

パの各地で子弟に近代的な教育を受けさせる機会を得た。19 世紀後半に汎イスラーム主義政策を掲げていたオスマン帝国は、東インドのムスリム社会に強い影響力を持つアラブ人コミュニティに関心を示した。1883 年にバタヴィアに設置されたオスマン帝国領事は、オスマン・カリフへの忠誠心を高め、反植民地主義の宣伝を広めるために、アラブ人たちに様々な便宜を図った。そのひとつが奨学金制度であり、特に 1898 年から翌年まで領事を務めたメフメト・カーミル・ベイ Mehmet Kâmil Bey によって、アラブ人の留学が積極的に進められた[45]。

奨学金制度による留学者の数は僅かであり、その成果については疑問視する意見もある[46]。しかし、留学経験者の中から、何人かの貴重な人材が生まれたことは間違いない。サイード・バージュナイド Sa'īd Bā Junayd とアフマド・バージュナイド Aḥmad Bā Junayd の兄弟は、インドネシアで最初の大衆的な基盤を持つ政治団体であるイスラーム同盟の前身、イスラーム商業同盟 Sarekat Dagang Islamiah: SDI の結成に大きな役割を果たした。また、ムハンマド・アル＝アッタース Muḥammad b. 'Abd Allāh al-'Aṭṭās は、1924 年にイルシャードの学校の教師となり、1931 年にはフォルクスラート Volksraad（1918 年に開設された「人民議会」）で、アラブ人コミュニティを代表する議員に任命されている[47]。

東インド外からもたらされた要因としてもうひとつ重要なのが、アラブ人の設立した教育団体や学校が海外から能力のあるアラブ人教師を海外から招

45 Jan Schmidt, "Pan-Islamism between the Porte, The Hague, and Buitenzorg," in *Through the Legation Window 1876-1926: Four Essays on Dutch, Dutch Indian and Ottoman History*(Istanbul: Nederlands Historisch-Archaoelogisch Instituut te Istanbul, 1992), 90-102. 東インドからの留学生にプリブミはおらず、すべてアラブ人であった。

46 Noer, *The Modernist Muslim*, 59; Schmidt, "Pan-Islamism," 98. 留学生の数は、最も多かった 1900 年頃でも 17 人だけであった。

47 バージュナイド兄弟は 1899 年にイスタンブルに渡り、ベイルートやダマスクスを経て再びイスタンブルに戻った。アッタースは、1892 年にイスタンブルに渡った後ヨーロッパに移り、フランスのモンペリエで法律学を、さらにベルギーで工学を学んだ。Noer, *The Modernist Muslim*, 34 footnote 10; Schmidt, "Pan-Islamism," 93, 98-102. 彼らの活動は、第 3 章と第 5 章でも言及する。

聘したことである。それらの教師のほとんどは、スールカティーと同じように中東アラブ地域における改革主義運動の影響を受けており、東インドでイスラーム教育の改革に携わった。ジャムイーヤト・ハイルは、1910年に、アブドゥッラー・ビン・アラウィー・アル＝アッタース ʻAbd Allāh b. ʻAlawī al-ʻAṭṭās の仲介で、チュニジア出身のムハンマド・アル＝ハーシミーを教師として雇った。ハーシミーは、ジャムイーヤト・ハイルの学校に体育の授業とボーイスカウトを導入したとされる[48]。さらにその翌年には、スールカティーら3名のマッカの教師がジャムイーヤト・ハイルの学校に加わった。

これらの人材を得たことで、ジャムイーヤト・ハイルの教育活動は、当初は順調に発展していった。特に、プコジャン校の校長と他校の監査役を任されたスールカティーはその学識と学校運営の手腕を高く評価され、団体の執行部からさらなる教員を呼び寄せるように求められた。そこで、いずれもスーダン出身の、アフマド・ブン・アル＝アーキブ Aḥmad b. al-ʻĀqib al-Anṣārī、アブー・アル＝ファドル・サーッティー・スールカティー Abū al-Faḍl Sāttī Muḥammad［al-］Sūrkatī al-Anṣārī（スールカティーの弟）、ムハンマド・ヌール Muḥammad Nūr b. Muḥammad Khayr al-Anṣārī Abū al-Anwār、ハサン・ブン・ハーミド al-Ḥasan b. Ḥāmid al-Anṣārī の4名が東インドに招聘された[49]。

ただし、以上のアラブ人教師たちは、いずれもすぐにジャムイーヤト・ハイルの学校を辞めてしまい、アラブ人コミュニティの覚醒の動きに深刻な分裂をもたらすことになる。ハーシミーは、彼の雇い主であるアッタースが団体の執行部と対立し、より近代的な教育を目指したアラタス・スホールを開設すると、この学校に移って校長職に就いた[50]。さらに、スールカティーと

48 Noer, *The Modernist Muslim*, 59; Mobini-Kesheh, *The Hadrami Awakening*, 54-55. アブドゥッラー・ビン・アラウィー・アル＝アッタースは、上述のムハンマド・アル＝アッタースの父親である。アブドゥッラーは1850年頃にバタヴィアで生まれ、ヒジャーズとハドラマウトで学問を修めたのち、中東各地を旅して回った。その際にアフガーニーやアブドゥフとも交流を持ったとされる。裕福な実業家でムスリムの教育の改革に強い関心を示した。彼の経歴については、Arai, “Arabs Who Traversed,” chapter 5 で詳細に論じられている。

49 Abū al-Anwār（ed.）, *Tārīkh al-Irshād*, 98; Nājī, *Tārīkh Thawrat*, vol. 1, 32.

50 Noer, *The Modernist Muslim*, 59 footnote 79; Mandal, “Challenging Inequality,” 167. ハーシミーは、後に一時期イルシャードの学校で教職を務めた。Yunus, *Sejara*

彼の招聘したスーダン出身の教師たちも、預言者ムハンマドの特殊性の問題をめぐってジャムイーヤト・ハイルの執行部と対立し、この団体と訣別することになる。

以上のように、20世紀初頭におけるアラブ人の覚醒には、東インド社会内の要因とともに中東アラブ地域からもたらされた外的な要因、特にイスラーム改革主義運動の影響が指摘できる。そうして覚醒をしたアラブ人たちは、ジャムイーヤト・ハイルなどの教育団体やマドラサ・タイプの学校を開設するなど、今度は東インドにおけるイスラーム改革主義運動の中で先駆的な活躍をすることができた。ただし、中東アラブ地域からの改革主義運動の影響は、アラブ人コミュニティに分裂ももたらし、その結果としてイルシャードが誕生することになる。

Ⅱ. アラウィー・イルシャーディー論争の発端

イルシャード結成の契機となったのが、アラウィー・イルシャーディー論争である。アラブ人の覚醒の動きは、ハドラミーたちの間で指導的な立場にあったアラウィーたちの権威に挑戦する運動も生み出すことになった。その中で、アラウィーたちの特権とされていた2つの事柄、すなわち、シャリーファ（sharīfa, アラウィーの娘）に対する婚姻規制と、サイイド・シャリーフの手に口づけをする慣習が議論の対象となった。

ｉ. 婚姻の規制

ここではまず、系譜意識に基づくハドラマウトの社会階層を、ブジュラの提示した有名なモデルに従って説明しておきたい[51]。この社会階層の最上位

Pendidikan Islam, 307. 彼はスラバヤで『サラーム』の編集に携わった後、バタヴィアに移って出版社を運営し、アラビア語の定期刊行物『ボロブドゥール *Būrūbūdūr*』を発行した。

51　Bujra, “Political Conflict,” 364-366. ただし、ブジュラの研究は、ハドラマウトの内陸部にあるフライダ Ḥurayḍa という小さな町を対象としたものであり、このモデルが沿岸部も含めたハドラマウト全体に適用できるとは考え難い。実際の状況は、キャメリンが指摘するように、ハドラマウトの中で相当な地域差があると理

にいるのが、預言者ムハンマドの子孫であるサイイド層（sāda）、すなわちアラウィーたちである。ハドラマウトにおける彼らの系譜は、アフマド・ビン・イーサー・アル＝ムハージル Aḥmad b. ʻĪsā al-Muhājir（ムハージルは「移住者」という意味）というフサインの子孫に遡る。サイイド層の次に来るのが、南方系アラブ人の祖とされるカフターン Qaḥṭān に連なる系譜を持つシャイフ層（mashā'if）と部族層（qabā'il）である。両者のうち、アラウィーたちが台頭する以前の土着の宗教エリートの子孫であるシャイフ層の方が、宗教的な権威によって部族層よりも上に置かれる。他方で、19世紀から20世紀半ばまでのハドラマウトを政治的に支配していたクアイティー al-Quʻayṭī とカスィーリー al-Kathīrī の両スルターン家は、いずれも部族層に属する。そして、社会階層の底辺に位置するのが、特定の有力な始祖に連なる系譜を持たない困窮者層（masākīn）・社会的弱者層（ḍuʻafā'）である。

これらの社会階層は、婚姻における配偶者間の系譜（nasab）の「対等性（kafā'a）」を満たさないという理由で、女性を下の階層の男性に娶らせることを禁止することで維持されていた。したがって、ハドラマウトでは、社会階層の最上位に位置するアラウィーの娘、すなわちシャリーファと、預言者の子孫以外の男性との婚姻は非合法とされた[52]。ところが、東南アジアの移住地では、この規制を無視したシャリーファと一般のムスリムとの婚姻が行

解するのが妥当であろう。Sylvaine Camelin, "Reflection on the System of Social Stratification in Hadhramaut" in Freitag and Clarence-Smith (eds.), *Hadhrami Traders, Scholars and Statesmen in the Indian Ocean, 1750s-1960s*, 147-156. しかし、ハドラマウト社会全体で見れば、アラウィー一族が高い宗教的権威を持ち、いくつかの特権を享受していたことは否定し得ない。

52　配偶者間の系譜の対等性を考慮すること自体はハドラマウトに限ったことではなく、古典的なイスラーム法において一般的である。柳橋博之『イスラーム家族法——婚姻・親子・親族』（創文社 2001）、151-154. サイイド・シャリーフの内婚的な傾向も、ハドラマウトに限られたものではない。また、預言者の女性子孫は預言者の男性子孫と結婚しなければならないため、彼女たちの配偶者を確保するという理由から、預言者の男性子孫の婚姻まで規制される場合もあった。森本一夫「サイイド系譜学の成立（10、11世紀）——系譜統制との関わりを中心に」『史学雑誌』105/7 (1996): 588. ただし、ハドラマウトでは、婚姻の規制が特に厳格に守られていたとされる。Farhat J. Ziadeh, "Equality (*Kafā'ah*) in the Muslim Law of Marriage," *The American Journal of Comparative Law* 6 (1957)：515-516.

われるようになっていた。

このような婚姻の是非が大きな関心を呼んだ最初の事件は、シンガポールで起こった。1905年、インド出身のムスリムがシャリーファと結婚したが、預言者の子孫を称する彼の系譜は真偽が疑わしかったため、アラウィーたちから批判の声があがり、大きな議論となった。スマトラに住んでいたアラウィーのウラマー、ウマル・アル＝アッタース ‘Umar b. Sālim al-‘Aṭṭās は、系譜の対等性の議論に基づきこの婚姻を違法とするファトワーを出した。ところが、シンガポールに住む『マナール』の読者から見解を求められたカイロのラシード・リダーはこのファトワーを否定し、男性の系譜の真偽に拘りなくこの婚姻が合法となり得るという判断を下した[53]。

アッタースとリダーの見解には、イスラームにおける系譜と対等性の解釈に違いがある。アッタースによれば、預言者の子孫は、他の誰も獲得し得ない預言者の本性的な高貴さ（sharaf dhātī）と結びついており、諸系譜の中の最高位に置かれる。また、特にアラブ人にとって、女性を対等でない男性に娶らせることは、彼女だけでなくその父系血族（‘aṣaba）にも不名誉（‘ār）をもたらすと見做される。これらのことから、シャリーファと一般のムスリムとの婚姻は、預言者ムハンマドを害することにも等しく、女性自身とその後見人（walī）が同意していても認められるものではないとされる。さらに、アッタースは、「私がその主人である者については、アリーもその者の主人である」というハディースの明文規定（naṣṣ）に基づいて、ハサンとフサインの子孫（すなわちサイイド・シャリーフ）は、全人類の主人であるとまで述べている。

これに対しリダーは、「イスラームの聖法は公正と平等の聖法（sharī‘at ‘adl wa-musāwāt）」であり、系譜の貴賤と無関係に信徒は基本的に対等に扱われると論じる[54]。彼の見解では、女性自身とその後見人による同意さえあれば、

53　シンガポールの事件に関するリダーの見解は、『マナール』に3度掲載されている。“Tazwīj al-Sharīfa bi-Ghayr Kufu’ wa-Sabb al-‘Ulamā’ wa-Ihānat Kutub al-‘Ilm,” *al-Manār* 8/6(May 1905): 215-217; “Tazwīj al-Sharīfa bi-Ghayr Sharīf wa-Faḍl Ahl al-Bayt,” *al-Manār* 8/15(September 1905): 580-588; “Mas’alat Tazwīj al-Hidī bi-l-Sharīfa fī Singhāpūra,” *al-Manār* 8/24(February 1906): 955-977. アッタースの見解は、“Tazwīj al-Sharīfa bi-Ghayr Sharīf wa-Faḍl Ahl al-Bayt,” 580-583 に引用されている。

シャリーファと一般のムスリムとの婚姻であっても、そしてそのような婚姻が不名誉と見做される地域であっても合法となる。リダーによれば、婚姻は、イバーダート（ʻibādāt, 神と人間との関係に関する規定）ではなく、ムアーマラート（muʻāmalāt, 人間同士の関係に関する規定）に属する事柄であり、ムアーマラートに属する事柄は、マスラハ（maṣlaḥa, 公益）に基づいて判断されるべきである。婚姻の当事者たちは自分たちのマスラハを最もよく理解しているのであるから、彼らが配偶者を選択する権利を有していることになる[55]。

シンガポールの事件から数年後、シャリーファに対する婚姻規制の是非は東インドでも大きな問題となり、アラブ人コミュニティに決定的な分裂を引き起こすことになった。1913年、ジャムイーヤト・ハイルの学校の休暇を利用してスラカルタを訪れたスールカティーは、その地のアラブ人のカピタンであったアワド・ビン・スンカル ʻAwad b. Sunkar al-ʻUrmī の家に滞在した。その際、シャリーファと一般のムスリムの婚姻の是非が話題となり、スールカティーはこれを合法とするファトワーを出した。この出来事が知れ渡ると、ジャムイーヤト・ハイルのアラウィーたちは、自分たちの特権を認めないスールカティーに反感を抱くようになった[56]。

この問題に関するスールカティーの見解は、後に『返答の形 *Ṣūrat al-Jawāb*』としてまとめられた。その中で、スールカティーもリダーと同じように、イスラームがすべての信徒を対等な立場に置いていると論じている。

> イスラームの宗教（dīn al-Islām）とは、その崇高な原則と高貴な原理を知るすべての者が理解しているとおり、公正と平等の宗教（dīn al-ʻadl wa-l-musāwāt）である。それは、圧力をかけたり、義務を課したり、脅しをかけたりすることなく、理性（ʻaql）がその諸規定を受け入れることができる宗教である。…それは、子どもの罪によって父親が罰せられ

54　ただし、リダーは、サイイド・シャリーフへのサダカ（ṣadaqa, 喜捨）の分配の禁止など、例外がある点にも言及している。

55　マスラハに関するリダーの議論については、Hourani, *Arabic Thought*, 232-239で説明されている。

56　スラカルタでの出来事に関しては、“Al-Sūdānīyūn wa-l-ʻAlawīyūn,” *al-Irshād* 17 (October 14, 1920): 2-3の説明に従った。

ることも、父親の罪によって子どもが罰せられることもない宗教である。それは、立法者（ムハンマド）が「アラブ人が非アラブ人（a‘jamī）より優れることも、非アラブ人がアラブ人より優れることも、敬虔さにおいて以外にはない。肌の黒い者（aswad）が肌の白い者（aḥmar）より優れることも、肌の白い者が肌の黒い者より優れることも、敬虔さにおいて以外にはない」と公然と述べている宗教である[57]。

スールカティーの見解では、イスラームの法規定はすべての信徒を等しく扱うため、系譜の対等性は婚姻において考慮すべき条件に含まれない。相手の男性がムスリムでありさえすれば、合法的な婚姻に必要な条件は、女性が成人（rashīda）に達している場合は彼女の同意であり、成人に達していない場合は後見人の同意である。そして、女性の同意というものは、たとえ系譜などに釣り合わない点があったとしても、長所と短所を見分けることができれば十分に起こり得る。スールカティーは、人間の優劣を決めるのは、系譜のような「その人物の血や肉の生得的な性質（dhāt dam-hu wa-laḥm-hu）」ではなく、「獲得的な性質、足跡、教育の良さ（al-ṣifāt wa-l-āthār wa-ḥusn al-tarbiya）」だと論じる[58]。

ii．手に口づけをする慣習

アラウィー・イルシャーディー論争の発端となったもうひとつの事柄は、一般のムスリムがアラウィーに出会った際にその手に口づけをするという慣習である。この慣習は、預言者の子孫に敬意を示すものとしてハドラマウトでは広く行われていたが、やはり東南アジアの移住地では異議を唱える者があらわれるようになった[59]。バタヴィアのアラブ人のカピタンを務めていた

57　Aḥmad Muḥammad al-Sūrkatī, *Ṣūrat al-Jawāb*（n.p.,[1915]）, 15-16. これは、1915年10月28日付けの『スルー・ヒンディア *Soeloeh Hindia*』2号に掲載された論説への返答として書かれたものである。「肌の白い者（aḥmar）」は、原義は赤だが人間の肌の色においては白を意味する。アラブ人は肌の黒い者の方に含まれ、肌の白い者は、外国人、特にペルシア人を指す。

58　Ibid., 9.

59　この慣習は、一般に「口づけ（taqbīl）」と呼ばれるが、フーによれば、実際に

ウマル・マンクーシュ ‘Umar b. Yūsuf Manqūsh は、前述のウマル・アル＝アッタースに出会った際、彼の手に口づけをすることを拒否した。マンクーシュは、ハドラマウトでは低い階層の出身であったが、移住地で経済的に成功した人物であり、ジャムイーヤト・ハイルの支援者であった[60]。

ただし、この慣習については、アラウィーたちの間でも否定的な見解が目立つため、論争における重要性を低く見る向きもある。バタヴィアの著名なアラウィーのウラマー、サイイド・ウスマーン Sayyid ‘Uthmān（ウスマーン・ビン・ヤフヤー ‘Uthmān b. ‘Abd Allāh b. Yaḥyā）（1822-1914）は、シャリーファと一般のムスリムとの婚姻については、アッタースと同じように非合法であるとする見解を示していた[61]。ところが、マンクーシュの事件に関しては、サイイド・ウスマーンは、一般のムスリムがサイイド・シャリーフの手に口づけをする義務はないというファトワーを出している。さらに、1931年にアラウィーたちが発行した冊子の中でも、この慣習は否定的に論じられた[62]。

は臭いを嗅ぐ仕草（shamma）である。Engseng Ho, *The Graves of Tarim: Genealogy and Mobility across the Indian Ocean*（Berkeley, Los Angeles and London: University of California Press, 2006）, 84-85. 彼は、ハドラマウトではこの慣習が、アラウィーに限らず、偉大な学者、敬虔な人物、一族の年長者に対しても行われてきたと説明する。サージェントも、アラウィーがハドラマウトにやって来る以前は、シャイフに対してこの慣習が行われていたと述べている。Robert Betram Serjeant, *The Saiyids of Hadramaut*（London: Cambridge University Press, 1957）, 14.

60　Bertam J. O. Schrieke, “De Strijd onder de Arabieren in Pers en Literatuur,” *Overdruk uit de Notulen van het Bataviaasch Genootschap van Kunsten en Wetenschappen* 58（1922）: 191; “Al-Ṣulḥ Khayr,” *al-Irshād* 1（July 1933）: 14-15; Haikal, “Indonesia-Arab,” 164-166. この事件は有名であるが、いつ起きたのかは不明である。

61　Azyumardi Azra, “A Hadhrami Religious Scholar in Indonesia: Sayyid ‘Uthmān,” in Freitag and Clarence-Smith（eds.）, *Hadhrami Traders, Scholars and Statesmen in the Indian Ocean, 1750s-1960s*, 256. サイイド・ウスマーンはバタヴィア（もしくはその近郊）で生まれ、マッカやハドラマウトで学んだ。帰国後はオランダの植民地行政に関与し、宗教的な問題に関してスヌック・ヒュルフローニェに協力した。彼については詳細な伝記研究がある。Nico J. G. Kaptein, *Islam, Colonialism and the Modern Age in the Netherlands East Indies: A Biography of Sayyid ‘Uthman*（*1822-1914*）（Leiden and Boston: E. J. Brill, 2014）.

62　Schrieke, “De Strijd onder de Arabieren,” 191; Mobini-Kesheh, *The Hadrami Awakening*, 93. サージェントによれば、ハドラマウトでも、アラウィーの若者はこの慣

だが、この慣習をめぐる議論にハドラマウトや東南アジアのハドラミー・コミュニティの外部のムスリムも参加している点は見過ごすべきではない。プルシスの指導的人物、アフマド・ハッサン Ahmad Hassan（1887-1958）は、シンガポールに住んでいた時に、ムラユ語の定期刊行物『ウトゥサン・ムラユ *Utusan Melayu*』の中でこの慣習を批判している[63]。アフマド・ハッサンは、アラウィーの一族であるサッカーフ家がシンガポールで運営する学校で教師として働いたことがあり、校長に会うたびに彼の手に口づけをしなければならなかった。彼の批判はこの時の経験に基づいたものだとされる。スールカティーも、ジャムイーヤト・ハイルの学校で教鞭をとっていた時に、執行部の人物から生徒にこの慣習を守らせるように求められたが、それを拒否している[64]。

さらに、サイイド・シャリーフの手に口づけをする慣習は、『マナール』においても話題になっている。シンガポールに住む読者から質問を受けたリダーは、この慣習について批判的な見解を示した[65]。それによれば、サイイド・シャリーフの手に口づけをする行為は、宗教の名においてではなく単なる慣習（ʻāda）としてなされるのであれば、害（mafsada）をもたらさない限りは許容行為（mubāḥ）である。しかし、この慣習を預言者の子孫にとって「スンナにおいて確立した、聖法に則した権利」であると主張するならば、「彼らはアッラーの聖法に本来はないものを加えており、このようなことは最も大きな重罪（aʻẓam al-kabāʼir）のひとつである」と論じている。

それでは、このようなアラウィーたちの権威に挑戦するハドラミーの運動

習に否定的であった。Serjeant, *The Saiyids*, 14 footnote 2.

63 これについては、Noer, *The Modernist Muslim*, 85-89: Federspiel, *Islam and Ideology*, 169 を参照。プルシスは、ハジ・ザムザム Hadji Zamzam とムハンマド・ユヌス Muhammad Junus によって 1923 年にバンドゥンで結成された。アフマド・ハッサンは、インド系の両親（母親はジャワ人とも言われる）の家に生まれ、1921 年にスラバヤに移った。その後彼はバンドゥンに移り、1925 年にプルシスに加わると、活発な著作活動によってこの団体の中心人物になった。彼の経歴については、Federspiel, *Islam and Ideology*, 222-224; Feener, *Muslim Legal Thought*, 30-45 にまとめられている。

64 Abū al-Anwār（ed.）, *Tārīkh al-Irshād*, 97.

65 "Taqbīl Aydī Shurafāʼ wa-Ghayr-hum," *al-Manār* 9: 4（May 1906）: 304.

が、東南アジアの移住地で起こったのはなぜであろうか。これについては、移住に伴う環境の変化によってハドラマウトの社会階層やアラウィーの宗教的権威が維持されなくなったことが指摘されている[66]。東南アジアの移住地では、出身階層に関わりなく「アラブ人」として一括りに扱われ、マンクーシュのように低い階層の出身者でも社会的に成功することが可能であった。また、ハドラマウトは保守的な土地柄で外部からの影響を受けにくく、アラウィーたちは宗教的な権威を維持することができた。しかしながら、東南アジアの移住地では、彼ら以外にも、リダーやスールカティーのような中東アラブ地域の改革主義者が影響力を持っていた。

そして、アラウィーたちの権威に挑戦するハドラミーの運動は、ハドラマウトやハドラミー・コミュニティの外部にいる改革主義者のムスリムから支持を得た。リダーやスールカティーは、イスラームにおいて全ての信徒が対等な立場にあるいう見解に基づき、サイイド・シャリーフの特権を否定した。このようにムスリムの間の平等性を重視するのは、イスラーム改革主義運動に共通する特性である。イスラームは理念的にはすべての信徒を平等な立場に置くが、現実社会では系譜が重要な意味を持ち続けてきた[67]。これに対し、改革主義者たちは、神の唯一性に反し多神教に結びつく慣行を非難するとともに、神の前ではすべての信徒が出自に拘りなく対等な立場であることを強調するのである[68]。

Ⅲ. 結成時のイルシャードの性格

スールカティーはジャムイーヤト・ハイルの教師の職を辞すると、彼を支持するハドラミーたちとともにイルシャードを結成した。すなわち、イルシ

66　Bujra, “Political Conflict,” 370-371.

67　F. Rosental “Nasab,” *EI*², vol. 7, 967-968.

68　大塚『近代・イスラームの人類学』、第10章. 大塚は、ゲルナーの議論に基づいて、18世紀のワッハーブ主義運動から現代のイスラーム主義運動までに共通する特性を論じている。Ernest Gellner, “A Pendulum Swing Theory of Islam,” in R. Robertson (ed.), *Sociology of Religion* (Harmondsworth: Penguin Books, 1969), 127-138も参照。

ャードは、アラウィーたちの権威に挑戦するハドラミーの運動と超地域的なイスラーム改革主義運動が一致して誕生したと言える。ところが、結成時のイルシャードからは、この両者には矛盾する面があったことがうかがえる。

i. 学校と協会

スールカティーは、1914年にバタヴィアのジャティ地区で、「導きのためのイスラーム学院 Madrasat al-Irshād al-Islāmīya」という私塾を開設した[69]。これがイルシャードの「学校」の始まりである。この「イルシャード」という名前は、リダーが1911年にカイロで開いた「宣教と導きのための学院 Madrasat al-Da‘wa wa-l-Irshād」に由来するとされる[70]。スールカティーを支持するハドラミーたちは、彼の学校を支援していく目的で、「改革と導きのためのアラブ人協会 Jam‘īyat al-Iṣlāḥ wa-l-Irshād al-‘Arabīya」、すなわちイルシャードの「協会」を結成し、1915年にオランダ植民地政庁から法人として承認された[71]。学校と協会が「イスラーム」と「アラブ人」を名称に掲げていたことは、大まかに言えば、それぞれの性質の違いを示唆している。

イルシャードの協会は、「アラブ人」、特に「ハドラミー」の性質が顕著である。協会の規約は、活動の目的として、「イスラームの信仰と一致したアラブ人の慣習（al-‘awā’id al-‘Arabīya）を普及させること」と「アラブ人コミュニティ（al-umma al-‘Arabīya）に読み書きの教育をすること」をあげている[72]。会員資格自体は、東インドに住む18歳以上のすべてのムスリムの男

69　Abū Anwār (ed.), *Tārīkh al-Irshād*, 100.

70　Pijper, *Studiën over de Geschiedenis*, 109. リダーの学院は、イスラーム知識人・指導者の育成のために開設されたが、第一次世界大戦の勃発により閉鎖されてしまった。小杉『現代中東とイスラーム政治』、161.

71　イルシャードが結成された年については、研究者の説明や史料の中で混乱が見られる。現在の規約や協会のホームページでは、1914年9月に結成されたと記されているが、ヌルの研究のように、1913年を結成年とするものもある。Noer, *The Modernist Mulsim*, 62-63. これも根拠のないことではなく、同時代にイルシャードを観察しているスフリーケも結成を1913年と記し、イルシャード系の定期刊行物『マアーリフ *al-Ma‘ārif*』に掲載された記事も、イルシャードの学校が1913年に開設されたと述べている。Schrieke, “De Strijd onder de Arabieren,” 191; “Madrasa al-Irshād al-Kubrā,” *al-Ma‘ārif* 3 (May 26, 1927): 3.

性に開かれていた[73]。しかし、オランダ植民地期を通して、ハドラミー以外の者が協会の執行部に加わることはなかった。この点に関しては、イルシャードの設立者・指導者と見做されるスールカティーすら例外ではなかった[74]。協会の最初の執行部は、会長のサーリム・バルワイル Sālim b. ʻAwaḍ Balwaʻil、書記のムハンマド・アブード Muḥammad b. ʻUbayd ʻAbūd、顧問のサーリフ・ビン・アブダート Ṣāliḥ b. ʻUbayd b. ʻAbdāt、会計のサイード・マシュアビー Saʻīd b. Sālim Mashʻabī から構成された[75]。これらの人物に加えて、上述のマンクーシュも、協会の結成において中心的な役割を果たした[76]。

協会に関してもうひとつ指摘すべき点は、「反アラウィー」の性質を強く示していることである。イルシャードは、イスラーム教育の改革に関心を持つアラウィーの一部からも支援を得ていた。例えば、前述のアブドゥッラー・ビン・アラウィー・アル＝アッタースは、結成直後のイルシャードに多額の寄付をしている。また、イルシャードの学校の委員会で最初の委員長を務めたのは、アブドゥッラー・アル＝ハブシー ʻAbd Allāh b. Abū Bakr al-Ḥabshī というアラウィーであった[77]。ところが、協会の規約には、「サイイド（sāda）に属するいかなる者も、執行部のメンバーになることは認められない」と定められていた[78]。この規定を設けるか否かについては、規約を

72　Jamʻīyat al-Iṣlāḥ wa-l-Irshād al-ʻArabīya bi-Batāwī, *Qānūn Jamʻīyat al-Iṣlāḥ wa-l-Irshād al-ʻArabīya: Al-Asāsī wa-l-Dākhilī*(Batavia: n.p., 1919), 12-13. イルシャードの規約は、この団体が植民地政庁から法人として認められた際、まず、官報『ジャワ新聞 *Javasche Courant*』においてオランダ語で公示された。*Javasche Courant* 67(August 20, 1915): 1066-1067. その後、1919年に、この規約は内規とともにアラビア語とムラユ語で書かれた冊子として発行された。細かい表現は異なるものの、3つの言語で基本的には同じ内容が記されている。ここでは断り書きがない限りアラビア語版のページ数を示す。

73　Ibid., 13. 規約のアラビア語版では、単に「人物（shakhṣ）」と記されているが、オランダ語版やムラユ語版では、「男性（Dt. welke zijn mannelijk/ Ind. laki2）」と明記されている。Ibid. 5(ムラユ語); *Javasche Courant* 67(August 20, 1915): 1066.

74　Mobini-Kesheh, *The Hadrami Awakening*, 63-68.

75　*Javasche Courant* 67(August 20, 1915): 1066; Jamʻīyat al-Iṣlāḥ wa-l-Irshād al-ʻArabīya bi-Batāwī, *Qānūn*, 14.

76　Mobini-Kesheh, *The Hadrami Awakening*, 64.

77　Noer, *The Modernist Muslim*, 64; Mobini-Kesheh, *The Hadrami Awakening*, 63.

作る際にイルシャーディーの間でも意見が分かれ、特にスールカティーが最も強く反対していた。しかしながら、最終的には多数決によって、アラウィーたちは執行部から排除されることになった[79]。

これに対し、イルシャードの学校は、アラブ人やハドラミーに限られない、すべてのムスリムに開かれた性質を持っていた。スールカティーがジャムイーヤト・ハイルの職を辞めて新しい学校を開くと、スーダン人の教師たちも一緒に移ったため、開設当初イルシャードの学校はハドラミー以外のアラブ人が教師の多数を占めていた[80]。また、この学校には、アラブ人だけでなく多くのプリブミのムスリムの生徒が通っていた。1917年にイルシャードの学校に在籍していた生徒数は、アラブ人が70名、プリブミが80名である[81]。人口比から考えればアラブ人の割合は大きいが、プリブミの数も決して少なくない。

さらに、イルシャードが各地に開設した学校が、イスラーム運動における指導的なプリブミを輩出した点も重要である。特にムハマディヤとの間には、幹部候補生をイルシャードの学校で育成するという協定が存在したとされる[82]。1959年から1962年にムハマディヤの会長を務めたユヌス・アニース

78 Jam'īyat al-Iṣlāḥ wa-l-Irshād al-'Arabīya bi-Batāwī, *Qānūn*, 14.

79 Abū al-Anwār (ed.), *Tārīkh al-Irshād*, 100-101.

80 スールカティーが招いたスーダン人教師のうち、ハサン・ブン・ハーミドは、ジャムイーヤト・ハイルの教職を辞した後に、カリマンタンのポンティアナックに移って教師となった。彼はその後ジャワに戻り、イルシャードのいくつかの学校とバンドゥンにあるプルシスの学校で教鞭をとった。Elansari, *Al-Irsjad*, 11-12; Federspiel, *Persatuan Islam*, 20.

81 生徒の数は、1917年に『プルティンバンガン *Pertimbangan*』に数度掲載されたイルシャードの学校の広告に基づく。例えば、"Madrasah al-Irsjad al-Islamiah," *Pertimbangan* 2/36 (February 15, 1917): 1を見よ。ヌルによれば、開設から間もない頃のイルシャードの学校に在籍したプリブミの生徒は、スマトラやカリマンタンの出身者であった。Noer, *The Modernist Muslim*, 66.

82 Bluhm-Warn, "*Al-Manār* and Ahmad Soorkattie," 307. この協定については史料からは確認できないが、スールカティーとムハマディヤの設立者アフマド・ダフランの間に親交があったことは事実である。2人が最初の出会ったのは、バタヴィアからジョグジャカルタに向かう汽車に偶々乗り合わせた時であったとされる。Solichin Salam, *K. H. Ahmad Dahlan: Reformer Islam Indonesia* (Jakarta: Djajamurni,

Junus Aniesや、1930年代末にインドネシア・イスラーム党Partai Islam Indonesia: PIIでも活躍したムハンマド・ファリード・マアルフMuhammad Faried Ma'rufがイルシャードの学校で学んだ。彼らの他にも、独立後のイスラーム政党マシュミ党Partai Masjumiの指導者の一人で宗教大臣になるムハンマド・ラシディMuhammad Rasjidiや、同党の幹部サレフ・スアイディSaleh Suayidi、独立後にジョグジャカルタの国立イスラーム宗教大学Institut Agama Islam Negeri: IAINの教授になるハスビ・アッスィッディーキHasbi Ash Shddieqyらがイルシャードの学校の卒業生としてあげられる[83]。

さらに、イルシャードの学校が協会と異なるのは、アラウィーであっても重要な職を任されていることである。ジャムイーヤト・ハイルの学校の生徒であったアブドゥッラー・ビン・サーリム・アル＝アッタース 'Abd Allāh b. Sālim al-'Aṭṭāsは、スールカティーとともにイルシャードの学校に移った。卒業後、アッタースはイルシャードのスラバヤ校で教師となり、後には校長職を任されてさえいる[84]。また、スールカティーは、1924年にバタヴィアの学校を市内のマンガブサール地区に移転した際、オスマン帝国の奨学金制度でイスタンブルとヨーロッパで学んだムハンマド・アル＝アッタースを教師として雇った。スールカティーは、「最も進んだアラブ人（arqā 'Arabī）」

1963), 39. 両者の親交を示すものとして、1921年にスールカティーがジョグジャカルタのアフマド・ダフランのもとを訪れた際の出来事を記した論説があげられる。"Āthār al-Arwāḥ al-Muqaddasa," *al-Irshād* 43 (April 14, 1921): 1; id., *al-Irshād* 44 (April 21, 1921): 1-2.

83　Nājī, *Tārīkh Thawrat*, vol. 1, 122-124には、これらの人物も含め、1930年より以前にイルシャードの学校で学んだ11名の著名なプリブミの名前があげられている。ラシディ、スアイディ、スィッディーキに関しては、次の文献を参照。Endang Basri Ananda (ed.), *70 Tahun Prof. Dr. H. M. Rasjidi* (Jakarta: Harian Umum Pelita, 1985), 7-8; John Muhammad Rasuly Suaidy, Indria Fernida Alphasonny, and Yudhi Dzulfadli Baihaqi (eds.), *Memerdekakan Islam: Jejak Perjuangan H. M. Saleh Suaidy (1913-1976) Ulama Perintis Kemerdekaan Indonesia* (Jakarta: Lubuk Print, 2008), 32-34; Feener, *Muslim Legal Thought*, 59-60.

84　*Handelingen van den Volksraad*, July 12, 1935, 163; Nājī, *Tārīkh Thawrat*, vol. 1, 121. アラウィー・イルシャーディー論争が激しくなると、一族から圧力がかかったため、アッタースは1921年にイルシャードの学校を辞めざるを得なくなり、スラカルタのアラブ・イスラーム協会の学校の教師となった。

と評価するアッタースに、英語、オランダ語、簿記、化学といった非宗教科目の授業を委ねた[85]。

ii. 法学派の問題

さらに、結成時のイルシャードが矛盾し得る2つの性質を持っていたことは、法学派の問題に顕著にあらわれている。改革主義運動は、既存のウラマーの見解への盲目的なタクリードを否定してイジュティハードの実践の必要性を訴え、究極的には既存のスンナ派四法学派の個々の権威を否定する。東インドのムスリム社会でも、特に1920年代に、シャーフィイー学派のみに従うことの是非が争点となった。後述の東インド・イスラーム会議 Congres Al-Islam Hindia では、ムハマディヤやイルシャードといった改革主義を掲げる団体と伝統派のムスリムとの間で、イジュティハードと法学派の問題に関して激しい議論が戦わされた[86]。

スールカティーは、法学派の問題に関して改革主義の立場を明確にとっている。1925年に発表された『三つの問題 *al-Masā'il al-Thalāth*』の中で、彼は、イジュティハードの実践の必要性を次のように論じている。

> その全体（スールカティーのここまでの議論）から理解されるのは、今日我々が従っている盲目的なタクリードは、理解力（fahm）も知識（'ilm）も備え（isti'dād）も理性（'aql）もない、純然たる無知な者（al-'āmmī al-basīṭ）にしか認められないということである。クルアーンとスンナを理解するためのイジュティハードは、各々の能力に応じ、あらゆる時と場所において可能な機会があれば、理解力を持つすべての者にとって義務となるのである[87]。

---

85 Aḥmad Muḥammad Sūrkatī, *I'lān 'an Madrasat al-Irshād al-Dākhilīya*［*Internaat "Al-Irsjad School"*］(n.p., 1924). これは、イルシャードのバタヴァア校の移転を知らせる広告で、同じ内容がアラビア語とムラユ語で両面に印刷されている。

86 Noer, *The Modernist Muslim*, 227-228; Feener, *Muslim Legal Thought*, 10, 25-26. 東インド・イスラーム会議については、第3章で詳しく取り上げる。

87 Aḥmad Muḥammad Sūrkatī, *Al-Masā'il al-Thalāth* (Batavia: n.p., 1925), 18.

スールカティーはタクリードをする者（muqallid）を、イジュティハードの資格を備えているのに実行しない者、その資格を得る機会がなかった者、その資格を決して持ち得ない者の 3 種類に分けている。彼の考えでは、三番目に該当するような人物であっても、「タクリードをする者はひとつの学派（madhhab）に拘る必要はない」のである[88]。さらに、スールカティーは、同時期に発表した論説の中で、最終的に既存のすべての学派（madhāhib, mashārib）は、ひとつに統合されるべきだという見解を示している。この新しい法学派は、クルアーンとスンナに基づき、逸脱（al-bida‘)、迷信（al-khurāfāt)、民族的な偏愛（al-ahwā’ al-qawmīya)、そして人種的な連帯意識（al-‘aṣabīya al-jinsīya）に汚されていないものでなければならないのである[89]。

しかしながら、興味深いことに、このような指導者の理念に反して、イルシャードの中にはシャーフィイー学派への強い拘りが認められるのである。1919 年に発表された協会の内規には次のように記されている。

> この協会の有するすべての学校の公式の学派（al-madhhab al-rasmī）は、法学（al-fiqh）については、イマーム・ムジュタヒド・ムハンマド・ブン・イドリース・アッ＝シャーフィイー al-Imām al-Mujtahid Muḥammad b. Idrīs al-Shāfi‘ī の学派であり、教義（al-‘aqā’id）については、スンナとジャマーアの民（Ahl al-sunna wa-l-jamā‘a, すなわちスンナ派）の学派である[90]。

実際、1917 年のバタヴィア校のカリキュラムによれば、法学の授業ではシャーフィイー学派のアブー・シュジャーウ ‘Abū Shujā‘ al-Isfahānī（11 世紀 -12

88　Ibid., 21-22.

89　“Al-Khilāfa,” *al-Dhakhīra al-Islāmīya* 8-9 (May 1924): 415, 418. これは、1924 年 3 月にトルコ共和国でカリフ制が廃止された直後にスールカティーが発表したカリフ論の中で述べられている。彼は、新たなカリフの職務のひとつとして法学派の統一をあげており、そのために各学派からウラマーが任命され、それぞれの学派の教説を精査するという構想を示している。スールカティーのカリフ論については、第 3 章でも論じる。

90　Jam‘īyat al-Iṣlāḥ wa-l-Irshād al-‘Arabīya bi-Batāwī, *Qānūn*, 15.

世紀）の法学書以外は使用されていない[91]。この法学派の規定は、1931 年までイルシャードの内規に残されることになる。

ここで指摘すべきなのは、イルシャード内のシャーフィイー学派への固執がこの団体の「ハドラミー」の性質に起因していることである。このことは、イルシャーディーの一部がアラウィーたちとの間で、「ハドラミーの法学派」であるシャーフィイー学派に基づいた和解を試みていることから明らかである。例えば、1928 年に、ハドラマウトからアラウィーのウラマー、アブドゥッラフマーン・アッ＝サッカーフ ‘Abd al-Raḥmān b. ‘Ubayd Allāh al-Saqqāf（1883-1956）がスラバヤを訪れ、論争の仲裁を試みた。彼が提示した和解条件のひとつは、「すべてのハドラミーの法学派はひとつ、すなわちシャーフィイー学派である。何らかの意見が相違する場合に彼らが立ち返るのは、それ（シャーフィイー学派）のうちの信頼に足るもの（al-mu‘tamad）である」という内容であった[92]。1932 年には、イルシャード結成の中心人物の一人であるマンクーシュが、アラウィーの有力者アブドゥッラー・アル＝アイダルース ‘Abd Allāh b. Ḥusayn al-‘Aydarūs との間で和解交渉を進めた。この際にも、「ハドラミーの法学派」であるシャーフィイー学派に従うことが和解条件としてあげられた[93]。これらの和解交渉はいずれも成立しなかったが、イルシャーディーの中には賛同する者もいた。だが、スールカティーは、アラウィーたちとの対立の解釈には熱心に取り組んだが、シャーフィイー学派に基づく和解には決して同意しなかった。

---

91 “Correspondentie,” *Pertimbangan* 2/30（February 7, 1917）: 2. ここでは、アブー・シュジャーウの『究極と概略 *al-Ghāya wa-l-Taqrīb*』（『提要 *Mukhtaṣar*』とも言われる）とともに、その注釈書や脚注も含んでいると考えられる。これらの法学書は、インドネシアのプサントレンで現在に至るまで頻繁に使用されてきた。Bruinessen, “Kitab Kuning,” 244-246.

92 Bakrī, *Tārīkh Ḥaḍramawt*, vol. 2, 336-338. アブドゥッラフマーン・アッ＝サッカーフについては、Mashhūr, *Shams al-Ẓahīra*, 239-241; Freitag, *Indian Ocean*, 176-178, 287-288, 356 を参照。

93 “Aml Jadīd: Al-Ṣulḥ bayna al-‘Alawīyīn wa-l-Irshādīyīn ‘alā Asās al-Madhhab al-Shāfi‘ī,” *Ḥaḍramawt* 378（December 22, 1932）: 1; “Fī Sabīl al-Ṣulḥ,” *Ḥaḍramawt* 379（December 26, 1932）: 2.

おわりに

20世紀初頭、東インドのムスリム社会の中でいち早く覚醒をしたアラブ人コミュニティは、近代的なイスラーム団体やマドラサ・タイプの学校を次々と開設するなど、イスラーム改革主義運動の初期の段階で顕著な活躍をした。このアラブ人の覚醒を引き起こした要因のひとつとしてあげられるのが、中東アラブ地域からもたらされた改革主義運動の影響である。さらに、この改革主義運動の影響は、アラブ人コミュニティの覚醒の動きに分裂をもたらすことになり、アラウィー・イルシャーディー論争が起こった。このように、東インドにおけるアラブ人の覚醒の動きは、超地域的なイスラーム改革主義運動と密接に連動したものであった。

アラウィー・イルシャーディー論争の発端となったのは、シャリーファに対する婚姻の規制とサイイド・シャリーフの手に口づけをする慣習であった。これらのいずれにおいても、ハドラマウトや移住地のハドラミー・コミュニティの外部にいる改革主義者たちは、後にイルシャードを形成するハドラミーたちの立場を支持した。これは、預言者の子孫としてのアラウィーの特権を否定する主張が、すべてのムスリムの平等性を強調する改革主義運動の特性と一致したためだと言える

しかし、結成時のイルシャードからは、2つの点において矛盾を抱えていたことが認められる。第一に、スールカティーの開設したイルシャードの学校は、改革主義者が強調する「平等主義」の理念に従い、アラブ人やハドラミーに限られないすべてのムスリムに開かれた性質を持ち、アラウィーも受け入れていた。これに対し、イルシャードの協会は、「アラブ人」、特に「ハドラミー」という性質、そして「反アラウィー」の性質が顕著であった。第二に、改革主義を唱えるスールカティーは、イジュティハードの実践を訴え、スンナ派四法学派の個々の権威を否定していた。しかし、イルシャードの中には、内規における公式法学派の規定に見られるように、「ハドラミーの法学派」であるシャーフィイー学派への強い拘りが認められたのである。

第 3 章

インドネシア・ナショナリズムの形成

20 世紀初頭までであれば、アラブ人としての出自は、東インド社会の中で宗教的な影響力を保証するものであった。だが、それから 1920 年代までの植民地社会の展開の中で、彼らの置かれた状況は大きく変容していった。植民地政庁による公教育制度の拡充が一因となって、プリブミの間でインドネシア・ナショナリズムが形成されていった。プリブミとしての意識の高揚によって、アラブ人たちは世俗的なナショナリズム運動だけでなく、イスラーム運動からも排除されていったと論じられている[1]。他方で、アラブ人コミュニティによる教育活動は公教育制度から分離しており、彼らの間には「アラブ人」、さらには「ハドラミー」としてのアイデンティティが確立されていったとされる。

しかしながら、1920 年代までのアラブ人コミュニティと東インド社会との関係は、もう少し注意深く検討してみる必要がある。彼らによる教育活動が植民地の公教育制度から分離していたとする議論は、あくまで植民地社会における住民区分からの推論に基づいたものに過ぎず、実証的に分析されているわけではない。また、従来のインドネシア・ナショナリズム研究では、世俗的な運動にのみ焦点が当てられてきた。特に 1920 年代以降に関しては、プリブミのイスラーム運動とアラブ人たちとの関係は充分に検討されてきたとは言い難い。

そこで本章では、20 世紀初めから 1920 年代後半までの時期を中心に、公教育とイスラーム運動という 2 つの点から、アラブ人コミュニティとイルシャードの動向を検証することにしたい。以下ではまず、東インドのアラブ人

---

1 Mobini-Kesheh, *The Hadrami Awakening*, 40-41, 139-141.

コミュニティ全体の状況を論じ、その後に同時期のイルシャードの教育活動とその背景にあるスールカティーの教育に関する言説を分析していく。

Ⅰ. 公教育の拡充

オランダ植民地政庁による公教育は、20世紀とともに始まる「倫理政策 Ethische Politiek」の時代に、下級官吏や企業の事務員の養成を主な目的として拡充していった[2]。ここでは、1920年代までの公教育の概要とその社会的な重要性を説明し、その上で、公教育の拡充に対するアラブ人コミュニティの対応を検討する。

ⅰ. 東インドの公教育制度

東インドの住民を対象とした植民地政庁の公教育は、行政機構の拡大に伴って19世紀半ばから始まる[3]。1848年に原住民教育支出が開始されたことで、まず、上流のプリブミの子弟向けの小学校が登場した。初等以上の教育機関としては、1851年にスラカルタで師範学校とバタヴィアでジャワ医師学校（dokter Djawa school）が、1879年にはジャワ人首長の子弟のために3校の首長学校（hoofdenschool）が開設された。原住民小学校は、1893年に上流向けの第一級小学校（eerste klasse school）と一般向けの第二級小学校（tweede klasse school）に分けられた。首長学校は、1900年に原住民官吏養成学校（opleidingschool voor inlandsche ambtenaren: OSVIA）に、ジャワ医師学校は翌年に原住民医師養成学校（school tot opleiding van inlandsche artsen: STOVIA）に改編された。

2　倫理政策とは、20世紀初めにオランダ植民地政庁がとった「開明的」政策の総称のことである。教育の普及はその柱のひとつであった。この政策の概要については、Ricklefs, *A History of Modern Indonesia*, chapter 14にまとめられている。

3　19世紀後半の植民地政庁による教育政策に関しては、戸田金一「インドネシア教育史」梅根悟監修、世界教育史研究会編『東南アジア教育史』（世界教育史大系6）（講談社 1976）、58-71; 弘末雅士「近世国家の終焉と植民地支配の進行」池端雪浦編『東南アジア史Ⅱ――島嶼部』（新版 世界各国史6）（山川出版社 1999）、240-242に基づく。

公教育制度の導入によって、出自よりも学歴や能力が社会的上昇において大きな意味を持つようになっていった。また、19世紀末から20世紀初頭に西欧式の教育を受けた新しい社会層の中から、ナショナリズム運動を展開する指導者たちも生まれた。ただし、20世紀以前に公教育を利用できた者は、非常に少数であった。公教育制度の整備が進んで東インドの住民の間で本格的に利用されるようになるのは、20世紀前半の倫理政策の時代を待たなければならない。公教育制度は、1920年代までに初等教育から高等教育までを備えるようになった（図1を参照）[4]。

まず、初等教育は、エリート教育と大衆教育に分けられる。前者はオランダ語を教授用語とし、ヨーロッパ人の子弟及び一部の裕福な外来東洋人・プリブミの子弟を対象としていた。エリート初等教育の大きな特徴は、「人種」による住民区分に基づいて民族別に分かれていた点にある。すなわち、それぞれヨーロッパ人、華人、プリブミの子弟を対象に、いずれも7年制のヨーロッパ人小学校（Europese lagere school: ELS）、オランダ語華人学校（Hollands-Chineese school: HCS）、オランダ語原住民学校（Hollands-Inlands school: HIS, 1914年に第一級小学校から改編）が設けられた[5]。その他に、大衆初等教育との接続のために5年制の連鎖学校（schakelschool）が1921年に導入された[6]。エリート初等教育を修了すると、中等教育機関、ミュロー（MULO: meer uitgebreid lager onderwijs, 字義通りには拡充高等初等教育）、そしてオランダ

4　以下の説明は、1930年代の『オランダ領東インド教育年鑑 *Algemeen Verslag van het Onderwijs in Nederlandsch-Indië*』の第二部「統計資料」に掲載された序文及び、戸田「インドネシア教育史」、72-92; S. L. van der Wal, *Some Information on Education in Indonesia up to 1942*（The Hague: Netherlands Universities Foundation for International Cooperation, 1961）, 5-11; Ricklefs, *A History of Modern Indonesia*, 189-192に基づく。

5　この他にも少数ではあるが、ヨーロッパ人小学校とほぼ同等のカリキュラムに従う特殊学校（speciale school）が存在した。S. L. van der Wal, *Het Onderwijsbeleid in Nederlands-Indië, 1900-1940: Een Bronnenpubliekatie*（Groningen: J. B. Wolters, 1963）, 227 footnote 2.

6　ただし、イスラーム団体の開設した連鎖学校には、3年制や4年制のものが見られる。例えば、利光正文「植民地期ムハマディヤの学校教育について」『別府大学アジア歴史文化研究所報』12（1994）: 9、及び、後述のイルシャードの開設した連鎖学校を見よ。

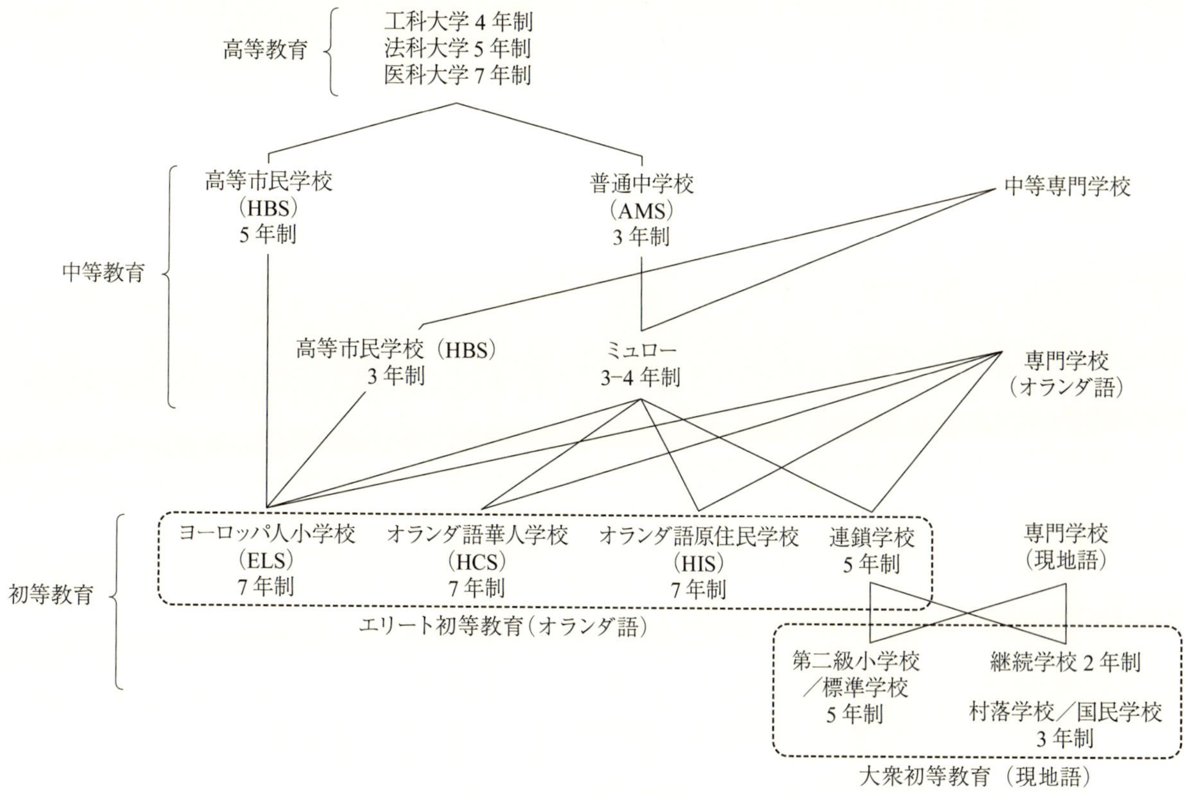

図 1　オランダ領東インドの公教育制度（1930 年代初頭）

出所：1930 年代の *Algemeen Verslag van het Onderwijs in Nederlandsch-Indië*, part 2 の序文に掲載された図を基に作成。

語を教授用語とする専門学校に進むことができた。

他方で、大衆初等教育では、プリブミ一般の子弟を対象に現地語（ムラユ語だけでなくジャワ語やスンダ語など地方語も含む）を用いて授業が行われた。大衆初等教育の教育機関としては、5年制の第二級小学校（もしくは標準学校［standaardschool］）と3年制の村落学校（desaschool）（もしくは国民学校［volksschool］）、そして村落学校の卒業生が入学できる2年制の継続学校（vervolgschool）があげられる。大衆初等教育を修了した者が進学できたのは、現地語を教授用語とする専門学校のみである。ただし、大衆初等教育を3年間受けた後、前述の連鎖学校で学べば、オランダ語原住民学校卒業と同等の資格を得ることができた。

中等教育以上になると、エリート教育と大衆教育の区分も民族区分も設けられなくなり、教授用語はすべてオランダ語となった。中等教育機関としては、まず5年制の高等市民学校（hogere burgerschool: HBS）と3年制の普通中学校（algemene middelbare school: AMS）があり、これらを卒業すれば高等教育機関に進む資格を得られた。これらのうち、高等市民学校に入学できたのは原則的にヨーロッパ人小学校の卒業生のみであり、普通中学校にはミュローの卒業生が進学できた。これらの他に、やはりヨーロッパ人小学校の卒業生が入学できる3年制の高等市民学校もあり、卒業生は中等専門学校に進学する資格を得た。前述のミュローは、制度上は初等教育と中等教育の間に位置するが、実質的に通常の中学校としての役割を果たした。最後に、高等教育機関としては、まず1920年にバンドゥンで工科大学（technische hogeschool）が、そして1924年と1927年にそれぞれ法科大学（rechts hogeschool）と医科大学（geneeskundige hogeschool, 原住民医師養成学校から改編）がバタヴィアで開設された。

1920年代には、公教育制度が概ね完成しただけでなく、量的・質的な面でも大幅な拡大が見られた。1920年に大衆初等教育とエリート初等教育を受けていた児童数は、それぞれ781,284名と85,013名であった。それが1930年になると、それぞれ1,482,402名と132,601名に増加している。また、ヨーロッパ人小学校、オランダ語華人学校、オランダ語原住民学校の数は、1920年にそれぞれ249校、48校、199校であったが、1930年には300校、

110校、292校になっている。このことから、1920年代には、エリート初等教育が華人やプリブミの間にも普及していったことが分かる。さらに、中学校に相当するミュローも、1920年には23校だったのが1930年には64校になり、生徒数も2,914名から11,788名にまで増加している[7]。公教育制度の初等教育以上の段階に進む学生も、次第に多くなっていったのである。

ただし、倫理政策の時代における公教育の拡充の成果は、決して過大評価できるものではない。東インドの人口は、1920年に約3,500万人、1930年には4,000万人を超えている。この数字に鑑みれば、公教育、特にエリート初等教育はほとんどの住民にとって手の届かない存在であったと言える。1930年の時点でも、プリブミの間でのオランダ語の識字率は0.32%に過ぎなかった[8]。しかし、20世紀前半に東インドの住民の一部が、公教育を受けることによって社会的上昇を遂げるようになったことは事実である[9]。さらに重要なのは、東インド社会の中で、特にオランダ語による西欧式の教育こそ「進歩の時代」においては不可欠であるという認識が幅広く共有されていったことである。

公教育、特にエリート初等教育に対する高い関心は、イスラーム教育の改革に携わるプリブミの間でも広く認められる。そのことを顕著に示しているのが、公教育制度に対応したマドラサの登場である。その最初期の例として、西スマトラのスコラ・アダビーヤ Sekolah Adabijah があげられる。この学校は東インドで最も古いマドラサのひとつであり、1907年にアブドゥッラー・アフマドによってパダンパンジャンで開設された。数年後、スコラ・アダビーヤはパダンに移転すると非宗教科目を充実させていき、1916年に植民地政庁からオランダ語原住民学校に改編することを認められた。この学校

7　Wal, *Het Onderwijsbeleid*, 691-696, 698.

8　戸田「インドネシア教育史」、102-106. Ricklefs, *A History of Modern Indonesia*, 192-193.

9　例えば、深見純生の研究によれば、印欧人（Indo-Europeanen, ヨーロッパ人とプリブミの間に生まれた人々）は、19世紀には「下級事務労働者でなければ困窮民」という状態であったが、公教育の拡充によって、1920年代までに都市の中間層へと変容した。深見純生「「印欧人」の社会政治史——血統主義と属地主義の相克」『東南アジア研究』35/1(1997): 49-52, 53.

では、公教育のカリキュラムに加えて、アブドゥッラー・アフマドによって僅かながら宗教諸学とアラビア語諸学も教えられた[10]。

1920年代になると、ムハマディヤによって、公教育制度に対応したマドラサの開設を積極的に進められた。ムハマディヤは、「クルアーン付オランダ語原住民学校（HIS met de Qur'an)」という名称で、1923年に最初のオランダ語原住民学校をバタヴィアに開設した。その後、短期間のうちに、ムハマディヤは公教育制度に対応した学校を急速に増やしていき、1927年には公教育制度に対応したマドラサは60校に上った[11]。1932年にムハマディヤは、ジャワ・マドゥラ地域で316校の学校を開設していたが、そのうち公教育制度に対応したものは約3分の2の207校にも及んだ[12]。それらの半分弱にあたる98校は大衆初等教育の村落学校が占めていたものの、連鎖学校も23校、オランダ語原住民学校も50校あり、ムハマディヤがエリート初等教育にも力を入れていたことが分かる。これらの学校でも、スコラ・アダビーヤと同じように、宗教諸学やアラビア語諸学が追加的に教えられた[13]。

ii. 公教育とアラブ人コミュニティ

このように、東インド社会では、1920年代までに公教育が拡充し、「進歩」を目指すプリブミのムスリムもその重要性を認識するようになった。と

10　Steenbrink, *Pesantren, Madrasah, Sekolah*, 38-40. マフムド・ユヌスは、スコラ・アダビーヤが1909年にパダンで設立され、1915年にオランダ語原住民学校に改編されたとしている。Yunus, *Sejarah Pendidikan Islam*, 63. 1909年というのは学校がパダンに移った年だと思われる。

11　Solichin Salam, *Muhammadijah dan Kebangunan Islam di Indonesia*（Jakarta: N. V. Mega, 1965), 98-99.

12　Alfian, "Islamic Modernism in Indonesian Politics: The Muhammadiyah Movement during the Dutch Colonial Period（1912-1942)," (PhD dissertation, University of Wisconsin, 1969), 309.

13　ムハマディヤの連鎖学校の1930年のカリキュラムとアチェのシグリにあったムハマディヤのオランダ語原住民学校の1937年のカリキュラムが、利光「植民地期ムハマディヤの学校教育について」、9. 同「植民地期アチェのムハマディヤ運動」『東南アジア――歴史と文化』24（1995)：89-90にあげられている。これを見ると、シグリ校では、アラビア語諸学が教えられていない。宗教諸学とアラビア語諸学の授業に関しては、各学校で内容や時間数が異なっていたと思われる。

ころが、アラブ人コミュニティは、イスラーム教育の改革には早い時期から取り組んだにも拘らず、公教育制度の活用の動きからは取り残された。オランダ語華人学校が 1908 年に、オランダ語原住民学校が 1914 年に開設されたのに対し、アラブ人向けのエリート初等教育機関であるオランダ語アラブ人学校（Hollands-Arabisch shool: HAS）は、1930 年代になるまで一校も存在しなかったのである。

実際には、アラブ人の中にもかなり早い段階から公教育の重要性を認識する者がいた。1915 年 7 月、当時アラタス・スホールの校長であったチュニジア出身のハーシミーは、教育宗務省長官モレスコ E. Moresco とアラブ人コミュニティ向けの教育の問題について話し合った。その結果、翌年 1 月に、植民地政庁は、オランダ語アラブ人学校の開設をバタヴィアのアラブ人たちに提案した。ところが、この学校のカリキュラムに宗教諸学とアラビア語諸学が含まれていないという理由で、アラブ人側は植民地政庁の提案を拒絶してしまった[14]。

1918 年 6 月にも、倫理政策の一環としてこの年に開設されたフォルクスラートの中で、アラブ人議員イスマーイール・アル＝アッタース Ismāʻīl b. ʻAbd Allāh al-ʻAṭṭās が、オランダ語アラブ人学校の開設を植民地政庁に求めた[15]。当時の教育宗務省長官クルーツベルフ K. F. Creutzberg は、エリート初

---

14 “Hollandsch-Arabische School,” *Pertimbangan* 2/56（March 10, 1917）: 1. オランダ植民地政庁は、イスラーム諸学を公教育のカリキュラムに取り入れたり、マドラサを公教育の一部としたりする意思は示していたが、最後まで実現することはなかった。Deliar Noer, *Administrasi Islam di Indonesia*, new ed.（Jakarta: Penerbit CV. Rajawali, 1983）, 47-48.

15 *Handelingen van den Volksraad*, June 27, 1918, 468. イスマーイール・アル＝アッタースは、アラタス・スホールの設立者アブドゥッラー・ビン・アラウィー・アル＝アッタースの息子で、前述のムハンマド・アル＝アッタースの弟である。イスマーイールの経歴については、Arai, “Arab Who Traversed the Indian Ocean,” 219 を見よ。フォルクスラートは、開設当初は総督の諮問機関に過ぎず、予算審議権しか持っていなかったが、1927 年からは制限付きではあるが立法権を持つなど権限が拡大された。フォルクスラートの概要については、Furnivall, *Netherlands India*, 275-277, 280-284; Ricklefs, *A History of Modern Indonesia*, 204-205 を参照。フォルクスラートの議員は総督の任命か地方評議会議員による選挙によって選ばれた。イスマーイール・アル＝アッタースは任命議員である。

等教育に新しい種類の学校を設けることに関して難色を示した。だが、最終的には、「数校のオランダ語アラブ人学校を設立するのに充分な要因が存在するのか、真摯に検討する準備がある」と返答した[16]。実際、翌年に植民地政庁は、アラブ人側がその必要性を説明するという条件で、ジャワの数か所にオランダ語アラブ人学校を開設する意向を示した。しかしながら、アラブ人コミュニティ内の意見の不一致によって、この提案も実現せずに終わってしまった[17]。

このように、アラブ人の一部は既に1910年代からオランダ語アラブ人学校の開設を植民地政庁に働きかけ、植民地政庁側もこの時は前向きな態度を示していた。しかし、アラブ人コミュニティの多数派は、オランダ語アラブ人学校の開設を望んではいなかった。一般的に、アラブ人は華人と比べて自分たちの子弟に公教育を受けることに否定的であった。彼らは、カリキュラムに宗教諸学とアラビア語諸学が含まれていない点に満足しなかっただけではなく、そもそもヨーロッパ人の学校は「キリスト教徒の学校」であり、子弟のイスラームの信仰にとって有害なものとさえ信じていた[18]。この点に加えて、アラブ人の大半は自営の商人であり、その子弟は家業を継ぐのが一般的であったため、彼らは、学歴から得られる社会的上昇の機会に対して関心が低かった[19]。

しかしながら、1920年代になると状況は変化し、アラブ人の間でもエリート初等教育への関心が徐々に高まっていったことを見過ごすべきではない。この時期にはまだオランダ語アラブ人学校が存在していないため、エリート初等教育を望むアラブ人の子弟にとっての主な選択肢は、オランダ語原住民学校か連鎖学校であった[20]。オランダ語原住民学校の生徒に占める「アラブ

16　*Handelingen van den Volksraad*, June 21, 1918, 245; id., June 28, 1918, 563.

17　Alatas, “De Arabieren,” 50.

18　Berg, *Le Hadhramout*, 130; Algadri, *C. Snouck Hurgronje*, 19.

19　Bakrī, *Tārīkh Ḥaḍramawt*, vol. 2, 242; Mobini-Kesheh, *The Hadrami Awakening*, 82.

20　後述のように、ハミド・アルガドリ Hamid Algadri は、アラブ人であるにも拘らずヨーロッパ人小学校に入学することができた。これは彼の祖父と父が東ジャワのパスルアンのアラブ人コミュニティのカピタンであったためである。Algadri, *C. Snouck Hurgronje*, 19; id.［Hamid Basyaib (ed.)］, *Mengarungi Indonesia: Me-*

表３　オランダ語原住民学校の生徒の親の出自

年	原住民	華人	アラブ人（及びその他外来東洋人）	合計
		〈生徒数〉		
1912	16,237	46	23	16,306
1915	22,346	209	22	22,577
1918	27,708	461	47	28,216
1921	37,506	638	67	38,211
1923	47,224	853	113	48,190
1925	55,830	1217	429	57,476
1927	60,183	1237	533	61,953
		〈割合（%）〉		
1912	99.58	0.28	0.14	100
1915	98.98	0.92	0.1	100
1918	98.2	1.63	0.17	100
1921	98.15	1.67	0.18	100
1923	97.99	1.77	0.24	100
1925	97.13	2.12	0.75	100
1927	97.14	2	0.86	100

出所：Hollansch-Inlandsch Onderwijs-Commissie, *De Sociale en Geografische Herkomst van de Westersch Opgeleide Inlanders*（Weltevreden: G. Kolff, 1930）, 29 より一部改編して作成。

人及びその他の外来東洋人（華人を除く）」の児童の割合は、1912 年（この時はまだ第一級小学校）には 0.14%（23 名）で、その後は 0.1% 台で推移し、1921 年に 0.18%（67 名）であった。しかし、この割合は 1920 年代に大幅に増加し、1923 年に 0.24%（113 名）、1925 年に 0.75%（429 名）、1927 年には 0.86%（533 名）となっている（表 3 を参照）[21]。このことから、子弟に公教

moar Perintis Kemerdekaan Mr. Hamid Algadri（Jakarta: Lentera, 1999）, 2-3.

21　この表の数字に関して問題となるのは、アラブ人以外の「その他の外来東洋人」の存在である。その中に、アラブ人以外の児童がどれだけ含まれているのかは判別できない。しかし、東インドで公教育を受けた「その他の外来東洋人」の児童は、非常に少なかったと考えられる。なぜなら、1930 年の統計で「その他の外来東洋人」の大多数を占めるインド人は、約 6 割が東インドの外で生まれ、

育を受けさせることに否定的だったアラブ人たちでさえ、1920年代にはその重要性を認識するようになったことがうかがえる。

ここで指摘すべきなのは、公教育に対するアラブ人コミュニティの関心が高まった時期が、ムハマディヤが公教育制度に対応した学校を大量に開設した時期と一致していることである。すなわち、1920年代には、東インドのムスリムたちは、住民区分に関係なく、公教育の重要性を認識するようになったのである。アラブ人たちは、自分たちが公教育制度に肯定的な態度をとるようになった理由として、公教育の普及によってそれまで彼らが従事していた経済分野にプリブミなど他の住民集団が進出するようになったことをあげている[22]。アラブ人たちも、東インドの他の住民と競争するために、ホスト社会の「進歩」に対応せざるを得なくなっていったのである。

だが、アラブ人が子弟にエリート初等教育を受けさせようとした場合、今度は公教育制度側の問題が障害となった。前述のように、エリート初等教育は民族別に構成されていたため、他の民族向けの教育機関への入学には困難が伴ったのである。例えば、西ジャワのチルボンに住むアブドゥッラー・アル＝マシュフール ʻAbd Allāh b. ʻAfīf al-Mashhūr というアラブ人は、息子をヨーロッパ人小学校に入学させようとしていたが認められなかった。そこで、マシュフールは、今度はスンダ人向けのオランダ語原住民学校に問い合わせてみたが、やはりアラブ人であることを理由に一度は入学を拒否されてしまった。しかし、彼は諦めず、公証人（nūtāris）をしている友人に仲介を頼んで、最終的には息子をオランダ語原住民学校に入学させることに成功した。ただし、息子のためにスンダ語を教える教師を連れてくるという条件が付けられ、これには毎月50ギルダーもの費用がかかった[23]。

多くの者は定住せずに故郷に戻ったためである。これに対して、アラブ人の場合、約9割が東インド生まれで大多数が定住した。*Volkstelling 1930*, vol. 7, 160-161.

22　このことは、1930年代にフォルクスラートのアラブ人議員が繰り返し述べている。例えば、*Handelingen van den Volksraad*, July 22, 1935, 370 を見よ。

23　“Khawāṭir-nā,” *al-Dahnāʼ* 2/17（August 1929）: 10. オランダ語原住民学校では、オランダ語だけではなく、現地語の授業も行われていた。Kees Groeneboer, *Weg tot het Westen: Het Nederlands voor Indië 1600-1950*（Leiden: KITLV Press, 1993）, 341 footnote 92. マシュフールがスンダ語の教師を連れてくるという条件を付けられ

さらに、たとえアラブ人の子弟が運よくエリート初等教育を受けられたとしても、その後に進学できる中等教育機関は限られていた。アラブ人としては例外的にヨーロッパ人小学校で学んだハミド・アルガドリ Hamid Algadri（1912-1998）は、卒業後に高等市民学校（5年制か3年制かは不明）への進学を希望していた。そのためには、一定以上の成績とヨーロッパ人小学校の校長の推薦状が必要とされた。ところが、彼の成績は入学の条件を満たしていたにも拘らず、ヨーロッパ人小学校の校長は、「あれは君のための学校ではない」、「あれは王の子弟のための学校（sekolah anak-anak raja）だ」と言って、推薦状を書くことを拒んだ。結局、アルガドリは高等市民学校への進学をあきらめ、ミュローに入ることを選んだのである[24]。

以上のように、公教育に対して全体的に否定的な態度をとっていたアラブ人も、1920年代になると、プリブミのムスリムと同じようにエリート初等教育の重要性を認識し、利用を進めるようになった。したがって、アラブ人コミュニティの教育活動が、公教育制度から分離していたと理解するのは間違いである。だが、アラブ人が子弟に公教育を受けさせようとする場合、エリート初等教育における民族の区分が障害となった。

Ⅱ．東インドのイスラーム運動

20世紀初頭から1920年代までの東インド社会では、公教育の拡充と並行して、プリブミ意識が高揚し、インドネシア・ナショナリズムの形成が進んでいった。それでは、イスラーム運動におけるアラブ人の立場はどのような変容していったのであろうか。以下では、この時期のイスラーム運動として、成立期のイスラーム同盟と東インド・イスラーム会議を取り上げ検討することにする。

たのは、彼の息子が他の児童と比べてスンダ語の能力が低く、個人授業を受ける必要だったためであろう。なお、1920年代初めのプリブミの平均年収は、200ギルダー強である。Furnivall, *Netherlands India*, 398.

24　Algadri, *Mengarungi Indonesia*, 9-10. もっとも、アルガドリは、ミュローを卒業後に普通中学校に進学し、最終的には法科大学で学んだ。

ｉ．成立期のイスラーム同盟

まず、1910年代末までのイスラーム同盟におけるアラブ人の関与を見ていこう。インドネシアで最初のナショナリスト団体とされるのは、1908年にバタヴィアの医師養成学校の学生を中心に結成されたブディ・ウトモ Boedi Oetomo である[25]。しかし、ブディ・ウトモは、ジャワ人の貴族層が指導権を握る保守的な性格の団体にとどまった。これに対し、イスラーム同盟は、都市部の中間層や労働者ら幅広い社会層の支持を獲得することに成功し、インドネシアで最初の大衆的基盤を持った政治団体に発展していった。

この団体が結成された背景には、アラブ人やジャワ人の商工業者が従事してきたバティックやクレテックの製造・販売に、華人が進出し始めたことに対して生じた共通の危機感がある。それまで、華人はアヘンなどの請負制を植民地政庁に任され莫大な利益をあげていた。しかし、19世紀末になると、植民地政庁の中で、華人が現地住民の福祉を妨げているという意見が強まり、ほとんどの請負制が廃止された。さらに、植民地政庁が、それぞれ1900年と1903年に庶民金融制度と公営の質屋を創設したため、それまで金融業や質屋業に携わってきた華人も経済的な打撃を受けた。このために多数の者が失業し、新たな業種を模索するようになっていたのである[26]。

東ジャワのボジョヌゴロの貴族の出であるティルトアディスルヨ Tirtoadisoerjo（1880-1918）は、ムスリムによる商業活動を振興するために、1909年3月にバイテンゾルフでイスラーム同盟の前身と言えるイスラーム商業同盟を結成した。ティルトアディスルヨは、原住民医師養成学校で学んだ後、ジャーナリストとして活躍していた。彼が1903年に創刊した『スンダ・ブリタ *Soenda Berita*』は、プリブミの手による最初の定期刊行物として知られる[27]。彼によるイスラーム商業同盟の結成を資金面で支えたのが、イスタン

25　永積『インドネシア』、第4章; 土屋健治『インドネシア――思想の系譜』（勁草書房 1994）、94-95.

26　白石「ジャワの華人運動（1）」、43; Mandal, “Finding Their Place,” 132; Mobini-Kesheh, *The Hadrami Awakening*, 44; 貞好『華人のインドネシア現代史』、52, 66. 華人と異なり、アラブ人が植民地政庁から徴税請負を委ねられることは稀であった。

ブルなどで学んだアフマドとサイードのバージュナイド兄弟ら、バイテンゾルフのアラブ人たちであった。彼らはこの団体に強い影響力を持ち、執行部の9名のメンバーのうち、会長のアフマドをはじめ5名をアラブ人が占めていた[28]。

だが、イスラーム商業同盟とバージュナイド家との提携は短命に終わってしまった。そもそも、植民地政庁は、商法上の扱いが異なるアラブ人とプリブミが混在する商業団体を認可しなかった。また、バージュナイド兄弟とティルトアディスルヨの間には、金銭的な対立が生じていたとも言われる。さらに、この兄弟は、植民地政庁に働きかけてヨーロッパ人の法的身分の獲得を目指していたが、それを拒否されたために1909年5月に再びイスタンブルに渡ってしまった。ティルトアディスルヨは、翌年始めにイスラーム商業同盟を一旦解散し、今度は彼自身を会長にプリブミだけの団体として再結成した[29]。

1911年、スラカルタの大手バティック業者サマンフディ Samanhoedi（1868-1956）がティルトアディスルヨを招き、イスラーム商業同盟の支部を設立した。このスラカルタ支部がしばらく後に名称から「商業」を外して再編され、新たに発足したのがイスラーム同盟である[30]。折しもこの年に中国で起こった辛亥革命が東インドの華人コミュニティの民族意識に多大な刺激を与えており、1910年代初めには華人商人とムスリム商人の間で特に緊張が高まっていた。1912年から1913年にかけて両者の間で衝突事件が度々起こり、死傷者まで出る騒ぎとなっている[31]。このような状況のもと、イスラ

27　ティルトアディスルヨの経歴及びイスラーム商業同盟の結成については、Shiraishi, *An Age in Motion*, 33-35; Adam, *The Vernacular Press*, chapter 6 を参照。

28　Adam, *The Vernacular Press*, 116-117; Mobini-Kesheh, *The Hadrami Awakening*, 43. ティルトアディスルヨ自身は、書記兼顧問の役職に就いた。

29　Schmidt, "Pan-Islamism," 100; Adam, *The Vernacular Press*, 117-118.

30　イスラーム同盟の成立に関しては、1911年11月とする説と1912年初めとする説がある。深見純生「初期イスラム同盟（1911-16）に関する研究（1）」『南方文化』3（1976）: 119; Shiraishi, *An Age in Motion*, 41.

31　ムスリムと華人との間で起きた主な衝突事件については、深見純生「成立期イスラム同盟に関する研究――イスラム商業同盟からイスラム同盟へ」『南方文化』2（1975）: 116-117 であげられている。

ーム同盟は、華人に対するプリブミとアラブ人の共同戦線として勢力を拡大していった。

1912年後半までにイスラーム同盟の指導権は、スラバヤ支部のチョクロアミノト Oemar Said Tjokroaminoto（1882-1934）が握るようになった[32]。チョクロアミノトは、中部ジャワのマディウン地方の貴族の出で、原住民官吏養成学校で学び、演説の才に恵まれ、組織運営に優れるなど政治的な能力を備えていた。イスラーム同盟は、救世主「ラトゥ・アディル（ratu adil, 正義王）」とさえ信じられたチョクロアミノトのカリスマ的な資質にも助けられて隆盛し、組織として整備されていった。ただし、植民地政庁は、この団体の勢力の急激な伸長を危惧したため、個別の地方イスラーム同盟（支部）とそれの指導機関としての中央イスラーム同盟という変則的な形でしか承認を与えなかった[33]。

成立期のイスラーム同盟は、土着の相互扶助思想からイスラーム改革主義や共産主義など様々な潮流を包括しながら発展していったが、その中で次第に、アラブ人を排除した「プリブミの組織」という性質を強めていく。その一因としては、1912年11月に、ジャワの各都市でアラブ人と華人の和解の動きが生じたため、プリブミとアラブ人の共同戦線の意義が弱まったことがあげられる[34]。また、プリブミの間では、本来イスラームで禁止されている高利貸しに従事したり、彼らを「劣ったムスリム」と見做して横柄な振る舞いをしたりするアラブ人に対して反感が高まりつつあった[35]。1913年3月にスラカルタで開かれたイスラーム同盟の第2回大会では、実質的にアラブ人の会員資格の制限を意図して、「非原住民」は中央執行部の1名を除いて

32　チョクロアミノトに関しては、Amelz (ed.), *H. O. S. Tjokroaminoto: Hidup dan Perdjuangannja*, 2 vols. (Jakarta: Penerbit Bulan-Bintang, 1952) という伝記がある。彼の思想に関しては、次の研究を参照せよ。森弘之「チョクロアミノトにおける宗教と社会主義」山本達郎編『東南アジアの宗教と政治』（日本国際問題研究所1969）、15-43; Hasnul Arifin Melayu, "Islam as an Ideology: The Political Thought of Tjokroaminoto," *SI* 9/3 (2002): 35-81.

33　深見「初期イスラム同盟（1）」、128-134.

34　深見「成立期イスラム同盟」、117; 深見「初期イスラム同盟（1）」、141.

35　Laffan, *Islamic Nationhood*, 191.

幹部になれないと定められた[36]。

ただし、イスラーム同盟は依然としてアラブ人の協力を必要としており、直ちに彼らを排除したわけではなかった。既に1913年に会員数30万人を称するほど急激に拡大したものの資金面では早くも行き詰り、団体の運営はアラブ人の経済力に依存せざるを得なかった[37]。さらに、イスラーム同盟の実質的な機関誌であった『ウトゥサン・ヒンディア *Oetoesan Hindia*』を発行していたスラバヤのスティア・ウサハ社 N. V. Setia Oesaha は、インド出身のハサン・スラティー Hasan Ali Soerati とアラブ人のハサン・ビン・スマイト Ḥasan b. Sumayt を中心に運営され、他のアラブ人たちからも出資を受けていた。特にビン・スマイトは、イスラーム同盟内で強い影響力を持ち、1914年から1919年まで中央執行部のメンバーを務めた[38]。

チョクロアミノトは、アラブ人をイスラーム同盟に繋ぎ止めておくために、1918年2月に「預言者ムハンマド軍 Tentara Kandjeng Nabi Mohammad: TKNM」という組織を設立した。この組織が設立された直接のきっかけは、同年1月にスラカルタのジャワ語日刊紙『ジャウィ・ヒスウォロ *Djawi Hiswara*』に預言者ムハンマドを中傷する記事が掲載されたことである。しかし、チョクロアミノトの意図は、ムスリムとしての宗教心に訴えかけることでアラブ人たちから資金を集めることにあった[39]。当初この目論見は成功し、預言者ムハンマド軍には多数のアラブ人が参加・協力し、多額の資金を提供した[40]。

36　深見「初期イスラム同盟（1）」、126-127.

37　1914年4月にジョグジャカルタで開かれたイスラーム同盟の第4回大会において、中央執行部の「非原住民」の席は2名に増やされた。この変更について、アラブ人の経済力への依存との関係が指摘される。イスラーム同盟の資金面の弱さは、変則的な組織構成のため、中央イスラーム同盟が全体の資金の一部しか使えなかったことに原因のひとつがあった。深見「初期イスラム同盟（1）」、138-139; 同「初期イスラム同盟（1911-16）に関する研究（2）」『南方文化』4（1977）: 152.

38　Mandal, "Finding Their Place," 175-176; Mobini-Kesheh, *The Hadrami Awakening*, 45.

39　Noer, *The Modernist Muslim*, 127-128; Shiraishi, *An Age in Motion*, 106.

40　スラバヤのアラブ人団体ジャムイーヤ・ハイリーヤで開かれた最初の会合では、

だが、アラブ人を主体とする預言者ムハンマド軍の存在は、特にイスラームよりもジャワ主義に傾倒するプリブミから強い反発を生み、かえって両者の亀裂を深める結果となった。『ジャウィ・ヒスウォロ』の騒動が収束すると、預言者ムハンマド軍は僅か数カ月で機能しなくなった。さらに、特に 1917 年のロシア革命後にイスラーム同盟内で強まった共産主義の影響も、プリブミと比べて経済的な強者であるアラブ人の居場所を奪っていった[41]。中央執行部に残っていたビン・スマイトも、アラブ人であるために他のメンバーから快く思われておらず、1919 年に資金運営をめぐる対立を契機にイスラーム同盟の活動から手を引いた[42]。

このようにして、成立期のイスラーム同盟におけるアラブ人の関与は、1910 年代末までに終了した。19 世紀末までの東インド社会であれば、アラブ人は特別なムスリムであり、その出自によってプリブミから敬意を受ける存在であった。しかしながら、20 世紀初頭にプリブミ意識が高揚していくと、アラブ人は単なる「外来者」と見做されるようになり、東インドのイスラーム運動においても周縁的な立場に追いやられていったのである。

ii. 東インド・イスラーム会議

1910 年代末のイスラーム同盟の中では、アグス・サリム Agoes Salim（1884-1954）がイスラーム運動の理論的指導者として台頭した[43]。サリムは

3,177 ギルダーの寄付が約束された。Mandal, “Finding Their Place,” 183.

41　Martin van Bruinessen, “Muslims of the Dutch East Indies and the Caliphate Question,” *SI* 2/3, 125; Mobini-Kesheh, *The Hadrami Awakening*, 46.

42　Mobini-Kesheh, *The Hadrami Awakening*, 47-48. アラブ人がイスラーム同盟を離れた要因として、これらの他にも 1919 年に起こった「B 部事件」があげられる。オランダ植民地政庁は、イスラーム同盟内に違法な秘密組織が存在するとして中央イスラーム同盟の指導者たちの関与を疑った。実際には、この B 部は一種のタリーカ（インドネシア語ではタレカット［tarekat］）に過ぎなかったが、植民地政庁はこの事件をイスラーム同盟の締め付けに利用した。これによってイスラーム同盟は多くの支持者を失うことになった。Robert van Niel, *The Emergence of the Modern Indonesian Elite*（W. van Hoeve: The Hague and Bandung, 1960）, 145-149.

43　アグス・サリムの経歴や思想を論じた研究としては、次のものがあげられる。間苧谷栄『現代インドネシア研究――ナショナリズムと文化』（勁草書房 1983）、第 3 章; Erni Haryanti Kahfi, “Islam and Indonesian Nationalism: The Political Thought

西スマトラのミナンカバウ地方の官吏の家の生まれで、マッカのアフマド・アル＝ハティーブは彼の叔父にあたる。サリムは高度な西欧式の教育を受けて育ち、ヨーロッパ人小学校とバタヴィアのギムナジウム（5年制高等市民学校と同格）、さらに短期間ではあるが、原住民医師養成学校でも学んだ。しかし、その後ジッダのオランダ領事館で通訳を務めていた時期に、彼に転機が訪れた。この時サリムはムスリムとしての意識に目覚め、叔父のハティーブらからイスラーム諸学を本格的に学んだ。東インドに帰国後の1915年にイスラーム同盟に参加すると、サリムはチョクロアミノトを支える有力な存在となった。

サリムのアラブ人に対する態度は、彼らがイスラーム同盟内で居場所を失った1910年代末においても概ね友好的なものであった。1918年にオランダ植民地政庁は、アラブ人、特にハドラミーがプリブミの経済成長を阻害しているとして入国制限の厳格化を試みた。サリムはこの措置を批判し、アラブ人が華人ら他の外国人と比べて特に有害であるとは言えず、プリブミの経済成長を妨げている真の問題は植民地政庁の側にあると主張した。その上で、アラブ人コミュニティに対しては、その経済力を活かして同じムスリムであるプリブミに協力するように求めている[44]。サリムは、アラブ人を東インドのイスラーム運動におけるプリブミにとっての協力者と見做していたのである。

この時期のイスラーム同盟内では、スマラン支部を中心とする共産主義グループと中央イスラーム同盟との間で、組合運動をめぐる主導権争いが激しくなっていた。東インド社会民主主義同盟 Indische Sociaal-Democratische Vereniging: ISDV とその後身である東インド共産主義者同盟 Perserikatan

---

of Haji Agus Salim," *SI* 4/3 (1997): 1-63; Laffan, *Islamic Nationhood*, 181-189.

44 "Pergerakan Arab," *Neratja* 3/22 (February 1, 1919): 1; id. 3/23 (February 3, 1919): 1; id. 3/24 (February 4, 1919): 1. ハドラミーの東インドへの入国の規制は1912年から強化されており、1918年になって特に厳格化された。これは、オランダの植民地政策に多大な影響力を持ったスヌック・ヒュルフローニェの意見に基づいたものである。彼は、ハドラミーが経済的のみならず、宗教的・政治的にもプリブミに有害な影響を及ぼすと主張していた。しかし、この措置は植民地政庁の中でも批判され、1919年半ばには緩和された。Jonge, "Dutch Colonial Policy," 106-110.

Kommunist di Hindia、後のインドネシア共産党 Partai Komunis Indonesia: PKI は、党員をイスラーム同盟に二重入党させる戦略によって団体内で勢力を増していた[45]。しかし、最終的には、汎イスラーム主義を掲げた中央イスラーム同盟が勝利し、1923年に二重党籍を禁止することで共産主義者を団体から追放した[46]。

しかし、イスラーム同盟はこれによって支持者の多くを失い、大衆的政治運動の主導権は共産党の手に移った。イスラーム同盟は1920年代までに勢力を縮小し、社会活動において勢力を拡大していたムハマディヤとの協力関係に依存するようになっていった[47]。ただし、イスラーム同盟は当時の東インドにおける実質的に唯一のイスラーム政治団体であり、イスラーム勢力の中では依然として指導的な役割を担うことができた。1920年代におけるこの団体の最も重要な活動としてあげられるのが、一連の東インド・イスラーム会議を主催したことである[48]。東インド・イスラーム会議は、インドネシ

45　1914年に結成された東インド社会民主主義同盟は、1920年に東インド共産主義者同盟に改称し、1924年にインドネシア共産党となった。

46　イスラーム同盟は度々改称を行っており、1923年にイスラーム同盟党 Partai Sarekat Islam に、1927年に東インド・イスラーム同盟党 Partai Sarekat Islam India Timoer に、1930年にインドネシア・イスラーム同盟 Partai Sarekat Islam Indonesia: PSII となる。Amelz (ed.), *H. O. S. Tjokroaminoto*, vol. 2, 15. 煩雑さを避けるために以下ではイスラーム同盟で統一する。

47　以上、Ruth T. McVey, *The Rise of Indonesian Communism* (Ithaca and New York: Cornell University Press, 1965), 154; Shiraishi, *An Age in Motion*, 243-244 を参照。

48　東インド・イスラーム会議は、確認できる限りで11回開かれている。それぞれの開催年月と開催地は、(1) 1922年10月から11月、チルボン、(2) 1924年5月、ガルット、(3) 1924年12月、スラバヤ、(4) 1925年8月、ジョグジャカルタ、(5) 1926年2月、バンドゥン、(6) 1926年9月、スラバヤ、(7) 1926年12月、バイテンゾルフ、(8) 1927年1月、プカロンガン、(9) 1928年1月、ジョグジャカルタ、(10) 1931年6月、スラバヤ、(11) 1932年4月、マランである。東インド・イスラーム会議については次の研究で一連の会議全体の内容が論じられている。Noer, *The Modernist Muslim*, chapter 5; Wardini Akhmad, "Kongres Al Islam 1922-1941: Satu Telaah tentang Integrasi dan Disintegrasi Organisasi-Organisasi Islam di Indonesia dalam Perkembangan Pergerakan Nasional," (PhD disseation, Institute Agama Islam Negeri Syarif Hidayatullah, 1989). また、ブライネッセンは、これらの会議におけるカリフ制に関する議論を検討している。Bruinessen, "Muslims of the

アのイスラーム諸団体による最初の大同団結の試みであり、プリブミのムスリムだけでなく、アラブ人の個人や団体も参加した。

第1回会議は、1922年10月末から11月初めにチルボンで開催された。そこで主な争点となったのは、プリブミとアラブ人の違いに拘りなく、改革派と伝統派の宗教的な見解の相違であった[49]。アブドゥルワハブ・ハスブッラー Abdul Wahab Chasbullah やアスナウィ Asnawi ら伝統派のキヤイは、改革派団体であるムハマディヤやイルシャードがクルアーンと預言者のスンナを独自に解釈し、過去のウラマーの著作を蔑ろにしていると非難した[50]。これに対して、サリムやハーシミーは、ハスブッラーやアスナウィの非難が誤解に基づいたものであると述べ、改革派を擁護した[51]。イルシャードの指導者スールカティーやムハマディヤの有力者ファフルッディン Fachroedin（1889-1929）も、自分たちの団体がスンナ派の正統な教義からの逸脱を意図しているわけではないと主張した[52]。

また、この会議では、プリブミだけでなくアラブ人も要職に任命されている。当時の東インドでは、植民地政庁の設置する宗教裁判所、ラート・アガマ（raad agama）に対する批判の声が高まり、いくつかのイスラーム団体からラート・アガマを監督するラート・ウラマー（raad oelama）の設置を求める意見が出されていた。第1回東インド・イスラーム会議では、ラート・ウ

Dutch East Indies," 126-135.

49 "Verslag van het Eerste Al Islam-Congres Gehouden te Cheribon van 31 October-2 November 1922," Collectie R. A. Kern, H797, no. 290, KITLV.

50 ハスブッラーとアスナウィは、それぞれスラバヤとクドゥスで活躍していたキヤイである。彼らの経歴については、それぞれ以下の文献を参照。Greg Fealy, "Wahab Chasbullah, Traditionalism and the Political Development of Nahdlatul Ulama," in Greg Fealy and Greg Barton（eds.）. *Nahdlatul Ulama, Traditional Islam and Modernity in Indonesia*（Clayton: Monash Asia Institute, 1996）, 1-41; Afrokhi Abdul Ghoni, *Kyai NU Menggugat Sholat: Koreksi Total Kitab Pasholatan Kyai Asnawi Kudus*（Surabaya: Laa Tasyuk! Press, 2014）, xxvii-xxxv.

51 ハーシミーは、第1回東インド・イスラーム会議の際にはヒラール・アフマル al-Hilāl al-Aḥmar（「赤新月」の意）という団体の所属になっている。これは、オスマン帝国への支援を目的に結成された団体である。Mandal, "Finding Their Place," 198; id., "Challenging Inequality," 167.

52 ファフルッディンの経歴は、Salam, *Muhammadijah*, 139-140 に記されている。

ラマーに相当する「東インド・イスラーム評議会 Majlis al-Islam Hindia」の設置が決定された。その開設委員会の7名のメンバーには、スールカティーとアラウィー・アル＝アイダルース ‘Alawī b. ‘Alī al-‘Aydarūs の2名のアラブ人も含まれていた[53]。

しかしながら、東インド・イスラーム会議の中でも、次第にプリブミとアラブ人の立場の違いが表面化していった。1924年3月にトルコ共和国でカリフ制が廃止されると、マッカではシャリーフ・フサインがカリフ位を宣言した。その一方、カイロのアズハルのウラマーは、将来のカリフ制について話し合うために、「カリフ制のためのイスラーム全体会議 al-Mu’tamar al-Islāmī al-‘Āmm li-l-Khilāfa」（以下、カリフ制会議とする）を翌年3月に開催する意向を発表し、世界各地のムスリムに代表を送るよう呼びかけた[54]。東インドのムスリムは、カリフ制会議への対応を協議するために1924年10月にスラバヤで会合を開き、「カリフ制委員会 Comite Chilaafat」を設置した[55]。そして、この委員会の主催で12月にスラバヤで開かれた第3回東インド・イスラーム会議の中で代表の人選が行われ、アラブ人は加えずにプリブミのみを派遣することが決定されたのである。この出来事は、アラブ人が東インドのムスリム社会に所属していないと見做されていたことを示していると指摘される[56]。

53　“Verslag van het Eerste Al Islam-Congres Gehouden te Cheribon van 31 October-2 November 1922.”; “Hasil Congres Al Islam,” *Doenia Islam* 1/4 (January 26, 1923): 12; id., 1/5 (February 2, 1923), 8. ラート・アガマとラート・ウラマーについては、Hisyam, *Caught between Three Fires*, 155-160, 173-175 を見よ。アラウィー・アル＝アイダルースについての詳細は分からないが、チルボンのアラブ人学校の教師と説明されている。

54　アズハルのウラマーによる発表は、カリフ制会議の委員会が発行した定期刊行物に掲載されている。“Qarār al-Hay’a al-‘Ilmīya al-Dīnīya al-Islāmīya al-Kubrā bi-l-Diyār al-Miṣrīya fī Sha’n al-Khilāfa,” *Majallat al-Mu’tamar al-Islāmī al-‘Āmm li-l-Khilāfa bi-Miṣr* 1 (August 1924): 20-23.

55　“Centraal-Comite-Chilaafat-Hindia-Timoer,” *Soeara Perdamaian* 2/8-9 (March 4, 1926): 2. 後にカリフ制委員会の支部が東インド各地に開設されると、スラバヤの本部は「東インド・カリフ制中央委員会 Centraal Comite Chilaafat Hidia Timoer」に名称を改めた。

56　Mobini-Kesheh, *The Hadrami Awakening*, 139.

ただし、カリフ制会議への対応に関して、アラブ人が多大な貢献をしていたことを看過すべきではない。カリフ制会議開催の発表は、東インドのムスリムの中でも主にアラブ人の個人や団体に宛てて送られていた[57]。そして、カリフ制委員会が発足した10月のスラバヤの会合は、プラナカンのアラブ人が結成した団体、タフズィービーヤのメンバーらスラバヤのアラブ人がイスラーム同盟に働きかけたことで開かれた[58]。さらに、カリフ制委員会を設置する計画はカイロのカリフ制会議の実行委員会からの提案に基づいたものであり、その提案を受け取ったのもタフズィービーヤであった[59]。アラブ人たちは、中東アラブ地域との間に緊密なネットワークを持っていたため、カイロのカリフ制会議の実行委員会と東インドのムスリム社会を結ぶ仲介者の役割を担っていたと言える。

スラバヤで設置されたカリフ制委員会の中でも、アラブ人は一定の存在感を示している。委員会のメンバーは当初は15名、後に16名からなり、アラブ人としては、イルシャード・スラバヤ支部の会計係ウスマーン・アル＝アムーディー ‘Usmān Bā ‘Abūd al-‘Amūdī が会計係を、スラバヤのアラウィー系定期刊行物『ハドラマウト *Ḥaḍramawt*』の主筆アイダルース・アル＝マシュフール ‘Aydarūs al-Mashhūr、タフズィービーヤの会長マンスール・ヤマニー Manṣūr Yamanī、イルシャード・スラバヤ支部のウマル・フバイス

---

57 “Kalifaatsaktie,” Collectie R. A. Kern, KITLV, H797, no. 316; Bruinessen, “Muslims of the Dutch East Indies,” 128-130. アズハルのウラマーの発表はおそらくスールカティーにも送られており、彼が主宰する『イスラームの至宝』にその全文が掲載されている。“Al-Khilāfa,” *al-Dhakhīra al-Islāmīya* 10(June 1924): 501-506.

58 “Kalifaatsaktie.” カリフ制委員会が発足した会合が開かれた場所も、スラバヤにあるタルビヤト・アル＝アイターム Tarbiyat al-Aytām（「孤児教育」の意）というアラブ人の運営する学校であった。序章でも言及したタフズィービーヤは、プラナカンのアラブ人を中心に1924年にスラバヤで結成された。この団体は、アラウィー・イルシャーディー間の対立の克服を目指して両派の若者が参加したが、「平等主義」を掲げている点にイルシャードの影響が強く認められる。Haikal, “Indonesia-Arab,” 426-427. 実際、この団体が発行したムラユ語の定期刊行物『ザマン・バル *Zaman Baroe*』とアラビア語の定期刊行物『ダフナー』には、イルシャードに関係する多くの情報が掲載されている。

59 “Centraal-Comite-Chilaafat-Hindia-Timoer,” *Soeara Perdamaian* 2/8-9(February 25-March 4, 1926): 2.

ʻUmar b. Sālim Hubayṣ の3名が委員を務めた[60]。スラバヤのみで活動する小規模なアラブ系団体であるにも拘らず、タフズィービーヤのメンバーが委員会に名を連ねていることから、この団体の果たした役割が高く評価されていたことがうかがえる。

その一方、カリフ制会議に派遣する代表の選考過程からは、確かにプリブミ意識の高揚が認められる。10月の会合でまず議題となったのは、そもそも莫大な費用をかけてまで代表をカイロに派遣すべきか否かということであった。参加者からは反対意見も出され、特にハサン・スラティーは、東インドの代表などカイロでは「蠅か蚊」のように思われるだけで費用の無駄であり、カリフ制に関する提言を送るだけで十分だと述べた[61]。これに対して、ムハマディヤのファフルッディンは、「我々があちらで蚊のように思われるならばそれでよい。その蚊がどれほどのものかあちらの人間に分からせてやろう。イスラームは人種による区別を設けていない。我々がエジプト人より劣っていることなどない」と反論した。結局、プリブミの自尊心に訴える彼の発言が決め手となり、代表は派遣されることになった[62]。

60　ウスマーン・アル＝アムーディーは、別の個所ではムハンマド・アブード・アル＝アムーディー Muḥammad ʻAbūd al-ʻAmūdī とある。ウマル・フバイスはイルシャードの有力者で、バタヴィア校でスールカティーに学び、卒業後にスラバヤ校の校長などを務めた。彼の経歴については、Ahmad Mahfudz, "Al-Ustadz Umar Hubeis: Ulama dan Pejuang Islam Indonesia," *Khazanah* 1(1990): 25-31 で説明されている。カリフ制委員会のメンバーは、10月の会合の際と12月の第3回東インド・イスラーム会議の際とでは若干異なる。当初フバイスの名はなく、12月のリストで加えられている。なお、委員長は地方イスラーム同盟の指導者ウォンドスディルジョ Wondosoedirdjo(後にウォンドアミセノ Wondoamiseno に改名)、副委員長は伝統派のハスブッラー、第一書記は中央イスラーム同盟のサンガジ A. M. Sangadji、第二書記は中央イスラーム同盟のシムン Simoen であり、彼らに変更はない。"Kalifaatsaktie."; "Verslag van het Buitengewoon Al Islam Kongres Gehouden te Soerabaja op 24, 25, 26 December 1924," Collectie R. A. Kern, KITLV, Leiden, H797, no. 337.

61　スラティーはスティア・ウサハ社の創設者であったが、1913年にはチョクロアミノトによって経営者の地位を追われていた。Shiraishi, *An Age in Motion*, 54. スラティーが1924年にスティア・ウサハ社に関与していたのかは不明である。

62　"Kalifaatsaktie." この議論については、Bruinessen, "Muslims of the Dutch East Indies," 129 も参照。

次に、東インドのムスリム社会の代表として誰を派遣するのかが話し合われた。ここで争点となったのは、プリブミだけで代表を構成するのかそれともアラブ人を加えるのかということである。ファフルッディンは、アラブ人に関してはアラビア半島から代表が参加するのだから東インドからはプリブミだけを派遣すべきだと主張した。これに対して、チョクロアミノトはプリブミだけに拘らず、サリム、スールカティー、さらにインド人医師のスモ・ウィディグド Soemo Widigdo を代表として提案した。話し合いの中で、代表にはカリフ制会議の共通語であるアラビア語か英語を話せる人物が代表に望ましいという意見が出されており、チョクロアミノトの提案はこれを踏またものと考えられる[63]。

結局、10月の会合では、代表の人選について結論は出されなかった。最終的に候補としてあげられたのは、ジャムイーヤト・ハイルの中央執行部のメンバーであるムハンマド・ビン・シハーブ Muḥammad b. ʻAbd al-Raḥmān b. Shihāb（1870/1-1930/1）、スールカティー、サリム、スモ・ウィディグド、伝統派のハスブッラー、そしてムハマディヤの有力者マス・マンスル Mas Mansoer の6名である[64]。2名のアラブ人と1名のインド人が含まれていることから、この時点では、チョクロアミノトの意見の方が優勢だったことがうかがえる[65]。

---

63 “Kalifaatsaktie.” スモ・ウィディグドは、ジョグジャカルタのムハマディヤの病院の医師と説明されているが詳細は不明である。なお、チョクロアミノトを代表に推す意見もあったが、長期間東インドを離れることはできないとして彼はそれを断っている。

64 “Kalifaatsaktie.” ムハンマド・ビン・シハーブは、1927年にバタヴィアで結成されたアラウィーの団体、アラウィー連盟 al-Rābiṭa al-ʻAlawīya の最初の会長である。彼の経歴については、Mashhūr, *Shams al-Ẓahīra*, 153-155 を参照。彼が候補にあげられたのは、チョクロアミノトがスールカティーを候補に推薦したことにアラウィーたちが反発したためであった。“Kalifaatsaktie.” マンスルは1930年代末にムハマディヤの会長を務める人物である。Salam, *Muhammadijah*, 136-137. この2名は、12月の東インド・イスラーム会議までに候補を辞退している。“Gerakan Cilaafat,” *Soeara Perdamaian* 1/specimen number (December 25, 1924): 1.

65 その後、カリフ制委員会のいくつかの支部からも代表の候補が提案された。アラブ人としては、いずれもアラウィーであるバタヴィアの著名なウラマー、アリー・アル＝ハブシー ʻAlī b. ʻAbd al-Raḥmān al-Ḥabshī (1870-1968) と『バスィー

12月の第3回東インド・イスラーム会議で再び代表の人選が話し合われたが、会議を取り仕切るイスラーム同盟の2人の指導者の間でも意見が分かれた。サリムは、プリブミとアラブ人を分断する意図はないと断りつつも、ファフルッディンの考えに同調し、東インドのムスリムの代表はすべてプリブミで構成するべきだと提案した。その一方、チョクロアミノトは、やはり代表にはアラブ人を1名入れるべきだと主張した。長い議論の末に多数決がとられ、最終的に代表はプリブミだけで構成されることになった。選出されたのは、ファフルッディン、イスラーム同盟の有力者スルヨプラノト Soerjopranoto（1871-1959)、そして伝統派のハスブッラーの3名である。しかしながら、チョクロアミノトの意見に賛同する者も決して少なくはなかった点は無視すべきではない[66]。

さらに、1910年代のイスラーム同盟の場合と同じように、東インド・イスラーム会議がアラブ人の経済力に大きく依存していたことも指摘するべきであろう。代表の派遣にかかる多額の費用の問題は会議の最後まで解決しなかったが、その大半はアラブ人たちが賄うことを約束した。3名の代表をカイロに派遣するための費用は、7,500ギルダーと見積もられていた。上述の預言者ムハンマド軍の会計係だったルバイヤ・ビン・ターリブ Rubay‘a b. Ambārak b. Ṭālib が、残高の3,100ギルダーをカリフ制委員会に委ねた。さらに、イルシャード・スラバヤ支部も500ギルダーを寄付している。他方で、それ以外の寄付は、僅か444ギルダーしか集まらなかった[67]。

以上のように、プリブミ意識の高揚により、最終的にアラブ人たちは東インドのムスリムの代表に加えられなかったのは事実である。しかし、彼らは東インド・イスラーム会議から全く排除されていたというわけではなかった。アラブ人は、中東アラブ地域とのネットワークやアラビア語能力によってカ

ル』の主筆ビン・ハーシムの名前があがっている。“Gerakan Cilaafat,” 1. ハブシーの経歴に関しては、第6章脚注3を参照。

66　“Verslag van het Buitengewoon Al Islam Kongres.” スルヨプラノトは、ジョグジャカルタのパク・アラム王家の出身で、タマン・シスワの指導者であるデワントロの兄である。1910年代末にイスラーム同盟による組合運動の指導者として頭角をあらわし、「ストライキ王 radja mogok」として知られた。

67　“Kalifaatsaktie.”; “Verslag van het Buitengewoon Al Islam Kongres.”

イロのカリフ制会議との仲介者の役割を果たすとともに、その経済力によっても東インド・イスラーム会議に貢献していたと言えよう。他方、プリブミのムスリムの側でも、アラブ人を東インドのムスリムの代表に加えるべきだとする意見が少なからずあったことも注目に値する。

ⅲ. イスラーム勢力の変容

カイロのカリフ制会議の開催は、エジプト国内の政治対立が主な原因で1年以上延期されてしまい、結局上記の3名がカリフ制会議に派遣されることはなかった[68]。その間に中東アラブ地域の情勢は大きく変化している。カリフ位を宣言していたシャリーフ・フサインは、1924年10月にイブン・サウード Ibn Sa‘ūd（1876-1953）に敗れてマッカを失い、翌年には彼の息子アリー ‘Alī b. Ḥusayn もジッダを逃れ、ヒジャーズ王国は滅亡した。イブン・サウードは、ヒジャーズ地方の統治について話し合うために、「イスラーム世界会議 Mu’tamar al-‘Ālam al-Islāmī」を1926年6月の大巡礼の際にマッカで開催する意向を発表した[69]。イギリスの陰謀でエジプト王フアード1世 Aḥmad Fu‘ād b. Ismā‘īl（1868-1936）がカリフ位に擁立されるという噂から、チョクロアミノトがカリフ制会議に不信感を抱くようになったこともあり、東インド・イスラーム会議の関心はカイロからマッカへと移っていった[70]。

中東アラブ地域におけるワッハーブ派のイブン・サウードの台頭と彼によるマッカのイスラーム世界会議の開催は、東インド・イスラーム会議に深刻な分裂をもたらす要因となった。まず、常に燻っていた改革派と伝統派の対立が顕在化したことがあげられる。改革派のうちサリムを中心とする者たちは、イブン・サウードへの支持を明言し、彼らが東インド・イスラーム会議

---

68 Martin Kramer, *Islam Assembled: The Advent of the Muslim Congresses*（New York: Columbia University Press, 1986）, 86, 90.

69 マッカのイスラーム世界会議については、Kramer, *Islam Assembled*, chapter 10 を参照。

70 Martin van Bruinessen, *NU: Tradisi Relasi-Relasi Kuasa, Pencarian Wacana Baru*（Yogyakarta: LKiS, 1994）, 27. カイロのカリフ制会議は、最終的に1926年5月に開かれた。上記の3名は参加しなかったものの、東インドからは西スマトラのハジ・ラスルとアブドゥッラー・アフマドが出席した。Hamka, *Ayaku*, 151-159.

の主導権を握った。これに対して伝統派は、1925年8月にジョグジャカルタで開かれた第4回東インド・イスラーム会議の中で、両聖都における伝統派の宗教慣行とスンナ派四法学派の尊重をイブン・サウードに請願することを提案したが、改革派によって拒否されてしまった。そこで、ハスブッラーを中心とする伝統派のムスリムは、独自に「ヒジャーズ問題協議委員会Comite Meremboeg Hidjaz」を設置した。この委員会は、ジャワで最も人望のあったキヤイ、ハシム・アシュアリを指導者に迎えて、1926年1月にナフダトゥル・ウラマーに改編された[71]。

分裂した改革派と伝統派は、イスラーム世界会議への代表の派遣においてそれぞれ別々の対応をとった。1926年2月にバンドゥンで開かれた第5回東インド・イスラーム会議は、チョクロアミノト、マス・マンスル、そして当時マッカに滞在していたムハンマド・バキルMoehammad Bakirを代表に選んだ[72]。アラブ人はやはり代表から外されたが、イルシャードは、スールカティーの高弟であるウマル・ナージー ‘Umar b. Sulaymān Nājīとムハンマド・ビン・ターリブMuḥammad b. Ṭālibを会議に派遣している[73]。その一方、

71　Noer, *The Modernist Muslim*, 223; Bruinessen, *NU*, 26-29; 小林『インドネシア』、168-170.

72　“Mandaat: Kepoetoesan Persidangan Moella Loear Biasa dari pada Congres Al-Islam Hindia Jang ke V,” *Soeara Perdamaian* 2/8-9 (February 25-March 4, 1926): 1. ヌルによれば、チョクロアミノトとマンスルを代表とすることは、同年1月にチアンジュルで開かれた改革派のムスリムだけの会議で既に決定されていた。Noer, *The Modernist Muslim*, 222-223. ムハンマド・バキルは、ジョグジャカルタ出身のキヤイで、この当時マッカに約25年間滞在していた。彼はムハマディヤの支持者であった。“Inlichtingen over de Actie van den Heer Hadji August Salim te Mekka,” mail-rapporten 949x/1927 in verbaar September 5, 1927, NA; Hamka, *Kenang-kenangan Hidup*, vol. 1, (Jakarta: Gapura, 1951), 104. 当時ムハマディヤが発行していた定期刊行物『ムハマディヤの鏡 *Mir'āt al-Muḥammadīya*』にも、「マッカにおけるこの雑誌の支援者」として彼の名前が記されている。

73　ナージーはイルシャードのバタヴィア校の第一期の卒業生で、プカロンガン校やバタヴィア校で校長職を担い、イルシャードの教育会議Majlis al-Tarbiya wa-l-Ta‘līmの議長なども務めた。彼はジャーナリストとしても活躍し、チルボンの『シファー *al-Shifā'*』とプカロンガンの『イルシャード』の編集を担った。彼の経歴については、Nājī, *Tārīkh Thawrat*, vol. 1, 120, 126; Abū al-Anwār (ed.), *Tārīkh al-Irshād*, 299-300を参照。ムハンマド・ビン・ターリブについての詳細は不明で

ナフダトゥル・ウラマーは、東インド・イスラーム会議には参加せず、独自の代表の派遣を模索した[74]。

このようにして、東インド・イスラーム会議から伝統派が離脱したが、マッカのイスラーム世界会議の開催は、今度は改革派内の対立を引き起こす契機となった。代表の一人であるイスラーム同盟の指導者チョクロアミノトは、東インドでは演説の名手として知られていたが、アラビア語の能力を欠いていたため、会議の議論にほとんど参加することができなかった。さらに、マッカ滞在中に礼拝の義務をしばしば怠ったことや同行した彼の妻の振る舞い、代表派遣のための資金運営の失敗の噂なども重なり、帰国後にムハマディヤのメンバーからチョクロアミノトに対する批判の声があがった。これをきっかけにイスラーム同盟とムハマディヤの関係は悪化し、1920年代末には両者の協力関係は解消されてしまった[75]。

これ以降の東インド・イスラーム会議は完全にイスラーム同盟のみを主体としたものとなり、ムハマディヤはもはや積極的な役割を果たさなくなった。イスラーム世界会議後の1926年9月にスラバヤで開かれた第6回東イン

ある。東インドのムスリムでは、スマトラのミナンカバウ地方出身のジャナン・タイブ Djanan Thaib も参加している。彼は、1922年にカイロで結成された「ジャーワのアズハル学生のための慈善協会 Jam'īyat al-Khayrīya li-l-Ṭalaba al-Azharīya al-Jāwīya」の最初の会長である。イスラーム世界会議の出席者については、"Maḥḍar al-Jalsa al-Ūlā li-l-Mu'tamar al-Islāmī al-'Āmm," *Umm al-Qurā* 2/75 (June 11, 1926): 2 であげられている。

74　ナフダトゥル・ウラマーは、1926年にクドゥスのアスナウィとジョンバンのビスリ・シャンスリ Bisri Sjansoeri の2名を派遣する予定であったが中止になる。しかし、最終的に、1928年にハスブッラーとスラバヤのエジプト人教師アフマド・ガナーイム Aḥmad Ghanā'im がマッカに赴いてイブン・サウードに謁見し、伝統派の宗教慣行とスンナ派四法学派の尊重の確約を得た。Noer, *The Modernist Muslim*, 224-225; Bruinessen, *NU*, 29 footnote 19.

75　Noer, *The Modernist Muslim*, 235-237; Laffan, *Islamic Nationhood*, 225-227. 1920年代末にイスラーム同盟とムハマディヤの関係が悪化した背景として、イスラーム同盟がインド起源の宗派アフマディーヤ Aḥmadīyah と協力関係にあったことも指摘されている。ムハマディヤのメンバーの多くは、アフマディーヤの教義はイスラームから逸脱しているとして否認するようになっていた。Noer, *The Modernist Muslim*, 150-151.

ド・イスラーム会議では、「イスラーム世界会議・東インド支部 Mu'tamar al-'Ālam al-Islāmī Far' al-Hind al-Sharqīya: MAIHS」が設置された。しかし、その執行部はイスラーム同盟のメンバーが大半を占めており、ムハマディヤからはマンスルが委員として参加したのみであった[76]。1928年にはムハマディヤの本拠地であるジョグジャカルタで第9回東インド・イスラーム会議が開かれたが、この団体からは僅かな参加者しか得られなかった[77]。

ここで興味深いのは、イスラーム同盟はムハマディヤとの関係が悪化し始めると、代わりに他のイスラーム団体、特にイルシャードとの関係を重視するようになったことである。イスラーム世界会議・東インド支部の執行部では、イスラーム同盟のメンバー以外では最高位の第二書記にイルシャーディーのウマル・フバイスが、委員のひとりに当時タフズィービーヤの会長であったアスアド・アル＝カラーリー As'ad al-Kalālī が任命された[78]。さらに重要なのは、1927年にマッカで開催される予定になっていた第2回イスラーム世界会議に派遣する代表の選出である。この年の1月にプカロンガンで開かれた第8回東インド・イスラーム会議で代表の人選が行われ、サリムとともにスールカティーが指名された[79]。アラブ人である彼が選ばれた理由とし

76 "Rinkasnja Kepoetoesan Congres Al-Islam," *Soeara Perdamaian* 2/35（September 23, 1926）: 1; Noer, *The Modernist Muslim*, 137 footnote 145. 執行部のメンバーは、議長がチョクロアミノト、副議長がウォンドスディルジョ、第一書記がサリムである。

77 "Islam-Congres van 26 tot 29 Januari 1928 Gehouden to Jogjakarta," mairlapport 141x/1928, NA.

78 "Rinkasnja Kepoetoesan Congres Al-Islam," 1. 当時のタフズィービーヤの執行部のメンバーは、"Vereeniging Attahdibijah," *Zaman Baroe* 1/11（August 20, 1926）section 2: 3 にあげられている。

79 "Verslag Ringkas," *Soeara Perdamaian* 3/2（January 20, 1927）: 1. サリムとスールカティーを派遣することは、前年12月にスラバヤで開かれたイスラーム同盟の集会で既に決められていた。"Ledenvergadering P. S. I. Soerabaja," *Sawoenggaling* 1/1（January 5, 1927）: 2. さらに、東インド・イスラーム会議では、予備の候補として西部ジャワのマジャレンカを拠点とするプルスリカタン・ウラマー Perserikatan Oelama の指導者、アブドゥルハリム Abdul Halim が指名されている。この団体とアブドゥルハリムについては、Noer, *The Modernist Muslim*, 69-73; Steenbrink, *Pesantren, Madrasah, Sekolah*, 72-76 を参照。また、この会議では、伝統派への一応の配慮も示されており、1名の代表を出すように求めることが決定された。し

ては、イスラーム同盟とムハマディヤの関係の悪化に加えて、前年の第1回イスラーム世界会議で生じた、代表のアラビア語の能力の問題が指摘できる。スールカティーはもちろん、サリムも優れたアラビア語の能力を持つことで知られていた[80]。

ただし、スールカティーは、代表に指名されたことに感謝を述べながらも、理由を明言することなく辞退してしまった[81]。彼の代わりに、前年の会議にも参加したイルシャーディーのナージーがサリムに同行することになった。第1回イスラーム世界会議の後に、イブン・サウードから、スールカティーを東インドにおける彼の「代理人（mu'tamad）」に任命したいという要望が送られており、ナージーはその実現を目指していた[82]。第2回イスラーム世界会議の開催は、彼らが到着する前に中止が決定されるが、サリムとナージーは、イブン・サウードらヒジャーズの有力者や世界各地から集まっていたムスリムたちと接触した。サリムは、「両聖都援助者協会 Jam'īyat Anṣār al-Ḥaramayn」というムスリムの国際組織を設立する計画を彼らに提示し、賛同を得ることに成功した[83]。

かし、結局伝統派から代表が選ばれることはなかった。

80　サリムのアラビア語及びその他の言語の能力の高さは、代表の決定を伝える記事でも指摘されている。"Oetoesan M. A. I. H. S," *Zaman Baroe* 2/24（February 15, 1927）: 3. 1926年の暮れに、第1回イスラーム世界会議に参加したムハンマド・バキルからも、代表にはアラビア語能力のある人物を選ぶべきであるという意見が出されていた。"Ikhwānī fī Jāwā," *Mir'āt Muḥammadīya* 6（February 13, 1927）: 140-142.

81　"Oetoesan ke Hidjaz," *Zaman Baroe* 2/26-27（March 5-15, 1927）: 3. スールカティーは、「非常に残念ながら、今は説明できないいくつかの事柄があるために、この指名を受けることはできない」と述べている。管見の限りこの理由は明らかにされていない。なお、予備の候補とされていたアブドゥルハリムも、マッカに派遣されていない。

82　1926年7月19日付でイブン・サウードからスールカティーに送られた書簡の写しとそのインドネシア語訳が、*Al-Arkhabil* 5/8（November 1999）: n.pg. に載せられている。オランダ植民地政庁の報告書には、ナージー自身がイブン・サウードの「代理人」に任命されることを望んでいたと記されている。"Inlichtingen over de Actie van den Heer Hadji August Salim te Mekka."

83　Noer, *The Modernist Muslim*, 137; Kramer, *Islam Assembled*, 119-122.

しかし、結局のところ、両聖都支援者協会の計画もスールカティーをイブン・サウードの「代理人」にする提案も実現することはなかった。だが、ここで重要なのは、イブン・サウードへの支持に基づいて、イスラーム同盟、特にサリムとイルシャードとの間に緊密な協力関係が生じたことである。スールカティーは、1928年4月にマッカ巡礼に赴き、ヒジャーズ、エジプト、そして故郷のスーダンを訪れ、イブン・サウードにも謁見した[84]。出立の際にバタヴィアで開かれた祝賀会にはサリムが出席し、「イスラームの覚醒（al-nahḍa al-Islāmīya）」に対するスールカティーの功績を讃える演説を行っている[85]。

なお、後述のように、サリムはこの時期アラウィーたちと敵対的な関係にあったが、彼以外のイスラーム同盟のメンバーはアラウィーたちとも一定の協力関係を築いている。1931年に、華人系定期刊行物『ハオ・キアオ *Hao Kiao*』に預言者ムハンマドを中傷する記事が掲載された。この事件を機に、イスラーム同盟の提唱によってスラバヤで「イスラーム委員会 Komite Al-Islam」が結成された[86]。その後各地に設立された委員会を統括すべく、翌年にスラバヤで中央委員会が設けられ、議長はイスラーム同盟の有力者サンガジ A. M. Sangadji が務めた。この中央委員会の中では、アラブ人、特にアラウィーたちが要職を担っており、中央委員会の副議長にムハンマド・アル＝カーフ Muḥammad al-Kāf が任命され、基金委員会には『ハドラマウト』の主筆アイダルース・アル＝マシュフールらが加わっている[87]。

1920年代後半になり、イスラーム同盟がアラブ人との関係を再び重視するようになった背景として、この団体が汎イスラーム主義を強調するようになったことが指摘できる。1927年にスカルノ Soekarno（1901-1970）の主唱で、インドネシアの政治勢力を統合する連合組織、インドネシア民族政治団体協議会 Permoefakatan Partai Politik Kebangsaan Indonesia: PPPKI が結成され

84　スールカティーは1928年4月にバタヴィアを出発し、11月に東インドに帰国した。"Ilā Umm al-Qurā Za'īm al-Nahḍa al-Islāmīya fī al-Sharq al-Aqṣā," *al-Ma'ārif* 29 (April 12, 1928): 1; "'Āda al-Ustādh al-Jalīl," *al-Miṣbāḥ* 1/1 (December 1928): 13-15.

85　"Ḥaflat Tawdī'," *al-Ma'ārif* 29 (April 12, 1928): 2.

86　Akhmad, "Kongres Al Islam 1922-1941," 324-340.

87　"Central Komite Al Islam," *Het Licht* 7/4-5 (June-July, 1931): 124-125.

た。イスラーム同盟もこれに参加したが、イデオロギーの違いが主な理由となって、次第に世俗的ナショナリストとの間で対立が深まっていった[88]。そのような中で、イスラーム同盟は、1930年初頭に組織の「原則の説明」を発表し、全世界のイスラーム共同体の統一を第一の目的に掲げ、自らの活動をあくまでその一部分として位置づけた[89]。インドネシア国民党 Partai Nasional Indonesia: PNI をはじめ、1920年代後半から1930年代にかけて結成されたナショナリスト政党のほとんどは、正規の会員資格をプリブミのみに限定していた[90]。これに対してイスラーム同盟は、1930年に発表した規約の中で、汎イスラーム主義の理念に基づき、会員資格をすべてのムスリムに開くことを明記した[91]。これによって、少なくとも原則の上では、アラブ人はかつてのようにイスラーム同盟から排除されることはなくなり、プリブミと対等に扱われるようになったのである。

以上のように、確かに、プリブミ意識の高揚によって、アラブ人たちは20世紀初頭から1920年代までに東インドのイスラーム運動の中で周縁的な立場に追いやられていった。しかしながら、東インド・イスラーム会議の中で、アラブ人とプリブミのムスリムとの関係はある程度は維持されていたと言える。さらに、1920年代後半以降になると、東インドのイスラーム会議の分裂とイスラーム同盟による汎イスラーム主義の強調を背景として、イスラーム同盟とアラブ人の間に再接近の動きが認められる。

Ⅲ. 二方向の「巡礼」

それでは、この時期の植民地社会の展開の中でイルシャードはどのような教育活動を進めていったのであろうか。1920年代半ばまでのこの団体の教育活動からは、アンダーソンの論じる「巡礼」という観点に立てば、最終目

88 Noer, *The Modernist Muslim*, 250-257.

89 Formichi, *Islam and the Making of the Nation*, 50-53. イスラーム同盟の活動の目的は、“Rantjangan: Keterangan Asas Partij Sarekat Islam Indonesia,” *Fadjar Asia* 17 (January 21, 1930): 1 で公示されている。

90 Suryadinata, *Pribumi Indonesians*, 18.

91 “Statuten Partij Sarekat Islam Indonesia IV,” *Fadjar Asia* 20 (January 24, 1930): 1.

的地の異なる2つの方向性が読み取れる。ひとつは、イルシャードの学校を東インドの公教育制度に対応させようというもの、もうひとつは、中東アラブ地域の教育機関に学生を派遣するというものである。それらは、いずれもスールカティーの考えに基づいていた。

ⅰ．公教育制度への対応

イルシャードは結成後すぐさまバタヴィアの外に活動を広げ、支部と学校を増やしていった。まず1917年に最初の支部が中部ジャワのトゥガルに設立され、1918年にはプカロンガン、1919年にはチルボン、ブミアユ、スラバヤにも支部が開かれた[92]。その後、1920年代になると、ジャワ外の都市やアラブ人以外にもイルシャードの活動は広まっていった。1931年までに、イルシャードは24の支部を持ち、うち4つはアラブ人が全く住まない都市に開設されていた[93]。

イルシャードが活動を拡大し始める中で、スールカティーは、1919年3月にこの団体の学校制度の改革案を協会の執行部に提出した[94]。彼の改革案は、学校の監督官（munaẓẓim dūwār）の設置、学校間のカリキュラムと教科書の統一、東インドの学生に相応しい教科書の作成、図書館の開設、定期刊行物の発行、各支部の代表からなる委員会の設置、教員の役割の明確化などの項目からなる。その中でも特に注目すべきは、「政庁の初等教育のプログラム（barūjrām madāris al-ḥukūma al-ibtidā'īya）」を導入するという提案である。すなわち、スールカティーは、イルシャードの学校をオランダ植民地政庁の公教育制度に対応させることを意図していたのである。この提案では、ムハマディヤの開設したオランダ語原住民学校などと同じように、公教育制度のカリキュラムに加えて宗教諸学とアラビア語諸学も教えられるとされていた。

ここで特筆すべきなのは、公教育制度の初等教育プログラムを導入する理

92　Nājī, *Tārīkh Thawrat*, vol. 1, 115-117.

93　Secretariaat Vereeniging Al-Irsjad, *Gerakan Al-Irsjad*(Batavia: n.p., 1931), 100.

94　スールカティーの提出した改革案については、Abū al-Anwār(ed.), *Tārīkh al-Irshād*, 138-141; Nājī, *Tārīkh Thawrat*, vol. 1, 103-109を見よ。この改革案は、もともとはプカロンガンで発行されていたイルシャード系の定期刊行物『シファー』で発表された。

由としてスールカティーがあげているのが、プリブミのムスリムたちの要望に応えることだという点である。すなわち彼の提案は、アラブ人の子弟のためのエリート初等教育機関を開設しようとしたハーシミーらの意見とは、異なった動機に基づいたものであった。スールカティーは、プリブミの生徒たちが卒業後に役所や企業で職を得るために公教育制度と同じ証書を発行しなければならないとして以下のように説明している。

> 彼ら（プリブミの生徒）が政庁や商業の場に身を置くことになったら、必ずや、彼ら（イルシャーディーたち）に卒業証書（shahāda madrasīya）を求めるだろう。そして、彼ら（プリブミの生徒）が認めるのは、政庁の証書（shahādat al-ḥukūma）のみである。もしイルシャードの学校の最初の卒業生たちが生計を立てられなければ、プリブミのもとでのイルシャードの評判は悪くなり、こぞってその学校を避けたり、それに入学し、そこで時間を浪費したことを後悔したりするであろう[95]。

しかしながら、スールカティーの提案は、この時点では協会の執行部の同意を得ることができなかった。彼の提案が実行に移されるのは、アラブ人の間でエリート初等教育に対する関心が高まっていた1920年代後半のことである。1927年4月にバタヴィアで、スールカティーを議長として第1回イルシャード教師会議が開かれた。その中で、イルシャードの学校制度を、部分的に公教育制度に対応させることが決定された[96]。それによれば、イルシャードの学校は2つの段階に分けられ、まず最初の5年間はすべての生徒がアラビア語諸学と宗教諸学を中心に学ぶ。続く初等学校（madrasa ibtidā'īya, 4年制）は2種類に分かれ、一方は従来通りのアラビア語を教授用語とする学校とし、もう一方を公教育制度における連鎖学校とするというものである。この連鎖学校でも、以前の提案と同じようにアラビア語と宗教諸学が追加的に教えられるとされた。

95　Abū al-Anwār (ed.), *Tārīkh al-Irshād*, 141.

96　"Mu'tamar al-Mu'allimīn," *al-Ma'ārif* 1 (May 12, 1927): 1-2. 会議の決定は、"Qarār Mu'tamar al-Mu'allimīn," *al-Ma'ārif* 6 (June 16, 1927): 4 に掲載されている。

だが、イルシャードによる連鎖学校導入の試みは、結局のところ失敗に終わっている。会議の開かれた1927年に、スラバヤ支部が連鎖学校を開設したが、短期間で閉鎖されてしまった。スラバヤ支部は、1929年に再び連鎖学校の開設を試みているが、やはり成功していない[97]。これらの連鎖学校が失敗した主な原因は、アラブ人の生徒の多くが宗教諸学とアラビア語諸学の学習に不安を感じたため、すぐに学校を辞めてしまったことであった。1920年代にはアラブ人の間でもエリート初等教育に対する関心が高まったが、植民地政庁の教育に対する否定的な意見が根強く残っていたことがうかがえる[98]。

イルシャードの学校を植民地の公教育制度に対応させる試みがなかなか進まなかった大きな要因として、教育活動をめぐるイルシャード内の見解の相違が指摘できる。スールカティーがプリブミの生徒も積極的に集めようとしたのに対して、イルシャーディーの中には、イルシャードの教育活動は第一にハドラミーの子弟のためにあるべきだと考える者がいたのである。1920年代後半、あるハドラミーがバタヴィア校を訪れ、スールカティーに生徒の数とアラブ人の生徒の割合を尋ねた。スールカティーは、「彼らはすべてムスリムであり、ムスリムは兄弟である。我々は彼らのうちの誰一人として区別したりはしない」と応じた。しかし、この人物が納得せずにしつこく尋ねたため、スールカティーはとうとう、「生徒の中のプリブミの子弟（al-abnā' al-Jāwiyīn）に対するアラブ人の子弟の割合は30％である」と答えた。1917年と比べてアラブ人の生徒の割合は低下しているが、バタヴィアの人口比から考えれば依然として小さくはない。ところが、この人物は、スールカティーの返答に衝撃を受け、「我々の民ハドラミー（sha'b-nā al-Ḥaḍramī）」が教育に熱心でないことを嘆いている[99]。彼のように、イルシャードを「ハドラミ

97　"Ijtimā' al-Irshād," *al-Miṣbāḥ* 5-6（May 1929）: 111; "Khawāṭir-nā," *al-Dahnā'* 2/16（August 1929）: 11.

98　これ以降、イルシャードが連鎖学校を開設する動きは見られない。その要因のひとつとして、1920年代末になると連鎖学校という制度自体が廃れたことが考えられる。I. J. Brugmans, *Geschiedenis van het Onderwijs in Nederlandsch-Indië*（Groningen and Batavia: J.B. Wolters, 1938）, 336.

99　"Al-Ḥaḍārima wa-l-Ta'līm," *al-Ma'ārif* 5（June 9, 1927）: 2. 1930年のバタヴィアの

ーの組織」と理解する者が、プリブミのムスリムの関心に合わせたスールカティーの提案に進んで同意したとは考え難い。

以上のように、スールカティーは、イルシャードの結成後間もない時期から教育活動を植民地の公教育制度、つまり東インド内の「巡礼」に対応させることを提案していた。この提案の目的は、アラブ人やハドラミーだけでなく、プリブミのムスリムの生徒も受け入れることであり、彼の意図は「平等主義」に基づいたものであると言える。だが、そのような見解は、イルシャードの「ハドラミー」や「アラブ人」の性質と必ずしも一致するものではなかったため、スールカティーの意図の実現は阻害されることになったのである。

ii. カリフ論における教育機関の構想

興味深いことに、イルシャードの学校を植民地の公教育制度に対応させようとしていた同じ時期に、スールカティーは中東アラブ地域に向かう教育活動の計画も示している。その計画は、1924年に自身が主宰する定期刊行物『イスラームの至宝』で発表したカリフ論の中で言及されている。この時期にはカリフ制の将来は大きな関心を集めており、様々な地域のムスリムの知識人たちが議論を提出していた。スールカティーは、自身の論考においてカリフ制はムスリムにとって義務であると主張し、新しいカリフ制の構想を提示している。

彼は新たなカリフの担うべき役割のひとつとして、それぞれの地域で彼の代わりを務めるカーディー（quḍāt, 法官）やムフティー（mafātin）[100]を派遣することをあげている。そのために、カリフ制に付随し、そのような人材を育成するための教育機関を建設することが必要になる。スールカティーはこの教育機関の構想について以下のように述べている。

人口約435,184人のうち、アラブ人は5,231人（全体の約1.2%）と見積もられる。*Volkstelling 1930*, vol. 1, 122-123; id., vol. 7, 307. スールカティーの述べた数字に基づけば、バタヴィア校のアラブ人の生徒の割合は約23%である。

100　ムラユ語版に「ムフティー（Moefti）」とあるため、muftin/al-muftī の複数形と判断し、一般的ではないが mafātin と読んだ。

> カーディーとムフティーについて言えば、すべてのイスラームの諸地域から行い正しき者たちを任命すること、そして、アラブ・イスラームの国に、すべてのムスリムたちによって費用が賄われる充実した大規模な教育機関（madrasa kabīra kāfiya）を設立することが、ムスリムたちにとって義務である[101]。

スールカティーはこの教育機関が実現したならば、イルシャードの学校の卒業生も入学することを想定していたと考えられる。

実際、イルシャーディーの間では、スールカティーの教育機関の構想を実現させようとする動きが見られる。1926年2月にバンドゥンで開かれた第5回東インド・イスラーム会議の中で、イルシャードのスラバヤ支部は、マッカの近くの都市ターイフに大学（universiteit）を設立することを提案している[102]。提案の内容は、スールカティーの示した構想と概ね同じである。この大学はイスラーム共同体全体の費用で運営され、そこには「世界中のイスラーム学校（sekolah-sekolah Islam diseloeroeh doenia）」を卒業した者が入学でき、卒業生は各地に派遣され「イスラームの宣教師（propagandist Islam）」となるとされた。

しかし、カリフ制は再興されず、スールカティーの考えたような教育機関も実現には至らなかった。1931年にエルサレムで開かれた「イスラーム全体会議 al-Mu'tamar al-'Āmm al-Islāmī」の中で、類似する大学を建設する計画が示されたが、結局は失敗に終わっている[103]。イルシャードの学校の卒

101　"Al-Khilāfa," *al-Dhakhīra al-Islāmīya* 8-9: 408; Ibid., 10（June 1924）: 501-510.『イスラームの至宝』のムラユ語版には、論考の前半部分までしか掲載されていない。以下の内容は基本的にアラビア語版に基づく。スールカティーは教育機関の場所について明言していないが、新たなカリフはマッカを本拠地としなければならないと述べているため、教育機関の設立される場所もマッカ付近だと推察される。ムラユ語版では、「アラブ」という言葉は使わずに、「その学校は、最も有名なイスラームの国に建てられなければならない（Sekolah itoe haroes didiriken diseboeah negri Islam jang paling terkenal）」となっている。

102　"Congres Al-Islam Hindia Loear Biasa Jang ke V," *Soeara Perdamaian* 2/8-9（February 25-March 04, 1926）: 3.

業生の主な留学先となったのは、アズハルやダール・アル＝ウルームを擁するエジプトのカイロであった。1920年代までに、カイロはイスラーム世界の近代的な教育の中心地として台頭し、東南アジア各地からも多くの学生が集まるようになっていた[104]。

スールカティーのカリフ論に関してもうひとつの重要な点は、その中に彼の思想的な特徴が示されていることである。カリフ制の再興とともにイスラーム世界の中心となる教育機関を設立するという考え自体は、スールカティー独自のものというわけではない。1922年から1923年にかけてリダーが『マナール』で発表したカリフ論の中でも、類似した教育機関の計画が示されている[105]。さらに、エルサレムのイスラーム全体会議でも同様の計画が示されていることから、世界中の多くのムスリムが同じような構想を抱いていたのであろう。しかし、スールカティーのカリフ論及び教育機関の構想には、リダーのものと比べると明らかな違いが認められる。

リダーのカリフ論には、改革主義運動の強調する「平等主義」と矛盾し得るアラブ主義的な傾向があらわれている。リダーは、カリフの条件としてクライシュ族（Quraysh, ムハンマドの出身部族）の出自をあげている[106]。この条件自体は、古典的なスンナ派法学に従ったものと言える[107]。だが、次のようなリダーの議論には、アラブ人がイスラームにおいて占める中心的・指導的立場、そしてアラブ人の非アラブ人に対する宗教的な優越といった考えが示されている。

> いと高きアッラーは、クライシュ族のアラブ人である使徒の封印（khātim rusul-hu, ムハンマド）の上に、〈アラビア語のクルアーン（qur'ān

103　エルサレムのイスラーム全体会議及びその中で示された大学建設の計画については、Kramer, *Islam Assembled*, chapter 11を参照。

104　イルシャーディーたちによるエジプトへの留学については、第5章で論じる。

105　"Al-Khilāfa al-Islāmīya," *al-Manār* 24/2（February 16, 1923）: 109-111.

106　"Al-Aḥkām al-Shar'īya al-Muta'alliqa bi-l-Khilāfa al-Islāmīya," *al-Manār* 23/10（December 18, 1922）: 737-744.

107　古典的なスンナ派法学におけるカリフ論については、中田考「イスラーム法学に於けるカリフ論の展開」『オリエント』33/2（1990）: 79-95で論じられている。

ʻArabī〉〉、〈アラビア語の神託（ḥukm ʻArabī〉〉として叡智あふれる啓典（クルアーン）を下され、それによってその宗教に封印をされ、完成され、完全なものとされた。それ（イスラーム）が、クライシュ族の呼びかけと指導権、アラブ人の力とその呼びかけへの軍事力による援護によって世界中に広まったことは、彼（アッラー）の叡智が必然とされたことである。聖法の諸規定は彼ら（アラブ人と非アラブ人）の間で等しいし、アラブ人に従ってアラブ化した彼らのマワーリー（mawālī-him, 非ムスリムからの改宗者）の多くは、優れた性質を持っていた。しかしながら、イスラームに入信し正しい行いをした非アラブ人（al-aʻājim）のすべては、彼ら（アラブ人）に従い、彼ら（アラブ人）から学んだのである[108]。

カリフ論におけるリダーのアラブ主義的な傾向は、イスラームにおけるアラビア語の絶対性を強調している部分にもあらわれている。彼によれば、アラビア語はすべてのムスリムを統一する言語であるのに対し、他の言語は「人種の連帯意識（ʻaṣabīyat al-jins）」につながるものであり、イスラーム共同体に分裂をもたらす要因になる。そして、非アラブ人がイスラームに奉仕することができるのは、結局、「その言語（アラビア語）の〔能力の〕程度に応じてのみ」なのである[109]。このようなアラブ主義的な傾向は、リダーだけではなく、多くのアラブ人の改革主義者に共通して認められる特性である[110]。

108　"Al-Aḥkām al-Sharʻīya al-Mutaʻalliqa bi-l-Khilāfa al-Islāmīya," 741.「アラビア語のクルアーン」、「アラビア語の神託」という表現は、前者は（Q 12: 2）他、後者は（Q 13: 37）に基づく。

109　"Al-Aḥkām al-Sharʻīya," *al-Manār* 24/2, 118-120.

110　例えば、Hourani, *Arabic Thought*, chapter 11; Mahmoud Haddad, "Arab Religious Nationalism in the Colonial Era: Reading Rashīd Riḍā's Ideas on the Caliphate," *Journal of the American Oriental Society* 117/2(1997): 253-277 を見よ。ハッダードは、リダーの唱えるアラブ人の優位は、人種的なものというより宗教的なものであり、「アラブ宗教的ナショナリズム（Arab religious nationalism）」という表現が適切だとする。リダーよりも前に、シリアの著名な改革主義の思想家、アブドゥッラフマーン・アル＝カワーキビー ʻAbd al-Raḥmān al-Kawākibī(1849-1902）も、クライシュ族のアラブ人によるカリフ制の復興について論じている。Hourani, *Arabic*

これに対して、スールカティーのカリフ論は、アラブ主義的な傾向を示さず、「平等主義」でより一貫している点が特徴的である。彼はカリフの条件として、クライシュ族の出自はおろかアラブ人であることすらあげず、「権勢（jāh）」、「人種（ajnās）」、「出身部族（qabā'il）」などは考慮する必要はないと論じる。彼によれば、カリフは、「イスラームの諸知識（al-'ulūm al-Islāmīya）に秀で、社会の諸知識（'ulūm al-ijtimā'）に卓越し、感覚能力（sa'at al-madārik）と倫理の優秀さ（aḥāsin al-akhlāq）において傑出している者」から選ぶべきである[111]。それどころか、能力のあるムスリムの間に競争を生み出し、「イスラームの公正さ（'adl al-Islām）」を示すためには、「ムスリムの中の最も質素な家（absaṭ al-buyūtāt al-Muslimīn）」からカリフが誕生することさえ望まれるとされる。スールカティーは、カリフに相応しい人物の一人として、クライシュ族でもアラブ人でもない、インドの改革主義の思想家・政治家であるアーザード Abū al-Kalām Āzād（1888-1958）の名前をあげている[112]。

Thought, 271-273.

111　古典的なスンナ派法学におけるカリフの条件として、一般に視力や聴力が健全であることがあげられる。中田「イスラーム法学に於けるカリフ論の展開」。ここでいう「感覚能力」は、これらのことを指していると思われる。

112　"Al-Khilāfa," *al-Dhakhīra al-Islāmīya* 10, 508-509. スールカティーは、エジプト王フアード1世、マッカのシャリーフ・フサイン、さらにはイブン・サウードといった「権力を持つ者（ahl al-shawka）」が新たなカリフになることに、少なくともこの時点では反対している。彼によれば、カリフ位に就くべき者は、「宣教と改革の職務を担い得る、有能な知識人（ahl al-'ilm al-akfā' alladhīna yumkinu-hum an yakūmū bi-waẓīfat al-tabshīr wa-l-iṣlāḥ）」である。アーザード以外にカリフ位に相応しい人物としてあげられているのは、リダー、アブドゥルアズィーズ・アル＝ジャーウィーシュ 'Abd al-'Azīz al-Jāwīsh（1872-1929）、ムハンマド・ファリード・ワジュディー Muḥammad Farīd Wajdī（1875-1954）であり、いずれも改革派のウラマーである。ジャーウィーシュとワジュディーについては、J. J. G. Jansen, "Muḥammad Farīd Wadjdī," *EI*^{2}, vol. 7, 439; Ziriklī, *Al-A'lām*, vol. 4, 17 を参照。興味深いことに、アーザードも、自身のカリフ論において、すべてのムスリムは平等であるという論拠に基づき、カリフはクライシュ族出身者でなければならないとする規定は無効であると論じている。アーザードのカリフ論は、『マナール』にアラビア語訳が掲載された。クライシュ族の規定に関する議論については、"Al-Khilāfa al-Islāmīya," *al-Manār* 23/10(December 18, 1922): 752-757 を見よ。

また、スールカティーはリダーと異なり、アラビア語以外の言語の相対的な重要性を認めている。彼も「クルアーンの言語（lughat al-Qur'ān）」であるアラビア語こそがすべてのムスリムの共通言語であり、イスラームを正しく理解するために必要であると考え、その普及をカリフの職務のひとつにあげている[113]。しかし、スールカティーの構想する教育機関では、「宣教に不可欠な諸言語（lughāt ḍarūrīyat li-l-tablīgh）」が教えられるとされている点を看過すべきではない[114]。この「諸言語」とは、東インドの場合で言えば、ムラユ語やオランダ語のことを指していると推察される。実際、スールカティーは、自身のアラビア語の著作をそれらの言語に翻訳して出版している[115]。

スールカティーがカリフ論で言及している教育機関は、「巡礼」という観点に立てば、イルシャードの学校を植民地の公教育制度に対応させようとする考えとは最終目的地が異なり矛盾するように見える。しかしながら、いずれの考えも、アラブ人であれプリブミであれ、すべてのムスリムがイスラーム共同体の対等な立場の構成員であるという「平等主義」の考えに基づいていたと言える。

おわりに

20世紀初頭から1920年代までの時期に、確かにアラブ人コミュニティは、植民地社会の展開の主流からは外れていった。だが、アラブ人コミュニティ

この翻訳の脚注の中で、リダーはアーザードの主張に反論を加えている。カリフ位に関するリダーとアーザードの見解の相違については、John Willis, "Debating the Caliphate: Islam and Nation in the Work of Rashid Rida and Abul Kalam Azad." *The International History Review* 32/4(2010): 711-732で詳しく論じられている。

113　"Al-Khilāfa," *al-Dhakhīra al-Islāmīya* 8-9, 416.

114　Ibid., 419.

115　スールカティー自身はムラユ語もオランダ語もできなかったようで、翻訳では友人や弟子の助けを借りている。ムラユ語では、『イスラームの至宝』のムラユ語版の他、Ahmad Soorkatti, *Hak Soeami Isteri*(Bandung: Persatoean Islam, 1933)が、オランダ語では、Ahmad Soerkati, *Zedeleer uit den Qor'an*(Groningen and Batavia: J. B. Wolters, 1932）がある。特に後者は、東インドで西欧式教育を受けたムスリムの若者への「宣教」のために作成された。Ibid., 3.

の教育活動は公教育制度から完全に分離していたわけではなく、1920 年代には彼らの間でもエリート初等教育に対する関心が高まり、アラブ人の生徒は徐々に増加していった。また、東インド・イスラーム会議においても、アラブ人たちは中東アラブ地域との間のネットワークやアラビア語の能力、そして経済力を活かして大きな存在感を示している。プリブミの側もアラブ人を完全に排除していたわけではなく、1920 年代後半以降にはアラブ人の間に再接近の動きが認められる。

イルシャードの教育活動も、東インド内の「巡礼」から分離していたわけでも、プリブミのムスリムを排除していたわけでもなかった。スールカティーの主導によって結成後早い時期から、イルシャードの教育活動を公教育制度のエリート初等教育に対応させようとする動きが存在していた。スールカティーの考えは、イルシャードの学校にアラブ人だけでなくプリブミのムスリムの生徒も受け入れるという「平等主義」の立場に基づいたものであった。しかしながら、この考えは、イルシャード内の「アラブ人」や「ハドラミー」の性質と齟齬をきたしたため、順調には実現しなかった。

他方で、同時期のスールカティーは、イスラーム世界の中心となる教育機関を中東アラブ地域に開設するという、東インドの外に向かう「巡礼」の計画も掲げていた。しかし、いずれの考えも、アラブ人であれプリブミであれ、すべてのムスリムがイスラーム共同体の対等な立場の構成員であるという理念に基づいたものであった。この時期のスールカティーの関心はイスラーム共同体全体に向けられており、彼の思想は汎イスラーム主義的なものであったと言える。そして、スールカティーの思想の特徴は、彼のカリフ論に見られるように、他のアラブ人の改革主義者とは異なり、アラブ主義的な傾向を示さないでより一貫して「平等主義」を唱えている点に認められる。

第4章

アラウィー・イルシャーディー論争の収束

インドネシアのアラブ人コミュニティは、1920年代末から1942年のオランダ植民地期の終わりにかけて大きな転機を迎えることになる。そのひとつとして、イルシャード結成の背景となったアラウィー・イルシャーディー論争が収束に向かったことがあげられる。アラブ人コミュニティを二分してきた対立は、1930年代初めに一時激しさを増すものの、1930年代半ばを過ぎると次第に鎮静化していった。その要因として指摘できるのが、1930年代前半に行われた一連の和解の試みである。

従来の研究では、アラウィー・イルシャーディー論争は、移住地のハドラミー・コミュニティ内の主導権争いという地域的に限定された文脈の中でのみ捉えられてきた。論争収束の要因についても、プラナカンのアラブ人がインドネシアを「祖国」と見做すインドネシア・アラブ協会を結成し、勢力を獲得していったことが指摘されている。すなわち、ハドラマウトに帰属意識を持つアラウィー・イルシャーディーの両派が、共通の敵の出現に危機感を抱いたために対立が沈静化したというのである。この点についても、やはり地域的に限定された文脈の中でのみ論じられてきたと言えるだろう。そのため、1930年代前半に、ハドラマウトや移住地のハドラミー・コミュニティの外部にいる人物が立て続けに論争の調停に乗り出したことは看過されてきた。

それらのうち、本章では、中東アラブ地域の著名なイスラーム改革主者であるラシード・リダーとシャキーブ・アルスラーン Shakīb Arslān（1896-1946）による仲裁の試みを中心に取り上げ、その意義について論じることにしたい[1]。彼らのうちアルスラーンは、レバノンのドゥルーズ派の名家出身で、若い頃にアブドゥフに師事し、リダーとは長年に渡って親交を持った人物である[2]。この章では、中東アラブ地域の改革主義者たちが両派の間で議論となっていた問題に対して示した判断とそれに対する両派の対応を検討することで、イスラーム改革主義運動というより広い文脈を考慮に入れて論争の性質を考察していく。

Ⅰ．東洋連盟の仲介による和解交渉

リダーとアルスラーンによる仲裁の試みが始まる直前に、エジプトの東洋連盟 al-Rābiṭa al-Sharqīya[3] の仲介によって両派の間で和解交渉が行われた。東洋連盟は、やや漠然とした地域概念である「東洋（sharq）」の連帯を掲げて 1922 年にカイロで結成された団体で、1920 年代末頃から東インドのムスリム社会に関心を示すようになっていた[4]。以下では、まずこの和解交渉を

1　アルスラーンによる仲裁は、Zayn, *Al-Nashāt*, 167-178 で言及はされているが、両派の間で議論となった争点とそれに関する彼の見解についての分析はほとんどなされていない。

2　アルスラーンの思想と生涯に関する研究としては、William L. Cleveland, *Islam against the West: Shakib Arslan and the Campaign for Islamic Nationalism*（Austin: University of Texes, 1985）があげられる。また、アダル・ラジャ「シャキーブ・アルスラーン研究の視座――戦間期のアラブ世界とイスラーム思想をめぐって」『アジア・アフリカ地域研究』1(2001)：300-307 は、クリーブランドの研究の方法論を批判し、新たな視座の提示を試みている。同じ著者の Raja Adal, "Constructing Transnational Islam: The East-West Network of Shakib Arslan," in Stéphan A. Dudoignon, Komatsu Hisao and Kosugi Yasushi (eds.), *Intellectual in the Modern Islamic World: Transmission, Transformation, Communication*（London and New York: Routledge, 2006), 176-210 は、リダーとの関係を含むアルスラーンの築いた広域に及ぶ人的ネットワークについて論じている。

3　東洋連盟及び中東アラブ地域で使われた「東洋」という概念については、Vernon Egger, *A Fabian in Egypt; Salamah Musa and the Rise of the Professional Classes in Egypt, 1909-1939*,（Lanham: University Press of America, 1986), 122-123; James Jankowski, "The Eastern Idea and the Eastern Union in Interwar Egypt," *The International Journal of African Historical Studies* 14-4(1981): 643-666 を参照。リダーも東洋連盟の結成時からのメンバーであったが、1930 年代初めにはもはやこの団体の活動に積極的には関与していなかったようである。

4　東洋連盟は、1927 年に東インドのムスリム社会宛てに書簡を送り、内部争いを止めて団結するように促している。この書簡は、ジョグジャカルタで発行されて

検討することで、1930年代前半のアラウィー・イルシャーディー論争の状況を見ていきたい。

ⅰ．争点の変化

東南アジアのアラブ人コミュニティ内の対立は1930年代初めに加熱し、一部では暴力的な争いにまで至っている[5]。その一方で、同時期には、様々な人物や団体による論争の調停の動きも活発になり、アルスラーンも初めて論争に介入する。バイテンゾルフで発行されていた『クウェートとイラク人 *al-Kuwayt wa-l-'Irāqī*』の編集者であるイラク人のユーヌス・アル＝バフリー Yūnus al-Baḥrī の要請に応じて、アルスラーンは、1931年8月に、アラウィー・イルシャーディー両派に和解を呼びかける書簡を送った[6]。しかしながら、アルスラーンの呼びかけに対して、東南アジアのアラブ人コミュニティから大きな反響は見られなかった。おそらく、この時期には、東洋連盟の仲介による和解交渉が大詰めを迎えており、そちらに関心が集まっていたためであろう[7]。

東洋連盟が和解交渉の仲介に乗り出したのは、1928年にスールカティーがマッカ巡礼の後にカイロを訪れた際に、この団体のメンバーと接触したことがきっかけであった[8]。東洋連盟は、スールカティーと、シンガポール在

いたアラビア語の定期刊行物『ムハマディヤの鏡 *Mir'āt Muḥammadīya*』に掲載されている。"Naṣīḥat Jam'īyat al-Rābiṭa al-Sharqīya li-l-Mutanāzi'īn fī Jāwa wa-Sā'ir Jazā'ir al-Hind al-Sharqīya," *Mir'āt Muḥammadīya* 8 (May 12, 1927): 175-177. また、翌年には、この団体の活動や歴史を紹介する冊子が『ムハマディヤの鏡』の後継誌である『東洋の鏡 *Mir'āt al-Sharq*』宛てに送られていた。"Al-Rābiṭa al-Sharqīya," *Mir'āt al-Sharq* 1 (June 1928): 17-18.

5　Bakrī, *Tārīkh Ḥaḍramawt*, vol. 2, 335-336. 1933年1月に東ジャワのボンドウォソにあるヌール・モスク Masjid al-Nūr で起きた両派の抗争による傷害致死事件が有名である。この事件については、Boxberger, *On the Edge*, 81; Freitag, *Indian Ocean*, 252で言及されている。

6　"Al-Dīn: Al-Iqtirāḥ 'alā Ikhwān-nā al-'Arab fī al-Bilād al-Indūnisiya," *al-Kuwayt wa-l-'Irāqī* 2 (October 1931): 3-5.

7　ただし、アルスラーンによる両派に対する忠告の内容や調停のための委員会を設置するといった提案が、東洋連盟の仲介によって発表された和解条件に影響を与えた可能性は考えられる。

住のアラウィーの有力者でこの団体に所属していたイブラーヒーム・アッ＝サッカーフ Ibrāhīm b. ‘Umar al-Saqqāf（1899-1975）[9]を代理として仲介者（wasīṭ）に任命し、実際の交渉に当たらせた。両者は1930年3月から秘密裏に書簡のやり取りを行い、約1年半の交渉結果、1931年10月に合意に至った。そして、11月に両派の代表者が署した和解条件が発表された[10]。

イルシャード側の代表は、アブドゥッラー・バージュライであり、スールカティーの立場はあくまで仲介者としてのそれであった[11]。アラウィー側はサッカーフが仲介者と代表を兼任したが、彼の和解への合意はアラウィー連盟 al-Rābiṭa al-‘Alawīya の指導者の一人、アラウィー・アル＝ハッダード ‘Alawī b. Ṭāhir al-Ḥaddād（1884-1962）の承認を得ていた[12]。アラウィー連盟

---

8 Bakrī, *Tārīkh al-Irshād*, 149-150.

9 イブラーヒーム・アッ＝サッカーフはマッカ生まれのハドラミーで、ムハンマド・アル＝ハイヤートのマドラサで学んだ（このマドラサについては第1章参照）。彼は1930年頃からシンガポールに拠点を置くようになり、ムスリム社会の有力者として活躍した。彼の経歴については、以下の文献で言及されている。“Fī Ḥayāt al-‘Uẓamā’: Al-Nabīl al-Sayyid Ibrāhīm al-Saqqāf al-‘Alawī,” *al-Nahḍa al-Ḥaḍramīya* 5（May 1932）: 10-11; “Fī Ḥayāt al-‘Uẓamā’: Al-Nabīl al-Sayyid Ibrāhīm b. ‘Umar al-Saqqāf,” *al-Nahḍa al-Ḥaḍramīya* 6-7（June-July, 1932）: 27, 52; Syed Mohsen Alsagoff, *The Alsagoff Family in Malaysia: A.H. 1240（A.D. 1824）to A.H. 1382（A.D. 1962）*（Singapore: the author, 1963）, 29-31; Mashhūr, *Shams al-Ẓahīra*, 242-43; Ḥajjī, *Shaykh ‘Abd al-‘Azīz*, 621; Syed Muhd Khairudin Aljunied, “Hadhramis within Malay Activism: The Role of al-Saqqāf（s）in Post-War Singpore（1945-1965）,” in Ahmad Ibrahim Abushouk and Hassan Ahmed Ibrahim（eds.）, *The Hadhrami Diaspora in Southeast Asia: Identity Maintenance or Assimilation?*（Leiden and Boston: E. J. Brill, 2009）, 231-237.

10 管見の限り、和解が合意に至ったことは、“Bushrā: Al-Ṣulḥ bayna al-‘Alawīyīn wa-l-Irshād,” *al-‘Arab* 3（October 15, 1931）: 6; “Taṣrīḥ,” *Ḥaḍramawt* 305（October 16, 1931）: 2 で、和解条件は、“Ḥadīth Qayyim,” *al-‘Arab* 6（November 5, 1931）: 4; “Taṣḥīḥ,” *al-‘Arab* 8（November 19, 1931）: 3; “Tābi‘ li-Ṣulḥ al-‘Arab fī al-Indunīsiyā,” *al-Kuwayt wa-l-‘Irāqī* 5（January, 1932）: 248-249 で発表されている。以下、和解条件に関しては『クウェートとイラク人』に掲載されたもののページ数のみをあげることにする。

11 “Al-Ṣulḥ,” *al-Hudā* 22（October 19, 1931）: 8; “Tābi‘ li-Ṣulḥ al-‘Arab fī al-Indunīsiyā.” アブドゥッラー・バージュライについては、序章脚注67を見よ。

12 “Ḥadīth Hāmm li-Siyādat al-Nabīl al-Sayyid Ibrāhīm b. ‘Umar al-Saqqāf ma‘a

は、1927 年にバタヴィアで結成されたアラウィーたちを代表する組織である[13]。また、『クウェートとイラク人』の 2 人の編集者、前述のバフリーとクウェート人のアブドゥルアズィーズ・アッ＝ラシード ʻAbd al-ʻAzīz al-Rashīd も交渉に携わり、両派の代表による署名の場にも出席している。これ以前にも度々和解の試みはなされてきたが、両派の代表者が合意した和解条件が発表されたのは初めてのことである。しかしながら、この和解の内容に不満を抱く者も少なくなかった。

ここで、この和解交渉の時点で、論争における争点が変化していたことを指摘しておく必要がある。和解の内容をめぐる両派の議論の中で、論争の発端となったシャリーファに対する婚姻の規制やサイイド・シャリーフの手に口づけをする慣習は、もはや大きな話題にはなっていない。それらの代わりに主要な議論の対象となっているのは、"サイイド" というラカブ（laqab, 尊称）の適用と、アラウィーたちの預言者ムハンマドの子孫としての系譜の妥当性の 2 つである[14]。

争点の第一は、"サイイド" というラカブを持つことが預言者の子孫だけに限定されるべきか否かであった[15]。1931 年 5 月に開かれたイルシャード

Mandūb al-ʻArab," *al-ʻArab* 3（October 15, 1931）: 4. ハッダードは、ハドラマウトのカイドゥーン出身のウラマーである。1920 年代にジャワに移住し、1934 年にマレー半島のジョホールに招かれてムフティー職を務めた。彼は伝統派の立場から、特にプルシスのアフマド・ハッサンら改革派と激しく対立した。Mashhūr, *Shams al-Ẓahīra*, 556-57; 塩崎悠輝『国家と対峙するイスラーム――マレーシアにおけるイスラーム法学の展開』（作品社 2016）、68-84.

13　アラウィー連盟の結成と初期の活動に関しては、Boxberger, *On the Edge*, 56-58 を見よ。

14　Bakrī, *Tārīkh al-Irshād*, 150. このことは、サッカーフとスールカティーの間での議論からも明らかである。"Ḥaqīqa Mā Ḥaṣala fī Mas'ala al-Ṣulḥ,"*al-ʻArab* 28（April 15, 1932）: 1-3; "Taʻlīq wa-Jalā' li-Mawqif al-Ṣulḥ（1）," *al-ʻArab* 38（June 24, 1932）: 1-3, 7; "Ḥaqīqa Mā Ḥaṣala fī Mas'ala al-Ṣulḥ," *Ḥaḍramawt* 325（April 18, 1932）: 1-2; "Taʻlīq al-Shaykh Aḥmad Muḥammad al-Sūrkatī," *Ḥaḍramawt* 327（May 5, 1932）: 1-2; "Taʻlīq wa-Jalā' li-Mawqif al-Ṣulḥ（1）," *Ḥaḍramawt* 333（June 23, 1932）: 1-2; "Taʻlīq wa-Jalā' li-Mawqif al-Ṣulḥ（2）," *Ḥaḍramawt* 334（June 30, 1932）: 1-2; "Ḥawla al-Ṣulḥ," *al-Kuwayt wa-l-ʻIrāqī* 9（May 1932）: 456-478.

15　2 つの争点のうち、"サイイド" というラカブの適用の問題については既に多

の大会は、このラカブを預言者の子孫に限定して用いることを止め、英語の“ミスター（mister)”やマレー語の“トゥアン（tuan)”のような一般的な男性の敬称とすることを決定した[16]。イルシャーディーたちは、主に次の2つの事柄をこの決定の論拠としてあげている。まず、当時のアラブ地域の多くで、“サイイド”という言葉が一般的な男性の敬称として使われていること、そして、かつてアラウィーたちが“シャイフ”というラカブを用いており、古くから“サイイド”というラカブを使っていたわけではないことである[17]。この決定に伴って、イルシャードの協会の規約にも変更が加えられた。前述のように、1915年の規約には、「サイイド」に属する者は、執行部のメンバーとなることはできないという一節があり、“サイイド”という言葉が預言者の子孫を示す意味で用いられていた。そのため、この言葉は、「バーアラウィー一族 Āl Bā ‘Alawī」という表現に書き換えられた[18]。そして、この表現は第二の争点とも関連している。

イルシャードの決定に対して、アラウィーたちは、イギリスとオランダの両植民地政庁に請願を提出し、このラカブが預言者の子孫以外に適用されないように法的な規制を求めた。これに対して、イルシャーディーたちは、この問題に介入しないように、つまりアラウィー側の要求を拒否するように両植民地政庁に働きかけた。結局、アラウィー側の請願は退けられ、“サイイド”というラカブの適用について法的に定められることはなかった。その際、

くの研究で論じられている。例えば、Mobini-Kesheh, *The Hadrami Awakening*, 103-107; Boxberger, *On the Edge*, 58; Freitag, *Indian Ocean*, 255-258 を見よ。

16　イルシャードの大会の決定は、“Beberapa Poetoesan Congres Al-Irsjad,” *al-Jaum* 1/12(May 20, 1931): 6; “Beberapa Putusan Kunkhris al-Irshād,” *al-Huda* 12(June 1, 1931): 439-441 に発表されている。ただし、“サイイド”というラカブの適用に関しては、1928年に開かれたイルシャード・スラバヤ支部の年次会でも既に同様の決定がなされていた。“Far‘ Jam‘īyat wa-Madrasat al-Iṣlāḥ wa-l-Irshād bi-Sūrābāyā,” *Mir’āt al-Sharq* 6-7(November-December, 1928): 79-84. 実際、1931年の決定以前からイルシャーディーたちの中には、“サイイド”というラカブを使用している者たちがいたらしい。“Sayyid dan Syaikh: Al-Irsyād Muntahkan Isi Purutnya,” *al-Huda* 12, 435.

17　Bakrī, *Tārīkh Ḥaḍramawt*, vol. 2, 342-343.

18　Mobini-Kesheh, *The Hadrami Awakening*, 104. 修正された規約は、Bakrī, *Tārīkh Ḥaḍramawt*, vol. 2, 257-261 に転載されている。

オランダ植民地政庁は、アラウィーを他の者から区別する代わりの手段として、“アラウィー”というニスバを用いることを提案している[19]。

“サイイド”というラカブの適用の問題に関して注目すべきなのは、ハドラミー以外のインドネシアのムスリムも議論に加わっていることである。イルシャードの立場を擁護した人物の一人として、イスラーム同盟のサリムがあげられる。この当時、サリムはイルシャードと友好的な関係にあったが、アラウィーたちとは対立していた。そのきっかけとなったのは、ヒジャーズをめぐるシャリーフ・フサインとイブン・サウードの争いに対する立場の違いである。アラウィーたちは、同じ預言者の子孫であるシャリーフ・フサインを支持する一方、預言者の子孫への崇敬を含む伝統的な宗教慣行を否定するワッハーブ主義を危険視していた[20]。アラウィー系の定期刊行物『ハドラマウト』は、イブン・サウード統治下のヒジャーズでは治安が悪化しており、マッカ巡礼を控えるべきだと報じた。これに対して、サリムはそれを虚偽だとして非難し、アラウィーたちと敵対するようになった[21]。

“サイイド”というラカブの適用をめぐるイルシャードの決定が発表されると、サリムは、自身が主筆を務める『ムスティカ *Mustika*』の中で、それへの支持を公にした[22]。彼によれば、アラウィーとイルシャーディーの間の論争は、「貴族社会（aristocratie）」と「民主主義（democratie）」との間の戦い、さらにはオランダ人とインドネシア人との間の戦いに譬えられる。すなわち、血統に基づいてアラウィーたちのみが“サイイド”というラカブを持つことは、ジャワ語の“ラデン（raden）”やオランダ語の“ヨンクヘール（jonkheer）”といった貴族の称号が人々の間に差異を設けているのと同じである。

19　Mobini-Kesheh, *The Hadrami Awakening*, 106-107; Boxberger, *On the Edge*, 58.

20　Bruinessen, “Muslims of the Dutch East Indies,” 128; Alexander Knysh, “The Cult of Saints and Religious Reforms in Hadhramaut,” in Ulrike Freitag and William G. Clarence-Smith (eds.). *Hadhrami Traders, Scholars and Statesmen in the Indian Ocean, 1750s-1960s*, 203-205.

21　“Hadramaut Courant Bohong: Communique Kantor MAIHS Penolak Kabar Bohong,” *Soeara Perdamaian* 3/3-4 (January 27-February 3, 1927): 1; “Hadramaut Courant,” *Soeara Perdamaian* 3/8-9 (February 17-24, 1927): 3.

22　以下の内容は、Secretariaat Vereeniging Al-Irsjad, *Gerakan Al-Irsjad*, 101-102の引用に基づく。

さらに言えば、「ヘール（heer）」や「ダーメ（dame）」といった敬称を付けられるオランダ人から、「原住民（inlader）」や「原住民の女性（inlansche vrouw）」と呼ばれるインドネシア人は、イルシャーディーの立場に共感できるのである。この年の10月に行われた『フダー』の編集者ジーラーニーとのインタビューの中でも、アラウィー・イルシャーディー論争に関して、サリムは、「民主主義（al-dīmūqurāṭīya）」、すなわち「平等（al-musāwāt）」を掲げるイルシャードを支持する立場を明言している[23]。

これに対し、伝統派のイスラーム団体であるナフダトゥル・ウラマーは、1932年にこの問題に関してアラウィー側を擁護するファトワーを出した。その中では、「“サイイド”と“シャリーフ”、そして“シャリーファ”という言葉は、慣習（‘urf）と術語（iṣṭilāḥ）において、我々の主たるハサンとフサインのすべての子孫だけのラカブである」と言明されている。その根拠として、6冊のシャーフィイー学派の法学書があげられ、「我々はタクリードをする者であってイジュティハードをする者ではないので」、それら権威ある書物に従うべきだと論じられている[24]。翌年にも、ナフダトゥル・ウラマーの中心人物であるハスブッラーが、団体の公式見解が、「“サイイド”というラカブは、預言者ムハンマドの子孫の特殊な権利（ḥaqq khāṣṣ）であり、預言者の子孫以外の者がそのラカブを使用することは人々への背信（khiyāna）と見做される」であることを確認している[25]。

---

23 “Ḥadīth ma‘a al-Za‘īm al-Kabīr al-Ḥājj Aqūs Sālim,” *al-Hudā* 23（October 26, 1931）: 3.

24 “Laqab Sayyid wa-Sharīf wa-Iftā’ Nahḍat al-‘Ulamā’ fī Dhālika,” *al-‘Arab* 63（December 15, 1932）: 4-5. この6冊の法学書とは、（1）イブン・ハジャル・アル＝ハイタミー Ibn Ḥajar al-Haytamī の『必要とする者への贈り物 *Tuḥfat al-Muḥtāj*』、（2）シャムスッディーン・アッ＝ラムリー Shams al-Dīn al-Ramlī の『必要とする者への最後のもの *Nihāyat al-Muḥtāj*』、（3）ハティーブ・アッ＝シルビーニー al-Khaṭīb al-Shirbīnī の『必要とする者を満たすもの *Mughnī al-Muḥtāj*、（4）シハーブッディーン・アッ＝ラムリー Shihāb al-Dīn al-Ramlī の『最も輝かしい望みの脚注 *Ḥāshiyat Asnā al-Maṭālīb Sharḥ Rawḍ al-Ṭālib*』、（5）アリー・アッ＝シャブラーマッリスィー ‘Alī al-Shabrāmallisī の『必要とする者への最後のものの脚注 *Ḥāshiyat Nihāyat al-Muḥtāj*、（6）シャムスッディーン・アッ＝ラムリーの『ファトワー集 *Fatāwā*』である。

25 “Nahḍat al-‘Ulamā’ wa-Laqab Sayyid,” *al-Nahḍa al-Ḥaḍramīya*（June-July, 1933）:

1930 年代前半に両派の間で争点となったもうひとつの問題は、イルシャーディーの一部がアラウィーたちの預言者の子孫としての系譜の妥当性に疑念を示したことである。ハドラマウトのサイイド・シャリーフを示す言葉として、“アラウィー”と“バーアラウィー”がそれまでは同義で使われてきた。ところが、イルシャーディーたちは、この 2 つの言葉を意図的に区別して用いるようになった[26]。“アラウィー”という言葉は、一般に「アリーの子孫」という意味で使われる。ただし、ハドラマウトのアラウィーたちの場合、アラウィー・ビン・ウバイドゥッラー ‘Alawī b. ‘Ubayd Allāh という人物を共通の祖先としているため、この言葉は彼の子孫というもうひとつの意味も持っている[27]。イルシャーディーたちの一部によれば、“アラウィー”という言葉が指す人々は預言者の子孫だと認められるが、彼らが敵対しているのは、アラウィー・ビン・ウバイドゥッラーを名祖とする“バーアラウィー”と呼ばれる人々である。この者たちは“アラウィー”とは関係がなく、預言者の子孫とは確認されていない。つまりイルシャーディーたちの一部は、自分たちの論敵を“バーアラウィー”と呼ぶことによって、彼らが預言者の子孫ではないと暗に主張したのである[28]。

そのため、オランダ植民地政府の“サイイド”というラカブの代わりに“アラウィー”というニスバを用いるという提案に対して、イルシャーディー側は否定的な見解を示した。例えば、『フダー』は次のように述べている。

6-7, 32, 51.

26　本書では煩雑さを避けるため、引用部分を除いて表記を“アラウィー”で統一している。

27　アラウィー・ビン・ウバイドゥッラーは、イラクからハドラマウトにやって来た預言者の子孫アフマド・ビン・イーサーの孫である。Ho, *The Graves of Tarim*, 209.「バー（bā）」は南アラビア、特にハドラマウトで用いられる言葉で、ここでは「子孫（banū）」の意味をあらわしている。O. Löfgren, “Bā,” *EI*^{2}, vol. 1, 828.

28　イルシャーディーたちも、アラウィーたちの系譜の妥当性に疑念を示すのみであって、完全に否定するまでには至っていないようである。これは、決定的な証拠がない限り、預言者の子孫としての系譜を否定することが忌避されていたためであると考えられる。C. von Arendonk［W. A. Graham］, “Sharīf,” *EI*^{2}, vol. 9, 336; 森本一夫「サイイド樹系図用語集の研究——専門用語・記号の意味とその論理」『歴史学研究』743（2000）：10.

> ここで、この付加（名前の後ろに“アラウィー”というニスバを付けること）が引き起こす新たな議論が起こっている。そして、このことはその合法性（qānūnīya-hā）に要約される。彼ら（バーアラウィーたち）は、それ（“アラウィー”というニスバ）を使用する権利を持っているのであろうか。そこには間違いなく、不明瞭さ（ghumūḍ）と曖昧さ（ishkāl）があり、それらは拭い去ろうとするあらゆる努力に抗う。バーアラウィーたちは、彼らがこの付加に相応しいことと、アラウィー・サイイドたちに系譜を辿れることを確立しようと無駄に努力し続けている[29]。

イルシャーディーたちによる系譜の妥当性への攻撃は、アラウィー側からの激しい反論を引き起こした。『アラブ *al-'Arab*』の論説は、“バーアラウィー”と“アラウィー”という2つの言葉の違いは「言語的なもの（lafẓī）」に過ぎず、「本質（jawhar）」とは無関係であると主張している。それによれば、“アラウィー”という言葉は、「真のニスバ（nisba ḥaqīqa）」であり、“バーアラウィー”という言葉は、「ハドラマウトの方言（iṣṭilāḥ Ḥaḍramī）」である。彼らは、「我々はニスバにおいて、正則アラビア語（al-Lugha al-Fuṣḥā）に従えばアラウィーであり、ハドラマウトの方言に従えばバーアラウィー一族なのである」と論じている。その上で、彼らは、自分たちの系譜の真正性が完全に証明されていることを次のように主張する。

> ここでまた我々は彼ら（イルシャーディーたち）に尋ねよう。アラウィーの系譜の正確さは、この極地に達するまでに、多くのウラマーが諸地方に旅をし、手紙のやり取りをし、確認し、正確を期したことを知っているのか。彼らの中には、その旅行において、マラケシュにまで達した大旅行家、サイイド・アリー・ビン・シャイフ・ビン・シハーブ Sayyid 'Alī b. Shaykh b. Shihāb がいる。彼らは彼について何かひとつでも知っているのか？　このことに関して彼が記した書物を知っていたのか？[30]

---

29 "Kalimat Sayyid," *al-Hudā* 89 (February 13, 1933): 1.

30 以上の内容は、"Lā Farq bayna 'Alawī wa-Bā 'Alawī!!," *al-'Arab* 43 (July 29,

ここで重要なのは、この問題が“サイイド”というラカブの適用の問題と同じく、1930年頃から争点になったということである。この問題は、シャリーファに対する婚姻の規制のような、サイイド・シャリーフの特殊性をめぐる議論と両立し得ず、最初から争われていたとは考えられない[31]。イルシャードの規約が書き換えられ、「バーアラウィー一族」が協会の執行部のメンバーになれないと変更されたのと同時期に、アラウィーたちがそもそも預言者の子孫ではないという主張が顕在化したと推測される。

そして、もうひとつ見過ごすべきでない点は、アラウィーたちの系譜の妥当性の問題に関しては、他の争点と異なり、ハドラミー以外への議論の広がりがほとんど見られないことである。しかも、イルシャーディーのすべてがこの問題を取り上げているわけではく、とりわけスールカティーは、アラウィーたちと激しく議論を交わしている際にも、“バーアラウィー”ではなく“アラウィー”という言葉を用いている[32]。

ii．和解条件

それでは、これら2つの問題に関して、東洋連盟の仲介によって発表された和解条件は、どのような判断を示しているのであろうか。一見したところ、和解条件の中では、いずれの問題についても具体的な言及は避けられ、曖昧

1932): 2に基づく。アリー・ビン・シャイフ・ビン・シハーブ（1723/24-1788/89）は、アラウィーの系譜を記録するために、広く各地域を旅して回った人物である。Mashhūr, *Shams al-Ẓahīra*, 146-148.

31　アラウィーたちの預言者の子孫としての系譜の妥当性は、過去にも問題とされたことがある。ハドラマウトへ移住してきたアラウィーたちは、在地の宗教的な権威であるシャイフ層の出身者たちと争いになり、その際に、彼らの系譜の妥当性に疑いがかけられた。この嫌疑を晴らすために、1100年頃、一人のアラウィーがバスラまで赴き、アラウィーたちがイラクのサイイド・シャリーフと血縁関係にあり、系譜が正しいことを証明している。Serjeant, *The Saiyids*, 10-11.

32　例えば、“Ta‘līq al-Ustādh al-Sūrkatī ‘alā Bayān al-Sayyid Ibrāhīm,” *al-Kuwayt wa-l-‘Irāqī* 9(May 1932): 461-469; “Radd al-Ustādh al-Sūrkatī ‘alā al-Sayyid Ibrāhīm al-Saqqāf,” *al-Hudā* 50(May 9, 1932): 3-5を見よ。ハドラミー以外では例外的に、『フダー』の主筆であるアブドゥルワーヒド・アル＝ジーラーニーがアラウィーたちの系譜の妥当性を疑問視している。

にしか対処されていないように見える。しかし、当時の論争の状況や和解条件に使われている文言を吟味すれば、次のように読み取ることができる。

まず、“サイイド”というラカブの適用の問題については、係争となっていた“サイイド”という言葉自体が和解条件の本文中で全く使用されていない。しかし、前述のように、アラウィーたちはこのラカブの適用を法的に制限するようにイギリスとオランダの両植民地政庁に請願し、イルシャーディーたちはそれを阻止しようとしていた。そのことを考慮すれば、“サイイド”というラカブの適用について特に規定していないことは、イルシャーディー側の意向に沿ったものであると言える。

他方で、この和解条件は、アラウィーたちの系譜の妥当性を暗に認めていると理解できる。そのことは、本文中に「系譜への弾劾がないこと（‘adam al-ṭa‘n fī al-ansāb）」という一節があり、さらに“バーアラウィー”ではなく“アラウィー”という言葉が用いられていることから判断できる[33]。ただし、アラウィー側は、「アラウィーたちの系譜は正しいゆえ、それへの弾劾がないこと。同様に、イルシャーディーたちの系譜も正しいゆえ、それへの弾劾がないこと」という、彼らの系譜の真正性をより明確に認める一節を入れるように要求していた。しかしながら、イルシャーディー側の反対によって、この一節は削除されることになった[34]。

さらに、この和解条件には、もうひとつ看過すべきでない点がある。第一条では、両派間の「すべての文化的、宗教的、社会的権利における平等（al-musāwāt fī jamī‘ al-ḥuqūq al-adabīya wa-l-dīnīya wa-l-ijtimā‘īya）」が規定されている[35]。イルシャーディーたちは結成時より信徒の間の「平等」を理念として掲げてきたのだから、この規定は、明らかに彼らの立場と一致する内容と言える。しかしながら、より重要なのは、アラウィー側の態度の変化である。彼らは、和解条件の中に「平等」に関する規定を入れることについて、何ら

33 “Tābi‘ li-Ṣulḥ al-‘Arab fī al-Indunīsiyā,” 249.「弾劾（ṭa‘n）」は、系譜に対して強い疑念をあらわす言葉である。森本「サイイド樹系図」、4.

34 “Ta‘līq wa-Jalā’ li-Mawqif al-Ṣulḥ,” 2. 合意に至る前の両派の見解は、“Tābi‘ li-Ṣulḥ al-‘Arab fī al-Indūnīsiyā bayna al-Ṣūratayn,” *al-Kuwayt wa-l-‘Irāqī* 4（December, 1931）: 204-206 に公示されている。

35 “Tābi‘ li-Ṣulḥ al-‘Arab fī al-Indunīsiyā,” 248.

異議を唱えていない。実際、合意に至る前にアラウィー側が提示した和解条件の草案でも、「すべての文化的、社会的権利における平等（al-musāwāt fī jamī‘ al-ḥuqūq al-‘adabīya wa-l-ijtimā’īya）」が明記されている[36]。このことは、1930年代には、既に相当数のアラウィーたちが、20世紀初めにウマル・アル＝アッタースが主張したような、系譜に基づくサイイド・シャリーフの優越性という考えを放棄していたことを示唆している。

以上の内容の和解条件について、両派の中で少なからぬ者が不満を抱き、特にアラウィー側では意見が大きく分かれた。和解を受け入れるよう呼びかける者がいた一方で[37]、スラバヤで発行されていたアラウィー系の定期刊行物『ハドラマウト』の主筆、アイダルース・アル＝マシュフールを代表とするアラウィー連盟のいくつかの支部は、和解条件の内容についてバタヴィア本部に抗議をしている[38]。イルシャーディーたちの中にも、アラウィーたちの系譜の妥当性を認める表記を用いている点などについて反対する者がいた。しかし、スールカティーがイルシャードの支部を回って反対者を説得し、和解に合意しなければイルシャードの職を辞すとまで言って納得させることに成功した[39]。

最終的に、この和解条件は、アラウィー側からの充分な支持を得ることができなかった。アラウィー連盟は、サッカーフが署名したのは基本的な合意についてであり、さらなる議論と最終的な承認が必要であるとして、1932年4月に、彼らの要求を盛り込んだ和解条件の「解釈（tafsīr）」を発表した[40]。この「解釈」の要点は、“サイイド”というラカブの適用を預言者の

36　“Tābi‘ li-Ṣulḥ al-‘Arab fī al-Indūnīsiyā bayna al-Ṣūratayn,” 204. ただし、ここでは「宗教的権利」があげられていないことが指摘できる。アラウィー側は、「宗教的権利」を平等の規定から除外することによって、イスラームにおける預言者の子孫の特権を認める余地を残そうとしたとも考えられる。

37　“Al-Ṣulḥ bayna al-‘Alawīyīn wa-l-Irshādīyīn,” *al-‘Arab* 14（December 31, 1931）: 1.

38　“Al-Ṣulḥ,” *al-Hudā* 29（December 7, 1931）: 7. スラバヤの他、バンギルとプカロガンの支部の名前があげられている。

39　“Ḥawla al-Ṣulḥ,” *al-Hudā* 88（February 6, 1933）: 7; “Ta‘līq al-Hudā ‘alā Maqāl Fitnat al-Ḥaḍārim fī al-Jāwā,” *al-Hudā* 103（May 29, 1933）: 1.

40　サッカーフの署名に関するアラウィー側の主張については、“Taṣrīḥ Hāmm,” *al-‘Arab* 19（February 5, 1932）: 4; “Bayān wa-Īḍāḥ min Sikritārīya al-Rābiṭa al-

子孫の特権として規定していることにある。そこでは、権利が「普遍的な権利（ḥuqūq ‘āmma）」と「特別な権利（ḥuqūq khāṣṣa）」に分けられ、アラウィーたちが“サイイド”というラカブを持つことは後者に入り、そこに平等の余地はないと論じられている。この「解釈」をめぐって両派の間で論争が再燃し、和解は破綻することになった。

以上のように、東洋連盟の仲介による和解交渉からは、1930年代前半になると、両派の間の争点が論争の発生当初から変化していたことがうかがえる。注目すべきは、アラウィーたちの系譜の妥当性の問題が、他の争点とは明らかに性格が異なることである。この問題で争われているのは、サイイド・シャリーフであること、すなわちハドラミー・コミュニティ内でのアラウィーたちの権威の根拠であり、サイイド・シャリーフ一般の特殊性や信徒の間の「平等」とは関係がない。このような問題が争点となっていることは、「ハドラミー・コミュニティ内の主導権争い」というこの論争の地域的に限定された側面を反映していると考えられる。

Ⅱ．イスラーム改革主義者たちによる仲裁の試み

東洋連盟は、1930年代初めには活動停止に陥ったこともあり、和解交渉の仲介を再開することはなかった[41]。その後、1932年から34年にかけて、リダーとアルスラーンが相次いで論争の仲裁を試みている。彼らが同時期に論争の解決に乗り出した背景には、先の和解交渉の仲介者の一人であるサッカーフによる働きかけがあった。彼は、1932年5月にシンガポールを出発

‘Alawīya,” *al-Arab*, 20(February 19, 1932): 7を見よ。サッカーフは、和解条件の「解釈」と同時に「和解の問題において起こったことの真相」と「“サイイド”というラカブに関する声明」という2つの論説を『アラブ』と『ハドラマウト』に発表している。“Ḥaqīqat Mā Ḥaṣala fī Mas’alat al-Ṣulḥ,” “Bayān Khāṣṣ bi-Mas’alat Laqab Sayyid,” *al-‘Arab* 28(April 15, 1932): 1-4, 6; id., *Ḥaḍramawt* 325(April 18, 1932): 1, 3.

41 東洋連盟は1931年半ばには既に活動を停止しており、和解交渉の際には組織としてはほとんど機能していなかったと考えられる。Jankowski, “The Eastern Idea,” 663.

し、アルスラーンに会うためにスイスのジュネーブに赴いた後、帰路にエジプトに立ち寄り、リダーのもとを訪れている[42]。

i. ラシード・リダー

1932年末、リダーは、東南アジアのアラブ人たちに自身の見解を踏まえた新たな和解条件を提案した。これまでの経過からは、彼はイルシャーディー側と親密な関係にあったものと理解できる。イルシャードという名称がリダーの開設した学院に因んでいることから明らかなように、イルシャーディーたちは彼から理念的な影響を受けていた。さらに、リダーはイルシャードの活動を実際に支援したこともあり、団体の要望に応じて1921年に2名の教師をエジプトから派遣していた[43]。東洋連盟の仲介による和解交渉の中で、両派だけで問題を解決することが不可能な場合に備えて調停者を設けること（taḥkīm）が検討された際に、イルシャーディー側はその一人としてリダーを推薦している。一方のアラウィー側はそれに反対し、最終的には調停者自体が設けられないことになった[44]。これらのことや、論争発生時の2つの問題に関する見解を勘案すれば、リダーはイルシャーディー側を支持していたように思われる。

そのため、リダーに仲裁を求めにエジプトまで赴き、彼から和解条件の提案を受け取ったのが、アラウィー側のサッカーフであったことには、いささ

42　サッカーフのヨーロッパとエジプトへの旅行の経過は、"Dhū al-ʻAbqarīya Siyādat al-Nabīl al-Sayyid Ibrāhīm al-Saqqāf," *Ḥaḍramawt* 362（October 27, 1932）: 2-3; "Kayfa Qūbila al-Sayyid Ibrāhīm al-Saqqāf fī Miṣr," *Ḥaḍramawt* 363（October 31, 1932）: 2を見よ。

43　Nājī, *Tārīkh Thawrat*, vol. 1, 110-111; Bakrī, *Tārīkh al-Irshād*, 182. この2名の教師は、ムハンマド・アブー・ザイド Muḥammad Abū Zayd とアブドゥッラヒーム ʻAbd al-Raḥīm という人物である。しかし、彼らは一年余りで帰国してしまった。

44　リダーの他に、イルシャーディー側は東洋連盟の代表とアズハルの総長（mashyakha）を調停者として提案した。一方、アラウィー側が提案したのは、アズハルの総長のみである。"Ḥadīth Qayyim li-Siyādat al-Nabīl al-Sayyid Ibrāhīm al-Saqqāf: Shurūṭ al-Ṣulḥ bayna al-ʻAlawīyīn wa-l-Irshādīyīn," *al-ʻArab* 6, 4; "Tābiʻ li-Ṣulḥ al-ʻArab fī al-Indūnīsiyā bayna al-Ṣūratayn," 204-206. アラウィー側がリダーを調停者とするのに反対していたことは、スールカティーが示唆している。"Radd al-Ustādh al-Sūrkatī ʻalā al-Sayyid Ibrāhīm al-Saqqāf," 4.

か意外な印象を受ける。出発の際、彼は旅の目的を明言しておらず、エジプトに立ち寄ることは本来の予定にはなかったと後に述べている。リダーに調停を求めることが、アラウィー側の総意であったとは考え難く、サッカーフの個人的な行動だったと思われる。いずれにせよ、リダーの提案した和解条件は、両派の指導者たちに宛てられた宥和を呼びかける内容の書簡とともに、サッカーフを介してアラウィー連盟とスールカティーに届けられた。この和解条件と書簡は、東南アジアのいくつかの定期刊行物で公示され、後に『マナール』でも発表された[45]。

リダーの提示した和解条件の内容は、東洋連盟の仲介によって発表された和解条件を土台にしているが、いくつかの修正や追加がなされている。特筆すべきなのは、両派の間で争点となっていた2つの問題について、リダーが明確な判断を示していることである。彼の提示した和解条件の第一条は、「細部に渡る法的な平等（musāwāt shar‘īya tafṣīlīya）」について記しているが、その後には次のように続く。

> これらの慣習的な諸権利（al-ḥuqūq al-‘urfīya）の中には、アラウィーたちが“サイイド”というラカブを独占すること（ikhtiṣāṣ）が入る。それは、多くの伝承経路によって認められていること（al-tawātur）やその他のイスラーム法（al-shar‘）において系譜が確認されるものによって、その系譜が高貴なる2人の孫（al-sibṭayn al-sharīfayn, すなわち預言者の孫、ハサンとフサインのこと）に確実に辿れるすべての者と同様である[46]。

---

45 『アラブ』と『ハドラマウト』にはリダーの提案した和解条件とともに両派の指導者に宛てられた書簡が、『マナール』には和解条件と書簡とさらに別の論説が、『フダー』には和解条件のみが掲載されている。“Nidā’ ilā ‘Arab al-Mahjar wa-Shurūṭ li-l-Ṣulḥ bayna-hum,” *al-‘Arab* 65 (December 29, 1932): 1, 4, 8; “Mashrū‘ Jadīd li-l-Ṣulḥ bayna Āl Bā ‘Alawī wa-l-Sāda al-Irshādīyīn,” *al-Hudā* 85 (January 9, 1933): 10-11; “Faḍīlat al-Sayyid al-‘Allāma Muḥammad Rashīd Riḍā Munshi’ al-Manār Yunādī al-‘Alawīyīn wa-l-Irshādīyīn wa-Ya‘riḍu ‘alay-him Shurūṭ al-Ṣulḥ,” *Ḥaḍramawt* 384 (January 12, 1933): 1; “Al-Shiqāq bayna al-‘Arab al-Ḥaḍārima wa-Da‘wat-hum ilā al-Ṣulḥ,” *al-Manār* 33/1 (March, 1933): 73-78. 以下、和解条件に関しては『マナール』に掲載されたもののページ数のみをあげることにする。

46 “Al-Shiqāq bayna al-‘Arab al-Ḥaḍārima wa-Da‘wat-hum ilā al-Ṣulḥ,” 77.

この部分についてまず指摘すべきなのは、「慣習的な権利」としてではあるが、“サイイド”というラカブの適用がアラウィーたちの特権として認められている点である[47]。さらに、その後の記述からは、アラウィーたちが預言者の子孫として認められていると読み取れる。すなわち、リダーは2つの問題のいずれについても、アラウィー側の立場を支持する見解を示したのである。

しかしながら、リダーが両派に向けて強調しているのは、争いを止めイスラームとムスリムの共同体のために団結すべきだという点である。このことは、リダーが次の条文を新たに付け加えていることにも示されている。

> 両派は互いに助け合って、イスラームとその言語（すなわちアラビア語）に奉仕し、異端（ilḥād）や、スンナの民がそのイスラームを頼りとするムスリムたちのイジュマー（ijmā‘, 合意）に反する新たな宗教（adyān）や宗派（niḥal）へと呼びかける者など、それ（イスラーム）を中傷する敵たちに抵抗すること。彼ら（イスラームの敵たち）を支持するために互いに助け合ってはならない。いと高きアッラーのお言葉、「互いに仲良く助け合って義しいことを行い、信仰を深めて行くようにせよ。互いに助け合って罪を犯したり悪事をはたらいたりしてはならぬ」（Q 5: 3）に従う[48]。

さらに、リダーは、和解条件の中で、「イジュティハードの余地がある諸問題（masā’il ijtihādīya）についての対立」は人類にとって自然なことだと述べている。それゆえ、彼は両派に対して、スンナ派四法学派からの逸脱でな

47　実際のところ、この部分は“サイイド”というラカブを持つ権利も両派の間で平等であるという逆の意味にも読めそうであるが、両派ともリダーが預言者の子孫による“サイイド”というラカブの独占を認めたと解釈している。例えば、“Kathrat al-Masā‘ī,” *al-Hudā* 86（January 16, 1933）: 2; “Masā‘ī al-Ṣulḥ Tafḍaḥ al-Astār,” *al-‘Arab* 68（January 27, 1933）: 1, 8 を見よ。Ḥajjī, *Al-Shaykh ‘Abd al-‘Azīz*, 465-466 も参照。

48　“Al-Shiqāq bayna al-‘Arab al-Ḥaḍārima wa-Da‘wat-hum ilā al-Ṣulḥ,” 77.

い限り、異なる見解を許しあい、論争の口実としないように求め、「我々は、一致することについて助け合い、対立することについてお互いを許し合う」という原則を提示している[49]。同じ論調は、リダーが両派の指導者に宛てて送った書簡や『マナール』で発表した論説の中でも繰り返されている。

とはいえ、この和解条件は、イルシャーディーたちを困難な状況に陥れた。リダーの判断は彼らにとって受け入れ難い内容であるが、先の和解交渉の中で彼を調停者として推薦していたこともあり、簡単に拒否できるものでもなかった。しばらくの間、イルシャーディー側からこの和解案に対する明確な是非は示されていない[50]。例えば、『フダー』の論説は、2つの問題に関するリダーの見解には言及せず、東洋連盟の仲介による和解が依然有効であると主張することで、リダーによる仲裁に対する拒否を遠回しに示唆している[51]。それによれば、リダーは、東洋連盟の仲介による和解が破棄されたと考えたために新たな和解条件を提案してきたが、先の和解はアラウィー側が一方的に反故にしたに過ぎない。また、この論説は、アラウィーたちはリダーによる提案を支持するふりをしているが、他方で、彼らの中には定期刊行物や冊子において彼を批判している者もおり、対応が矛盾しているとも指摘している。

結局、数ヶ月経った後に、イルシャーディー側はリダーによる提案の拒否を明らかにした。このことは、エルサレムの定期刊行物『アラブ *al-'Arab*』に対する『フダー』における反論から確認できる[52]。エルサレムの『アラ

---

49 Ibid., 77-78.

50 イルシャーディー側が和解条件に対してしばらく明確な是非を示さなかったことは、『アラブ』の論説も指摘している。"Masā'ī al-Ṣulḥ Tafḍaḥ al-Astār," 1. イルシャーディーたちにとっては、和解条件が彼らに直接送られなかったことや、両派の名前が並んで記される際にアラウィーの方が先に述べられていることも不満であった。"Kathrat al-Masā'ī," 2; "Siyāsa Mutalawwina," *al-Hudā* 92 (March 6, 1933): 1, 3; "Ta'līq al-Hudā 'alā Maqāl Fitnat al-Ḥaḍārim fī al-Jāwā," 1.

51 "Siyāsa Mutalawwina," 1, 3.

52 『フダー』は、エルサレムの『アラブ』の論説を転載して論評を加えている。"Al-'Arab al-Muqaddasīya," *al-Hudā* 104 (June 6, 1933): 4. シンガポールで発行されたアラウィー系の定期刊行物『ハドラミーの覚醒 *al-Nahḍa al-Ḥaḍramīya*』も、エルサレムの『アラブ』の論説を転載している。"Kalimat al-'Arab al-Muqaddasīya:

ブ』は、リダーの提案した和解条件を支持し、両派に和解を勧告していた。これに対して『フダー』の論説は、東洋連盟の仲介による和解の有効性を主張した上で、“サイイド”というラカブの適用とアラウィーたちの預言者の子孫としての系譜の妥当性という2つの問題に関するリダーの判断を受け入れることはできないと明言している。さらに、この論説は、両派の論争が「多くの者が考えているような単純なものでも、エジプトなどにおける党派間の抗争と同じようなものでもない」と述べている。ここで「エジプト」があげられていることから、この論説がリダーによる仲裁を暗に批判しているとも考えられる。しかし、リダー自身に対する明白な非難は述べられていない[53]。

一方のアラウィー側は、リダーの提案した和解条件が提示されると、「喜びを躊躇わず、怨恨と論争の時代に背を向け、協調と調和の時代を迎えることを快く受け入れ」、すぐに受諾を表明した[54]。シンガポールの『アラブ』の論説は、リダーを賞賛し、彼の提案した和解条件を「間違いなく両派の利益となるもの」と評価している。その上でこの論説は、イルシャーディーたちがこの和解条件も含め数々の和解の計画を拒絶していると非難し、東洋連盟の仲介による和解が依然として有効であるという主張に対しては、「我々は過去や過去の和解の計画に議論を戻すことなど望んでいない」と反論している。

リダーは、和解条件を提示した後も、東南アジアのアラブ人コミュニティの融和を図るために努力を継続している。1933年3月頃、彼は、アブドゥルハミード・アル＝ハティーブ ‘Abd al-Hamīd b. Aḥmad al-Khaṭīb（1898-1961）やムハンマド・アル＝ガニーミー・アッ＝タフターザーニー Muḥammad al-Ghanīmī al-Taftāzānī（d. 1936）ら、エジプトの著名なジャーナリストや文人

Ḥawla Qaḍīyat ‘Arab al-Mahjar,” *al-Nahḍa al-Ḥaḍramīya* 5 (May, 1933): 29. 以下の内容はこれらに基づく。

53　この論説が公示された時点で後述のアルスラーンの論説も発表されているため、ここでの「多くの者」には、彼も考慮されていると思われる。

54　“Masā‘ī al-Ṣulḥ Tafḍaḥ al-Astār (2),” *al-‘Arab* 68, 1. アラウィー側による受諾は、“Qabūl al-Rābiṭa al-‘Alawīya li-Shurūṭ Ṣulḥ Faḍīlat al-‘Allāma Rashīd Riḍā,” *al-‘Arab* 66 (January 12, 1933): 5 に発表されている。

とともにこの問題について話合いを持った。その結果、この問題に取り組むための委員会が設置された[55]。

ⅱ. シャキーブ・アルスラーン

続いて、アルスラーンによる仲裁を見ていくことにしたい。1932年5月にシンガポールを発った際、サッカーフは旅の目的を明言しなかった。だが、東南アジアのアラブ人の間では、彼はアルスラーンに論争の調停を依頼するためにヨーロッパに渡ったものと噂されていた[56]。というのも、1932年4月、アラウィー側から和解条件の「解釈」が発表された際に、サッカーフは、アルスラーンを調停者として推薦していたからである[57]。

この推薦の理由は、アルスラーンが1931年に東南アジアのアラブ人コミュニティに宛てて送った前述の書簡にあると推察される。その中で、アルスラーンは、アラウィー側には、一般のムスリムがサイイド・シャリーフより劣っていると見做さないように忠告する一方で、イルシャーディー側には、アラウィーたちが預言者の子孫であることを認めるように求めていた。すなわち、アルスラーンは、既にアラウィーたちの系譜の妥当性を認めていたのである。おそらく同じ理由から、イルシャーディー側は、アルスラーンを調停者とする提案に否定的な態度を示していた[58]。

---

55 以上の内容は、『ハドラミーの覚醒』が、エジプトの定期刊行物『バラーグ *al-Balāgh*』の記事を転載したものに基づく。“Al-Balāgh: Al-‘Arab fī Jāwā,” *al-Nahḍa al-Ḥaḍramīya* 5(May 1932): 29. アブドゥルハミード・アル=ハティーブは、マッカのアフマド・アル=ハティーブの息子である。彼については、‘Abd al-Jabbār, *Siya wa-Tarājim*, 39-41; Ziriklī, *Al-A‘lām*, vol. 3, 284-285 を参照。ムハンマド・アル=ガニーミー・アッ=タフターザーニーは、タリーカのシャイフで、東洋連盟の結成時からのメンバーである。Ziriklī, *Al-A‘lām*, vol. 6, 325; Jankowski, “The Eastern Idea,” 654.

56 “Mādhā Yushā‘ ‘an Safar al-Sayyid Ibrāhīm b, ‘Umar al-Saqqāf,” *al-Hudā* 52(May 23, 1932): 1, 6.

57 “Ḥaqīqat Mā Ḥaṣala fī Mas’alat al-Ṣulḥ,” *al-‘Arab* 28, 3.

58 “Li-mādhā Ya’bā al-Irshādīyūn al-Muḥākama ilā Amīr al-Bayān wa-Kātib al-Dahr al-Amīr Shaqīb Arslān,” *Ḥaḍramawt* 330(May 28, 1932): 2. イルシャーディーたちがアルスラーンに調停を委ねることを拒む理由として、『ハドラマウト』に掲載された論説の著者は、この他にもアルスラーンが著作の中でスーダン人とスーダンの

サッカーフの要請に対して、当初アルスラーンは、『ハドラマウト』に送った1932年6月27日付けの書簡の中で、彼自身は直接仲裁を行わず、エルサレムのイスラーム全体会議に調停を委ねるように提案した[59]。「なぜなら、この会議の中には、最も偉大なイスラームの思想家たちがおり、〔この会議は〕ケマリストたちがイスラームのカリフ制を廃止した後、それに代わる唯一の委員会であり、現在のイスラームの疾患を消し去り、病気を治療することが求められているため」、東南アジアのアラブ人コミュニティの争いを解決するのに適任だとアルスラーンは述べている。同年12月、同会議の常設事務所から、両派を代表する定期刊行物として、それぞれ『ハドラマウト』と『フダー』に書簡が送られ、和解の計画が提示された[60]。

この計画では、両派は直ちに争いを停止し、その間に両派各々が論争に関する説明と見解を提出して常設事務所がそれらを検討し、判断を下すとされた。ところが、おそらく常設事務所の提案について両派各々の中でも対応が分かれたために、計画を実行する見通しが立たなくなった[61]。そのため、結局はアルスラーン自身が、エジプトのイスラーム系定期刊行物『ファトフ *al-Fatḥ*』に論争についての論説を発表して仲裁を試みることになった[62]。

イスラームを否定的に書いていることをあげている。しかし、これについて、アルスラーンは、事実と異なるとして論説の著者に訂正を求めている。"Taṣḥīḥ Lā Budda min-hu," *Ḥaḍramawt* 342 (August 18, 1932): 1.

59　Ibid., 1-2. エルサレムのイスラーム全体会議については、第3章を参照。

60　"Kitāb al-Maktab al-Dā'imī li-l-Mu'tamar al-Islāmī al-'Āmm bi-Bayt al-Maqdis," *Ḥaḍramawt* 373 (December 5, 1932): 1; "Kitāb al-Maktab al-Dā'imī li-l-Mu'tamar al-Islāmī al-'Āmm wa-Ta'līq al-Hudā 'alay-hi," *al-Hudā* 82 (December 28, 1932): 1, 3.

61　『フダー』の編集者ジーラーニーは、イスラーム全体会議の常設事務所の提案に前向きに論評しているが、別のイルシャーディーは先の和解条件を無視するべきではないと否定的に論じている。"Ta'līq al-Hudā 'alā Khiṭāb al-Maktab al-Dā'imī," *al-Hudā* 82, 3; "Ḥawla al-Ṣulḥ: Juhūd Taḍī' 'Abathan wa-lā Yu'bahu la-hā," *al-Hudā* 88 (February 6, 1933): 7. アラウィー側では、『ハドラマウト』の論評は否定的な態度を示しているが、『アラブ』の論説からは、提案を受け入れているように見える。"Kitāb al-Maktab al-Dā'imī," *Ḥaḍramawt* 373 (December 5, 1932): 1; "Masā'ī al-Ṣulḥ Tafḍaḥu al-Astār," *al-'Arab* 67 (January 19, 1933): 1.

62　ハッジーの記述によれば、サッカーフだけでなく、イルシャードの第一書記アリー・ハルハラ 'Alī b. 'Abd Allāh Harhara も同時期にアルスラーンの助言を求め

まず、“サイイド”というラカブの適用について、アルスラーンは、リダーとは反対に預言者の子孫に限定するべきではないという判断を示した[63]。これについての彼の論点は次の2つにまとめられる。第一に、“サイイド”という言葉の字義的な意味である。確かに、リダーら一部の者が認めているように、この言葉は、ハサンとフサインの子孫に広く適用されている。「しかしながら、それは術語（iṣṭilāḥ）において認められているのであって字義的な意味（maʻnā lughawī）においてではない」。彼は、“サイイド”という言葉の字義的な意味を、「スィヤーダ（siyāda, 主としての地位）を持つすべての者」と定義する。当然、スィヤーダを持つ者は、「お家の人々 Āl al-Bayt（預言者ムハンマドの一族）の中にもそれ以外の者の中にも」存在している。それゆえ、「“サイイド”とは、字義的な意味において、お家〔の人々〕であれ、彼ら以外の者であれ、同様にムスリム以外であれ、スィヤーダを持つすべての者に適用されるのが正しい」という結論になる。アルスラーンはアラウィーたちに、「もし、あなた方以外の誰かが“サイイド”と言われても、あなた方のスィヤーダを微塵も損なうことはない」と諭している。

第二に、アルスラーンは、サイイド・シャリーフ一般の状況を指摘する。彼によれば、シリアでは、ムスリムだけでなくキリスト教徒に対してさえも、“サイイド”というラカブが用いられている。しかし、シリアに住む預言者の子孫たちは、そのことに腹を立てたり、抗議をしたりはしていない。同様に、イラク、エジプト、マグリブの預言者の子孫も、彼ら以外の者が“サイイド”と呼ばれることを禁止していない。さらに、歴史的に見ても、“サイイド”という言葉は、それほど古い時期から預言者の子孫だけに用いられていたわけではない[64]。

ていた。Ḥajjī, *Al-Shaykh ʻAbd al-ʻAzīz*, 413. ハルハラについては、第5章脚注96を参照。

63　“Ihmāl al-Muslimīn li-Anfus-him Sabab Jamīʻ Hādhā al-Balāyā al-Nāzila bi-him,” *al-Fatḥ* 329 (January 27, 1933): 2; “Fitnat al-Ḥaḍārima fī al-Jāwā wa-Ḍajīj al-ʻĀlam al-Islāmī min-hā,” *al-Fatḥ* 342 (April 27, 1933): 2-3. “サイイド”というラカブの適用に関するアルスラーンの判断については、イルシャード系の定期刊行物に引用されている。“Amīr al-Bayān wa-l-Nizāʻ al-Ḥaḍramī al-Bā ʻAlawī,” *al-Hudā* 101 (May 15, 1933): 10; “Mādhā Yaqūl Kātib al-Sharq al-Akbar,” *al-Irshād* 1 (July 1933): 20-25.

その一方、アラウィーたちの預言者の子孫としての系譜に関しては、以前の論説で既に示したように、アルスラーンはその妥当性を認めている[65]。彼によれば、アラウィーたちの預言者の子孫としての系譜の妥当性は、「記述された系譜の記録（sijillāt al-ansāb al-maktūba）」とともに、「何世紀も前から多くの伝承経路で認められていること（tawātur min qurūn ‘adīda）」によっても証明されている。アルスラーンは、この問題について、「イルシャーディーの一部が、バーアラウィー一族の系譜を敢えて否定していることは、遺憾であるのみならず、人々のイルシャーディーたちに対する反感の原因ともなっている」と、イルシャーディー側を厳しく咎めてさえいる。

さらに、アルスラーンは、『ファトフ』においてもうひとつ別の問題も取り上げている。それは、イルシャード系の定期刊行物の一部が、アリーとファーティマの婚姻の妥当性を否定するという、「ムスリムであり続けることを望んでいるムスリムからは、発せられ得ない侮蔑的な言辞（maṭā‘in）」を含む記事を掲載したというものである。このため、アルスラーンは、1932年11月にスールカティーに書簡を送り、イルシャードの指導者がこのような事態を放置していることを厳しく叱責していた。アルスラーンは、「アラウィーたちを過失から放免するわけではない。しかしながら、あなた方の過失の方が彼らの過失よりも大きなものとなってしまった」と述べている[66]。この問題は、アルスラーンによって、1933年1月に『ファトフ』において公にされた[67]。

この書簡に対して、イルシャードの本部は、1933年3月に、『ファトフ』に弁明の書簡を送った。そこには、妥当性が証明されているムスリムの系譜に対する中傷もアリーとファーティマの婚姻の否定もイルシャードとは無関

64　ただし、実際には、“サイイド”及び“シャリーフ”という言葉は、10世紀頃までに預言者の子孫を示すラカブとして使われるようになったとされる。Arendonk, “Sharīf, 332.”

65　“Fitnat al-Ḥaḍārima fī al-Jāwā wa-Ḍajīj al-‘Ālam al-Islāmī min-hā,” 3, 14.

66　アルスラーンからスールカティーに送られた書簡の全文は、“Al-Irshādīyūn wa-Ijlāl-hum li-Maqām al-Ṣaḥāba al-Kirām wa-al-Salaf al-Ṣāliḥ,” *al-Fatḥ* 336 (March 16, 1933): 10-11 に転載されている。

67　“Ihmāl al-Muslimīn li-Anfus-him Sabab Jamī‘ Hādhā al-Balāyā al-Nāzila bi-him,” 2.

係であること、また、そのような記事を掲載した定期刊行物の主筆たちはイルシャードと密接な関係にはないことが述べられている。さらに、この書簡には、アリーを中傷する記事の著者を非難するスールカティーの論説が同封されていた[68]。最終的に、アルスラーンは、イルシャード側の弁明を受け入れ、厳しい叱責についてスールカティーに謝罪をしている[69]。

アルスラーンの論説に対して、アラウィー連盟は『アラブ』に論評を掲載し、“サイイド”というラカブの適用の問題に関して次のような反論を行っている[70]。第一に、東南アジアのムスリムは、昔からこのラカブをアラウィーたちの特権として扱ってきた。近年になってこのラカブを勝手に使い、大衆を騙しているのは、「道を外れた、逸脱と分派の者たち（ahl al-bida‘ wa-l-niḥal al-ḍālla）」に過ぎない。そして第二に、このラカブは、ハドラマウト社会の中で、アラウィーたちを識別するために必要である。彼らは、部族が争い合う中でも武器を携えず、社会的に敬愛を享受することで身の安全を保障され、そのことによってキャラバンの守護者などの役割を担ってきた。また、ハドラマウトでは「サイイド」を受益対象に指定したワクフも存在する。そのため、アラウィー以外の者がこのラカブを持つようになると、両者の区別がつかなくなり、アラウィーたちの立場が危うくなるのみでなく、社会秩序が乱れることにもなる。

さらに、アラウィー連盟は、アルスラーンのあげる論拠にも反論している。

68　イルシャードからの書簡は、『ファトフ』336号に掲載された。“Al-Irshādīyūn wa-Ijlāl-hum li-Maqām al-Ṣaḥāba al-Kirām wa-al-Salaf al-Ṣāliḥ,” 10-11. スールカティーの論説は、元々はイルシャード系の定期刊行物『ミスバーフ *al-Miṣbāḥ*』7号に掲載されたものである。“Bi-sm Allāh al-Raḥmān al-Raḥīm,” *al-Miṣbāḥ* 7(July 1929): 9. その中で、スールカティーは、同誌5・6号に掲載されたアリーを中傷する論説を非難している。

69　“Fitnat al-Ḥaḍārima fī al-Jāwā wa-Ḍajīj al-‘Ālam al-Islāmī min-hā,” 14-15.

70　アラウィー連盟の論評は『アラブ』79号に掲載され、『ファトフ』にも要旨が発表された。Ḥajjī, *Al-Shaykh ‘Abd al-‘Azīz*, 414.『フダー』の論説によれば、アラウィーは、もしハドラマウトですべての者が“サイイド”というラカブを用いるようになると、彼らは部族の者たちによる殺害の対象となると主張していた。“Hadhayān al-Rābiṭa al-Bā ‘Alawīya wa-Tanāquḍ-hā,” *al-Hudā* 104(June 5, 1933), 1, 3, 10.

アルスラーンは、“サイイド”というラカブが預言者の子孫以外に用いられている他の地域や過去の事例をあげているが、それは例外的なものに過ぎない。ムスリムもキリスト教徒も、大多数の者は、このラカブを預言者の子孫だけに適用している。アラウィー連盟も、“サイイド”という言葉の字義的な意味が“アラウィー”に帰するものでないという点には同意しているが、このラカブが預言者の子孫を識別するために必要だと強調する。ただし、“サイイド”というラカブの適用の問題を除けば、アルスラーンの論説は、イルシャーディー側をより厳しく叱責するものであったため、アラウィー側は自分たちに有利な内容として概ね好意的に受け止めている。

他方のイルシャーディー側は、“サイイド”というラカブの適用の問題に関しては、アルスラーンの見解に満足している。彼らは、「おそらく、アミール（アルスラーン）の言葉は、最終的な判断（faṣl al-khiṭāb）となるであろう。我々は、バーアラウィー一族の指導者たちの注意をそこに向けさせよう」とか、「それ（“サイイド”というラカブ）はもはや議論の対象ではなく、蒸し返す必要はない」などと述べている[71]。

しかしながら、それ以外の内容については、イルシャーディーたちはアルスラーンに反論している。『フダー』に掲載された論説は、東洋連盟の仲介による和解がアラウィー側によって一方的に反故にされたことや、アラウィーたちの系譜の妥当性が認められないことを繰り返している[72]。また、新たに創刊されたイルシャードの機関紙『イルシャード *al-Irshād*』に掲載された論説は、たとえ「歴史的な根拠（asānīd tārīkhīya）」を無視しても、行為（a‘māl）や倫理（akhlāq）における誤りを理由に、アラウィーたちを預言者の一族ではないと主張できると論じている。その論拠としては、アッラーがヌーフ Nūḥ（ノア）の一族から彼の実の息子であるカンアーン Kannān（カナン）を、悪行ゆえに追放した事例があげられている[73]。さらに、これらの論

71　“Ta‘līq ‘alā Maqāl al-Amīr Shakīb Arslān,” “Al-Ṣulḥ Khayr,” *al-Irshād* 1 (July 1933): 6, 18.

72　以下の内容は、“Amīr al-Bayān wa-l-Nizā‘ al-Ḥaḍramī al-Bā ‘Alawī,” *al-Hudā* 101, 3; “Ta‘līq al-Hudā ‘alā Maqāl Fitnat al-Ḥaḍārima fī al-Jāwā,” 3; “Hadhayān al-Rābiṭa al-Bā ‘Alawīya wa-Tanāquḍ-hā,” *al-Hudā* 104 (June 5, 1933): 1, 3, 10 に基づく。

73　“Ta‘līq ‘alā Maqāl al-Amīr Shakīb Arslān,” 1, 13.

説によれば、アルスラーンが厳しく咎めたアリーとファーティマの婚姻に対する中傷を実際に書いたのは、実際にはイルシャーディーではなくアラウィー側の人物だという[74]。

もっとも、イルシャーディーたちは、リダーの場合と同様に、アルスラーンを直接批判することは慎重に避けている。彼らによれば、アルスラーンが自分たちに厳しい判断を示したのは、アラウィー側の虚偽の情報に欺かれているためである。アラウィー側の定期刊行物も非難されて然るべき内容を掲載しているのに、アルスラーンが何も咎めていないことを彼らは不服としている。『フダー』の論説は、「我々が望んでいるのは、公正な扱い（al-inṣāf）、すなわち我々以外の者に対するのと同様に、我々に対しても耳を傾けられること、我々以外の者の罪が軽減され、消えるならば、我々の罪も重くされないことだけである」と訴えている。その一方で、この論説はアルスラーン自身に対してはあくまで敬意を払い、「我々は、彼（アルスラーン）を精神的な父（ab rūḥī）と見做しており、彼の述べることはたとえコロシント（‘alqam, 強い苦味を持つウリ科の植物）であっても受け入れよう。なぜなら我々は、誠

74　この問題に関して、『イルシャード』は次のように説明している。あるイルシャーディーが、プルシスの定期刊行物『プンベラ・イスラム *Pembela Islam*』に書いた論説の中で、アブー・バクル・ビン・シハーブ Abū Bakr b. Shihāb というアラウィーの著した『喉の渇いた者のための一口の飲みもの *Rashfat al-Ṣādī*』の一部を引用した。アリーとファーティマの婚姻に対する中傷が書かれていたのはその中であった。しかし、『ハドラマウト』は、イルシャーディーの言葉としてそれを伝えた。“Ta‘līq al-Hudā ‘alā Maqāl Fitnat al-Ḥaḍārim fī al-Jāwā,” 3; “Ta‘līq ‘alā Maqāl al-Amīr Shakīb Arslān,” 8-9. ビン・シハーブは、シャーフィイー学派の法学者イブン・ズハイラ Ibn Ẓuhayra の言葉として次のように述べている。「ハーシム家の者とムッタリブ家の者は互いに対等である。しかし、彼らの中に、ハサンとフサインの子孫の娘と対等な者はいない。なぜなら、対等性（al-kafā’a）が意図しているのは、彼（ムハンマド）との近さ（al-qurb ilay-hi）における等しさのことであり、彼らはそれ（対等性）において等しくないからである。これ（対等性）は、彼ら（ハサンとフサインの子孫）だけが持つ性質（khaṣla）であり、クライシュ族の娘〔の子孫〕のうち彼ら以外の者には存在しない。このため、アリー・ブン・アビー・ターリブがファーティマと対等だと言われることはないのである」。Abū Bakr b. Shihāb al-Dīn, *Rashfat al-Ṣādī min Baḥr Faḍā’il Banī al-Nabī al-Hādī*(Cairo: al-Maṭba‘a al-I‘lāmīya, 1885/86), 40.

意（ikhlāṣ）こそが彼を導く理念であり、イスラーム的な助言（naṣḥ islāmī）こそが彼の意図であり、目的であると信じているからである」と述べている[75]。しかし、結局イルシャーディーたちは、アルスラーンによる仲裁を受け入れることはなかった。

iii．論争の鎮静化

リダーとアルスラーンの仲裁の試みは、いずれもアラウィー・イルシャーディー論争に完全な解決をもたらすことはなかった[76]。しかしながら、彼らの仲裁の試みが、その後の論争の展開に何の影響も及ぼさなかったと考えるのは間違いである。事実、これらの仲裁の試みの後には、それまで両派の間で係争となっていた2つの問題は議論の対象とはならなくなっていき、論争が沈静化していく。特に1934年は、論争にとって大きな節目だったと考えられる。

この年の3月にプカロンガンで開かれたアラウィー・サイイド会議は、"サイイド"というラカブの適用の問題についてそれ以上争うことの断念を

75　"Ta'līq al-Hudā 'alā Maqāl Fitnat al-Ḥaḍārim fī al-Jāwā," 11.

76　ここでは論じていないが、1930年代前半に行われたハドラマウトや移住地のハドラミー・コミュニティの外部からの論争への介入として、他にも次のものがあげられる。(1) 1932年頃、イエメンのザイド派のイマーム・ヤフヤー Yaḥyā b. Muḥammad Ḥamīd al-Dīn（1869-1948）がこの論争に介入し、争点となっていた2つの問題について、いずれもアラウィー側への支持を明らかにしている。Freya Stark, *The Southern Gates of Arabia*(London: Century Publishing, 1936), 247; Serjeant, *The Saiyids*, 11; Boxberger, *On the Edge*, 23. (2) 1933年にアズハルの総長ムハンマド・アフマディー・アッ＝ザワーヒリー Muḥammad Aḥmadī al-Ẓawāhirī(1878-1944）が、"サイイド"というラカブの適用についてアラウィー側の主張を支持している。"Min Mashyakhat al-Jāmi' al-Azhar al-Sharīf ilā Ḥaḍrāt Muslimī Jāwa wa-Mā ḥawālay-hā min Bilād Juzur al-Madīq," *al-Nahḍa al-Ḥaḍramīya* 3-4(March-April 1933): 22, 25; Fakhr al-Dīn al-Aḥmadī al-Ẓawāhirī, *al-Siyāsa wa-l-Azhar: Min Mudhakkirāt Shaykh al-Islām al-Ẓawāhirī*(Cairo: Maṭba'at al-I'timād, 1945), 320. 彼はアラウィーたちの系譜の妥当性の問題については特に言及していない。(3) 同年には、サウディアラビアのイブン・サウードも、サッカーフを介して論争の仲裁を試みている。ただし、両派に停戦を呼びかけるのみで、争点について具体的な判断は示されていない。"Mashurū' Jadīd," *al-Irshād* 1(July 1933): 45-49; "Ḥawla al-Ṣulḥ," *al-Hudā* 108(October 14, 1933): 3; Bakrī, *Tārīkh Ḥaḍramawt*, vol. 2, 339-342.

決定した[77]。会議の主催者たちは、再び植民地政庁にこのラカブの適用の法的な制限を求める請願を送ることを意図していたとされる。しかし、若い世代のアラウィーたちは、無益な争いを続けるよりも、彼らが直面している現実的な問題に取り組むべきだと考えていた。結局、この若い世代が会議の主導権を握り、アラウィーの子弟の教育状況を改善するための委員会の設置といった内容が主要な決定となった。そして、「会議は、“サイイド”という称号を議論したり、それに関係のある決定について請願を政庁に提出したりしないことを決めた。というのも、今はその場ではないからである」という内容が発表された。この会議の決定には、前年にアルスラーンが“サイイド”というラカブの適用の問題について示した判断も影響していたと考えられる。

同じ年にイルシャーディー側では、リダーとアルスラーンによる仲裁を拒んだために、指導者であるスールカティーがイルシャードの活動からの辞任を発表する事態になった[78]。『フダー』の論説によれば、この直接の要因は、「この移住地で起こっている争いに関心を持つイスラーム世界の指導者たち（zu‘amā’ al-‘Ālam al-Islāmī）たちの多くと教授（スールカティー）との手紙のやり取り」であった。その中でも、アルスラーンが、スールカティーに対してイルシャーディーたちが和解の計画を拒否した責任を取って、イルシャードの活動から身を引くように提案していた[79]。

アラウィーたちの中には、スールカティーによる辞任の発表を懐疑的に受け止める者もいた。『アラブ』に寄稿したある人物は、スールカティーの発表は偽りであり、アラウィーたちを騙すための策略だと警告している[80]。しかし、スールカティーには、実際にアラウィー側に宥和を求める意図があっ

77　この会議の内容については、“Kaoem Sajid Bersiap-siap,” *Pandji Poestaka* 12/26-27（March 30, 1934）: 437-438; Mobini-Kesheh, *The Hadrami Awakening*, 107 を見よ。なお、この会議では、多くのアラブ人が従事し、プリブミの間で彼らの評判を落としていた高利貸しに反対する決定がなされている。“Menoendjang Anti-Woeker-Vereeniging,” *Pandji Poestaka* 12/23（March 20, 1934）: 389-340.

78　スールカティーの辞任は、『アラブ』112 号において発表された。その内容については、Ḥajjī, *Al-Shaykh ‘Abd al-‘Azīz*, 548-549 に述べられている。

79　“‘Alā Hāmish al-Barā’a,” *al-Hudā* 128（April 20, 1934）: 1.

80　“Barā’a al-Sūrkatī,” *al-‘Arab* 114（April 5, 1934）: 1, 4.

たと考えられる。彼の辞任の発表は、シンガポールのサッカーフに送られ、まずアラウィー系の定期刊行物『アラブ』で公示された。当時『フダー』が休刊中であったとは言え、これはアラウィー側への配慮であろう。また、スールカティーは『アラブ』に対して、この発表について論評しないよう希望していた。これは新たに敵対的な議論が起るのを防ぐためだと述べられている。

他方、イルシャーディーたちは、指導者の辞任の発表に困惑の色を示した。復刊した『フダー』の論説は、やはりアルスラーン自身は批判せず、彼がアラウィー側の間違った情報に騙されているという主張を繰り返している[81]。それによれば、アラウィーたちは、「イルシャーディーたちは全て、スールカティー教授の言うことに従い、彼らを和解から思い止まらせているのは彼の命令に他ならない」とアルスラーンに吹き込んでいたという。イルシャードの諸支部の代表者たちは、スールカティーの辞任の発表への対応を話し合うためにスラバヤで会議を開いた。そして、彼らはスールカティーの辞任を認めないこと、この問題をさらに議論するために、プカロンガンで会議を開くことを呼びかけることを決定した[82]。

これ以降もしばらくの間は東南アジアのアラブ人コミュニティの中で反目はくすぶり続けたが、それも1930年代後半になると下火となっていく。1936年にシンガポールで、サッカーフは、新たな定期刊行物『サラーム *al-Salām*』の発行を始めた。彼は、創刊号の論説で、両派の間で同朋意識が広まりつつあることから、この定期刊行物を「サラーム（平安）」と名づけたと述べている[83]。1930年代末になると、アラブ人たちの定期刊行物は、論

81　“‘Alā Hāmish al-Barā’a,” *al-Hudā* 128 (April 20, 1934): 1.『フダー』は、この辞任の発表と同時期に、バタヴィア、スラバヤ、プカロンガンなどのイルシャードの本部・支部で混乱や争いが生じていたことも伝えている。ただし、これが、リダーとアルスラーンがイルシャーディー側に不利な判断を示したり、彼らを非難したりしたことと関係しているかは不明である。ハッジーによれば、イルシャード内部の対立の原因は、アブドゥルアズィーズ・アッ＝ラシードとスールカティーの見解の相違に端を発している。Ḥajjī, *Al-Shaykh ‘Abd al-‘Azīz*, 547.

82　“I‘lān al-Ustādh al-Sūrkatī,” *al-Hudā* 130 (May 4, 1934): 4.

83　『サラーム』の創刊号の最初の記事は、Zayn, *al-Nashāṭ al-Thaqāfī*, 244-246 に引用されている。

争をもはや完全に過去のものとして扱っている。かつてアラウィーたちを激しく争った『フダー』の元編集者ジーラーニーは、1939年に新たに発行した『アフバール *al-Akhbār*』の創刊号の巻頭で、「定期刊行物や雑誌は、本質的には、党派主義とか議論を煽るような問題とは無縁である」と論じている[84]。また、アラウィー系の定期刊行物『ハドラマウトの声』によれば、インドネシアのアラブ人コミュニティには融和の精神が広まっており、1940年にイルシャードがスラカルタに支部を開設した際には、アラウィーの名士たちも祝賀会に参加した[85]。

そして、特筆すべきは、1939年にスラバヤで開かれたイルシャード25周年記念大会における決定である。それによって、協会の規約に記されていた「バーアラウィー一族」が執行部のメンバーになれないという規定が削除された。この規定は、元々アラウィー側との和解が成立した際に削除されることになっていた[86]。この規定が削除されたことは、イルシャードの協会の持つ「反アラウィー」の性質が弱まったことを示していると言えるだろう[87]。

おわりに

1930年代前半の仲裁の試みにおいて、リダーとアルスラーンは、いずれも改革主義を掲げるイルシャーディー側ではなく、アラウィー側を支持していたように見える。しかし、ここで注意すべきなのは、彼らがともにイルシャーディー側の主張を認めなかったのは、アラウィーたちの預言者の子孫としての系譜の妥当性の問題であることである。この問題は他の争点とは性質が異なり、サイイド・シャリーフ一般の特殊性とは明らかに無関係で、ハド

---

84 No Title, *al-Akhbār* 1 (September 13, 1939): 1.『アフバール』は、1939年から1941年までシンガポールで発行されたアラビア語の日刊紙である。アラウィー・イルシャーディー論争を過去のものとする記述は他の定期刊行物でも見られる。例えば、"Al-Ṣiḥāfa al-Ḥaḍramīya," *al-Dhikrā* 2 (September 20, 1938): 1を見よ。

85 "Fī Sabīl al-Wifāq," *Ṣawt Ḥaḍramawt* 14 (January 20, 1941): 2.

86 "Al-Qānūn al-Asāsī li-Jam'īyat al-Iṣlāḥ wa-l-Irshād al-'Arabīya," *al-Irshād* 2 (October 1933): 23.

87 Abū al-Anwār (ed.), *Tārīkh al-Irshād*, 101.

ラマウトや移住地のハドミラー・コミュニティ内のアラウィーたちのみを議論の対象としている。このような問題が争点となったことは、ハドラミー・コミュニティ内の主導権争いというこの論争の持つ地域的に限定された側面を反映している。

他方、ハドラマウトやハドラミー・コミュニティの外部にいる改革主義者たちは、この論争をサイイド・シャリーフの特殊性をめぐる普遍的な問題と理解し、一貫してすべての信徒の平等性を強調していると言える。確かにリダーは、“サイイド”というラカブの適用をサイイド・シャリーフの特権として認めているが、それはあくまで「慣習的な権利」に過ぎない。この議論は、サイイド・シャリーフの手に口づけをする行為に関して、宗教の名においてではなく単なる慣習であれば許容されると論じているのと同じである。すなわち、リダーもアルスラーンも、イスラームという宗教の中でサイイド・シャリーフの特権を認めていない点では一致している。

そして、中東アラブ地域の改革主義者によるこのような理解から導きだされた判断は、論争に対して実際に大きな影響力を持っていた。イルシャーディーたちは、リダーやアルスラーンが自分たちに不利な判断を示しても彼らを正面から批判することはできず、彼らの仲裁を拒んだ結果、スールカティーの辞任から明らかなように、活動に深刻な打撃を受けた。このことは、アラウィーの権威に反対する運動がイルシャードを形成する際に、リダーやスールカティーといった改革主義者たちから理論的根拠を得ていたためだと考えられる。また、アラウィーたちも、1930年代前半には、すべてのムスリムが対等な立場であるという改革主義者たちの考えを基本的には受け入れるようになっていた。すなわち、改革主義者の強調する「平等主義」が、アラブ人コミュニティの中で支配的な論調になったと言える。

以上のように、1934年には、アラブ人コミュニティ内の論争は既に収束に向かっていた。したがって、この年に結成されたインドネシア・アラブ協会が勢力を獲得していったことにアラウィー・イルシャーディーの両派が危機感を抱き、論争が沈静化していったという従来の説明には疑問が生じる。むしろ、論争が下火になったことによって、プラナカンのアラブ人による党派を超えた統一団体の結成が可能になったと捉えるべきであろう。

第 5 章

ハドラマウトかインドネシアか

アラウィー・イルシャーディー論争の収束によって、1930 年代後半になると、アラブ人コミュニティ内の主要な対立軸は帰属意識の問題へと移行していく。この問題が生じた背景には、1920 年代末に、インドネシアの独立運動の中で国民国家の概念が確立されたことがある。インドネシア人という概念は、当初はプリブミ意識を主体として形成されたものであった。だが、外来系住民の中からも、特に現地生まれの者の間では、ホスト社会との結びつきを重視し、ナショナリズム運動に同調する動きがあらわれるようになった[1]。そのような動きのうち、プラナカンのアラブ人によるものとしてあげられるのが、インドネシア・アラブ協会である。

イルシャードやアラウィー連盟とインドネシア・アラブ協会は、帰属意識の問題をめぐって次のような構図で対立関係にあったと理解されている。すなわち、イルシャードやアラウィー連盟は、トトックのアラブ人を中心としたハドラミーとしての意識を持つ団体であり、ハドラマウトを「祖国」と見做していた。それに対して、インドネシア・アラブ協会は、プラナカンのアラブ人のみの団体で、そのメンバーはインドネシアこそ「祖国」であると主張した、というものである。20 世紀前半にインドネシアの住民の間で「覚醒」の動きが進み、ナショナリズムが明確化していく中で、アラブ人たちがかつてのように流動的・複合的なアイデンティティを保持することは不可能になったとされる。

しかしながら、第 3 章で論じたように、1920 年代後半までのイルシャー

1　J. M. Pluvier, *Overzicht van de Ontwikkeling der Nationalistische Beweging in Indonesia in de Jaren 1930 tot 1942*（'s-Gravenhage and Bandung: W. van Hoeve, 1953）, 85-93; Elson, *The Idea of Indonesia*, 89-90.

ドは、「ハドラミー」や「アラブ人」という性質だけを示していたわけではない。プリブミのムスリムを受け入れるために教育活動をオランダ植民地政庁の公教育制度に対応させるなど、ホスト社会に適応しようとする考えもあった。本章は、イルシャードの持つホスト社会からの分離、およびそれへの適応という2つの性質の関係を軸に、オランダ植民地期の終わりまでに、イルシャードが最終的に活動の方向性を決定していく過程を明らかにする。以下ではまず、この時期のアラブ人コミュニティの帰属意識と教育活動の状況を概観しておきたい。

Ⅰ．帰属意識の分裂

1920年代末に、プリブミの間でインドネシア人という意識が明確なものになった時期から、アラブ人の間では、ハドラマウトかインドネシアか、という帰属意識の分裂が顕著になり始める。ここでは、アラブ人たちによるハドラマウトへの進出の動きが活発になる一方で、インドネシア・アラブ協会が登場し、勢力を広げていくまでの過程を説明していくことにする。

ⅰ．インドネシア人とハドラミー

1926年と27年に起きた共産党による武装蜂起が植民地政庁に鎮圧された後、インドネシアという国民国家の概念が明確になったことを象徴する2つの出来事が起こった[2]。そのひとつは、スカルノによるインドネシア国民党 Partai Nasional Indonesia: PNI の結成である。スラバヤの教師であったジャワ人とバリ人の母親との間に生まれたスカルノは、オランダ植民地政庁の公教育制度の中で最高の教育を受け、ヨーロッパ人小学校と5年制高等市民学校を経て、バンドゥンの工科大学を1926年に卒業した。その翌年の7月に、彼の組織していた「一般研究会 Algemeen Studieclub」を中心に、インドネシア国民同盟 Perserikatan Nasional Indonesia が発足し、それが1928年5月にイ

2　永積『インドネシア』、248-261；土屋『インドネシア』、100-101; Elson, *The Idea of Indonesia*, 64-65. 共産党による武装蜂起については、McVey, *The Rise of Indonesian Communism*, chapter 12 を参照。

ンドネシア国民党に改称された。国民党は、イスラームや共産主義ではなく、世俗的なナショナリズムに基づくオランダ領東インドの領域の政治的独立を目的に掲げた最初の団体であった。

1920年代末に起こったもうひとつの出来事として、1928年10月の第2回全国青年会議で採択された「青年の誓い Soempah Pemoeda」があげられる。この会議は国民の統一を目的に開かれ、青年ジャワ Jong Java、青年スマトラ人同盟 Jong Soematraten Bond、青年イスラーム同盟 Jong Islamieten Bond といったインドネシア各地の青年団体が参加した。その会議で採択された「青年の誓い」では、「ひとつの祖国、インドネシア、ひとつの国民、インドネシア国民、ひとつの言語、インドネシア語」が掲げられた。この内容は、インドネシア全国の青年の間で、それぞれの「民族」の枠を超えた「我々インドネシア人」という共同体の理念が獲得されたことを示すものと意義づけられている。

しかしながら、インドネシアという国民国家の概念は、当初はあくまでプリブミを中心としたものであった。ヨーロッパ系住民は勿論、外来東洋人である華人やアラブ人も、「我々インドネシア人」の中には考慮されていなかった。国民党の党員資格は、「インドネシア民族の人々（orang-orang bangsa Indonesia）」、すなわちプリブミに制限され、「その他のアジアの民族の人々（orang-orang bangsa Asia jang lain）」である華人やアラブ人には、投票権を持たない準党員の資格しか認められなかった[3]。また、「青年の誓い」が採択された第2回全国青年会議に参加したのは、プリブミの青年団体の代表だけであり、アラブ人や華人の団体の代表は含まれていなかった[4]。

さらに、アラブ人は、華人以上にプリブミのナショナリストたちから敵視

3　Suryadinata, *Pribumi Indonesians*, 18-23. この時期の国民党以外の主要な世俗的ナショナリスト政党では、グリンド Gerindo（Gerakan Rakjat Indonesia, インドネシア人民運動）を例外として、パルティンド Partindo（Partai Indonesia, インドネシア党）、新国民党 Partai Nasional Indonesia-Baroe、パリンドラ Parindora（Partai Indonesia Raja, 大インドネシア党）のいずれも、党員資格をプリブミに制限していた。

4　第2回全国青年会議の出席者は、Yayasan Gedung-Gedung Bersejarah Jakarta, *45 Tahun Sumpah Pemudah*（[Jakarta]: Gunung Agung, 1974), 62-63 にあげられている。

されていた。これは、アラブ人の中に高利貸しを営む者や、アラブ人やハドラミーとしての意識に固執してプリブミに尊大な態度を振る舞う者が少なからずいたことが原因であった。国民党の指導者の一人サルトノ Sartono（1900-1968）では、アラブ人による高利貸しを強く非難し、彼の法律事務所ではアラブ人の顧客を受け入れることを拒否している[5]。また、スカルノは、ハドラマウトにあるすべてのものを理想化する「ハドラマウト主義（kehadramau-tan）」という言葉を造り、ハドラミーたちの宗教慣行を、彼の理想とする「生きた宗教（agama jang hidup）」としてのイスラームに反するものとして批判した[6]。

プリブミによるアラブ人への反感は、世俗的なナショナリストだけでなくイスラーム指導者の間にも認められる。1920年代後半以降、イスラーム同盟のサリムはイルシャードと親密な関係にあったが、彼でさえプリブミに対するアラブ人の尊大な態度には苦言を呈している。サリムが特に問題視していたのが、アラブ人の男性とプリブミの女性との婚姻である。彼によれば、アラブ人の一部は、娘をアラブ人に嫁がせることがイスラームにおいて推奨される行為（mustaḥabb）だと無知なプリブミに信じ込ませた上に、自分の妻や舅を主人が奴隷に接するかのように見下している。しかし、プリブミの中でも学識がある者たちは、自分たちがすべての人間と対等であると信じるようになり、もはや自分の娘をアラブ人に嫁がせようとはしていないとサリムは述べている[7]。

プリブミの間でインドネシア人という意識が明確になっていった同じ時期に、ハドラミーの間では、自分たちの「起源の地」に対する関心がそれまで

5　Ch. O. van der Plas, “De Arabische Gemeente Ontwaakt,” *Koloniaal Tijdschrift* 20（1931）: 176-177; Mobini-Kesheh, *The Hadrami Awakening*, 139-140.

6　Sukarno, *Dibawah Bendera Revolusi*, vol. 1（Jakarta: Panitya Penerbit Dibawah Bendera Revolusi, 1965）, 329. スカルノのイスラーム論については、Bernhard Dahm［Mary F. Somers Heidhues（tr.）］, *Sukarno and the Struggle for Indonesian Independence*（Ithaca and New York: Cornell University Press, 1969）, 174-196; 土屋『インドネシア』、第7章に詳しい。

7　“Ḥadīth ma‘a al-Za‘īm al-Kabīr al-Ḥājj Aqūs Sālim,” *al-Hudā* 24（November 2, 1931）: 3.

になく高まっていた。1920年代末から、東南アジア各地のハドラミーたちは、ハドラマウトに進出して「祖国」の後進的な状況を改革する動きを活発化させた。ハドラマウトに学校や協会を開設しようとする計画は、東南アジアのハドラミーたちの間でそれ以前から示されていた。しかし、そこでは保守的な勢力の抵抗が根強く、目立った成果は得られずに終わっていた[8]。ところが、1920年代末になると、ハドラマウト側の状況に変化が生じ、東南アジアのハドラミーたちの進出を望むようになった。

その重要な契機となったのは、ハドラマウトのカスィーリーとクアイティー両スルターン国によって、1927年10月にシフルで開かれた第1回ハドラマウト改革会議である[9]。ハドラマウトの統治者たちは、東南アジアのハドラミー・コミュニティの経済力に期待し、改革のための支援を呼びかけた。翌年4月には、マディーナ出身のタイイブ・アッ＝サースィー Ṭayyib b. Ṭāhir al-Sāsī（1892/93-1958/59）がハドラマウトからの特使として東南アジアに派遣され、シンガポールで第2回ハドラマウト改革会議が開かれた[10]。この会議自体は、アラウィーたちが主導権を握ったためにイルシャーディーたちが参加しなかったことや、スルターンの権限を制限する会議の決定にハドラマウト側が反発したことなどから失敗に終わっている[11]。だが、二度の会

8　Mobini-Kesheh, *The Hadrami Awakening*, 109-110.

9　二度のハドラマウト改革会議については、Bakrī, *Tārīkh Ḥaḍramawt*, vol. 2, 56-75; Mobini-Kesheh, *The Hadrami Awakening*, 110-114; Boxberger, *On the Edge*, 233-240; Freitag, *Indian Ocean*, 352-361で詳しく述べられている。1920年代末にハドラマウト側の態度が変わった背景には、改革に積極的なサーリフ Ṣāliḥ b. Ghālib al-Quʻayṭī（1884-1956）がクアイティー・スルターン国の実質的な統治者になったことや、カスィーリー・スルターン国が経済的に依存する裕福なアラウィーたちから改革を求める圧力がかかったことが指摘される。

10　サースィーは、シャリーフ・フサインの統治下のヒジャーズで教師やジャーナリストとして活動した人物である。その後、彼はインドネシアやハドラマウトも訪れていた。ʻAbd al-Jabbār, *Siyar wa-Tarājim*, 76-79.

11　シンガポールの会議の決定にハドラマウト側が反発したのは、クアイティー・スルターン国の複雑な政治状況に原因がある。スルターンのウマル ʻUmar b. ʻAwaḍ（在位1921-1935）は、普段はインドのハイデラーバードで生活をしており、甥のサーリフに実質的な統治を任せていた。サーリフは会議の決定を承認したが、ウマルはそれに不快感を示した。

議の開催は、東南アジアのハドラミーの間で、「祖国」へ進出する動きを促進することになった。

ハドラマウトの改革で顕著な活躍を見せたのは、シンガポールのカーフ家 Āl al-Kāf をはじめ、主にアラウィーたちである[12]。しかし、1930年代になると、「祖国」に進出しようとする動きはイルシャーディーの間でも活発になっていった。実際には、イルシャードの中にも、早い時期からハドラマウトに活動を拡大しようとする考えが存在していた。1922年に、イルシャードの教師で執行部のメンバーでもあったムハンマド・アブードが、ハドラマウトに赴いて学校の開設を試みた。しかし、彼の試みは、クアイティー・スルターン国の宰相フサイン・アル＝ミフダール Ḥusayn b. Ḥāmid al-Miḥḍār の妨害によって失敗に終わっていた。だが、1930年代後半になると、イルシャーディーの一部も、ハドラマウトで数校の学校を開設することに成功している[13]。

さらに、イルシャーディーの中でもカスィーリー部族出身の者たちは、1931年にバタヴィアで、カスィーリー改革協会 al-Jam‘īya al-Kathīrīya al-Iṣlāḥīya という新たな団体を結成した。この団体は規約の中で、インドネシアとともにハドラマウトでも学校や銀行を開設することを活動の目的として掲げていた[14]。カスィーリー改革協会は、1930年代後半までにインドネシアのアラブ人コミュニティの中で大きな勢力に発展し、ハドラマウトでも数校の学校を開設した[15]。

ii．インドネシア・アラブ協会

このように、1920年代末以降のアラブ人コミュニティの中では、「ハドラ

12　20世紀前半におけるハドラマウトの改革の試み、特にシンガポールのカーフ家の活躍に関しては、Freitag, *Indian Ocean*, chapter 7 を参照。

13　Mobini-Kesheh, *Hadrami Awakening*, 121-123.

14　“Al-Jam‘īya al-Kathīrīya al-Iṣlāḥīya” *al-Kuwayt wa-l-‘Irāqī* 6 (February 1932): 304-305.

15　Haikal, “Indonesia-Arab,” 272-276. カスィーリー改革協会は、1940年代初めにイルシャードとアラウィー連盟と並ぶ勢力としてあげられている。“Fī Sabīl al-Wifāq,” *Ṣawt Ḥaḍramawt* 14 (January 20, 1941): 2.

マウト志向」の高揚が見られた[16]。だがその一方で、インドネシア内での利害をより重視するプラナカンの活動も目立ち始めていた。スラバヤのタフズィービーヤのように、プラナカンのアラブ人を主体とした団体はそれ以前から存在しており、既に1913年にはスラバヤでジャムイーヤト・ムラーアート・アル＝イフワーン Jam'īyat Murā'āt al-Ikhwān（「同胞敬意協会」の意）が、1926年にはバタヴィアでシュッバーン・アル＝アラブ Shubbān al-'Arab（「青年アラブ」の意）が設立されていた[17]。しかし、これらの団体は、いずれも活動の範囲が地域的に限られた小規模なものであった。これに対し、1920年代末以降になると、全国規模のプラナカンの団体を結成する動きがあらわれるようになる。

マルク諸島のアンボン出身のプラナカンであるムハンマド・ビン・アブドゥッラー・アル＝アムーディー Muḥammad b. 'Abd Allāh al-'Amūdī は、1929年末にアラブ人諸団体の連合組織を結成するための委員会を設立し、ジャワの都市を巡って宣伝活動を行った。アムーディー自身は、トトックとプラナカンの両方を含んだアラブ人コミュニティ全体を統合する組織を望んでいた。しかし、プラナカンたちの働きかけによって、彼らだけの連合組織が独立して発足する結果となった。すなわち、1930年12月にスラバヤで、アラブ人コミュニティ全体のアラブ同盟 al-Waḥda al-'Arabīya と、プラナカンだけのインドー・アラブ同盟 Indo-Arabisch Verbond: IAV が別々に発足したのである。このようにして、初めての全国規模のプラナカンのアラブ人の団体が誕生した。しかし、インドー・アラブ同盟は、アムーディーによる組織運営の失敗や1930年代初めのアラウィー・イルシャーディー論争の激化のせいで、すぐに活動不能に陥ってしまった[18]。

16　後述のアラブ人コミュニティによるエジプトへの留学生の派遣から明らかなように、この「ハドラマウト志向」とは、実際には、「アラブ地域全般、特にハドラマウトを対象とした志向性」のことである。

17　Mobini-Kesheh, *The Hadmira Awakening*, 129-131.

18　ムハンマド・アル＝アムーディーとインドー・アラブ同盟の結成の過程については、Plas, "De Arabische Gemeente Ontwaakt," 177-179, 183; S. L. van der Wal, *De Volksraad en de Straatkundige Ontwikkeling van Nederland-Indië: Een Bronnenpubliekatie*, vol. 2 (Groningen: J. B. Wolters, 1965), 118-119; Mobini-Kesheh, *The Hadrami*

プラナカンのアラブ人を統合する団体として実質的な成果を残したのが、インドネシア・アラブ協会である。この団体は、アラブ人コミュニティ内の論争が収束しつつあった1934年に結成され、党派の枠を超えてプラナカンの支持を集めることに成功した。指導者であるスラバヤ出身のプラナカン、アブドゥルラフマン・バスウェダン Abdul Rahman Baswedan（1908-1986）は、バタヴィアでスールカティーの教えを受け、その後は一時期イルシャードのスラバヤ支部で活動していた[19]。他方で、この団体の執行部の半数はアラウィー連盟の元メンバーが占めており、第一書記はヌフ・アルカッフ Noeh Alkaff が、会計係はセガッフ・アッセガッフ Segaff Assegaff が務めた。彼らは、団体の結成の際に、両派の間で争点となった“サイイド”というラカブの問題を蒸し返さないために、すべてのメンバーに“サウダラ（saudara,「同胞」の意）”というインドネシア語の敬称を用いることを決定した[20]。

インドネシア・アラブ協会が重要なのは、アラブ人の団体として初めてインドネシア・ナショナリズムを掲げた点である。バスウェダンは、アラブ人コミュニティ内のトトックとプラナカンの違いを強調し、後者にとってハドラマウトは「祖先の土地」に過ぎず、「祖国」はインドネシアであると主張した。華人コミュニティの中では、既に1932年に、インドネシア・ナショナリズムを掲げるプラナカンの団体、インドネシア華人党 Partai Tionghoa Indonesia: PTI が結成されていた[21]。バスウェダンはこの団体の創設者リム・クン・ヒェン Liem Koen Hian と交流があり、トトックとプラナカンの違いを強調する議論は彼のものと類似している[22]。インドネシア・アラブ協会が

Awakening, 131-132 を参照。アムーディーは、フォルクスラートの議員に任命されることを目指していたが叶わなかったため、インドー・アラブ同盟の活動に関心を失ってしまったとされる。

19 バスウェダンは、イルシャードの学校以外にも、スラバヤではジャムイーヤ・ハイリーヤのマドラサ、アラウィー系のハドラマウト・スホール Hadramaut School、さらに後述のマアーリフ学院 Madrasat al-Maʻārif/Almaʻarif lager school でも学んでいる。Suratmin, *Abdul Rahman Baswedan*, chapter 1; Jonge, “Abdul Rahman Baswedan,” 387-383.

20 Jonge, “Abdul Rahman Baswedan,” 387.

21 インドネシア華人党については、Suryadinata, *Pribumi Indonesians*, 56-58; 貞好『華人のインドネシア現代史』、第2章を参照。

結成された会合では、1928年の「青年の誓い」に倣い、「アラブ系インドネシア人青年の誓い Soempah Pemoeda Indonesia Ketoeroenan Arab」が採択された。そして、会合の初日にあたる10月4日は、プラナカンのアラブ人にとっての「覚醒の日 Hari Kesadaran」と定められた[23]。

興味深いことに、同じプラナカンのアラブ人の指導者でも、インドー・アラブ同盟のアムーディーは、インドネシア・ナショナリズムに反対する立場をとっている。1939年2月にスラバヤで、アムーディーを指導者に、インドー・アラブ運動 Indo-Arabische Beweging: IAB という新たな団体が発足した。アムーディーは、インドネシア・ナショナリズムの高揚によってアラブ人が社会から排除されかねない状況に鑑み、むしろアラブ人としての民族意識を強化し、「祖国」であるハドラマウトとの関係を維持するべきだと唱えた。そのため、彼のインドー・アラブ運動は、インドネシア・ナショナリストたちやインドネシア・アラブ協会と敵対的な関係にあった[24]。

インドネシア華人党とインドネシア・アラブ協会は、プリブミのナショナリストたちとの連帯を試みた。1930年代前半にオランダ植民地政庁が急進的な反植民地運動を徹底的に弾圧したため、1930年代後半にはフォルクスラートを介して自治の獲得を目指す対オランダ協調路線が独立運動の主流になっていた[25]。1936年9月に段階的な自治への移行を求めるスタルジョ請願への支持運動が起こると、インドネシア華人党とインドネシア・アラブ協

22　Suryadinata, *Pribumi Indonesians*, 58; Mobini-Kesheh, *The Hadrami Awakening*, 134-135.

23　Suratmin, *Abdul Rahman Baswedan*, 62-70; Mobini-Kesheh, *The Hadrami Awakening*, 136-138; Jonge, “Abdul Rahman Baswedan,” 383-386.「アラブ系インドネシア人青年の誓い」の内容は次のとおりである。(1) プラナカンのアラブ人にとって祖国(tanah air) はインドネシアである。(2) それゆえ、彼らは孤立した生活 (kehidupan menyediri[isolasi]) を止め、(3) 祖国とインドネシア民族 (Bangsa Indonesia) に対する義務を果たさなければならない。Yayasan Gedung-Gedung Bersejarah Jakarta, *45 Tahun Sumpah Pemudah*, 165.

24　Pluvier, *Overzicht van de Ontwikkeling*, 91; Mobini-Kesheh, *The Hadrami Awakening*, 148-149.

25　この時期の政治運動については、Pluvier, *Overzicht van de Ontwikkeling*; Susan Abeyasekere, *One Hand Clapping: Indonesian Nationalists and the Dutch, 1939-1942* (Cheltenham: Centre of Southeast Asian Studies Monash University, 1976) に詳しい。

会はそれに協力した。この運動自体は失敗に終わるが、アラブ人と華人のプラナカン団体は大きな存在感を示すことに成功した[26]。インドネシア・アラブ協会の政治活動の頂点は、1940年にインドネシアの政治団体の連合組織であるガピGAPI（Gaboengan Politik Indonesia, インドネシア政治連合）の会員として認められたことである。このことは、この団体がインドネシア・ナショナリズム運動の一部としてプリブミからも承認されたことを示す出来事として理解されている[27]。

その一方、アラブ人コミュニティの中では、特に1930年代後半になると、帰属意識をめぐる対立が激しくなっていった。インドネシア・アラブ協会は、アラブ人コミュニティの中でも特にプラナカンの若者の間で支持を広げ、1941年までにインドネシア各地に45の支部を開設した[28]。だが、ハドラマウトを「祖国」とすることを否定するこの団体の主張に対して、「ハドラマウト志向」の立場をとるアラブ人たちからは強い反発が起こった。その結果、1930年代前半まで激しく対立していたイルシャーディーとアラウィー連盟のメンバーの中から、インドネシア・アラブ協会に対抗する共同戦線を張る動きさえ生じている[29]。

26　Mobini-Kesheh, *The Hadrami Awakening*, 140-141; Jonge, "Abdul Rahman Baswedan," 388-389. 1936年にフォルクスラートで、スタルジョSoetardjo Kartohadikoesoemoらは、オランダ・インドネシア連合の枠内での10年以内の自治の達成に向けて、協議会を設置するように要求した。しかし、オランダ側は長期間放置したあげく、1938年になって拒否を表明した。スタルジョ請願運動については、Susan Abeyasekerem "The Soetardjo Petition," *Indonesia* 15(1973): 80-108を参照。

27　Mobini-Kesheh, *The Hadrami Awakening*, 141. ガピは1939年にパリンドラの主導によって結成され、イスラーム同盟などイスラーム勢力もこれに参加した。Pluvier, *Overzicht van de Ontwikkeling*, 134-138; Abeyasekere, *One Hand Clapping*, 12-16. インドネシア・アラブ協会は当初準会員としてガピに参加したが、最終的に1941年に正会員として承認された。"De Gapi-Vergadering te Batavia: Het Sociaal en Staatkundig Programma van Actie," *Bataviaasch Nieuwsblad*(November 12, 1941, late edition): 6. その一方、インドネシア華人党は、準会員という扱いへの不満からガピには参加しなかった。Suryadinata, *Pribumi Indonesians*, 23.

28　インドネシア・アラブ協会の支部の一覧は、この団体の機関紙『インサフ*Insaf*』の最初にページに記載されている。

29　Mobini-Kesheh, *The Hadrami Awakening*, 145.

以上のように、1920年代末以降のアラブ人の間では、帰属意識の二極化が進んでいった。特に1930年代半ば以降になると、インドネシア・ナショナリズムを掲げるインドネシア・アラブ協会が勢力を拡大していったため、「ハドラマウト志向」の立場をとるアラブ人たちとの間で帰属意識をめぐる対立が激しくなった。それでは、アラブ人たちの帰属意識は、彼らの教育活動とはどのように関係しているのであろうか。

Ⅱ．二方向の教育活動

1920年代末以降のアラブ人コミュニティでは、帰属意識に加えて教育活動に関しても分裂が認められる。この頃になると、彼らの間では、自分たちのコミュニティによる教育活動の停滞が強く意識されるようになっていた。この問題に対し、アラブ人たちは、「巡礼」という観点に立てば、インドネシアの内外の二方向に分かれる対応をとった。

ⅰ．教育活動の停滞

イスラーム教育に限って言えば、1920年代末以降も一部のアラブ人の学校は優れていた。例えば、独立後に宗教大臣になるラシディは、ジョグジャカルタのムハマディヤ師範学校（Kweekschool Muhammadiyah）を卒業後、1929年頃に、当時東部ジャワのラワンに移転していたイルシャードの本校に入学した。彼によれば、ムハマディヤ師範学校では、地理学、幾何学、歴史学、教育学といった「普通科目（ilmu umum）」は身についたが、宗教教育は伝統的なものと大差はなく、暗記が中心で書物の内容を深く理解するものではなかった。それと比べて、イルシャードの学校では「本当に書物が読まれ、議論され、研究されていた」と、彼は高く評価している[30]。

しかしながら、アラブ人コミュニティの教育活動は、植民地の公教育と比

30　Ananda, *70 Tahun*, 5-8. スールカティーは、1929年にイルシャードの本校をバタヴィアからラワンに移転したが、結局2年後にバタヴィアに戻した。"Iʿlān ʿan Madrasat al-Irshād al-Islāmīya al-Dākhilīya," *al-Miṣbāḥ* 4 (March 1929): front page; Badjerei, *Al-Irsyad*, 42, 49.

べると、制度化の面で大幅に遅れをとっていた。主な問題点としては、異なる団体は勿論、同じ団体の学校間でさえカリキュラムや教科書が統一されていなかったこと、師範学校がないため能力のある教員が不足していたこと、初等学校以上の機関が開設されていなかったことなどが指摘されている[31]。アラブ人の間からは、自分たちの学校が、「祖国と民族の責任（'ib' al-mas'ūlīya al-waṭanīya aw-l-qawmīya）を担うのに適した有能な人材を我々のために形成し、〔彼らが〕生活のすべを知る者になるのに相応しくない」といった批判が噴出するようになった[32]。

アラブ人の学校の最大の問題は、植民地の公教育のものとは異なり、生徒に社会的上昇の機会を充分に提供できないことにあった。卒業をしても公教育制度の中等教育課程に進むことも役所や企業に就職することもできず、プサントレンやマドラサの教師になる場合を除いて、生徒にとって就職における利点がなかった[33]。既に 1920 年代から、アラブ人の間でも、社会的上昇の機会を得るために公教育を受ける必要性は感じられていた。さらに、1930 年代になると、不況の影響でアラブ人たちが従事するバティック業や不動産業も大きな打撃を被り、他の職業に就くために公教育を受けるべきであるという考えが強まっていった[34]。

ここで留意すべき点は、制度化が遅れていたのはアラブ人の学校だけではなく、プリブミのムスリムによるイスラーム教育も同様だったことである[35]。

31 最初の 2 点については、"Madāris-nā: Kalimat Naqd fī al-Ta'līm 'inda-nā," *al-Dahnā'* 2/10 (May 1929): 9 で指摘されている。初等学校以上の教育機関の開設が進んでいなかったことに関しては、後述のスールカティーの発言及び、Mobini-Kesheh, *The Hadrami Awakening*, 80-81 を参照。

32 "Naẓra fī Madāris-nā," *al-Dahnā'* 1/12 (December 1928): 6.

33 Bakrī, *Tārīkh Ḥaḍramawt*, vol. 2, 344.

34 *Handelingen van den Volksraad*, July 23, 1934, 372-373. ただし、実際に、インドネシアのアラブ人コミュニティが不況の影響をどれほど受けたのかという点については検討の余地がある。クラレンス＝スミスによれば、アラブ人の間でも不況の影響は認められるが、比較的上手く乗り切った者も多かったという。William Gervase Clarence-Smith, "Hadhrami Arab Entrepreneurs in Indonesia and Malaysia: Facing the Challenge of the 1930s Recession," in Peter Broomgaard and Ian Brown (eds.), *Weathering The Storm: The Economies of Southeast Asia in the 1930s Depression* (Leiden and Singapore: KITLV and ISEAS, 2000), 229-248.

彼らの間でも、1930年代後半になるまで、マドラサ間のカリキュラムの統一や高等教育を行うマドラサの開設は実現しなかった。スマトラでは、1936年6月にパダンパンジャンで、マフムド・ユヌス Mahmoed Joenoes とムフタル・ヤフヤ Moekhtar Jahja によって第1回マドラサ会議が開かれ、ミナンカバウ地方のマドラサの統一カリキュラムが定められた。さらに、マフムド・ユヌスは、1940年9月に、イスラーム教師協会 Persatuan Guru-guru Agama Islam: PGAI によるパダンのイスラーム高等教育機関 Sekolah Islam Tinggi の開設も主導している[36]。ジャワでも、1930年代末に、インドネシア・イスラーム党のサティマン Satiman Wirjosandjojo らがイスラーム高等教育機関設立の構想を示し、バタヴィア、スラバヤ、スラカルタの三か所に開設する計画が立てられた[37]。

ただし、プリブミのムスリムは、1920年代にムハマディヤが進めたように、公教育制度に対応したマドラサの開設が比較的容易であった点で、アラブ人とは状況が異なっていた。そのため、教育活動の制度化の遅れに対する危機感は、アラブ人の間でより強く意識されていたと推察される。このような状況の中で、1920年代末以降のアラブ人コミュニティは二方向の対応をとった。

---

35 Noer, *The Modernist Muslim*, 308-310.

36 Yunus, *Sejarah Pendidikan Islam*, 109-121. イスラーム教師連合は、ミナンカバウ地方のウラマーを統合する目的で、1918年頃にアブドゥッラー・アフマドによって結成された組織である。Yunus, *Sejarah Pendidikan Islam*, 93-94. パダンのイスラーム高等教育機関は、日本軍の侵攻によって1942年に閉鎖されてしまった。

37 Mastuki HS, "Taṭawwur al-Ta'līm al-'Alī bi-Indūnīsiyā," *SI* 4/3(1997): 177-180; Fuad Jabali and Jamhari(eds.), *IAIN dan Modernisasi Islam di Indonesia*(Ciputat: Logos Wacana Indah, 2002), 3-10; ラジャサ・ムタシム「インドネシアのイスラーム高等教育機関——インドネシア・イスラーム総合大学（UIN）を目指す過程と展望」西野節男編『東南アジア・マレー世界のイスラーム教育——マレーシアとインドネシアの比較』(東洋大学アジア文化研究所・アジア地域研究センター 2010)、187-188. ジャワにおけるイスラーム高等教育機関開設の計画は、日本軍の侵攻によって実現せずに終わった。なお、インドネシア・イスラーム党は、ムハマディヤやプルシスのメンバーを中心に1938年に結成された政党である。

ⅱ．エジプトへの留学生の派遣

対応のひとつは、イスラーム世界における近代教育の中心地であるエジプトへの留学生の派遣である。「巡礼」という観点に立てば、これはインドネシアの外部に向かう動きと言える。勿論、エジプトに留学するインドネシアのアラブ人がそれ以前に存在しなかったわけではない。しかしながら、1920年代末以降になると、組織的な留学生派遣の試みが行われるようになった。そのような試みのひとつとして、スラカルタのアラブ・イスラーム協会のアワド・シャフバル ‘Awaḍ b. ‘Abd Allāh Shaḥbal を委員長とする 1929 年の「留学生団派遣委員会 Lajnat al-Ba‘athāt al-‘Ilmīya」の設置があげられる[38]。

シャフバルはこの委員会への支援を呼びかける中で、「ハドラミーの人民（al-sha‘b al-Ḥaḍramī）」の教育の窮状を論じている。そして、「学問と文明における東洋諸国の母（umm al-bilād al-Sharqīya ‘ilman wa-ḥaḍāratan）」であるエジプトへの留学生団（al-ba‘athāt al-‘ilmīya）の派遣こそ、「祖国と移住地における我々の成功がかかっている、我々に残された唯一の道」だと訴えている[39]。ただし、留学生団派遣委員会の計画にはアラブ人の間で高い関心が示されたものの、実行に移されるまでにはいくらか時間がかかった[40]。この委員会は 1931 年になって 6 名からなる最初の留学生団をエジプトに送り、その後も派遣活動を続けた[41]。

この委員会は、会計係をイルシャード・スラバヤ支部のムハンマド・ビン・アブード・アル＝アムーディー Muḥammad b. ‘Abūd al. ‘Amūdī が務めるなど、明らかにイルシャードと近い立場にあった。そのため、派遣された学生もイルシャーディーが多かったと考えられる[42]。その一方、この時期には、

38　“Lajna li-Musā‘adat al-Ṭullāb,” *al-Dahnā’* 2/9（mid-April 1929）: 15. 当初は「学生支援委員会 Lajna li-Musā‘adat al-Ṭullāb」と名乗っていたが、途中から「留学生派遣委員会」に変更された。

39　“Nidā’ ‘Āmm ilā al-Sha‘b al-Ḥaḍramī,” *al-Dahnā’* 2/11（mid-May 1929）: 1-3.

40　“Ḥālat al-‘Arab al-ijtimā‘īya bi-Jāwā,” *al-Dahnā’* 2/16（August 1929）: 1-3; “Al-Ba‘athāt wa-Ḥājat-nā ilay-hā,” *al-Dahnā’* 2/19（mid-September 1929）: 3-6 でも、教育活動の停滞の解決策として、カイロへの留学生団の派遣があげられている。

41　Bakrī, *Tārīkh Ḥaḍramawt*, vol. 2, 345-346 では、アワド・シャフバルを中心とする留学生派遣委員会が、1931 年にスラバヤで設置されたと記されている。1929 年にスラカルタで設置された委員会が一度消滅して、再編成された可能性もある。

アラウィー系の団体もエジプトへの留学生の派遣を進めている。ジャムイーヤト・ハイルは、1930年代半ばまでに、エジプトの学校でアラウィーの子弟を無償で受け入れる約束をエジプト政府から取り付けた。それに合わせて、エジプトの教育省から初等教育の教科書が寄贈され、ジャムイーヤト・ハイルの学校では、英語が教えられるなどエジプト政府の公教育制度に対応した授業が行われるようになった[43]。さらに、1930年代半ばに、エジプト政府がインドネシアからの留学生の受け入れを制限すると、カイロを訪れたアラウィー連盟の会長アブー・バクル・アル＝アッタース Abū Bakr b. ʻAbd Allāh al-ʻAṭṭās は、同地の定期刊行物『バラーグ *al-Balāgh*』に、規制の緩和を政府に働きかけるように求めた[44]。

ただし、エジプトへの留学生の増加が、インドネシアのアラブ人コミュニティに限らず、1920年代以降の東南アジアのムスリム社会全体の傾向だという点も指摘しておかなければならない。20世紀初頭までは、東南アジアのムスリムにとって中東アラブ地域における主な留学先はマッカであった。しかし、1910年代頃から、特に改革主義の立場をとるムスリムの間では、マッカよりも近代的な教育が受けられるエジプトへの留学に関心が高まり始めた。エジプトに滞在する東南アジアからの学生の数は1920年代に大きく増加し、1919年には70から80名ほどだったのが、1925年には200名以上に達したと見積もられる。学生数の増加に伴い、1922年には、ミナンカバウ地方出身のジャナン・タイブ Djanan Thaib を会長に、東南アジアからの留学生による相互扶助団体、「ジャーワのアズハル学生のための慈善協会 al-Jamʻīya al-Khayrīya li-l-Ṭalaba al-Azharīya al-Jāwīya」がカイロで結成された[45]。

42　ムハンマド・ビン・アブード・アル＝アムーディーは、第3章で言及したカリフ制委員会のメンバーと同一人物のようである。留学学生団派遣委員会にはアラウィーは含まれていない。"Lajna li-Musāʻadat al-Ṭullāb," *al-Dahnā'* 2/9 (mid-April 1929): 15. また、Bakrī, *Tārīkh al-Irshād*, 177には、1931年に派遣された6名の名前があげられている。そのうちの一人が、この本の著者であるサラーフ・アル＝バクリーである。

43　*Handelingen van den Volksraad*, July 22, 1935, 370.

44　Saqqāf, *Lamaḥāt Tārīkhīya*, 39. ここでは、1935年8月2日付けのカイロの定期刊行物『バラーグ』に掲載された論説、"Al-Muslimūn fī Indūnisiyā: Ḥadīth maʻa Zaʻīm al-ʻAlawīyīn Naẓrat-hum ilā Miṣr wa-Taqdīr-hum li-l-Balāgh" が転載されている。

だが、東南アジアのムスリム社会全体の動向を考慮しても、インドネシアのアラブ人コミュニティによるエジプトへの留学生の派遣は際立っている。イルシャードのバタヴィア校を卒業後、留学生派遣委員会によって1931年にカイロに渡ったサラーフ・アル＝バクリーによれば、1930年代半ばにエジプトに留学していた「ハドラミー」の数は約40名であった[46]。同時期に、アズハルなどエジプトの教育機関で学んでいたインドネシア人の学生は400名ほどとされる[47]。いずれも正確な統計に基づく数字とは言い難いが、インドネシアの人口比から考えれば、インドネシアからの留学生に占めるアラブ人の割合は非常に高かったと判断できる。

このように、イルシャード、ジャムイーヤト・ハイル、アラウィー連盟などハドラマウトに帰属意識を持つとされる団体は、エジプトへの留学生の派遣に取り組んでいる。これらの団体がアラブ人の子弟を「祖国」であるハドラマウトに送ろうとしなかったのは、そこが後進的な地域であり、近代的な教育を受けられなかったためであろう。しかし、インドネシア・アラブ協会のみは、エジプトへの留学生の派遣に関心を示していない。この団体の指導者の一人であるフシン・アラタス Hoesin Alatas は、学生の海外への留学に関して総じて否定的な見解を示している[48]。インドネシア・アラブ協会は、アラブ人コミュニティの教育活動の停滞に対して、以下のようなもうひとつの対応に専念した。

45　Roff, "Indonesian and Malay Students," 73-74; Laffan, "An Indonesian Community in Cairo," 5-8. カイロに滞在する東南アジア出身の学生は、既に1912年に「学生の美徳協会 Djamiah Setia Peladjar」を結成していたが、第一次世界大戦の影響で失敗に終わった。

46　Bakrī, *Tārīkh Ḥaḍramawt*, vol. 2, 345-346; id., *Tārīkh al-Irshād*, 166.

47　Saqqāf, *Lamaḥāt Tārīkhīya*, 39.

48　"Pengiriman Peranakan Arab ke Loear Indonesia," *Insaf* 2/3 (March 1938): 36-37. ただし、この論説の中では、エジプトへの留学についても言及されてはいるが、主に批判されているのはハドラミーの子弟をハドラマウトに送る慣習である。フシン・アラタスは、インドネシア・アラブ協会のバタヴィア支部で活動し、バスウェダンの後に会長職に就いた。Algadri, *C. Snouck Hurgronje*, 158; Haikal, "Indonesia Arab," 358.

スラカルタのオランダ語アラブ人学校
出所：*Pandji Poestaka* 15/3-4(January 12, 1937): 49.

iii. 公教育制度の活用

教育活動の停滞に対して、アラブ人コミュニティがとったもうひとつの対応とは、インドネシア内部の「巡礼」、すなわち植民地の公教育制度の利用を拡大することである。1920年代後半になると、アラブ人の間でも、公教育制度に対応した学校が開設されるようになっていった。前述のように、いずれも短期間で失敗に終わったが、イルシャードは1927年と1929年にスラバヤで連鎖学校を開設している。1928年には、プカロンガンのシャマーイル・アル＝フダーも、付属の学校を私立のオランダ語アラブ人学校に改編した[49]。さらに1929年には、スラバヤのプラナカンの団体、ジャムイーヤト・ムラーアート・アル＝イフワーンがオランダ語アラブ人学校を開設するための委員会を設置している[50]。そして1930年には、最初の公立のオラン

49　*Handelingen van den Volksraad*, July 21, 1931, 369; "Hollandsch Arabische School Pekalongan," *Insaf* 2/12(December 1938): 214.

50　"Al-Madrasa al-Hūlāndīya al-'Arabīya H.A.S.," *al-Dahnā'* 2/5(mid-Feburuary 1929): 16-17. この委員会がオランダ語アラブ人学校の開設に成功したのか否かは不明。いずれにせよ、委員長のアブー・バクル・ビン・シハーブ Abū Bakr b. Shihāb ら委員会のメンバーは、後にインドネシア・アラブ協会によるスラバヤのオランダ語アラブ人学院 Hollandsch Arabisch Instituut の開設に携わっている。"Hollandsch

ダ語アラブ人学校がスラカルタに誕生した。

この学校に関して注目すべきなのは、開設を主導したのが同時期に留学生団派遣委員会を設置していたアワド・シャフバルだったことである。彼によってアラブ・イスラーム協会付属の学校が植民地政庁に移譲され、それが公立学校として改編された[51]。シャフバルの行動は、エジプトへの留学生団の派遣を、「我々に残された唯一の道」とする前述の発言と矛盾しているように見える。しかし、彼のオランダ語アラブ人学校では、宗教諸学とアラビア語諸学もエジプトの公教育制度に従って教えられるとされていた[52]。したがって、少なくとも開設当初は、卒業生の一部をエジプトに派遣することが計画されていたものと思われる。しかし、インドネシア・アラブ協会が結成されると、トトックであるにも拘らずシャフバルはこの団体との関係を深め、エジプトへの留学生の派遣ではなく東インドの公教育制度の活用のみに取り組むようになっていった[53]。

公立のオランダ語アラブ人学校の誕生は、多くのアラブ人から歓迎を受けた一方で、一部の者からは強い反発も引き起こした。その主な原因は、シャフバルが学校開設の際に発表した論説や冊子の中で、既存のアラブ人の学校を厳しく批判したことにある[54]。彼に言わせれば、「アラブ人の学校（al-madāris al-ʻArabīya）」という名前で開設されてきたものの実態は、旧態依然と

Arabische School-Soerabaia: Riwajat Pendek Pendiriannja," *Insaf* 2/3 (March 1938): 35.

51　シャフバルが学校を植民地政庁に移譲することを決めたのは、運営が行き詰ったためらしい。当初は、この学校は公式にはオランダ語アラブ人学校ではなく、オランダ語原住民学校とされた。"Geen Holl.-Arabische School," *Soerabaijasch Handelsblad* (April 1, 1930): 14.

52　"Al-Ghaḍba al-Shaḥbalīya!?.....: Al-Tafṣīr baʻda al-Ijmāl (1)," *Ḥaḍramawt* 247 (July 10, 1930): 1.

53　例えば、"Toan Awad Sjahbal," *Insaf* 2/6 (June 1938): 102 を参照。シャフバルの息子、アブドゥッラー Abdullah は、インドネシア・アラブ人協会のスラカルタ支部の支部長を務めている。

54　シャフバルは、1930年2月24日に「ハドラミーの移民たちへの公の呼びかけ Nidāʼ ʻĀmm li-l-Jāliya al-Ḥaḍramīya」という論説を公示し、それへの『ハドラマウト』の論評に対し、1930年5月1日に冊子を発行した。"Al-Ghaḍba al-Shaḥbalīya!? (1)," 1. 以下は、これらのうち、『ハドラマウト』に引用された内容に基づく。

した「クッターブ（al-katātīb）」に過ぎない。アラブ・イスラーム協会の「クッターブ」は、公立のオランダ語アラブ人学校に改編されたことによって本当の意味で学校になったのである。これに対して、アラウィー系の定期刊行物『ハドラマウト』は、オランダ植民地政庁による公教育とアラブ人の教育活動とは目的が異なると反論し、以下のように論じている。

> アラブ人の居留地（al-jāliya al-ʻArabīya）が学校を開設してきたのは、宗教的・民族的感情（shuʻūr dīnī qawmī）によるものである。なぜなら、それ（アラブ人の移民社会）は、維持し、持続していかなければならない宗教、言語、文化、歴史、そして慣習を持つ共同体（umma）だからである。そのことをできる限り子供たちに教えるために、この居留地は学校を設立してきたのである[55]。

また、この論説は、シャフバルはオランダ植民地政庁の公教育制度のカリキュラムに加えて宗教諸学とアラビア語諸学も教えるとしているが、それは時間的にも生徒の能力の点でも不可能であると指摘している[56]。

しかし、このような反対意見はあったものの、アラブ人コミュニティ全体で見れば、1930年代にはそれまでになく積極的に公教育制度の活用が進められている。特に重要なのが、フォルクスラートのアラブ人議員による植民地政庁への働きかけである。フォルクスラートでは、イスマーイール・アル＝アッタース以来10年ほどアラブ人議員の不在が続いていた。しかし、1920年代末になると、アラブ人側から自分たちの代表を任命するように植民地政庁に請願が出されるようになった[57]。その結果、1931年にイルシャードの学校の元教師であるムハンマド・アル＝アッタースが議員に任命され

---

55 "Al-Ghaḍba al-Shaḥbalīya!?.....: Al-Tafṣīr baʻda al-Ijmāl (3)," *Ḥaḍramawt* 251 (August 21, 1930): 1.

56 "Al-Ghaḍba al-Shaḥbalīya!?.....: Al-Tafṣīr baʻda al-Ijmāl (2)," *Ḥaḍramawt* 248 (July 22, 1930): 1.

57 "Wakīl al-ʻArab fī Majlis al-ʻUmūm wa-l-Mudīrīyāt," *al-Dahnāʼ* 2/1 (December 1928): 20; "Geen Arabieren in den Volksraad," *Tilburgsche Courant* (December 18, 1928): 6.

た（任期 1931-1935）。彼以降も、同じくイルシャードの元教師のアブドゥッラー・ビン・サーリム・アル＝アッタース（任期 1935-1939）、ウスマーン・アル＝ジュフリー ‘Uthmān b. ‘Alī al-Jufrī（任期 1939-1942）が議員を務めた[58]。これらの議員がフォルクスラートの中で特に熱心に求めたのが、アラブ人の子弟への公教育、特にエリート初等教育の普及である。

まずアラブ人議員たちは、スラカルタのアラブ・イスラーム協会の場合のように、既存のアラブ人の学校を公立のオランダ語アラブ人学校に改編することを要望した。しかし、結局この要望が充分に達成されることはなかった。その主な原因は、1930 年代半ば過ぎまで不況の影響で植民地政庁の教育費の歳出が大幅に削減されていたことである。植民地政庁の教育費歳出総額とその中のエリート初等教育の歳出は、それぞれ 1931 年と 32 年から減少しており、それに合わせてすべての「民族」のエリート初等学校の新設も停止している（表 4 と表 5 を参照）[59]。

不況の影響がアラブ人コミュニティによる公教育制度の活用を妨げたことは、プカロンガンのシャマーイル・アル＝フダーの事例によくあらわれている。ムハンマド・アル＝アッタースは議員に就任すると、まずこの団体のオランダ語アラブ人学校を公立化するか、もしくは補助金を支給するように植民地政庁に請願した。シャマーイル・アル＝フダーは、1920 年代末から学校の運営が困難な状態に陥っていたため、フォルクスラートで救済策を請願するようにアッタースに求めていたのである。教育宗務省長官のスフリーケ B. J. O. Schrieke は、アッタースの訴えに理解を示しながらも、財政難を理由に公立化も補助金の支給も現状では不可能だと返答した。しかし、フォル

58　植民地政庁がアラブ人議員の任命に同意したのは、アラブ人コミュニティが政治的に孤立した状態にあることが望ましくないという意見が植民地政庁の内部から出されたためである。Plas, “De Arabische Gemeente Ontwaakt,” 180; Wal, *De Volksraad*, vol. 2, 116-117. 植民地政庁は議員の任命にあたって、アラブ人の各党派に配慮した人選を行っている。2 人のアッタースは、いずれもアラウィーでありながらイルシャードの教育活動にも関わった人物である。ジュフリーもアラウィーであるが、当時各党派が希望したいずれの候補者でもなく、それまで目立った活動もしていなかった。“Pemandangan tentang Pergerakan Bangsa Arab di Indonesia,” *Pedoman Masjarakat* 5/22（May 31, 1939）: 421.

59　Wal, *Some Information*, 8.

表 4　1920 年代末以降の教育財政の推移（単位 1000 ギルダー）

年	教育費歳出総額	指数	エリート初等教育	指数
1928	53,239.90	100	15,238.50	100
1929	58,108.20	109.1	16,322.60	107.1
1930	63,254.50	118.8	17,433.60	114.4
1931	61,186.20	114.9	18,045.90	118.4
1932	55,623.90	104.5	15,490.10	101.7
1933	50,197.20	94.3	14,191.90	93.1
1934	39,467.20	74.1	11,976.70	78.6
1935	32,373.20	60.8	9,667.60	63.4
1936	30,716.90	57.7	9,360.00	61.4
1937	32,829.10	61.7	9,624.70	63.2
1938	29,521.70	55.5	11,401.40	74.8
1939	32,662.30	61.3	12,435.00	81.6
1940	33,850.90	63.5	12,281.10	80.6

出所：*Algemeen Verslag van het Onderwijs in Nederlandsch-Ineië over Schooljaar 1935-1936*, 202; id. *1938-1939*, 458

表 5　1920 年代末以降のエリート初等学校数

年	オランダ語原住民学校	オランダ語華人学校	ヨーロッパ人小学校	連鎖学校
1928	268	96	287	47
1929	277	102	292	52
1930	292	110	300	58
1931	294	109	296	57
1932	291	108	279	53
1933	290	107	273	49
1934	288	106	274	41
1935	286	106	277	41
1936	286	106	277	40
1937	285	106	278	40
1938	278	107	284	44
1939	—	—	—	—
1940	285	110	292	52

出所：*Algemeen Verslag van het Onderwijs in Nederlandsch-Ineië over het schooljaar 1929-1930*, 2-3; id., *1934-1935*, 2-3; id.,*1937-1938*, 2-3; id., *1938-1939*, 20; L.S. van der Wal, *Some Information on Education in Indonesia up to 1942*（The Hague: Netherlands Universities Foundation for International Cooperation）, 14.
注：1939 年に関しては不明。

クスラートの多数の議員がアッタースの請願を支持したために、最終的に補助金の支給が決定された。ところが、この決定は実行されることはなく、シャマーイル・アル＝フダーの学校は、1932年に閉鎖を余儀なくされた[60]。

スラカルタのアラブ・イスラーム協会の学校以外で、オランダ植民地期が終わるまでに公立化に至ったのは、スラバヤのオランダ語アラブ人学院 Hollandsch Arabisch Instituut のみである。この学校は1936年にインドネシア・アラブ協会によって開設されたものであり、1938年のフォルクスラートで公立化が決定され、翌年に実行された[61]。この学校の公立化が認められた背景として、ひとつには、インドネシア・アラブ協会による植民地政庁への熱心な働きかけがあったことがあげられる[62]。しかし、より重要なのは、1930年代末になると不況の影響が弱まり、1938年からはエリート初等教育の歳出が増加に転じていたことである[63]。この時期になると、他の「民族」のエリート初等教育機関の新設も再び始まっている。

このように、既存のアラブ人の学校の公立化に関しては、充分な成果が得られたとは言い難い。しかし、アラブ人コミュニティが、それ以外の手段でも公教育制度の活用を進めていたことは見過ごすべきではない。フォルクスラートのアラブ人議員は、公立のオランダ語アラブ人学校の開設が難しいことを理解すると、他の「民族」のエリート初等学校、特にオランダ語原住民学校へのアラブ人の子弟の受け入れを促進することに請願の重点を移した。1933年のフォルクスラートにおいて、ムハンマド・アル＝アッタースは次のように述べている。

> 予算の辻褄を合わせようとあらゆる種類の削減が試みられている現在の財政状況において、オランダ語アラブ人学校を設立することは考えられ

---

60 シャマーイル・アル＝フダーの学校に関しては、*Handelingen van den Volksraad*, July 21, 1931, 369-370; id., August 8, 1931, 846; id., August 12, 1931, 956; id., August 14, 1931, 1014, 1026; "Hollandsch Arabische School Pekalongan," 214 に基づく。

61 "Hollandsch Arabische School-Soerabaia," 35; *Handelingen van den Volksraad*, July 25, 1938, 414; "School-overdracht," *Bataviaasch Nieuwsblad*（August 1, 1939）: 2.

62 *Handelingen van den Volksraad*, July 28, 1937, 328.

63 Wal, *Some Information*, 8.

なくなっています。そこで、私は政庁に、もしそれが可能であるならば、アラブ人の子弟がオランダ語原住民学校に入学できる許可を求めたいと思います。それによって、彼らは教育の基礎を受ける唯一の機会を与えられます[64]。

この請願に対して、教育宗務省長官スフリーケは、「政庁は、アラブ人の子弟がオランダ語原住民学校に入学することを喜んで促進すると保証しよう」という肯定的な回答をしている[65]。ただし、その後もアラブ人議員から繰り返し同じ請願がなされていることから、オランダ語原住民学校でのアラブ人の子弟の受け入れは、すぐには進展しなかったようである[66]。しかし、最終的に、1939年のフォルクスラートで、オランダ語原住民学校の入学において、プリブミの子弟とアラブ人の子弟を同等に扱うという決定が下された[67]。

もうひとつ重要な動きとして、1930年代には私立のオランダ語アラブ人学校が次々と開設されたことがあげられる。前述の公立化されたものと後述のイルシャードの開設したものを除けば、1931年にスラバヤのマアーリフ学院 Madrasat al-Maʻārif/Almaʻarif lagere School がオランダ語アラブ人学校となり、その後1935年にマドゥラのパムカサン、1938年にプカロンガン、1940年にバタヴィアで、それぞれ私立のオランダ語アラブ人学校が開かれている。これらのうち、プカロンガンとバタヴィアの学校は、開設の際にインドネシア・アラブ協会から支援を受けていた[68]。注目すべきなのは、ハド

64　*Handelingen van den Volksraad*, July 18, 1933, 324.

65　*Handelingen van den Volksraad*, August 1, 1933, 659. 実際には、アッタースは1931年にも同じ請願をしているが、その際にはシャマーイル・アル＝フダーの学校の公立化、もしくは補助金の支給が内容の中心であった。

66　ムハンマド・アル＝アッタースは、1934年のフォルクスラートでも同様の請願をしている。*Handelingen van den Volksraad*, July 23, 1934, 372-373. また、アブドゥッラー・ビン・サーリム・アル＝アッタースは、1935年にフォルクスラートでアラブ人の子弟がヨーロッパ人小学校に入学できるように求めているが、認められなかったようである。*Handelingen van den Volksraad*, July 22, 1935, 370.

67　*Handelingen van den Volksraad*, August 12, 1939, 828.

68　“Madrasat al-Maʻārif,” *Ḥaḍramawt* 309 (November 11, 1931): 2; “Hollandsch Ara-

ラマウトでの活動を目的に掲げたカスィーリー改革協会でさえ、1930年代末にはプカロンガンとバタヴィアでオランダ語アラブ人学校を開設していることである[69]。オランダ植民地期の終わりには、公立と私立を合わせて10校ほどのオランダ語アラブ人学校が存在したことが確認できる。私立のオランダ語アラブ人学校にも、フォルクスラートのアラブ人議員の働きかけなどによって、植民地政庁からオランダ語の教員、学校設備、そして補助金が提供された[70]。

以上からは、アラブ人の帰属意識と教育活動の関係が簡単に割り切れるものではなかったことがうかがえる。確かに、植民地の公教育制度の活用を最も積極的に進めたのは、インドネシアへの帰属意識を明確にしていたインドネシア・アラブ協会であった。しかし、シャフバルは同時に2つの方向の教育活動を主導し、トトックでありながら最終的にはインドネシア・アラブ協会を支援している。さらに、カスィーリー改革協会も、ハドラマウトに活動

---

bische School Pekalongan," *Insaf* 2/12(December 1938): 214; "Nieuwe Holl.-Arabische School," *Bataviaasch Nieuwsblad*(February 13, 1940): 3; Algadri, *C. Snouck Hurgronje*, 184-185. スラバヤのマアーリフ学院は、イスラーム同盟の教育部門の長であるスルヨウィジョノ Soerjowijono が校長職を務めた。教師や学校の委員会のメンバーを見る限り、この学校はイルシャードと近い関係にあったことがうかがえる。パムカサンの学校については、"Holl.-Arabische School," *De Indisch Courant*(April 1, 1935): 14; "Arabische School Pamekasan," *De Indische Courant*(April 6, 1935): 9; "De Holl. Arabische School," *De Indisch Courant*(August 6, 1938): 16 を参照。最初の2つの記事では学校の名前は述べられていないが、後者ではイスティハード学院 Al-Istihad-school(イッティハード al-Ittiḥād の間違いか) とある。ここでは同一のものと判断した。

69 "Al-Madrasa al-Kathīrīya," *al-Turjmān* 32(December 8, 1938): 4; "Al-Madrasa al-'Arabīya al-Hūlandīya," *al-Turjmān*, 33(December 24, 1938): 4; *Handelingen van den Volksraad*, August 18, 1939, 911.

70 スラバヤのマアーリフ学院とオランダ語アラブ人学院は、1930年代半ばに植民地政庁から「学校設備 (schoolinrichtingen)」を受け取っている。パムカサンの学校は、開設の際に教員を校長として提供された。また、バタヴィアの学校は開設前に、「教育器具 (leermiddelen)」の供与を約束されていた。*Handelingen van den Volksraad*, July 23, 1936, 456; "De Holl. Arabische School," *De Indisch Courant* (August 6, 1938): 16; "Nieuwe Holl.-Arabische School," *Bataviaasch Nieuwsblad*(February 13, 1940): 3. 補助金の支給については、後述のイルシャードの学校を参照。

を広める一方で、植民地の公教育制度の活用も進めている。このような帰属意識の流動性は、イルシャードの中にも認められる。

Ⅲ.「アラブ人協会」から「イスラーム協会」へ

上述のように、1920年代末以降のイルシャーディーの間に、インドネシア社会から分離しようとする「ハドラマウト志向」が認められることは確かである。しかし、同時期のイルシャードの中では、それまでに見られたホスト社会と結びつく動きも続いている。ここでまず注目すべきなのは、1920年代末になると、教育活動に関するスールカティーの言説に重要な変化が見られることである。

ⅰ. スールカティーの「現地志向」

1928年のマッカ巡礼とアラブ地域の歴訪から帰国した頃から、スールカティーは、学生がインドネシアの外で学ぶことに否定的な見解を示すようになる。この年の末に行われた『ダフナー』の記者とのインタビューの中で、彼は、当時大きな話題になっていた、ハドラミーたちにとっての留学生団(al-ba‘athāt al-‘ilmīya)の必要性と派遣先について意見を問われた。これに対して彼は、留学生を派遣することの利点を認めながらも以下のように答えた。

> しかしながら、私の考えでは、ハドラミーの共同体(al-umma al-Ḥaḍramīya)は、差し迫って必要なときを除いて、決して外国に留学生団を送ってはならない。確かに、留学生団のメンバーは、ここ〈ジャワ〉に戻ってきた際にたくさんの知識を持ってくるであろう。それは共同体にとって有益である。だが、彼らは自分たちの根本的な原則(mabda’-hum al-aṣlī)を棄ててしまう。それどころか、死に到る社会的な伝染病(awbi’a ijtimā‘īya fattāka)さえもたらすであろう[71]。

71　“Sā‘a ma‘a al-Ustādh Aḥmad al-Sūrkatī,” *al-Dahnā’* 2/3(January 1929): 14-15.

スールカティーは、もし学生を海外に派遣するのであれば「監督者(murāqib)」を同行させせなければならず、インドネシアで同じように学問が学べる限り外国に行くべきではないと述べている。

ここでスールカティーの述べている「根本的な原則」と「死に到る社会的な伝染病」とは何を指しているのだろうか。同時期に行った演説の中で、スールカティーはトルコに端を発するイスラーム世界の危機的な状況を論じている[72]。彼によれば、トルコ人の若者の一部は、ヨーロッパ留学から帰ってくると、「彼らの父祖の慣行や東洋人としての性質、それどころか宗教までも（taqālīd aslāf-hum wa-sharqīyat-hum bal wa-dīn-hum）失ってしまった[73]」。そしてトルコでは、「イスラームとムスリムに敵対する思想的な革命（thawra fikrīya ḍidda al-Islām wa-l-Muslimīn）」が起こり、その影響はイスラーム世界各地に広まりつつある。このことから、上述の会見で述べた「根本的な原則」とは特に宗教（イスラーム）のことを、「死に到る社会的な伝染病」とは、当時のトルコに見られる反宗教的な考え、いわゆる世俗主義のことを指していると推察される。すなわち、スールカティーが海外留学に否定的な見解を示すようになったのは、学生が世俗主義の影響に感化されることを危惧したためである。

それでは、ヨーロッパではなく、エジプトのような東洋のイスラーム諸国に学生を派遣すればいいのではないだろうか。しかし、別の演説の中で、スールカティーは、エジプトにおける教育について否定的な発言をしている。確かに、エジプトは東洋諸国の中で最も発展し、教育機関も充実している。

---

72 "Ḥaflat al-Ikhtibār fī Far' al-Irshād bi-Pamākasān: Khuṭbat al-Ustādh al-Shaykh Aḥmad al-Sūrkatī," *al-Dahnā'* 2/4(February 1929): 5. これは、スールカティーがマドゥラのパムカサンにあるイルシャードの支部で行った演説である。

73 この時期のスールカティーは、自身のアイデンティティを示す言葉として、「東洋人（sharqī）」という言葉を用いている。"Al-Irshād Taḥtafī bi-Za'īm-hā," *al-Miṣbāḥ* 1/2(January 1929): 36. 彼は1928年にエジプトに赴いた際に、東洋連盟のメンバーと接触していることから、戦間期にアラブ地域で広まっていた「東洋主義（sharqīya）」の影響を受けたと考えられる。Jankowski, "The Eastern Idea," 643-647. ただし、この「東洋（sharq）」という概念は曖昧で使用する人物によって指す範囲は異なり、スールカティーがどのような意味でこの言葉を用いていたのかについてはさらなる検討を要する。

しかし、依然として外国人による実質的な支配から抜け出すことができず、人々は「自由（ḥurrīya）」や「独立（istiqlāl）」を切望している。このようなエジプトの状況を、スールカティーは「知識（'ilm）」を「剣（sayf）」に譬えて説明している。すなわち、剣は「力強い手（yad qawīya）」の中にあって初めて役に立つのと同じで、知識だけがあっても「教育（tarbiya）」を伴わなければ意味がないのである。ここからは、インドネシアの学生がエジプトで学んだとしても、表面的な知識しか得ることはできないと主張しているように見える。

ただし、ここでスールカティーが意図しているのは、特にエジプトにおける教育を否定することではない。彼はイルシャーディーたちに、インドネシアの外に学生を派遣しないよう促しているのである。彼はこの演説の中で、イブン・サウードの治めるヒジャーズ地方の教育の状況を称賛しているが、決してマッカやマディーナへの留学を奨励しているわけではない。スールカティーの議論の要点は、インドネシア社会の中で教育活動を発展させていかなければならないということである。彼の考えでは、初等学校だけを比べれば、エジプトのものよりも「我々の学校」の方が優れている。しかし、イルシャードの学校が制度化の面で遅れていることは事実である。そのため、まず中等学校（madrasa thānawīya）を開設しようとスールカティーはイルシャーディーたちに呼びかけている[74]。

そして、この中等学校とは、東インドの公教育制度に対応したものを意図していると推察される。スールカティーは、ハドラミーの若者がこの中等学校で学ぶべきものとして、宗教諸学よりも先に、まず商業（tijāra）（もしくは経済学［'ilm al-iqtiṣād］）を、次に農学（'ilm al-zirā'a）と法律学（'ilm al-ḥuqūq）をあげている。それらは、「フォルクスラート（Majlis al-'Umūm）やその他の政庁の議会の議員になることで、彼らの共同体（ummat-hum）の名誉を守り、外国人（ajānib）の前で名声を高めるために必要とされる学問」だからであ

74　"Al-Irshād Taḥtafī bi-Za'īm-hā," *al-Miṣbāḥ* 1/2: 32-36. これは、スールカティーの中東歴訪からの帰国を祝うために、1928年12月29日と30日にスラバヤで開かれた催しにおける講演。同じ講演の要点は、"Lezing t. Ahmad Soerkati," *Perdamaian* 4-5 (February 20, 1929): 53-57でも言及されている。

る。そして、スールカティーは、ハドラミーの若者が本当に「進歩（taqaddum)」を望んでそれらの学問を学ぶのであれば、まずは外国語を、とりわけオランダ語を習得しなければならないと強調する[75]。当然、それらの学問を学ぶためには、東インドの公教育制度に対応した学校が不可欠である。

ここで、イルシャードの学校に公教育制度を導入することについてのスールカティーの説明が、以前とは異なっていることが指摘できる。1919年のイルシャードの学校の改革案の中で彼が理由として述べていたのは、プリブミのムスリムの要望に応えることであった。その一方、今回は、インドネシア社会の「進歩」から取り残されないために、アラブ人（ハドラミー）も積極的に公教育を受けるべきだと論じている。このことからは、アラブ人コミュニティがインドネシア社会に適応していく必要性を、スールカティーが以前よりも強く認識するようになったことがうかがえよう。

しかしながら、スールカティーの発言に対し、イルシャーディーたちからは反発が生じた。前述のように、この当時ハドラミーたちの間でエジプトへの留学生団を派遣に関心が示されており、スールカティーは、ハドラミー・コミュニティの発展を望んでいないのかと非難された。結局、彼は発言を撤回し、エジプトへの留学生の派遣を認めている[76]。ただし、留学の際に、彼は学生を信頼できる「監督者」に委ねることにしたようである。ラワン校で学んだ前述のラシディは、卒業後の1931年にカイロに留学した。彼はスールカティーから推薦状を渡され、彼と交友のあった著名なイスラーム改革主義の思想家、タンターウィー・ジャウハリー al-Ṭanṭāwī al-Jawharī（1862-1940）のもとを訪れ、教えを受けている[77]。

---

75 "Sāʿa maʿa al-Ustādh Aḥmad al-Sūrkatī," *al-Dahnā'* 2/3 (January 1929): 14-15. ここでの「外国人」とは、華人やヨーロッパ人などインドネシアにおける他の住民集団を指していると思われる。

76 "Kitāb Maftūḥ," *al-Dahnā'* 2/9 (April 1929): 16-17; "Ilā Ibn Jalā," *al-Dahnā'* 2/12: 24-26; "Min Ibn Jalā," *al-Dahnā'* 2/13 (mid-June 1929): 9-10.

77 H. M. Rasjidi, *Koreksi terhadap Drs. Nurcholis Madjid tentang Sekularisasi* (Jakarta: Bulan Bintang, 1972), 89; Ananda (ed.), *70 Tahun*, 14. タンターウィー・ジャウハリーの経歴については、F. de Jong, "Djawharī, Ṭanṭāwī," *EI*[2], vol. 12, 262-263 を参照。彼は東南アジアからの留学生の受け入れに積極的に取り組んでいた。Laffan, *Islamic Natiohood*, 217-218; id., "Another Andalsia," 709-712.

同時期のスールカティーの言説に関しては、もうひとつ重要な点がある。それは、世俗主義に対してイスラームとともにインドネシアにおけるアラブ人の立場にも危機感を抱き、プリブミのムスリムとのより緊密な協力関係を築くべきだと主張していることである。彼によれば、ヨーロッパの影響を受けた若いムスリム、もしくは東洋人一般は、倫理性を失い、自分たちの同胞と敵対するようになってしまった。アラブ人も、「敵たち」によって、「同胞である他のムスリム」から引き離されようとしている。それにも拘らず、彼らはそのことを理解せず、むしろ「敵たち」を助けてさえいる。「アラブ人がしなければならないことは、プリブミ（al-ahālī）と交流を深め、一致することである。なぜなら、彼らと団結し、お互いに助けあって義しいことを行い、信仰を深めていくことによって以外、我々に成功はないからである」と彼は訴える[78]。

そして、アラブ人とプリブミのムスリムとの協力関係について、スールカティーは両者が対等な立場にあることを強調し次のように述べている。

> 我々は、イスラームに奉仕すべく財産と時間を費やしている我々の同胞であるプリブミたち（ikhwān-nā al-waṭanīyīn）を蔑ろにしてはならない。プリブミのウラマー（al-'ulamā' al-Jāwiyūn）が、アラブ人のうち活動的な者、誠実な者よりも劣っているということなどない。なぜなら、イスラームには、特定の人種性（jinsīya khāṣṣa）はないからである。

スールカティーは、「我々の同胞であるプリブミ」として、イスラーム同盟やムハマディヤといった改革派だけではなく、伝統派の「キヤイたち（al-kiyāyāt）」もあげている。このことからは、スールカティーが、改革派と伝統派の対立よりもインドネシアのイスラーム勢力の連帯を重視するようになったことが読み取れる[79]。

興味深いのは、教育活動に関するスールカティーの上述の見解が、当時イ

78　「お互い助け合って……信仰を深めていく」は（Q 5: 3）からの表現。
79　以上のスールカティーの議論の内容は、"Ḥaflat al-Ikhtibār," *al-Dahnā'* 2/4, 5-6 に基づく。

ルシャードと親密な関係にあったイスラーム同盟のサリムと共有されていたことである。1920年代末、西スマトラ出身で後にジャーナリスト・作家として活躍するハムカ Hamka（1908-1981）はマッカに滞在し、その地に留まって学問を修めるべきか、インドネシアに戻るべきか迷っていた[80]。第2回イスラーム世界会議に参加する予定でマッカを訪れたサリムは、帰国してインドネシア内で活動するようハムカに助言している。さらに、サリムは、1930年代初めにイルシャードの教育活動に関して、5人か10人の学生をエジプトに派遣するよりも、同じ費用で1人の教師をエジプトから連れてくる方が適切であると助言している[81]。教育活動に関するスールカティーの主張の変化は、プリブミのムスリムと協力関係を重視するという考えとも緊密に関係しているものと推察される。

以上のことから、1920年代末になると、スールカティーは、関心の対象を地域的にインドネシアに限定した「現地志向」を明確に示すようになったと言える[82]。彼は、学生の海外への留学、つまりインドネシアの外部に向かう「巡礼」に否定的になるとともに、アラブ人とプリブミのムスリムとの関係をそれまで以上に重要視するようになった。そして、スールカティーの見解にこのような変化をもたらしたのは、イスラーム世界に広まっていた世俗主義の影響に対する危機感であった。

ii. 1930年代の教育活動

スールカティーが留学生の派遣に反対することができなかったように、イルシャードの中でインドネシア社会から分離する「ハドラマウト志向」が根

80　ハムカは、ハジ・ラスルの息子で、本名はハジ・アブドゥルマリク・（アブドゥル）カリム・アムルッラー Hadji Abdoel Malik［Abdoel］Kalim Amroellah という。彼については、Karel Steenbrink, “Hamka（1908-1981）and the Integration of the Islamic Ummah of Indonesia,” *SI* 1/3（1994）: 119-147; Jeffrey Hadler, “Home, Fatherhood, Succession: Three Generations of Amrullahs in Twentieth-Century Indonesia,” *Indonesia* 65（2008）: 122-154 を参照。

81　“Ḥadīth ma‘a al-Za‘īm al-Kabīr al-Ḥājj Aqūs Sālim,” *al-Hudā* 24（November 2, 1931）: 3; Hamka, *Kenang-kenangan Hidup*, vol. 1（Jakarta: Gapura, 1951）, 104.

82　スールカティーはインドネシアという国民国家の概念について明確な考えを示していないため、ここでは、「現地志向」という曖昧な表現を用いることにする。

強かったことは事実である。そのことは、1931年に協会の規約が改定された際に、新たに「留学生団の派遣（irsāl al-ba'athāt）」が活動内容に付け加えられたことにもあらわれている[83]。しかしながら、同時期のイルシャードの教育活動からは、インドネシア社会に適応しようとする動きも認められることを見過ごすべきではない。

イルシャードの学校を植民地の公育制度に対応させる試みは、1930年代に入っても継続されている[84]。1932年に、バタヴィアで私立のオランダ語アラブ人学校が開設され、1938年までにはトゥガルでも私立のオランダ語原住民学校が開設された[85]。これらのうち、バタヴィアの学校に関しては、1930年代半ばに植民地政庁から補助金の給付と教員の提供を受けていたことが確認できる。さらに、それらの学校からは、公教育制度の中等教育課程に進む者もあらわれている。1938年、バタヴィアのオランダ語アラブ人学校の6名の生徒が「政庁の証書（shahāda ḥukūmīya）」を獲得し、そのうち3名はムハマディヤの運営するミュローに、1名は商業学校（中等専門学校のひとつ）に入学した。また、残りの2名も、昼はアラブ人の学校で教師をしながら夜間の中等学校（madrasa thānawīya laylīya）に通った[86]。

「現地志向」や「ハドラマウト志向」という言葉に関しては、20世紀のインドネシアの華人コミュニティに関する貞好康志の研究を参考にした。貞好『華人のインドネシア現代史』。

83　Bakrī, *Tārīkh Ḥaḍramawt*, vol. 2, 258.

84　前述のイルシャードのスラバヤ支部による連鎖学校開設の試みと1932年代頃にバタヴィアで設立されたイルシャードのオランダ語アラブ人学校については、モビニ＝ケシェーも脚注の中で言及している。しかし、イルシャードの学校を東インドの公教育制度に対応させようという考えは、この団体の中で「少数意見」であったとし、その重要性を認めていない。Mobini-Keshe, *The Hadrami Awakening*, 82 footnote 47.

85　"Modern H. A. S.," *Sin Po*（November 30, 1932 late ed.）: 2; *Handelingen van den Volksraad*, July 23, 1936, 456; id., July 25, 1938, 413-415. ただし、バタヴィアのオランダ語アラブ人学校については、開設時には、卒業生が「インドネシアやヨーロッパの中等学校」で学業を続けるとともに、「エジプト、パレスチナ、インド、シリアの大学」でも学べるようにするという考えが示されている。

86　"Bayān li-Man Yufīd-hum al-Bayān," *al-Murshid* 14（November 1938）: 15. ここで言及されている夜間の中等学校が具体的に何を指すのかは不明である。

同じイルシャードの学校でも、1930年代のスラバヤ校では、おそらく留学生の派遣を想定して、エジプトの公教育制度のカリキュラムを参考にした授業が行われていた[87]。しかし、それでも部分的には、オランダ植民地政庁の公教育制度が取り入れられている[88]。この学校ではオランダ語の授業が設置されており、教科書として、ニューヴェンハイス G. J. Neuwenhuis とファン・デル・ラーク H. P. van der Laak による『オランダ語文法書 *Nederlands Taalboek*』、この両者とモハンマド・シャフェイ Mohammad Sjafei による『西洋への道 *Djalan ke Barat: Weg tot het Westen*』、ドハーンス L. J. D'Haens とメイエル H. Chr. Meyer による『我々自身の本 *Ons Eigen Boek*』、ド・マン＝ソニュース A. M. de Man-Sonius とファン・デル・ラークによる『若き東インドのために *Voor Jong Indië*』が使用されていた。これらはいずれも、オランダ語原住民学校やオランダ語華人学校のために作成された教科書である[89]。

また、1930年代になると、イルシャードの中で、この団体の教育活動はハドラミーだけのためにあるべきという見解も徐々に弱まっていった。まず重要なのは、1931年に開かれたイルシャードの大会で、学校の公式の法学派を「ハドラミーの法学派」であるシャーフィイー学派とする規定が内規から削除されたことである[90]。実際、バタヴィア校では、ハンバル学派のイブン・カイイム・アル＝ジャウズィーヤによる『署名者たちの通知 *I'lām al-Muwaqqi'īn*』やマーリク学派のシャーティビー Abū Isḥāq Ibrāhīm al-Shāṭibī（1320-1388）による『シャリーアの根源における調和 *al-Muwāfaqāt fī Uṣūl al-*

---

87 "Lamḥa Qaṣīra 'an Jam'īyat al-Irshād Surābāyā," *al-Murshid* 2/13（September 1938）: 13.

88 スラバヤ支部では、1930年代半ばにオランダ語アラブ人学校の開設が計画されるが、結局実現していない。Jam'īyat al-Irshād Sūrābāyā, *Jam'īyat al-Irshād Sūrābāyā*［*Al Irsjad Soerabaia: Verslag Tahoenan 1935-1936*］（Surabaya: n.p., 1936）. この冊子はアラビア語とムラユ語の部分からなる。該当箇所のページは、12（アラビア語）、11（ムラユ語）である。

89 Ibid., 22-23. 該当箇所はアラビア語の部分。オランダ語原住民学校とオランダ語華人学校で使用されていた教科書については、G. J. Nieuwenhuis and H. P. van der Laak, *Nederlands Taalboek* 12 vols.（Groningen and Batavia: J. B. Wolters, 1929-1933）の背表紙及び、Groeneboer, *Weg tot het Westen*, 261-276 を参照。

90 "Tida akan Turut Madhhab Shāfi'ī," *al-Huda* 2/9（April 15, 1931）: 455-457.

Sharī'a』といった書物が学ばれるようになった[91]。すなわち、イルシャードの中で、スンナ派四法学派の個々の権威を否定するスールカティーの改革主義思想が、「ハドラミーの組織」という性質よりも優位になっていったと言える。

1930年代末のイルシャードの教育活動は、すべてのムスリムに開かれた性質が顕著になっている。1938年にバタヴィア本部が発行した冊子では、イルシャードの学校がアラブ人だけでなくすべての「インドネシアのムスリムの子弟（anak Indoneisa-Islam）」に開かれていると宣伝されている[92]。実際、1938年頃にバタヴィアのオランダ語アラブ人学校に在籍していた生徒の80％は、「インドネシア人の子弟（Indonesische kinderen）」が占めていた[93]。また、上述の冊子では、植民地の公教育制度に対応した中等学校を開設する提案がなされている[94]。その中では、イルシャードが単独で中等学校を設立できない場合には、「いずれかのプリブミのイスラーム協会（iḥdā min jam'īyāt al-ahālī al-Islāmīya）」と共同で取り組むと述べられており、プリブミのムスリムとの協力関係を重視する姿勢が示されている。

イルシャードが活動の方向性を最終的に決定する上で大きな契機となったのが、25周年記念大会である。この大会は、1939年9月26日から10月1日にかけて、スラバヤで開かれた[95]。その中でイルシャードの有力者たちが行った演説からは、この団体の中に「現地志向」と「ハドラマウト志向」が

91　Yunus, *Sejarah Pendidikan*, 313-314. マフムド・ユヌスがあげている情報はイルシャードからの報告に基づく。この情報の内容は、イルシャードの「黄金時代（zaman keemasan）」のものと記されていること、1930年代半ばに短期間だけ開設された師範学校があげられていることから1930年代半ばのものと考えられる。

92　Al-Idāra al-'Ulyā li-Jam'īyat al-Iṣlāḥ wa-l-Irshād al-'Arabīya al-Markazīya bi-Batāfiyā, *Mabādi' al-Irshād wa-Maqāṣid-hā: Tadhkīr wa-Irshād wa-Naṣā'iḥ*［*Sikep dan Toejoean Al-Irsjad*］(Batavia: n.p., 1938), 6. この冊子はアラビア語とムラユ語の部分からなり両者の内容は異なる。該当箇所はムラユ語の部分。

93　*Handelingen van den Volksraad*, July 25, 1938, 414.

94　Al-Idāra al-'Ulyā li-Jam'īyat al-Iṣlāḥ wa-l-Irshād al-'Arabīya al-Markazīya bi-Batāfiyā, *Mabādi' al-Irshād*, 30. 該当箇所はアラビア語の部分。

95　25周年記念大会のプログラムは、*Barūjrām Mu'tamar wa-Dhikrā 25 Sanat Jam'īyat al-Irshd*［*Programma Congres-Jubileum 25 Tahun Al Irsjad*］(n.p., n.d.)として発行されている。

並存していたことが読み取れる。スラバヤ校の校長、ウマル・フバイスは、「ハドラマウトに対するイルシャードの立場」について論じている。フバイスは、イルシャーディーたちが最も関心を払うべきなのは「祖国」であるハドラマウトであり、団体の結成から25年経った今、活動をハドラマウトやアラブ諸国に広めていくべきだと呼びかけた。その一方、バタヴィア本部の第二書記であったアリー・ハルハラ ‘Alī b. ‘Abd Allāh Harhara の演説は、「インドネシア人の覚醒と運動に対するイルシャードの立場」に関するものであった。その中でハルハラは、イルシャードが現地のいかなる宗教団体・政治団体とも積極的に協力していく備えがあると宣言している[96]。

これらに対し、スールカティーは、大会の最後に行った演説の中で、「現地志向」を支持し、「ハドラマウト志向」に反対する立場を明言した。彼はまずイルシャーディーたちに、インドネシア・アラブ協会と和解し、協力していくように求めている。彼によれば、インドネシア・アラブ協会のメンバーの大部分は、「イルシャードの学校の卒業生やその原則や教育が魂に影響を及ぼした者たち」である。したがって、彼らの成功はイルシャードにとっても利益となるものであり、彼らが目的を達成できるように助けるべきである。さらにスールカティーは、イルシャードがハドラマウトで教育活動を行うことをはっきりと否定している。彼の考えでは、ハドラマウトにおける教育の普及に携わるべきなのは、イルシャードではなくカスィーリー改革協会である。そのことについては既にハドラマウトで活動を行いたいと希望する者たちとの間で話し合いをして決着がついており、そのために新しい団体が結成されたのだと彼は説明する[97]。

最終的にイルシャーディーの意見の大勢を占めたのは、スールカティーの唱える「現地志向」であった。25周年記念大会では、ボンドウォソ支部の

---

96 “Maḥḍar Ijtimā‘ Yawm al-Aḥad al-‘Umūmī,” *al-Murshid* 31 (August[sic] 1939): 32-35. アリー・ハルハラは、イルシャードのバタヴィア校の卒業生で、1920年代よりイルシャードの中央執行部の要職を担った。また、彼は、イルシャーディーたちが結成したイズハール・アル＝ハック Iẓhār al-Ḥaqq という団体の指導者であった。Nājī, *Tārīkh Thawrat*, vol. 1, 127; Badjerei, *Al-Irsyad*, 113; Mobini-Kesheh, *The Hadrami Awakening*, 65.

97 “Maḥḍar Ijtimā‘ Yawm al-Aḥad al-‘Umūmī,” 35-36.

若者が、「覚醒 Kesadaran」という題の演劇を上演した。その中では、「覚醒していない人々」はまちまちのコピア（ふちなし帽）を被っているのに対して、「覚醒した人々」はナショナリストが被るコピア・ペチ（kopiah petji）を身に付けていた。つまり、この演劇はインドネシア・ナショナリズムを支持する内容であったのである[98]。また、25周年記念大会の決定によれば、イルシャードの学校は、アラビア語を教授用語とする学校、オランダ語アラブ人学校、そしてムラユ語を教授用語とする学校の3種類になるとされた。新たにムラユ語、すなわちインドネシア語の学校を組み込む決定をしたことからは、イルシャードの教育活動をホスト社会に適応させようという考えが強まっていたことがうかがえる[99]。

イルシャード25周年記念大会に参加するスールカティー
出所：*al-Murshid* 32（August[sic]1939）: 1.

インドネシア・アラブ協会は、イルシャードの25周年記念大会の内容を好意的に受け止めた。この団体のメンバーが発行していた『アリラン・バル *Aliran Baroe*』は、イルシャーディーにインドネシア・アラブ人協会のメンバーとの和解を促すスールカティーの発言について、実行に移されるのか注視するべきだとしながらも、概ね肯定的に論評している[100]。また、この定

98　"Tooneel Kesadaran: Pertoendjoekan Pemoeda-Pemoeda Al-Irsjad Bondowoso," *Aliran Baroe* 15(October 1939): 7.

99　"Maḥḍar Ijtimā' Yawm al-Aḥad al-'Umūmī," 31.

100　"Damai....!: P. A. I.........Anak Kita Sendiri," *Aliran Baroe* 15(October 1939): 7; "Al-moersjid···.!!: Mati dalam "Hoesnoel Chatimah"," *Aliran Baroe* 16(November 1939): 28.

期刊行物は、特にボンドウォソ支部の若者が大会で演じた劇について、インドネシア・ナショナリズムを支持する「プロパガンダ」の側面を高く評価した[101]。

イルシャードは、25周年記念大会の頃、正式名称から「アラブ人」を外し、「改革と導きのためのイスラーム協会 Jam'īyat al-Iṣlāḥ wa-l-Irshād al-Islāmīya」と名乗るようになる[102]。このことは、イルシャード内の「アラブ人」や「ハドラミー」という性質が弱まったことを象徴している。その後、イルシャーディーの中にはハドラマウトで活動することを選んだ者もいたが[103]、ウマル・フバイスをはじめ大多数の者はスールカティーの意見に従い、インドネシアに残った。

ⅲ. アラブ人性の保持の問題

最終的にイルシャーディーの大半が、スールカティーの唱える「現地志向」を受け入れた背景として、アラブ人コミュニティの社会的な状況について指摘しておく必要がある。前述のように、アラブ人は、他の移民と比べてインドネシアに定住する傾向が強かった。さらに、1930年のオランダ植民地政庁の国勢調査によれば、アラブ人コミュニティの約90%がプラナカンであり、その人口の半分強は19歳以下の若年層が占めていた[104]。彼らにとって、プリブミのムスリムと協力関係を構築し、教育活動をホスト社会の「進歩」に適応させていくことは現実的な選択だったと言えるだろう。

また、プリブミのイスラーム運動も、1930年代後半になると、もはやア

---

101 "Tooneel Kesadaran," 7.

102 25周年記念大会で書記を務めたアフマド・マフフーズ Ahmad b. Mahfoed 氏によれば、名称の変更は同大会で行われた（筆者とのインタビュー、2009年2月19日、スラバヤ）。確かに25周年を記念した冊子には、「導きのためのイスラーム協会 Jam'īyat al-Irshād al-Islāmīya」という名称が使われている。ただし、インドネシア独立についての言及があることから、この冊子自体はインドネシア独立宣言以降に作成されたものと考えられる。Jam'īyat al-Irshād al-Islāmīya bi-Indūnīsiyā, *Mulakhkhaṣ Tārīkh al-Irshād fī Rub' Qarn*（n.p., n.d.）, 24.

103 W. Harold Ingrams, *Arabia and the Isles*, 3rd ed.（London: John Murray, 1966）, 36.

104 *Volkstelling 1930*, vol. 7, 94, 160 及び、1930年代の *Algemeen Verslag van het Onderwijs in Nederlandsch-Indië*, part 2 の序文を参照。

ラブ人を排除する動きは見せていない。1937年にスラバヤで、インドネシアのイスラーム諸団体の連合体として、新たにミアイ MIAI（Madjlis Islam A'laa Indonesia, インドネシア・イスラーム最高会議）が結成された[105]。ミアイに加盟したのは当初7団体のみであったが、その中には、イルシャードのスラバヤ支部とジャムイーヤ・ハイリーヤも含まれていた[106]。特にイルシャードは、ミアイの中で大きな役割を果たしている。1939年に日本で開かれた回教展覧会に派遣された5名のミアイの代表には、スラバヤ支部のアブドゥッラー・アル＝アムーディー 'Abd Allāh al-'Amūdī も加わっていた[107]。さらに、ウマル・フバイスは、ミアイの執行委員会のメンバーになるとともに、1941年に創設されたインドネシア人民協議会 Madjelis Rakjat Indonesia では、ミアイの代表のひとりに任命されている[108]。

しかしながら、ここで看過すべきでないのは、「現地志向」の立場をとる

105　ミアイの結成と活動については、Noer, *The Modernist Muslim*, 240-247; Akhmad, "Kongres Al Islam 1922-1941," chapter 7 を参照。東インドイスラーム会議は、1932年を最後に活動を停止していた。ミアイは、オランダによる植民地支配が終わるまでに3回のイスラーム会議を主催した。

106　Noer, *The Modernist Muslim*, 242]

107　小林寧子「日本のイスラーム・プロパガンダとインドネシア・ムスリム」『新秩序の模索——1930年代』（岩波講座　東アジア近現代通史5）（岩波書店2011）、188-189. アムーディー以外にミアイ派遣されたのは、インドネシア・イスラーム党及びムハマディヤのアブドゥルカハル・ムザッキル Abdul Kahar Moezakkir、インドネシア・イスラーム党のカスマット Kasmat、ムハマディヤのファリード・マアルフ、ナフダトゥル・ウラマーのマフフズ・スィッディク Machfoedz Siddiq である。

108　Noer, *The Modernist Muslim*, 272; Akhmad, "Kongres Al Islam 1922-1941," 270. インドネシア人民協議会は、1939年に開かれたインドネシア人民会議 Kongres Rakjat Indonesia に代わってインドネシア人を代表する常設機関として結成された。ガピ Gapi（Gaboengan Politik Indonesia, インドネシア政治連合）が主催し、ミアイと公務員労連 Persatoean Vakbonden Pegawai Negeri: PVPN が参加した。Pluvier, *Overzicht van de Ontwikkeling*, 189-190. フバイス以外のミアイの代表は、ナフダトゥル・ウラマーのワヒド・ハシム Wahid Hasjim（1914-1953, ハシム・アシュアリの息子）、イスラーム同盟のウォンドアミセノ、インドネシア・イスラーム党のスキマン Soekiman、ムハマディヤ及びインドネシア・イスラーム党のマンスルである。

イルシャーディーたちにしても、「アラブ人」としての性質を失い、ホスト社会に完全に同化することは望んでいなかったことである。1938年にバタヴィア本部から出された前述の冊子は、「現地志向」に則した教育活動を進めるように訴えているが、その一方で、アラブ人性を保持していく必要性も強調している。そこでは、「我々は、生を望む共同体（umma）であればいかなる場合にも無視し得ない、民族的な実体（kiyān qawmī）と傑出した要素（muqawwimāt bāriza）を持つ共同体である」と述べられている[109]。イルシャーディーをはじめインドネシアのすべてのアラブ人の存在意義とされているのが、アラビア語である。

> これらの〔イルシャードの〕学校は、イスラームの地にイスラーム文化（al-thaqāfa al-Islāmīya）を復活させるために設立された。言うまでもなく、この文化の鍵はアラビア語である。そのため、イルシャードの功績（faḍl）と自負（fakhr）は、かつてもそしてこれからも、それ（イルシャード）がアラビア語に奉仕し、それ（アラビア語）とイスラームのための砦や要塞で在り続けることにかかっている。この国において、例外なくアラブ人の誇りはこのこととともにある。もし我々の学校がこの方針から外れたならば、その活動は無に帰し、その功績は消えてしまうであろう[110]。

この冊子は、「我々は時代について行く必要性は認識している。この我々の環境の中で、近代的な教育（ta'līm 'aṣrī）は我々にとって不可欠である。しかし、我々の民族性の利益（maṣāliḥ qawmīyat-nā）と時代の要求（maṭālib al-zaman）を調和させることも不可欠なのである」と論じている[111]。すなわち、この時期のイルシャードは、「現地志向」とアラブ人性の保持の両立を模索していたと言える。

---

109 Al-Idāra al-'Ulyā li-Jam'īyat al-Iṣlāḥ wa-l-Irshād al-'Arabīya al-Markazīya bi-Batāfiyā, *Mabādi' al-Irshād*, 29. 該当箇所はアラビア語の部分。

110 Ibid., 14. 該当箇所はアラビア語の部分。

111 Ibid., 29-30. 該当箇所はアラビア語の部分。

アラブ人の子弟が「民族の言語」としてアラビア語を学ぶ必要性は、スールカティーもある程度は認めている。彼は、イルシャードの学校（おそらくバタヴィア校）が、公教育のカリキュラムに加えてアラビア語諸学と宗教諸学も教えている点で、植民地政庁の学校より優れていると主張し、その理由を次のように説明する。

> 我々の学校でオランダ語に関しては失敗したと考えられる者であっても、民族的・イスラーム的な文化と教育（al-thaqāfa wa-l-tarbiya al-qawmīya al-Islāmīya）に従って成長し、民族の言語（lughat qawm-hu）や宗教諸学を知ることになる。そのような者は、孤独を感じたり、慣習や倫理が違ったりすることなく自分の民族（qawm-hu）と暮らすことができる。その一方、政庁の学校で試験に失敗したアラブ人の子弟は、オランダ人やキリスト教徒のプリブミとは異なり、何にもならず、とりわけ教育に違いがあることで一族の重荷になってしまう[112]。

ここでの「自分の民族」とはアラブ人を、「民族の言語」とはアラビア語を指していると読み取れる。スールカティーは、インドネシア社会への適応の必要性を唱えながらも、アラブ人コミュニティの枠組みを完全には否定しておらず、アラビア語をアラブ人性の主な要素と見做していたのである。

アラブ人性の保持のために、イルシャードが開設したオランダ語アラブ人学校やオランダ語原住民学校は、公教育のカリキュラムとアラビア語教育の両立を試みた。その結果、それらの学校には、アラブ人だけではなく、植民地の公教育とアラビア語やイスラーム教育の両方を求めるプリブミの子弟も多数入学した[113]。しかし、『ハドラマウト』の論説がシャフバルに指摘したように、二種類の教育を同時に行うことは容易なことではなかった。生徒に

112　"Bayān li-Man Yufīd-hum al-Bayān," *al-Murshid* 14 (November 1938): 15. ただし、ここでスールカティーが論じている対象はやや曖昧である。この前の部分ではアラブ人の子弟だけでなく、「イスラームの宗教を知ろうとするプリブミ（man yamīlūna ilā ma'rifat al-diyāna al-Islāmīya min al-ahālī）」も考慮に入れている。

113　*Handelingen van den Volksraad*, July 25, 1938, 414.

とって、アラビア語とオランダ語という言語系統の異なる2つの外国語を一度に学ぶことは大きな負担となった[114]。オランダ語アラブ人学校の生徒は、他の「民族」のエリート初等学校の生徒よりも卒業までに時間がかかる場合が多かったようである。そして、卒業時に年をとりすぎてしまうと、公教育の中等学校に進学するための試験を受けることを拒否されるという問題が生じた[115]。

イルシャードの「現地志向」は、インドネシア・アラブ協会の立場と類似するが、アラブ人性の保持の問題に関しては異なっている。インドネシア・アラブ協会は、自分たちの「民族の言語」は、アラビア語ではなくインドネシア語だと主張していた。バスウェダンも、アラビア語を学ぶ重要性は否定していない。だが、プラナカンのアラブ人は、プリブミのムスリムがアラビア語を学ぶように、ムスリムの共通語として、またイスラームを正しく理解するためにアラビア語を学ぶべきだとする[116]。インドネシア・アラブ協会が目指したのは、アラブ人性を保持せずにプリブミのムスリム社会と完全に同化することであった。

おわりに

インドネシアという国民国家の概念が確立された1920年代末以降、アラブ人コミュニティの中では帰属意識の分裂が進んでいった。ハドラマウトに進出して後進的な状況を改革しようとする「ハドラマウト志向」が高揚する一方、インドネシア内の利害をより重視するプラナカンの動きも活発になっていった。とりわけ、1930年代後半にインドネシア・ナショナリズムを掲

114 Plas, "De Arabische Gemeente Ontwaakt," 181. オランダ語アラブ人学校は、正規のカリキュラムの中にアラビア語諸学が含まれていたわけではなかった。そのため、フォルクスラートのアラブ人議員は、アラビア語の科目として導入するように植民地政庁に請願したが、結局充分には実現しなかったようである。*Handelingen van den Volksraad*, August 12, 1939, 911.

115 Al-Idāra al-ʻUlyā li-Jamʻīyat al-Iṣlāḥ wa-l-Irshād al-ʻArabīya al-Markazīya bi-Batavia, *Mabādi' al-Irshād*, 30. 該当箇所はアラビア語の部分。

116 "Causerie tentang Kongres Bahasa Indonesia," *Insaf* 2/6 (June 1938): 102.

げるインドネシア・アラブ協会が勢力を獲得していったことで、帰属意識をめぐる問題は、アラブ人コミュニティにおける主要な対立軸となった。

また、この時期のアラブ人たちは、自分たちのコミュニティの教育活動が停滞していることに強い危機感を感じるようになった。この問題に対して、エジプトへの留学生の派遣と植民地の公教育制度の活用という「巡礼」という観点に立てば二方向に分かれる対応がとられた。一見すると、「ハドラマウト志向」の立場をとるアラブ人がエジプトへの留学生の派遣を進めたのに対し、インドネシア・アラブ協会は植民地の公教育制度の活用に取り組んでいる。しかしながら、両方の教育活動を同時に行う者たちもおり、アラブ人の帰属意識が依然として流動的であったことがうかがえる。

確かに、この時期のイルシャードの中には、ハドラマウトに学校を開設したり、エジプトに留学生を派遣したりする動きが見られる。しかし、スールカティーは、1920年代末になると教育活動をインドネシア内に限定し、アラブ人もその「進歩」に適応する必要性を唱えるとともに、プリブミのムスリムとの協力関係を重視する「現地志向」の立場を明確に示すようになる。この背景には、イスラーム世界に広まる世俗主義に対するイスラームとインドネシアのアラブ人の立場への危機感があった。1930年代のイルシャードの教育活動からは、東インドの公教育制度に対応した学校を開設し、教育活動をプリブミのムスリムにも開かれたものにするなど、スールカティーの「現地志向」に沿った動きも認められる。そして、最終的には、1939年の25周年大会で、スールカティーはイルシャード内の「ハドラマウト志向」を否定し、イルシャーディーたちの多くも、彼の意見に従うことになった。

だが、「現地志向」の立場をとるイルシャーディーたちにしても、ホスト社会に完全に同化することは望まず、アラブ人性は保持していくべきだと考えていた。彼らにとって、アラブ人性の中核と見做されていたのがアラビア語であった。しかし、アラビア語教育と植民地の公教育の両立には大きな困難が伴った。この問題の決着は、インドネシア独立後の1950年代まで持ちこされることになるのである。

第6章

独立後のインドネシア社会への統合

1942年1月に日本軍によるオランダ領東インドへの侵略が始まり、わずか2か月後の3月9日にオランダは全面降伏した。1930年代後半以降のインドネシア独立運動は協調路線が成果をあげず閉塞状況に陥っていたが、オランダによる支配はあっけない終わりを迎えた。約3年半に渡る日本軍政の終了後、1945年8月17日にインドネシア共和国は独立を宣言する。再植民地化を図ったオランダとの独立戦争を経て、1949年末にインドネシアは新しい国民国家としてようやく正式な独立を達成した。

19世紀末からオランダによる植民地支配が終了する1942年までの時期と比べると、日本軍政期からインドネシア独立後にかけてのアラブ人コミュニティを扱った研究は極端に少なくなる。元インドネシア・アラブ協会の指導者で、独立後に政治家となるバスウェダンやアルガドリの活動が取り上げられているくらいに過ぎない[1]。彼らは独立後もアラブ人コミュニティのインドネシア社会への統合に尽力したとされる。それでは、イルシャーディーたちは独立後の国民国家にどのように対応したのであろうか。前章で明らかになったように、1930年代末までには、彼らの大半も、「現地志向」の立場をとるようになり、ホスト社会に結びつく方向を選択していた。

本章は、特に1950年代のイルシャードの活動に焦点を当て、この団体が

1　日本軍政期のアラブ人コミュニティの専論は、管見の限り、Kazuhiro Arai, “Arabs under Japanese Occupation: A Preliminary Overview,” in Tetsuo Nishio(ed.), *Cultural Change in the Arab World*(Osaka: National Museum of Ethnology, 2001), 41-54のみである。日本軍政期やインドネシア独立後のインドネシア・アラブ協会の指導者の活動は、バスウェダンに関する研究やアルガドリの著作の中で言及されている。Algadri, *C. Snouck Hurgronje*, chapter 10; Suratmin, *Abdul Rahman Baswedan*, chpter 4; Jonge, “Abdul Rahman Baswedan,” 391-396.

ホスト社会に統合されていく動きが決定的なものとなることを明らかにする。その過程で、オランダ植民地期に残されたアラブ人性、特にアラビア語の問題にも一応の決着がつけられることになる。以下ではまず、オランダによる植民地統治の終了後、日本軍政期と独立革命期を経て、独立達成直後の1950年代初めにアラブ人たちの置かれた状況がどのように変化していたのかを示すことにしたい。

Ⅰ．アラブ人コミュニティの状況の変化

前章で論じたように、1920年代末からオランダ植民地期の終わりまでのアラブ人コミュニティは、帰属意識と教育活動において2つの方向に分かれていた。ところが、日本軍政期から1950年代初めにかけての急激な社会の展開は、アラブ人たちの置かれた状況に強制的な変化をもたらすことになった。

ⅰ．日本軍政期

日本軍政が始まると、イルシャードはすべての学校と支部を閉鎖させられ、組織としての活動を停止した[2]。しかし、当初日本軍は、オランダ植民地期末期に発足したイスラーム団体の連合組織であるミアイの存続を認めており、イルシャードの有力者はその中で要職を担った。ミアイの執行部は1942年9月に再編され、軍政監部指揮下の宗務部に所属する3名の日本人ムスリムと5名のインドネシアのイスラーム指導者から構成される顧問会（Badan Penasehat）が実質的な運営委員会となった。会長はムハマディヤのマス・マンスルが務め、メンバーには、ハシム・アシュアリ、ハジ・ラスル、ジャカルタの著名なアラウィーのウラマー、アリー・アル＝ハブシー ‘Alī b. ‘Abd al-Raḥmān al-Ḥabshī（1870-1968）、そしてスールカティーが任命された[3]。また、

2　Badjerei, *Al-Irsyad*, 153.

3　再編されたミアイに関しては、“Rapat M.I.A.I.: Beberapa Poetoesan,” *Asia Raja* 175（November 16, 1942）: 2; Harry J. Benda, *The Crescent and the Rising Sun: Indonesian Islam under the Japanese Occupation 1942-1945*（The Hague and Bandung: W. van Ho-

ミアイの執行部（Pengoeroes Dewan）には、ウマル・フバイスとウマル・ナージーが参加した[4]。

しかし、1943 年 11 月に日本軍がミアイを解散させ、イスラーム勢力を動員・統制するための新たな宗教組織マシュミ Masjoemi（インドネシア・ムスリム協議会 Madjelis Sjoero Muslimin Indonesia）を設置した後は、イルシャーディーたちは目立った活躍をしていない。指導者であるスールカティーは、既に同年 9 月にジャカルタで死去していた[5]。さらに、マシュミが設置された当初、軍政当局は、ムハマディヤとナフダトゥル・ウラマー以外のイスラーム団体を正式には承認しなかった[6]。イルシャードは 1940 年代末まで活動を再開できず、所有するワクフ（インドネシア語ではワカフ［wakaf］）物件の一部は失われたり、ムハマディヤに譲渡、もしくは移管されたりした。また、イルシャーディーの一部も、ムハマディヤに移った[7]。

---

eve Benda, 1958), 116-117 を参照。アリー・アル＝ハブシーについては、“Toean Sajid Ali bin Abdoerahman Alhabsi, Kwitang, Weltevreden,” *Pandji Poestaka* 6/73 (September 11, 1928): 1238-1239; Alatas, “Becoming Indonesians,” 54-60. 彼はジャカルタ（バタヴィア）のクウィタン地区にマスジドを構え、アリー・クウィタン Ali Kwitang として知られた。顧問団に加わった日本人ムスリムは、稲田将（ムスリム名モハマッド・アブドゥル・ムニアム）、小野信次（アブドゥル・ハミッド）、A・ハサン（日本名不明）である。彼らについては、小林『インドネシア』、397 を参照。

4　執行部は 22 名からなり、議長はイスラーム同盟のウォンドアミセノが務めた。他のアラブ人のメンバーとしては、バスウェダン、フシン・アラタス（いずれも元インドネシア・アラブ協会の指導者）、アラウィーのヤフヤー・ビン・ヤフヤー Yaḥyā b. ‘Uthmān b. Yaḥyā（サイイド・ウスマーンの息子）が参加している。

5　スールカティーは、日本軍政下の 1943 年 9 月 16 日にジャカルタの自宅で死去した。葬儀にはインドネシアのイスラーム指導者たちの他に、スカルノも参列した。Badjerei, *Al-Irsyad*, 71.

6　Benda, *The Crescent*, 151, 262-263. マシュミの総裁は東ジャワのジョンバンに住むハシム・アシュアリが名目的に務め、実務はマンスルとワヒド・ハシムが担った。彼らをはじめ、執行部はナフダトゥル・ウラマーとムハマディヤのメンバーから構成されたが、日本軍政期の末にはイスラーム同盟のアンワル・チョクロアミノト Anwar Tjokroaminoto（チョクロアミノトの息子）も有力な地位にあったようである。小林『インドネシア』、183.

7　Badjerei, *Al-Irsyad*, 153.

日本軍政が始まると直ちにすべての政治活動が禁止されたため、インドネシア・アラブ協会も解散を余儀なくされた[8]。日本軍政期におけるこの団体の元指導者たちの活動は、プリブミのナショナリストと同じく二手に分かれた。バスウェダンは当初は軍政当局と距離を置いていたが、最終的にはスカルノやハッタ Mohammad Hatta（1902-1980）らとともに早期の独立達成のために表向きは協力する道を選んだ。バスウェダンは、1943 年にミアイの執行部に加わったのをはじめ、1944 年にはジャワ奉公会と中央参議院のメンバーに、1945 年には独立準備調査会 Badan Penyelidik Usaha-usaha Persiapan Kemerdekaan Indonesia: BPUKI のメンバーに任命されている[9]。

その一方、ナショナリストの中には、シャフリル Sutan Sjahrir（1906-1966）やアミル・シャリフッディン Amir Sjarifuddin（1907-1948）のように、地下に潜伏し抗日運動を展開する者もいた。元インドネシア・アラブ協会の指導者では、ハミド・アルガドリが、シャリフッディンの開く集会に参加するなど一貫して日本軍政への協力を拒んだ。アルガドリは、抗日運動に関与する中でシャフリルと出会ったことを契機に、アラブ人としては例外的に、独立後にインドネシア社会党 Partai Sosialis Indonesia: PSI に参加することになる[10]。

軍政当局がアラブ人に対する特定の政策を持っていたのかという点については、先行研究の間で意見が分かれている[11]。だがいずれにせよ、日本軍政

---

8 Algadri, *C. Snouck Hurgronje*, 170, 173.

9 Algadri, *C. Snouck Hurgronje*, 170; Suratim, *Abdul Rahman Baswedan*, 97-102; Jonge, "Abdul Rahman Baswedan," 390-391. ジャワ奉公会は一元的な住民支配と動員政策のために既存の団体を解散・統合した組織であり、中央参議会はオランダ統治期のフォルクスラートに当たる軍最高指揮官の諮問機関である。独立準備調査会は、日本軍政末期の 1945 年 3 月に設置され、独立国家に必要な法的・制度的な検討を行った。

10 Algadri, *C. Snouck Hurgronje*, 170; id., *Mengarungi Indonesia*, 45-55.

11 日本軍政期のインドネシアにおけるイスラーム勢力の動向を詳細に研究したベンダは、軍政当局が汎イスラーム主義への警戒からアラブ人を特に敵視していたと論じる。デ・ヨングはベンダに同意した上で、アラブ人による商慣行の悪さが軍政当局の不信感を招いたことを加えている。他方で、ファン・デル・クルーフは、おそらく日本軍政期の後半だけに着目して、アラブ人はムスリムであるために他の「外国人」よりも優遇されたと記している。これらに対し、新井和広は、軍政当局が汎イスラーム主義をアラブ人と結びつけたり、アラブ人に関して一貫

が始まるとアラブ人の立場が一時的に悪化したとことは間違いない。軍政当局は、少なくとも公的には、「インドネシア人」による「新しいジャワ」の建設を目的に掲げていた。そのため、当初はプリブミのみが優遇される一方、華人、ヨーロッパ人、アラブ人は「外国人」として差別的な待遇を受け、様々な規制や義務が課せられた。彼らは高額の料金を払って役所で外国人登録をさせられた上に、財産に応じて戦争遂行のための特別税も徴収された。さらに、かつての外来東洋人と同じように、「外国人」は許可を得なければ移動や移転も認められなかった[12]。

しかしながら、戦局が悪化していくにつれて、軍政当局は、アラブ人に課せられた規制や義務を徐々に撤廃していった。1943年12月に、アラブ人と華人は、許可を得なくても自由に移動することが認められるようになった。1944年7月には、外国籍を持っていない限りアラブ人はプリブミと同等に扱われるという布告が出され、「外国人」に課せられた登録の義務とその手数料の支払いが免除された[13]。アラブ人の立場を改善するこれらの措置は、住民から幅広い協力を確保するために軍政当局がとった譲歩の一環と言える。軍政当局は、アラブ人だけではなくヨーロッパ人や華人の立場も改善し、ナショナリストやイスラーム指導者からの要求にも応じざるを得なくなってい

した政策をとったりした証拠は見出せず、アラブ人は他の「外国人」と同じように少数派のひとつとして扱われたと主張する。Benda, *The Crescent*, 126-128; Justus M. van der Kroef, "The Arabs in Indonesia," *Middle East Journal* 7(1953): 322-323; Arai, "Arabs under Japanese Occupation," 51-52; Huub de Jonge, "Selective Accomodation: The Hadhramis in Indonesia during World War II and the Struggle for Independence," *CSSAAME* 31/2(2011): 347-350. 日本軍は、「アラブ人問題局 Kantor Urusan Arab」や動員組織である「アラブ人会」を設置していたが、これらの活動の実態については詳らかではない。Suratmin, *Abdul Rahman Baswedan*, 100; Algadri, *Mengarungi Indonesia*, 47.

12　Arai, "Arabs under Japanese Occupation," 46-47; Jonge, "Abdul Rahman Baswedan," 389.「外国人」は「ヨーロッパ人」と「その他の外国人」に分けられ、アラブ人は後者に分類された。敵性国民である「ヨーロッパ人」の方が外国人登録料も高く、行動の規制も厳しかった。ただし、ドイツ人とイタリア人は、「外国人」から除外されたと考えられる。

13　Benda, *The Crescent*, 128, 244; Arai, "Arabs under Japanese Occupation," 49-50; Jonge, "Abdul Rahman Baswedan," 390; id., "Selective Accommodation," 348-349.

た[14]。

ここで重要なのは、アラブ人に関する政策とは関係なく、日本軍政がアラブ人コミュニティの活動に決定的な影響を及ぼしたことである。第一に、軍政当局は、それまでの教育制度を大きく変更した。イルシャードやアラブ人の学校に限らず、すべての私立学校は一旦閉鎖させられた。1942 年 4 月 29 日、特別の許可を得れば私立学校も再開できるという布告が出され、インドネシア語や地方語（ジャワ語、スンダ語、マドゥラ語など）を使用する学校のみが再開した。しかし、アラブ人の学校は許可を得るのが遅れ、イルシャードの学校の一部もようやく 1943 年半ばになってから再開された[15]。

アラブ人の学校の再開を妨げた主な要因として、軍政当局が当初すべての宗教学校におけるアラビア語教育を禁止したことがあげられる。しかし、アラビア語が使用できなければクルアーンを教えることさえ不可能になるため、この措置に対しては、プリブミのイスラーム指導者たちからも抗議の声があがった。軍政当局はアラビア語教育の禁止が不可能であることを理解し、1942 年終わりまでに、宗教教育に限ってアラビア語の使用を許可した。ただし、それには、日本語及び日本軍が定める一般教科のカリキュラムを取り入れるという条件が付けられた[16]。だが、この緩和策の後にも、アラビア語を宗教教育に限らず教授用語とするアラブ人の学校は再開できなかったもの

14　イスラーム指導者、特に伝統派のキヤイが日本軍に提出した様々な要望に関しては、小林『インドネシア』、179-187 で論じられている。

15　Benda, *The Crescent*, 243; Badjerei, *Al-Irsyad*, 154; Arai, "Arabs under Japanese Occupation," 47. ベンダによれば、1942 年 10 月までに再開の許可を得ていたアラブ人の学校は、僅か 7 校しかなかった。ベンダは、1943 年 5 月に、イスラーム教師を統制する中央機関であるインドネシア・イスラーム教師連合 Pergaboengan Goeroe Islam Indonesia が組織されたことで、アラブ人のものも含めてイスラーム学校の再開が進んだと述べている。Benda, *The Crescent*, 131. イルシャードの学校も、この時から再開されるようになったと考えられる。ただし、ジャカルタのプトジョ地区にあったイルシャードの学校に関しては、1942 年 11 月の『アジア・ラヤ *Asia Raja*』に、「宗教教育〈アラビア語とイスラーム〉に加えて、算術、地理学といった一般教科を教授することも認められた」とあり、もう少し早い時期に活動を再開していた。"Sekolah Agama: Mendapat Kelonggaran," *Asia Raja* 175（November 16, 1942）: 2.

16　Benda, *The Crescent*, 127, 243.

と思われる。

しかし、長期的に見て、日本軍政がアラブ人コミュニティの教育活動に及ぼしたより大きな影響は、オランダ植民地政庁が築き上げた公教育制度を崩壊させたことであろう。これによって、それまでアラブ人たちが進めてきた教育活動をホスト社会の「進歩」に適応させようとする試みの成果はすべて無に帰した。旧教育制度の中では、村落学校（国民学校）のみが3年制の初等国民学校（sekolah pertama）として継続したが、オランダ語アラブ人学校を含む7年制のエリート初等学校はすべて消滅し、6年制の国民学校（sekolah rakjat）に代わられた。初等国民学校では地方語が、国民学校では1、2年時のみが地方語、3年以上はインドネシア語が教授用語とされ、敵性語であるオランダ語の教育は廃止された。日本軍は日本語の強制普及をはかったが短期間で成果があがるはずはなく、行政や報道、戦争遂行への協力を求める宣伝ではインドネシア語に頼らざるを得なかった。結果としてインドネシア語は社会に普及し、国語としての地位を確固たるものとした[17]。

日本軍政がアラブ人コミュニティに決定的な影響を及ぼしたもうひとつの点は、ハドラマウトとの関係を断絶させたことである[18]。東南アジアへの大規模なハドラミー移民の流れは、この時点で終焉を迎えたとされる。戦時中にインド洋の海上交通が絶たれただけでなく、インドネシア独立後も外国人による海外送金の規制や後述の「経済ナショナリズム」の高まりもあって新たな移住者にとって経済活動の扉は閉ざされた。そのため、第二次世界大戦終了後も、ハドラマウトからの移住活動が回復することはなかった[19]。これ

17　戸田「インドネシア教育史」、131-132; Ricklefs, *A History of Modern Indonesia*, 238.

18　Lekon, “The Impact of Remittances,” 271-273. 東南アジアの移住地との関係が断たれたことで、ハドラマウトにも深刻な影響がもたらされた。ハドラマウトでは1943年と1944年に大規模な飢饉に見舞われたが、移住地からの送金が途絶えたことで状況はさらに悪化した。

19　ただし、日本軍政終了後から1949年末のインドネシア独立達成までの間に、ハドラマウトからの移民が全く回復しなかったのか、という点については疑問が残る。1950年のインドネシアにおけるアラブ人の入国者数は491名であり、これは20世紀前半のアラブ人の入国者の数と同程度である。もっとも、アラブ人の入国者数はその後1955年までには大幅に減少している。*Volkstelling 1930*, vol.

以降、ハドラミー移民の主な目的地は、ヒジャーズ、アデン、湾岸諸国、そして東アフリカ沿岸部になった。

ii．独立革命期から独立直後

1945年8月15日に日本が連合軍に降伏すると、その2日後の17日にインドネシア共和国は独立を宣言した[20]。直ちに独立準備委員会が招集され、インドネシア共和国憲法（「45年憲法」）を制定し、スカルノとハッタをそれぞれ正副大統領に指名した。同年に、政党結成を促す宣言が出され、国民党、共産党、社会党、マシュミ党など多くの政党が再建・創設された[21]。このうちマシュミ党は、日本軍政下に設置された同名の宗教組織を基盤に、1945年11月に設立されたイスラーム勢力を統合する政党で、独立直後には最大の政治勢力であった。これらの政党にはアラブ人も参加を認められたこともあって、元インドネシア・アラブ協会の指導者たちは、「アラブ人の政党」を再建しないことに決めた[22]。

インドネシア共和国の独立を認めないオランダは、再植民地化を意図してイギリスなどとともに連合軍の一部として侵略を開始した。これに対し、ナフダトゥル・ウラマーは1945年10月と1946年3月にジハード（jihād, 聖戦）を宣言し、マシュミ党も結党の際に共和国防衛を呼びかけ、多数のムスリムが独立革命に動員された[23]。1946年以降、オランダが支配下に治めた地域では、東インドネシア国や西ボルネオ国といった傀儡国家が建設され、共和国の分断がはかられた。アラブ人コミュニティの中では、インドー・アラブ同盟及びインドー・アラブ運動の指導者であったムハンマド・ビン・アブドゥッラーアル＝アムーディーに率いられた少数のグループがオランダ側

7, 49; C. H. Schaap, “De Buitenlanders in Indonesië,” *Indonesië* 10（1957）: 170.

20　独立革命期のインドネシアについては、George McTurnan Kahin, *Nationalism and Revolution in Indonesia*（Ithaca: Cornell University Press, 1969）の chapter 5 以降で詳細に論じられている。

21　Kahin, *Nationalism and Revolution in Indonesia*, 154-164.

22　Algadri, *C. Snouck Hurgronje*, 173.

23　B. J. Boland, *The Struggle of Islam in Modern Indonesia*（The Hague; Martinus Nijhoff, 1982）, 43; Bruinessen, *NU*, 51-54.

についた[24]。しかしながら、大多数のアラブ人はインドネシア共和国を支持し、独立革命に参加した。独立準備委員会によって設置され、共和国の国会の役割を果たした中央国民委員会 Komite Nasional Indonesia Pusat: KNIP には、バスウェダンやアルガドリ、さらに 1947 年にはウマル・フバイスが任命されている[25]。また、バスウェダンは 1946 年発足の第三次シャフリル内閣で情報省副大臣に登用され、翌年にはアグス・サリム率いる使節団に加わってカイロに赴き、アラブ連盟からインドネシア共和国独立の承認を獲得することに貢献した[26]。

最終的にオランダは国際世論の圧力に屈し、インドネシアの独立を認めざるを得なくなった。1949 年 8 月 23 日から 11 月 2 日にかけて、インドネシア共和国、オランダ、そしてオランダの傀儡国家の代表がハーグに集まり円卓会議が開かれた。その結果、12 月 27 日にハーグ協定が発効され、インドネシア共和国と傀儡国家から構成されるインドネシア連邦共和国にオランダから主権が移譲された。その後すぐに傀儡国家は消滅して共和国に編入されていき、翌年 8 月 15 日にはインドネシア共和国暫定憲法（「50 年憲法」）が公布されるとともに、連邦共和国が解散して単一のインドネシア共和国が樹立された。

多くのアラブ人はインドネシアの独立運動を支持し、共和国側についたにも拘らず、独立革命期から独立達成直後にかけての時期には、社会の中で不安定な立場に置かれていた。日本軍政末期に認められたプリブミと同等の法的な地位は無効とされ、アラブ人は華人とヨーロッパ人とともに、「少数派集団（golongan kecil, minoritas）」に分類された。少数派集団は、主に次の二つの点でプリブミ（当時はインドネシア・アスリ［Indonesia-Asli, 固有のインドネシア人］と呼ばれた）とは異なる扱いを受けた。

24　Algadri, *C. Snouck Hurgronje*, 174; Jonge, "Selective Accommodation," 351.

25　Algadri, *C. Snouck Hurgronje*, 173; Suratmin, *Abdul Rahman Baswedan*, 103; Mahfudz, "Al-Ustadz," 31; Jonge, "Abdul Rahman Baswedan," 391. 中央国民委員会には、著名なナショナリスト、主要な民族・宗教・社会・経済集団の指導者が任命された。当初は大統領の諮問機関だったが、後に立法権も与えられた。Kahin, *Nationalism and Revolution*, 140.

26　Suratmin, *Abdul Rahman Baswedan*, 105-118.

第一の点は、インドネシア国籍に関する規定と取得の方法である。1946年に定められた国籍法は、インドネシア国民（Warga Negara Indonesia）として、まず「インドネシア国家の領域内の固有の人々（orang jang asli dalam daerah Negara Indonesia）」、すなわちプリブミをあげている。しかし、それ以外の者にも、以下の条件を満たすことで国籍が認められた。すなわち、インドネシア国家の領域に生まれ、その時点まで5年以上そこに継続的に居住し、21歳以上であるか結婚をしている者で、他の国籍の保持を理由にインドネシア国籍を拒否をしない場合である[27]。ハーグ円卓会議の際には、プリブミは自動的にインドネシア国民となるが、少数派集団は自発的に手続きを行わない限り国籍を取得できない制度を設けるべきとする意見も出された。しかし、少数派住民の働きかけもあって、2年以内に拒否をしなければ自動的に国籍を取得できる制度が適用されることになった[28]。結局、ほとんどのアラブ人は、インドネシア国籍を得ることを選んだ[29]。

少数派集団がプリブミと異なる扱いを受けた第二の点は、将来開催されることになっていた国民議会 Dewan Perwakilan Rakyat: DPR での少数派集団への議席の割り当ての規定であった。この規定はハーグ円卓会議の中で決められ、1950年のインドネシア共和国暫定憲法でも定められていた。それによれば、華人は9名、ヨーロッパ人は6名、アラブ人は3名の代表の議席が割り当てられ、仮に選挙の結果これに満たない場合にも任命によって議席数が保証されることになった[30]。この規定に関しては、自分たちをプリブミから

27　S. Goutama, *Warga Negara dan Orang Asing: Berikut 42 Peraturan2 dan Contoh2*, 3rd ed.（Bandung: Penerbit Alumni, 1975）, 133-134.

28　Algadri, *C. Snouck Hurgronje*, 177-178. ハーグ円卓会議の際に決められたインドネシア国籍に関する詳細については、Goutama, *Warga Negara*, 85-89 を参照。

29　アルガドリによれば、インドネシア国籍を得ることを拒んだアラブ人は、ほんの2、3人しかいなかった。Algadri, *C. Snouck Hurgronje*, 178. 独立前からインドネシアに住むジャカルタのアブドゥルアズィーズ・ビン・ターリブ Abd al-Aziz bin Thalib 氏も、ほとんどのアラブ人はインドネシア国籍を取得したと述べている（筆者とのインタビュー、2011年5月1日、ジャカルタ）。他方で、約150万人いたインドネシア生まれの華人のうち、約39万人がインドネシア国籍を拒否した。さらに、特に華人の場合には、数多くの二重国籍者の存在が問題として残った。Suryadinata, *Pribumi Indonesians*, 115.

分断する措置だとして、多くのアラブ人から反対の声があがった。アルガドリら元インドネシア・アラブ協会のメンバーは、1950 年 12 月にマランで、「アラブ系インドネシア人会議 Badan Konperensi Bangsa Indonesia Turunan Arab」を結成し、憲法における少数派集団への議席割り当て規定の廃止を目指した[31]。イルシャードも、既存の政党がインドネシアのすべての社会層と民族の意思を充分に反映しているとして、アラブ人少数派集団の代表が議会に任命されないように努めた[32]。

アラブ人コミュニティが少数派集団として扱われることを忌避した要因として指摘できるのが、当時インドネシア社会で高まっていた排外主義である。1950 年代前半には、経済的な弱者と見做されていたプリブミの保護を意図して、「経済ナショナリズム」の政策が相次いでとられた。1950 年初めに輸入業におけるプリブミ業者を優遇する「ベンテン政策 Sistem Benteng」が導入され、1954 年には精米業や港湾施設関連の業務をプリブミのものとすることを促す法令が定められた。さらに、それらの政策の成果が不充分なものに終わると、1956 年には、経済分野におけるプリブミの徹底保護を政府に求める運動が国民議会議員アサート Assaat によって起こされた[33]。これらの動きが主な標的としたのは華人であったが、アラブ人にとっても決して好ましい状況とは言えなかった。彼らも経済的な強者と見做されており、1955 年の総選挙の際には、世俗的な政治勢力である国民党や共産党による攻撃の対象になった[34]。

以上のことから、オランダ植民地期の終了からインドネシア独立直後にかけてのアラブ人コミュニティの状況の変化としては、2 つの点が重要だと言える。第一に、オランダ植民地政庁による公教育制度が日本軍政期に崩壊し

30　日本国際問題研究所・インドネシア部会編、播里枝監修『インドネシア資料集　上』（日本国際問題研究所 1972）、264.

31　Algadri, *C. Snouck Hurgronje*, 177-179.

32　Badjerei, *Al-Irsyad*, 168.

33　Suryadinata, *Pribumi Indonesians*, 129-134; 貞好『華人のインドネシア現代史』、141-142.

34　No title, *Gema Pemuda Al-Irsjad* 2/7（October 1955）: 5; Jonge, “Abdul Rahman Baswedan,” 393.

たことである。インドネシア国家による新たな教育制度の構築が始まる中で、アラブ人たちは自分たちのコミュニティの教育活動の方針を決めなければならなくなった。第二にあげられるのが、日本軍政の開始を機にハドラマウトとの関係が断絶し、独立後にほとんどのアラブ人がインドネシア国籍を選んだことである。彼らはホスト社会に適応せざるを得なくなったが、少数派集団のひとつとして不安定な立場に置かれた。

Ⅱ. 1950年代のイルシャード

1949年半ば過ぎから、イルシャードは組織としての機能を回復し始めた。この年の8月にジャカルタで開かれた大会で新たな執行部が選出され、支部や学校も再開していった[35]。そして、1950年代に入ると、イルシャードは2つの重要な動きをとおして決定的な変容を遂げ、独立後から現在までの活動の方向性を決定することになる。

ⅰ. マシュミ党との接近

1950年代におけるイルシャードの重要な動きのひとつは、イスラーム政党マシュミに接近したことである。イルシャードがインドネシアのイスラーム勢力の連合組織に加わったのは、これが初めてというわけではない。前述のように、イルシャードはマシュミ党の前身であるミアイやさらにその前身の東インド・イスラーム会議にも参加している。だが、ここで特筆すべきなのは、基本的に社会団体であるイルシャードが政党と公式の関係を持ったのは、結成以来この時期だけだということである。

マシュミ党との関係は、イルシャードが活動を再開した直後から始まった。1949年8月にジャカルタで開かれた前述のイルシャードの大会に、マシュミ党の指導者ナシル Mohammad Natsir（1908-1993）が出席した[36]。ナシルは、西スマトラのミナンカバウ地方の出身で、オランダ語原住民学校とミュローを経てバンドゥンの普通中学校を卒業しており、高度な西欧式の教育を受け

35　Badjerei, *Al-Irsyad*, 157-158.

36　Ibid., 157.

ていた。他方で、バンドゥンではプルシスのメンバーとなってアフマド・ハッサンに師事するとともに、イスラーム同盟の活動にも関与してアグス・サリムから政治運動について学んだ。さらに、ハッサンを介してナシルはスールカティーとも交流を持ち、彼からイスラーム改革主義思想の影響を受けた[37]。マシュミ党の執行部では、ナシルのような近代的な西欧教育を受けた改革派が中核を担った。

1951 年 9 月頃、イルシャード本部はマシュミ党の本部に特別会員（anggota istimewa）の資格を得るための要望を送った[38]。特別会員の資格とは、個人に与えられる通常会員の資格とは異なり、イスラーム団体に与えられるものである。イルシャードは、他の特別会員の賛同によって同年 12 月 10 日よりマシュミ党の特別会員となることが認められた[39]。マシュミ党の特別会員の資格は、他にも、ムハマディヤ、ナフダトゥル・ウラマー、プルシスなどが得ている[40]。ただし、ナフダトゥル・ウラマーは、党内における伝統派の待遇に不満を抱き、1952 年 4 月に離脱して独自の政党を設立した。また、イスラーム同盟党のメンバーはマシュミ党の結成には参加したが、1947 年に離脱して彼ら自身の党を再建していた[41]。

特別会員になったことによって、「社会的な事柄や教育など（soal2 sosial, perguruan dan lain2）」はそれまでどおりイルシャードに委ねられたが、「政治に関する事柄（soal2 politik）」については、イルシャードはマシュミ党の影響下に入った。マシュミ党の機関紙『ブリタ・マシュミ *Berita Masjumi*』は、

37　ナシルの経歴や思想については、間苧谷『現代インドネシア研究』、第 4 章、特にサリムからの影響については、Feener, *Muslim Legal Thought*, 83-106 を参照。スールカティーとの関係については、Ajip Rosidi, *M. Natsir: Sebuah Biografi*（Jakarta: Girimukti Pasaka, 1990）, 167 で述べられている。

38　"“Al-Irsjad” Mendjadi Anggota Istimewa Masjumi," *Berita Masjumi* 2/99（September 28, 1951）: 3.

39　“Al-Irsjad Disahkan sebagai Anggota Istimewa Masjumi,” *Berita Masjumi* 2/116（December 14, 1951）: 1.

40　Ibid. マシュミ党の特別会員については、H. Aboebakar（ed.）, *Sejarah Hidup K.H.A. Wahid Hasjim dan Karangan Tersiar*（Jakarta: Panitiya Buku Peringatan Alm. K.H.A. Wahid Hasjim, 1957）, 385 に説明がある。

41　Boland, *The Struggle of Islam*, 45-47.

マシュミ党がイルシャードの「イマーム（imam, 導師、指導者）」となり、「インドネシア唯一のイスラーム政党（satu2nja partai politik Islam Indonesia）として、神のお許し〔と〕恩寵のもとにおける安寧で繁栄した国家（negara jang aman dan makmur, dibawah ampunan limpah［dan］kurnia Ilahi）という理想の達成において〔イルシャードがマシュミに〕従うことになった」と伝えている[42]。この直後の12月11日から16日にかけてスラカルタで開かれたイルシャードの大会では、ナシルがイルシャード本部の顧問（penasehat umum）に就任した[43]。

ここで注目すべきなのは、マシュミ党との関係を深めていった時期に、イルシャードは、「ハドラミー」や「アラブ人」の性質を表に出さなくなったことである。例えば、1951年にスラカルタで開かれたイルシャードの大会で改定された協会の規約には、活動目的として次の内容が掲げられている。

a. イスラームの教え、命令、法規定（adjaran, perintah dan hukum2 agama Islam）を、アッラーの書〈クルアーン〉の中で定められたように、またアッラーの使徒のスンナによって例示されているように、可能な限り正しく実行すること。

b. イスラームに則った生活と人生を、可能な限り広い意味で推奨すること。

c. 共通の利益となり、イスラームの命令や法規定、国家権力の法律に反することがない事柄において、他の集団や協会と協力すること。

これまでの規約には、活動目的の対象として、「アラブ人の共同体」（1915年）や「イスラームの共同体一般、特にアラブ人の〔共同体〕」（1931年）があげられていた。それに対して、新たな規約では、もはや「アラブ人」という言葉が用いられなくなっている[44]。

---

42 "Sambutan Al-Irsjad terhadap Pengakuan MASJUMI," *Berita Masjumi* 2/123（January 24, 1952）: 1. 実際には、この時マシュミ党がインドネシア唯一のイスラーム政党であったわけではない。イスラーム同盟の他にも、中部スマトラのプルティPerti（イスラーム教育運動 Pergerakan Tarbiyah Islamiyah）が1946年にマシュミを離脱して独自の政党を結成していた。Boland, *The Struggle of Islam*, 47.

43 Badjerei, *Al-Irsyad*, 162.

もうひとつ重要な点は、協力関係を望んでいたのがイルシャード側だけではなく、1955年の総選挙の際にはマシュミ党もイルシャードに支援を求めていたことである。国民議会選挙直前の9月25日に、ジャカルタでイルシャード青年部 Pemuda Al-Irsjad の設立16周年記念行事が開かれた[45]。この行事は、公には、「専らイルシャード青年部の設立記念日であり、決して一部の招待客が考えているような総選挙のためのキャンペーンを伴っているわけではない」とされていた[46]。しかし、当時インドネシアに滞在し、総選挙について調査したフェイスによれば、「その期間、特に1954年と1955年には、実質的にすべての公の行事が選挙活動のための場所であった」。ナシルだけでなく、やはりマシュミの有力者であるルム Mohammad Roem（1908-1983）も招待されて出席し、演説まで行っていることから、この行事が総選挙と無関係だったとは考え難い[47]。

行事の冒頭では、当時イルシャード青年部ジャカルタ支部長であったフセイン・バジュレイ Hussein Badjerei（1933-2005）が挨拶を述べた[48]。その中で、バジュレイは、イルシャード青年部がアラブ人だけでなく、インドネシアの

44　1951年に改定された規約については、“Anggaran Dasar dari Perhimpunan Al-Irsjad,” *Gema Pemuda Al-Irsjad* 1/6（October 1954）: 9-15に掲載されている。この中では、団体の正式名称として、「改革と導きのためのイスラーム協会 Djamyat Al-Islah wal-Irsjad Al-Islamiyah」という「アラブ人」を外したものが用いられていることが確認できる。

45　イルシャード青年部は、1930年に結成されたイルシャード卒業生同盟 Waḥdat al-Mutakharrijī al-Irshād が1939年に改称したものである。Mobini-Kesheh, *The Hadrami Awakening*, 70.

46　“Peringatan Ulang Tahun Pemuda Al-Irsjad,” *Gema Pemuda Al-Irsjad* 2/7（October 1955）: 11.

47　Herbert Feith, *The Decline of Constitutional Democracy in Indonesia*（Ithaca and New York: Cornell University Press, 1962）, 353. 結局欠席したが、他にも2人のマシュミ党の有力者、カスマン・シンゴディメジョ Kasman Singodimedjo とアンワル・ハルヨノ Anwar Harjono もこの行事に出席する予定であった。ただし、マシュミ党の指導者だけでなく、イスラーム同盟の指導者アンワル・チョクロアミノトもこの行事に出席している。

48　フセイン・バジュレイはアブドゥッラー・バージュライの息子で、独立後にイルシャード青年部やイルシャードの中央執行部の要職を務めた。彼については詳細な自伝がある。Badjerei, *Anak Krukut*.

すべてのムスリムのための組織であることを強調している。彼によれば、イルシャード青年部に、「アラブ系インドネシアの青年（pemuda2 Indonesia keturunan Arab）」が多いことは事実であるが、「インドネシア・アスリの青年（pemuda Indonesia ASLI, 大文字原文）」も少なくない。バジュレイは、イルシャードに対する認識の問題について、「小さな問題のひとつ、真剣に注意を払う必要のない認識の問題に見えるかもしれないが、我々は依然として注意を払う必要があるものだと考えている」と述べている[49]。

他方で、この行事の最後にはナシルが演説を行い、その中で「イルシャード青年部の秤（neratja）は肯定的な方向に傾いている」と評価している。彼によれば、イルシャード青年部が達成した成果には、否定的なものと肯定的なものが見られる。否定的な成果とは、「青年が流れの中にさらっていかれることがないようにおさえていること、すなわち〔青年が〕組織の中にとどめられていること」であり、肯定的な成果とは、「青年にとっての社会問題（persoalan masjarakat kepada pemuda）」、つまり「モラルの危機（krisis moril）」と対峙したことである[50]。

いささか曖昧な表現であるが、前者に関しては、ナシルはイルシャード青年部が「〔選挙に関して〕何の声明も出していない」と述べていることから、マシュミ党支持の立場を明確にしていなかったことを示していると推察される。イルシャード青年部は、イルシャードとマシュミ党の協力関係に必ずしも満足していなかった[51]。その一方、後者の「モラルの危機」というのは、

---

49 "Peringatan Ulang Tahun Pemuda Al-Irsjad," *Gema Pemuda Al-Irsjad* 2/7 (October 1955): 11.

50 Ibid., 13-14.

51 イルシャード青年部は、1945年に結成されたインドネシア・イスラーム青年運動 Gerakan Pemuda Islam Indonesia: GPII に参加していた。しかし、マシュミ党の特別会員になったことで、イルシャードの資金はマシュミ党との活動により多くあてられようになった。イルシャード青年部は、このことに不満を感じていたようである。バージュレイは、マシュミ党との関係が「イルシャード内部の機能回復（rehabilitasi）の努力や過程を妨げた」と記している。Badjerei, *Al-Irsyad*, 160. さらに、1956年には、第二次中東戦争（スエズ戦争）に関して明確な態度をとらなかったことについて、イルシャード青年部からマシュミに対する批判が生じている。Badjerei, *Anak Krukut*, 94-95.

当時の状況を考慮すれば、国民党や共産党といった世俗的な政治勢力に対するイスラームの危機のことを指していると考えられる。世俗的な政治勢力が「イスラーム国家」の建設に反対したのに対し、ナシルらイスラーム指導者は、イスラームはパンチャシラ（Pancasila, インドネシア共和国の公的な理念である建国五原則）と矛盾しないと主張していた[52]。すなわち、ナシルは、総選挙でイスラーム勢力、特にマシュミ党を支持するようイルシャード青年部に求めたと読み取れる。

ここで注意すべきなのは、マシュミ党のメンバーは、イルシャードだけでなく、アラブ人コミュニティ全体に対して好意的な態度をとっていたということである。マシュミ系の定期刊行物『ヒクマ *Hikmah*』には、少数派集団、特にアラブ人の置かれた苦境の解決を求める論説がしばしば掲載されている[53]。さらに、マシュミ党は、1955年3月にスラカルタで、アラブ人少数派の問題を議論するための会議を主催した[54]。この会議では、当時マシュミ党の有力な人物の一人であったハムカが講演を行っている[55]。

ハムカによれば、中東であれ東南アジアであれ、本来イスラームには土着系（aseli）や非土着系（bukan aseli）、少数派（minoriteit）などといった概念は存在しなかった。かつてムスリムにとっての民族性（kebangsaan）とは、イスラーム性（keIslaman）のみだったのである。その上で彼は次にように続けている。

52　当時のインドネシアの政治状況、特にイスラーム勢力と世俗的な政治勢力の対立については、Feith, *The Decline*, 353-366; Boland, *The Struggle of Islam*, 47-48; Feener, *Muslim Legal Thought*, 88-91 を参照せよ。

53　例えば以下の論説を見よ。“Majoriteit dan Minoriteit,” *Hikmah* 4/13（December 22, 1951）: 6-7; “Golongan Tionghoa dan Masjarakat Islam,” *Hikmah* 7/5（January 30, 1954）: 5-6.『ヒクマ』の編集にはバスウェダンが参加していた。このことが、アラブ人をはじめとする少数派の問題が積極的に取り上げられた理由のひとつと考えられる。

54　“Hubungan Kewarganegaraan dengan Kebudajaan,” *Hikmah* 8/20-21（August 14, 1955）: 15.

55　“Warga Negara Indonesia Turunan Arab: ‘Asli tadak Asli’ dan Perkembangan Seni Indonesia,” *Hikmah* 8/17（April 23, 1955）: 6-7, 22.

どこであれムスリムが住むところは、そここそがその者が神に奉仕をする場所であり、その者は自分の住む土地において善行を行うのである。その国の土着系住民の子孫（keturunan jang aseli dari negeri itu）でないからといって、何もしなかったり、自身の責任を感じなかったりすることがムスリムに許されることはない[56]。

このような考えに基づき、ハムカはインドネシアの、特に文学や芸術におけるアラブ人の貢献に言及している。彼によれば、ハムザ・ファンスーリー Hamzah Fansuri、ムンシ・アブドゥッラー Munshi Abdullah（アブドゥッラー・アブドゥルカディル Abdullah Abdul Kadir）、ラデン・サレフ Raden Saleh ら歴史上の人物は、この地域において大きな功績を残した[57]。さらに、フバイスやバスウェダン、そしてより若い世代のアラブ人の名前をあげ、「アラブ系の真のインドネシアの子供たち（anak2 bangsa Indonesia sedjati keturunan Arab）」が、かつてと同じように重要な地位を占めるようになるであろうとハムカは述べている。

以上のハムカの講演からは、次の2つの考えを読み取ることができる。まず、イスラームが民族性を超えた紐帯であるということ、そして、アラブ人がインドネシア文化の一部を構成しているということである。マシュミ党は、イスラームを新たな国民国家のイデオロギーとして確立し、社会のイスラーム化を進展させることを目指していた。このような政策から、マシュミ党の指導者たちは、アラブ人を単なる宗教上の同胞ではなく、イスラームに基づいたインドネシア社会の不可分の要素と見做したのだと推察される。

国民議会選挙の結果は、国民党が22.3%、マシュミ党が20.9%、ナフダトゥル・ウラマー党が18.4%、そして共産党が16.4%と票を分け合う形となった[58]。マシュミ党が国民党に敗れて第二党になり、しかもすべてのイスラ

---

56 Ibid. 6.

57 これらの人物のうち、ハムザ・ファンスーリーは、一般にはアラブ系とは見做されていない。また、ムンシ・アブドゥッラーはインドネシアではなくマラヤで活躍した人物である。ただし、両者ともムラユ語（インドネシア語）の発展に大きく貢献したことは間違いない。

58 Feith, *The Decline*, 434. 社会党やイスラーム同盟党は数%しか獲得できず、小

ーム政党を合わせても 50% の票も得ることができなかったことは、イスラーム指導者たちを落胆させた[59]。しかしながら、諸政党から立候補したアラブ人が割り当てられていた 3 議席以上を獲得したために、前述の議席割り当ての問題は事実上解決することになった[60]。イルシャードからは、ウマル・フバイスがマシュミ党に所属して、1956 年に制憲議会 Konstituante の議員に、後には国民議会の議員にもなっている[61]。

インドネシア独立直後、アラブ人が少数派集団のひとつとして不安定な立場に置かれていた時期に、イルシャードは、イスラーム政党であるマシュミと緊密な関係を築いていった。他方で、マシュミ党の側では、世俗的ナショナリストとイデオロギーをめぐり対立する中で、アラブ人をイスラームに基づくインドネシア社会の一部として受け入れていた。このようにして、イルシャードはインドネシアのイスラーム団体として地歩を固めることに成功する一方、「アラブ人」や「ハドラミー」の性質は表に出さなくなったのである。

ii．教育活動の決定

1950 年代におけるイルシャードのもうひとつの重要な動きとして、独立後のインドネシアにおける教育活動の方針を決定したことがあげられる。オランダ植民地期には、結局はインドネシアの住民のうちごく限られた人々しか公教育を受けることはできなかった。これに対し、インドネシア政府はインドネシア語を国語とする義務教育の普及を目指し、1945 年憲法にも国民

党に転落した。なお、同年に行われた制憲議会選挙においても、各党の得票率は国民議会選挙のものと概ね同じであった。

59　Boland, *The Struggle of Islam*, 52-54.

60　アルガドリによれば、総選挙では政党に所属して出馬したすべてのアラブ人の候補者が当選した。Algadri, *C. Snouck Hurgronje*, 179. 確認することができたものとして、ウマル・フバイスの他に、アルガドリが社会党、バスウェダンがマシュミ党所属の議員となっている。Hamid Algadri, *Suka-Duka Masa Revolusi*（Jakarta: Penerbit Universitas Indonesia, 1991）, 144; Suratmin, *Abdul Rahman Baswedan*, 131.

61　Ibid., 31; Badjerei, *Al-Irsyad*, 169. バジュレイはウマル・フバイスが国民議会の議員になったのを 1959 年としているが、アフマド・マフフーズは 1957 年と述べている。Mahfudz, “Al-Ustadz Umar Hubeis,” 31.

が教育を受ける権利と政府が教育を与える義務が明記された。1950年代になり新たな教育政策が本格的に実施されていく中で、イルシャードは対応を迫られるようになった[62]。

独立後のインドネシアにおける公教育制度には、かつてのような「民族」別の区分はなくなったが、オランダ植民地期に起源を持つ二元的な制度が形成された[63]。そのひとつは、スコラ（sekolah）と呼ばれる一般学校系統である。この系統は、オランダ植民地期の公教育制度の学校をもとにしており、教育文化省の管轄に置かれている。もうひとつは、宗教省が管轄する宗教学校系統でマドラサと呼ばれる。これは、20世紀前半にイスラーム教育の改革によって普及したマドラサから発展したものである。さらに、これら2つの系統と別に、特定のカリキュラムが定められていないイスラーム寄宿塾プサントレンがあり、宗教省によって管轄されている。

イルシャードは、1954年11月にスラバヤで開かれた大会の中で新たな教育活動の方針を決定した。それによれば、イルシャードの学校の種類は、幼稚園（rawḍat al-aṭfāl/taman kanak2）、国民学校（madrasa ibtidā'īya/sekolah rakjat）、中学校・高等学校（madrasa i'dādīya, madrasa thānawīya/sekolah menengah）、師範学校（kullīyat mu'allimīn/perguruan tinggi）の4種類とされた。重要なのは、師範学校を除いたすべての学校の教授用語がインドネシア語に定められたことである[64]。さらに、この決定には明記されていないが、師範学校を除いて、これらの学校は一般学校系統に属するものであったと考えられる。アラビア語諸学と宗教諸学については、「付属的な学問（'ulūm iḍāfīya）」として教えら

62　インドネシアの教育政策は既に独立革命期に始まっているが、本格的に実施されるのは1950年代になってからのことである。H. A. R. Tilaar, *50 Tahun Pembangunan Pendidikan Nasional, 1945-1995: Suatu Analisis Kebijakan* (Jakarta: Grasindo, 1995), chapter 4.

63　Noer, *Administrasi Islam*, chapter 3; Jabali and Jamhari (eds.), *IAIN dan Modernisasi Islam*, 91 footnote 2.

64　"Keputusan2 Mu'amar al-Irsjad ke 28 & Peringatan 40 Tahun," *Gema Pemuda al-Irsjad* 1/8 (December 1954): 12; "Naṣīb al-Madāris al-Islāmīya," *al-Murshid* 3/2 (June 15, 1956): 5. 公教育制度における宗教学校系統には、宗教師範学校（pendidikan guru agama: PGA）があったが、後で見るように、ここでの師範学校はそれとは別のものである。

れることとされた[65]。

だが、アラビア語教育の重視を止める決定に、イルシャーディーのすべてが直ちに納得したわけではなかった。同じく1954年11月に開かれたイルシャード青年部の会議では、3校の中学校（sekolah landjutan pertama）の開設が提案された。それらの学校は、それぞれ、アラビア語諸学と宗教諸学と専門とするもの、アラビア語諸学と宗教諸学を中心に普通科目も追加的に教えるもの、普通科目を中心にアラビア語諸学と宗教諸学を追加的に教えるものとされた[66]。これらの中学校は、おそらく初等教育を終えた生徒が進学するものであり、公教育制度に対応しつつもアラビア語教育を残そうとする意図がうかがえる。さらに、1956年には、イルシャード系の定期刊行物『ムルシド *al-Murshid*』において、教育活動の方針の決定をめぐって議論が起こった。

オランダ植民地期からのイルシャードの指導的人物の一人であり、教育活動に深く関与してきたウマル・ナージーは、大会の決定を擁護する論説を寄稿した[67]。ナージーの議論は、「ラクダ（jamal）」と「知識のキャラバン（qāfilat al-ʻilm）」という比喩を用い、アラブ人がホスト社会の「進歩」から取り残されないようにすることを要点としている。彼の考えでは、イルシャードが公的な支援を受けずに教育活動を行っていくことは、以前から不可能であった。そのため、オランダ植民地期のイルシャードは、「オランダの知識のキャラバン（qāfilat al-ʻilm al-Hūlandīya）」に自分たちのラクダを加えようとしていた。しかし、「新しい時代になり、インドネシア語がオランダ語に取って代わった」ので、イルシャードは、新しい「知識のキャラバン」に自分たちのラクダを加えなければならない。ナージーは、「今回は以前のようにキャラバンを逃してはならない。そのために、我々は、付属的な学問をアラビア語と宗教に変更しながら、我々の学校が現地政府のカリキュラム（minhāj al-ḥukūma al-waṭanīya）に従うことを決定したのである」と訴えている。さらに、ナージーは、イルシャードの学校制度を一般学校系統にするようにも主

65　“Madāris al-Irshād Māḍī-hā wa-Ḥāḍir-hā,” *al-Murshid* 3/2 (June 15, 1956): 7.

66　“Panitia ad hoc Konggres Pemuda Al-Irsjad II,” *Gema Pemuda al-Irsjad* 1/8 (December 1954): 9.

67　“Madāris al-Irshād Māḍī-hā wa-Ḥāḍir-hā,” 6-7.

張していたようである。彼がそのように唱えたのは、この時期のインドネシア政府は一般学校系統を重視していたため、宗教学校系統は充分に整備されていなかったためだと推察される[68]。

その一方、イルシャーディーの中には、大会の決定に異議を唱える者もいた。マランの学校の教師であったウマル・ビン・ターリブ 'Umar b. Ṭālib は、イルシャードの学校を一般学校系統とすることにも教授用語をインドネシア語とすることにも反対している。彼は特にアラビア語教育の重要性を強調し、イルシャードがその使命（risāla）を果たすためには、アラビア語を教授用語とし続けなければならないと主張する[69]。ビン・ターリブの見解はナージーと異なり、政府の支援を得なくても、アラブ人コミュニティの力だけで、小学校から中学や高等学校、さらには高等教育機関を開設することが可能である。また、仮にイルシャードの学校がインドネシア政府の公教育制度に従うとしても、一般学校系統とすることは認めず、教授用語はインドネシア語ではなく、あくまでアラビア語でなければならないとビン・ターリブは唱える。

また、これらの意見とは別に、中東アラブ地域とのネットワークを活用して、ホスト社会への適応とアラブ人性の保持の両立をはかろうとする計画も出された。『ムルシド』に寄稿したある匿名の人物は、エジプトの「イスラーム会議 al-Mu'tamar al-Islāmī」から支援を得て、インドネシア政府の公教

68 "Kayfa Yajibu An Tu'addiya al-Irshād Risālat-hā," *al-Murshid* 3/5 (September 15, 1956): 16-17. 宗教学校系統の整備が進むのは、1960 年から 1970 年代のことである。Jabali and Jamhari (eds.), *IAIN dan Modernisasi Islam*, 120-122; 西野節男「インドネシアの公教育と宗教」江原武一編著『世界の公教育と宗教』（東信堂 2003)、305. Azra, Afrianty and Hefner, "Pesantren and Madrasa," 186.

69 "Kayfa Yajibu An Tu'addiya al-Irshād Risālat-hā," 16-17. このウマル・ビン・ターリブとは、イスラーム民兵組織ラスカル・ジハード Laskar Jihad 設立者、ジャアファル・ウマル・タリブ Ja'far Umar Thalib (1961-) の父親だと思われる。ラスカル・ジハードは、フォルム・コムニカシ・アフルッ・スンナ・ワル・ジャマーア Forum Komunikasi Ahlus Sunnah wal-Jama'ah: FKAWJ に属し、マルク紛争への介入で有名になった。ウマルは、ハドラマウトからの移民の子として 1919 年にマドゥラで生まれ、イルシャードのスラバヤ校で学んだ。彼は、インドネシア独立後にはムハマディヤでも活動し、マランにおけるマシュミ党の指導者でもあった。Noorhaidi Hasan, *Laskar Jihad: Islam, Militancy and the Quest for Identity in Post-New Order Indonesia* (Ithaca and New York: Cornell Southeast Asia Program, 2006), 65-67.

育制度に従いながらアラビア語を教授用語とする教育機関（ma‘had）を設立する計画に言及している[70]。イスラーム会議とは、エジプト政府が1954年11月に設立した組織であり、イスラーム諸国向けの政策として教育の振興などすべてのムスリムの社会福祉に取り組むことを掲げていた。計画によれば、この教育機関には、小学校（madrasa ibtidā’īya）、中学校・高等学校（madrasa i‘dādīya, madrasa thānawīya）、そして寄宿舎が含まれ、卒業生はインドネシアとエジプトのいずれの大学の入学試験も受けることができるとされている。このような計画が持ち上がったのは、当時イルシャードがエジプトと緊密な関係を持っていたためだと考えられる。そのことは、1956年7月にエジプトの文化使節がインドネシアの視察に訪れた際に、イルシャードのスラバヤ校で歓迎の催しが開かれたことからもうかがえる[71]。

その後、イスラーム会議の支援で教育機関を設立する計画が実現に至ったという話は聞かれないが、イルシャードは、アズハルとの提携を模索していたようである。1960年代初めに出されたイルシャードの冊子には、イルシャードの学校の証書（shahāda）は、アラブ連合共和国al-Jumhūrīya al-‘Arabīya al-Muttaḥidaの教育省に「アズハルの中等課程の証書（shahādat al-Azhar al-thānawīya）」と同等であると認められたと記されている[72]。しかしながら、アズハルとの提携は成功しなかったようで、その後イルシャードは、アラブ諸国の中ではエジプトよりもサウディアラビアとの関係を緊密にしていく[73]。

70　“Naṣīb al-Madāris al-Islāmīya,” 5. この教育機関がどこに設立されるのかは明言されていない。イスラーム会議については、P. J. Vatikiotis, *The Egyptian Army in Politics*（Bloomington: Indiana University Press, 1961）, 51, 191-193を見よ。

71　“Menjambut Missi Kebudayaan Mesir,” *Gema Pemuda Al-Irsjad* 3/6（September 1956）: 11-12. この記事によれば、エジプトからの文化使節は、スラバヤに来る前にイルシャードのスラカルタ支部も訪れていた。

72　*Hādhā Bayān li-l-Nās*（Surabaya: Dīwān al-Tarbiya wa-l-Ta‘līm, n.d.）, 14. アラブ連合共和国は、1958年にエジプト共和国がシリア共和国と合併してつくられた国家である。1961年にシリアが脱退して解体したが、エジプトは1971年までアラブ連合共和国の名前を使い続けた。

73　Anthony Bubalo and Greg Fealy, *Joining the Caravan?: The Middle East, Islamism, and Indonesia*（New South Wales: Lowy Institute for International Policy, 2005）, 59. イ

結局、1960年代までには、イルシャードの教育活動は、一般学校系統を中心としたものになった。1960年代半ばに出された冊子によれば、当時のイルシャードが開設していた学校の種類は、幼稚園（taman kanak-kanak: TK）、小学校（sekolah dasar: SD）、中等学校（sekolah menengah pertama: SMP）、女子技能学校（sekolah kepandaian putri: SKP）、経済高等学校（sekolah menengah ekonomi atas: SMEA）、宗教師範学校（pendidikan guru agama: PGA）、高等学校（sekolah menengah atas: SMA）、師範学校（kullijatul Muallimin）、大学（universitas）、アラビア語アカデミ（akademi Bahasa Arab）であった。これらのうち、宗教学校系統に属することが確認できるのは宗教師範学校のみであり、これと師範学校以外はすべて一般学校系統に属する[74]。

以上のように、1950年代には、独立後の教育活動の方針をめぐって、イルシャーディーたちの間での議論が起こった。その中では、オランダ植民地期と同じように、アラブ人性、特にアラビア語を保持していこうとする主張も見られた。しかしながら、最終的にイルシャードは、インドネシア語を教授用語とする一般学校系統を教育活動の中心に置くことを選択した。この決定は、アラブ人コミュニティはホスト社会の「進歩」についていく必要があるという考えに基づいたものであった。

ⅲ. 現在のイルシャード

イルシャードは現在でも教育を中心とした社会活動に取り組み、インドネ

ルシャード本部の事務長であったゼイド・アマル Zeyd Amar 氏によれば、近年のイルシャードの学校の卒業生で、アズハルなどカイロに留学する者はあまり多くない（筆者のインタビュー、2011年2月11日、ジャカルタ）。

74 Elansari, *Al-Irsjad*, 68-71. 女子技能学校と経済高等学校は、いずれも職業学校の一種である。Tilaar, *50 Tahun Pembangunan*, 207-210. 1980年代から2000年代までイルシャードの会長を務めたゲイス・アマル Geys Amar 氏によれば、イルシャードはかつてスラカルタに大学を開設していた（筆者のインタビュー、2008年9月2日、ジャカルタ）。学長はイルシャードの学校の卒業生であるハスビ・アッスィッディーキが務めた。アラビア語アカデミに関しては、活動の詳細は不明であるが、スールカティーが呼び寄せたスーダン人教師ムハンマド・ヌールの息子、ムフタル・ルトゥフィ・エルアンサリ Muchtar Lutfi Elansary によって設立された。Elansari, *Al-Irsjad*, 65.

シアのほぼ全域に約130の支部を開設している。30余りの支部しかなかったオランダ植民地期と比べると、活動が大幅に拡大している印象を受ける[75]。しかし、ジャカルタだけでも8つの支部があることから、規模の小さな支部が多いものと推察される。支部の半数弱はジャワに集まっており、特に活動が活発なのは、ジャカルタ、スラバヤ、プカロンガン、ボンドウォソなどアラブ人が多く住んでいると考えられる都市である。協会内の要職をハドラミーたちがほぼ独占している点も、オランダ植民地期と変わっていない[76]。これらの点からは、イルシャードが、「アラブ人」や「ハドラミー」の性質をある程度残していると言える。しかし、注目すべきなのは、現在のイルシャードには、1950年代における2つの動きがもたらした変容が引き継がれていることである。

第一に、イルシャードは、「アラブ人」や「ハドラミー」の性質を公には否定し、インドネシアのイスラーム組織であることを強調している。協会のホームページの中では次のように明記されている。

> イルシャードは、国民のイスラーム組織（organisasi Islam nasional）である。イルシャードの規約の中にあるように、会員資格は、「インドネシア共和国の国籍を持つ者で、イスラームを信奉し、成人に達している者」である。<u>そのため、イルシャードをアラブ系住民の組織（organisasi warga keturunan Arab）と見做すことは正しくない</u>（下線部は原文では太字）[77]。

75　現在のイルシャードの支部数は、ジャカルタのカリバタ・ウタラ地区にあるイルシャード本部の名簿に基づく（2011年5月閲覧）。1940年代初めのイルシャードの支部数については、Mobini-Kesheh, *The Hadrami Awakening*, 139を参照。現在イルシャードは、「イルシャード・イスラーミーヤ Al-Irsyad Al-Islamiyyah」と「イルシャード協会 Perhimpunan Al-Irsyad」という2つのグループに分裂している。以下の記述は、主流と見做し得るイルシャード・イスラーミーヤの情報に依拠した。

76　中央執行部などのメンバーの名前からは、大半がハドラミーであることが分かる。*Al-Irsyad al-Islamiyyah: Profil Organisasi*（[Jakarta]: n.p., n.d.), n.pg. 筆者の知っている限り、当時のジャカルタ本部長のバフティアル Bachtiar 氏がプリブミのムスリムであった（バフティアル氏と筆者のインタビュー、2008年1月28日、ジャカルタ）。

表6　イルシャードの学校数（2011年）

段階	一般学校系統	宗教学校系統
就学前	33	—
小学校	22	10
中学校	14	10
高校	7	6
その他	1	1

出所：2011年5月にイルシャード本部にある支部・学校が記載された名簿を調べ、一部修正して筆者が作成。宗教学校系統には就学前段階の教育機関としてイスラーム幼稚園（raudatul atfal: RA）があるが、記載がないので不明。

敢えてこのように記されているのは、実際には、現在でも多くの人々がイルシャードをアラブ人の組織と見做しているためであろう。しかし、イルシャードは、このような認識を払拭しようと努めているのである。さらに、1930年代にイルシャーディーの一部が活動を広げようとしたハドラマウトとの関係は、組織としては完全に失われている[78]。

第二に、イルシャードの学校数を見てみると、宗教学校系統よりも一般学校系統の方がはるかに多いことが分かる（表6を参照）[79]。中等教育では、宗教学校系統のイスラーム中学校やイスラーム高校の数も少なくないが、特に初等教育では、一般学校系統の小学校の数がイスラーム小学校の倍以上となっている。また当然ながら、いずれの学校でもアラビア語ではなくインドネシア語が教授用語となっている。

77　http://alirsyad.org の中の “Tentang Al-Irsyad” を参照せよ（2013年8月13日閲覧）。

78　ゲイス・アマル氏との筆者のインタビュー、2008年9月2日、ジャカルタ。

79　インドネシアの教育はフォーマルなものとノンフォーマルなものに分かれる。ここであげたのはフォーマルな教育を行う機関のみである。ノンフォーマルな教育に含まれる後述のクルアーン児童教室はあげていない。また、プサントレンは、現在では様々な種類の学校を内包している場合も多く、フォーマル／ノンフォーマルのいずれの特定の学校としても位置づけることはできない。

しかし、オランダ植民地期から懸念されていたように、アラビア語教育を重視しなくなったことで、イルシャードの存在意義が問題視されることになった。1980年代から、イルシャーディーの一部は、若い世代がアラビア語能力を失ったことに危機感を覚え、教育活動に不満を示すようになった。彼らは、イルシャードが「本来の改革主義の精神」に立ち戻るべきだとして、宗教諸学とアラビア語諸学の教育を復活させるために、プサントレンを開設していった[80]。2010年の時点でイルシャードは7つのプサントレンを持っており、それらはいずれも1980年代以降に開設されたものである[81]。さらに、1990年代半ばには、教育活動への不満から指導部の中で対立が生じ、イルシャードは2つのグループに分裂してしまった[82]。

また、近年のイルシャードの教育活動のもうひとつの傾向として、クルアーン児童教室（taman pendidikan al-Qur‘an: TPA）の数を増やしていることがあげられる。クルアーン児童教室は、クルアーン幼稚園（taman pendidikan al-Qur‘an: TPA）とともに、従来からあった児童のためのクルアーン学習を標準化・組織化したもので、1990年代以降全国に普及していった。クルアーン幼稚園は7歳以下の幼児を、クルアーン児童教室は7歳から12歳の児童を対象としている。2006年の時点で、イルシャードは約160のクルアーン児童教室を開設している[83]。

80　Hasan, *Laskar Jihad*, 73-77. そのようなプサントレンのひとつが、サウディアラビアから支援を受けて開設されたテンガランのプサントレン・イスラム・アルイルシャード Pesantren Islam Al-Irsyad である。このプサントレンでは、前述のラスカル・ジハードの設立者ジャアファル・ウマル・タリブが一時期教鞭をとっていた。

81　ゼイド・アマル氏との筆者のインタビュー、2010年10月18日、ジャカルタ。

82　イルシャード指導部内の対立とその後の分裂については、Martin Slama, “Hadhrami Moderns. Recurrent Dynamics as Historical Rhymes of Indonesia’s Reformist Islamic Organization Al-Irsyad,” in Volker Gottowik (ed.), *Dynamics of Religion in Southeast Asia: Magic and Modernity* (Amsterdam: Amsterdam University Press, 2014), 113-132で詳しく論じられている。

83　*Al-Irsyad Al-Islamiyyah: Propfil Organisasi*, n. pag. クルアーン児童教室については、中田有紀「プンガジアン・クルアーンからクルアーン幼稚園へ」西野節男・服部美奈編『変貌するインドネシア・イスラーム教育』（東洋大学アジア文化研究所・アジア地域研究センター 2007）、63-92を参照。

これらのことから、近年のイルシャードの教育活動には、アラビア語諸学や宗教諸学を重視する方向への揺り戻しが起こっているように見える。ただし、注意すべきなのは、プサントレンやクルアーン児童教室の増加自体は、近年のインドネシアのムスリム全体に当てはまる現象だということである。また、イルシャードのプサントレンの中でも、ボゴールのダルル・マルハマ Darul Marhamah が運営する「イスラミック・ガールズ・ボーディング・スクール Islamic Girls Boarding School」においては、内部にマドラサ／スコラが設置され、一般教科も重視されている[84]。このようなプサントレンの多様化も、現在のインドネシア社会全般の傾向である[85]。イルシャードの中で、独立後の教育活動の方針に対する反発が生じているのは事実である。しかし、それは、かつての「ハドラマウト志向」のような分離主義的な動きではなく、ホスト社会の「進歩」の枠内で進んでいると言える。

最後に、インドネシア社会に適応し、統合されていく動きが、イルシャードだけでなくアラブ人コミュニティ全体でもかなりの程度認められることを指摘しておきたい。1950 年代以降も、彼らは法的には少数派集団という扱いのままであったものの、実際にはインドネシア社会に充分に受け入れられていった。1979 年に、行政改革相のスマルリン J. B. Soemarlin が、「既に同化し、社会からもプリブミと見做されている非プリブミは、プリブミとして扱わなければならない」という声明を出した。その中では、アラブ人たちは、既に大部分が同化した非プリブミの例としてあげられている[86]。

もちろん、アラブ人としての特殊性やアイデンティティが完全に失われてしまったというわけではない。ジャワ、バリ、ロンボック、スンバワのアラブ人（ハドラミー）を対象としたヤコブセンの研究によれば、名前の付け方、婚姻のパターン、そして教育などの点に、民族的な特徴が保持されている[87]。

84　ダルル・マルハマの所有者ファリダ・アフィッフ Faridah Afiff 氏との筆者のインタビュー、2010 年 10 月 13 日。

85　服部美奈「曖昧化する境界——マドラサの制度化とプサントレンの多様化」西野節男・服部美奈編『変貌するインドネシア・イスラーム教育』（東洋大学アジア文化研究所・アジア地域研究センター 2007）、3-34.

86　Algadri, *C. Snouck Hurgronje*, 209. 最終的には、2006 年の国籍法で、プリブミと非プリブミの区分は消滅した。貞好『華人のインドネシア現代史』、第 10 章.

また、近年では、特にアラウィーの間で、「起源の地」であるハドラマウトとの学問的な交流の復活・再活性化が起こっている。ハドラマウトとインドネシアの間でアラウィーのウラマーが頻繁に行き来をし、ハドラマウト内陸部のタリームにあるイスラーム教育機関に東南アジアから学生を留学させる事業も始められている[88]。

しかし、多くのアラブ人が、もはや「アラブ人」であることを第一義と見做していないこともうかがえる。インドネシアでは、2000年7月に独立後初めて民族別の集計をとった国勢調査が実施され、その中では「華人」や「アラブ人」の項目も設けられた。注目すべきなのは、この時に「アラブ人」と名乗った者の数が僅か80,086名だったことである[89]。この数字は、想定される実際のアラブ人の人口と比べてあまりに少ない。仮にアラブ人の人口がインドネシアの総人口と同じ比率で増加していたとすれば、2000年の人口は24万以上となる[90]。すなわち、潜在的に「アラブ人」と主張し得る者のうちの約三分の二は、自分の民族として、「アラブ人」以外を名乗ったと推察されるのである[91]。

87　Jacobsen, *Hadrami Arabs in Present-day Indonesia*, 20-21.

88　新井和広「東南アジアから南アラビアへの留学——ハドラマウト地方の宗教学校、ダール・アル＝ムスタファー（預言者の家）の活動」床呂郁哉・酒井涼子・福島康博編『東南アジアのイスラーム』（東京外国語大学出版会 2012）、51-73.

89　2000年のセンサスに関しては、長津一史「インドネシアの2000年センサスと民族別人口」鏡味治也編『民族大国インドネシア』（木犀社 2012）、37-48で論じられている。ただし、アラブ人の人口に関しては、この国勢調査の方法にも疑問が残る。筆者が聞いた限り、民族別の集計が行われたことを知っているアラブ人はほとんどいなかった。

90　2000年のインドネシアの総人口は約2億627万人であり、約6,000万人であった1930年と比べて約3.4倍増加している。

91　ジャカルタのビダラチナ地区に住むアラブ人たちに関する2003年に書かれた記事も、通婚によってホスト社会への同化が進み、アラブ人としての意識が薄まっていることを伝えている。“Warga Keturunan Arab: Dari Dagang hingga Kekuasaan,” *Panjimas* 11（February 20-5 March, 2003）: 108-113.

おわりに

オランダによる植民地支配の終わりからインドネシア独立直後までの時期に、アラブ人コミュニティの置かれた状況は大きく変化した。まず、ハドラマウトとの関係は断絶し、独立後にほとんどの者がインドネシア国籍を選んだが、アラブ人はプリブミのムスリムから分断された少数派集団として不安定な立場に置かれた。また、オランダ植民地政庁による公教育制度は、日本軍政期に破壊され、インドネシア政府が新たに構築するものに代わられたため、アラブ人コミュニティは新たな教育活動の方針を決めなければならなくなった。

このような状況のもと、イルシャードは1950年代に2つの動きを通して決定的な変容を遂げた。第一に、イルシャードは、イスラーム政党であるマシュミ党と接近し、協力関係を構築した。マシュミの側もアラブ人を受けれることを望んだため、イルシャードはインドネシアのムスリム社会の中に居場所を見出した。この過程で、イルシャードは「アラブ人」や「ハドラミー」という性質を表に出さなくなり、インドネシアのイスラーム組織であることを強調していった。第二に、独立後に二元的な教育制度が構築されていく中で、イルシャードは宗教学校系統ではなく一般学校系統を教育活動の中心とすることを選択した。これは、オランダ植民地政庁による公教育制度を起源とするものである。教授用語は基本的にインドネシア語となり、アラブ人性の中心と見做されてきたアラビア語教育の重視は止めることになった。

ここで指摘すべきなのは、これら2つの動きがオランダ植民地期の「現地志向」、すなわち、ホスト社会の「進歩」に適応するとともに、プリブミのムスリムとの協力関係を重視するという考えと同じものに基づいていることである。そして、現在のイルシャードからは、1950年代におけるこれら2つの変容が、独立後のこの団体の活動の方向性を規定したと考えられる。以上のことから、イルシャードがホスト社会に適応し、統合されていく動きは、オランダ植民地期に始まり、1950年代に概ね完成したと言える。

終　章

インドネシアにおける統合の原理としてのイスラーム

以上、イルシャードの活動を中心に、20世紀初頭から1950年代までのインドネシアにおけるアラブ人コミュニティについて論じてきた。本書では、次の2つを課題としてあげていた。第一に、イルシャード内の「ハドラミー」や「アラブ人」という性質を相対化し、「イスラーム改革主義」の性質の持つ意義を明らかにすること、そして第二に、この団体の活動の中から、アラブ人コミュニティがホスト社会に統合されていく動きの要因及び過程を明らかにすることである。本研究の考察の結果からは、それぞれについて、以下のような結論が得られた。

まず、イルシャード内の「イスラーム改革主義」の性質は、この団体の結成に不可欠な役割を果たしたことが指摘できる。20世紀初めに起こった東インドのアラブ人たちの覚醒の動きの中から、アラウィーたちの権威に挑戦するハドラミーの運動が生じる。イルシャードは、この運動がラシード・リダーやスールカティーといったハドラマウトやハドラミー・コミュニティの外部にいるイスラーム改革主義者から理論的根拠を得て誕生した。改革主義者たちがイルシャードを形成した運動を支持したのは、彼らがイスラームにおけるすべての信徒の間の平等性を強調し、アラウィーに限らず血統に基づいたサイイド・シャリーフ一般の特殊性を認めないためであった。

このように、イルシャードは、広域的なイスラーム改革主義運動とアラウィーたちの権威に挑戦するハドラミーの運動が一致して誕生したが、この2つの性質には矛盾する部分も認められる。スールカティーの開いたイルシャードの学校は、改革主義者が強調する「平等主義」の理念に従って、プリブミやアラウィーを含めたすべてのムスリムに開かれた性質を持っていた。これに対して、イルシャードの協会は、「アラブ人」、特に「ハドラミー」の性質、そして「反アラウィー」の性質が顕著であった。さらに、イルシャードの持つ2つの性質の矛盾は、法学派の問題にもあらわれている。改革主義者であるスールカティーは、スンナ派四法学派の個々の権威を否定する立場をとっている。ところが、イルシャード内には、これに反して、「ハドラミーの法学派」であるシャーフィイー学派に固執する考えが認められる。

イルシャードが矛盾し得る2つの性質を持っていたことは、アラウィー・イルシャーディー論争にも反映されている。イルシャーディーの一部は、1930年頃からアラウィーたちの預言者の子孫としての系譜の妥当性を疑問視するようになった。ここで争われているのは、地域を超えて遍在するサイイド・シャリーフ一般の特殊性ではなく、ハドラマウトやハドラミー・コミュニティ内のアラウィーという一族の優位の根拠である。しかも、預言者の子孫としての系譜の妥当性をアラウィーたちの優位の根拠として攻撃するということは、サイイド・シャリーフであることに社会的な価値を認めていることになってしまう。これでは、イスラームにおいてすべての信徒は系譜とは無関係に対等な立場にあるという改革主義運動の理念に反しかねない。このような問題が争点となっていることは、イルシャードの反アラウィーのハドラミーの団体という側面、そして論争の持つハドラミー・コミュニティ内の主導権争いとしての側面を示している。

しかしながら、ハドラマウトやハドラミー・コミュニティの外部にいる改革主義者たちは、この論争をあくまでサイイド・シャリーフの特殊性とムスリムの間の平等性をめぐる普遍的な問題として捉えていた。リダー、シャキーブ・アルスラーン、そしてスールカティーは、この論争に関してイスラームにおけるすべての信徒の平等性を支持しているが、アラウィーたちの預言者の子孫としての系譜の妥当性の問題に関しては、イルシャーディー側の主張を認めていない。そして重要なのは、このような改革主義者たちの判断が、論争全体に対して大きな影響力を持っていたことである。特にイルシャーディーたちは、1930年代前半に行われた仲裁の試みにおいて、リダーやアルスラーンが自分たちに不利な判断を示しても彼らを直接批判することはできず、彼らの仲裁を拒んだ結果、イルシャードの活動は深刻な打撃を受けることになった。これは、イルシャードの結成時に、アラウィーたちの権威に挑戦するハドラミーの運動が、ハドラマウトやハドラミー・コミュニティの外部にいる改革主義者たちから理論的根拠を得ていたためだと考えられる。

このように、アラウィー・イルシャーディー論争には、ハドラミー・コミュニティ内の主導権争いという地域的に限定された側面だけではなく、サイイド・シャリーフの特殊性とムスリムの間の平等性をめぐる超地域的な側面も並存していた。そして、この後者の側面は、論争全体に対して実際に大きな拘束力を持っていたことが明らかである。このことからは、イルシャード内の「イスラーム改革主義」の性質が、この団体の活動にとって無視し得ないものであったことがうかがえる。

イルシャード内の「ハドラミー」の性質に対する「イスラーム改革主義組織」の性質の中核は、スールカティーであった。彼の改革主義思想の特徴としては、すべての信徒が系譜や人種・民族に関わりなく対等な立場にあること、すなわち「平等主義」を強調している点が指摘できる。もちろん、アラウィー・イルシャーディー論争に関するリダーやアルスラーンの判断から確認されるように、「平等主義」を強調すること自体は、改革主義運動全般に共通する特性と言える。しかしながら、リダーがカリフ論の中で、イスラームにおけるアラブ人の優越性やアラビア語の絶対性を論じているように、アラブ人の改革主義者には、「平等主義」と矛盾し得るアラブ主義的な傾向が認められる。これに対して、スールカティーは、彼のカリフ論の中で、アラブ主義的な傾向を示さず、より一貫して「平等主義」を主張しているのである。

以上のことから、イルシャードの中には、「ハドラミー」の性質とともに「イスラーム改革主義」の性質があり、それは決して表面的なものではなかったと言える。この性質は、この団体の結成時に理論的根拠を与え、その活動に対して大きな拘束力を持っていたのである。そして、イルシャード内の「イスラーム改革主義」の性質の中核であるスールカティーの思想の特徴は、イスラームにおいてすべての信徒が対等な立場にあるという考え、すなわち「平等主義」を強調している点に認められる。

本書のもうひとつの課題であるイルシャードがホスト社会に統合されていく動きの要因として、スールカティーの改革主義思想の特徴である「平等主義」は、決定的な役割を果たしている。スールカティーは、アラブ人だけでなくプリブミの生徒も受け入れるために、早い時期からイルシャードの学校を植民地の公教育制度のエリート初等教育に対応させることを提案していた。この考えは、イルシャード内の「ハドラミー」や「アラブ人」の性質と一致しなかったため、彼の提案は、アラブ人コミュニティ全体で公教育への関心が高まる1920年代後半になるまで実現しなかった。しかし、いずれにせよ、イルシャードの教育活動は、アラブ人やハドラミーに限られていたわけでも、東インドの公教育制度から分離していたわけでもなかったのである。

ただし、スールカティーの思想は、1920年代半ば頃までは汎イスラーム主義的なものであり、彼の関心は、東インドに限らずイスラーム共同体全体に向けられていた。スールカティーは、上述のカリフ論の中で、イスラーム世界の中心となる教育機関を中東アラブ地域に開設する計画に言及している。この考えは、アンダーソンの論じる「巡礼」という観点に立てば、イルシャードの学校を公教育制度に対応させようとする提案とは最終目的地が異なり、一見矛盾している。しかし、いずれの考えも、すべてのムスリムがイスラーム共同体の対等な立場の構成員であるという理念に基づいたものであると言える。

しかしながら、1920年代末になると、イスラーム世界に広まる世俗主義に対するイスラームとインドネシアにおけるアラブ人の立場への危機感から、スールカティーの考えに変化が生じ、「現地志向」の立場が明示されるようになる。すなわち、彼は、教育活動をインドネシア内に限定し、アラブ人もその「進歩」に適応していく必要性を主張するとともに、アラブ人とプリブミのムスリムとの対等な立場での協力関係をそれまで以上に重視するようになったのである。スールカティーの「現地志向」は、1920年代半ばまでの汎イスラーム主義的な「平等主義」と比べると、対象とする領域をイスラーム世界全体ではなくインドネシアに限定し、すべての信徒ではなく、アラブ人とプリブミの関係に焦点を当てている点で異なっている。

この時期以降のアラブ人コミュニティの中では、インドネシアという国民国家の概念が確立されたのと並行して、ハドラマウトかインドネシアか、という帰属意識の分裂が顕著になり始める。また、それに合わせて、アラブ人たちの教育活動も、エジプトへの留学生の派遣と東インドの公教育制度の活用の二方向に分かれていった。しかし、この時期においても、アラブ人の帰属意識には依然として流動性が認められる。イルシャードの教育活動も、ホスト社会から分離する「ハドラマウト志向」と、ホスト社会に適応する「現地志向」の双方の動きを示している。しかし、1930 年代末になると、イルシャード内の見解は、スールカティーが唱える「現地志向」が大勢を占めるようになり、教育活動もインドネシア社会により適応したものが目指されるようになった。ただし、この時点では、「現地志向」の立場をとるイルシャーディーたちも、ホスト社会に完全に同化してしまうことは望んでおらず、アラブ人としての独自性、特にアラビア語をいかに保持していくのか、という問題が残されることになった。

最終的にイルシャードが決定的な変容を遂げるのは、インドネシアが独立を達成した直後の 1950 年代のことである。アラブ人コミュニティはハドラマウトとの関係を断たれ、ほとんどの者はインドネシアに残ることを選択したが、多数派であるプリブミから切り離された少数派集団として不安定な立場に置かれた。また、彼らは、新たに成立した国民国家の中で、自分たちのコミュニティのための教育活動の方針を決めなければならない状況にあった。そのような中、イルシャードは、イスラーム政党であるマシュミとの協力関係を構築するとともに、オランダ植民地期の公教育制度を起源とする一般学校系統を教育活動の中心とすることを選択した。これらの動きは、プリブミのムスリムとの協力関係を重視し、ホスト社会の「進歩」に適応するというオランダ植民地期からの「現地志向」と同じ考えに基づいたものである。その結果、イルシャードは、「アラブ人」や「ハドラミー」の性質を抑えて「インドネシアのイスラーム組織」であることを強調し、アラブ人性の中心とされたアラビア語教育の重視を止めることになった。そして、これらの変容は独立後のイルシャードの活動の方向性を規定し、その結果が現在まで引き継がれていることが確認できる。

以上の考察からは、イルシャードの持つ「イスラーム改革主義」という性質が、ホスト社会に統合されていく動きにおいて決定的な役割を果たしたと結論づけられる。スールカティーの改革主義思想の特徴である「平等主義」

は、当初は汎イスラーム主義の理念に基づいたものであったが、1920年代末になると対象とする領域をインドネシアに限定した「現地志向」に変容する。これに対して、イルシャード内の「ハドラミー」の性質は、特に1920年代末以降には、ホスト社会から分離する傾向を強く示すようになる。しかし、オランダ植民地期の末期には、「現地志向」がイルシャード内で優勢になり、最終的にはインドネシア独立直後の1950年代に、イルシャードがホスト社会に統合されていく動きは決定的なものとなったのである。

本書が主な分析の対象としたのは、アラブ人コミュニティの中でもイルシャードのみである。だが、イスラーム改革主義の影響がアラブ人のホスト社会への統合に重要な役割を果たしたことは、アラウィーたちに関してもある程度当てはまるのではないかと考えられる。アラウィー・イルシャーディー論争の分析から明らかなように、彼らも1930年代までには改革主義運動の特性である「平等主義」を基本的には受け入れるようになった。アラウィーたちは独立後、宗教的な慣行を活用してインドネシアのイスラーム運動の中に受け入れられていったとされるが、その際にはプリブミのムスリムとの対等な関係を築くことが不可欠であったと推察される[1]。

最後に、以上のような本書の結論からは、アラブ人のアイデンティティの構造とインドネシアの社会統合の原理について、次のような指摘が可能である。20世紀前半に、アラブ人コミュニティの中で、「アラブ人」や「ハドラミー」としてのアイデンティティが先鋭化していき、前近代に顕著であったアイデンティティの流動性や複合性は失われたと論じられる。しかしながら、イルシャードがホスト社会に統合されていく動きの中で、アラブ人がプリブミの大多数と同じくイスラームを信奉しているということは決定的に重要な要素である。そして、国民国家の形成の過程で、イルシャーディーたちは、ホスト社会の多数派であるムスリムとしてのアイデンティティを選択するこ

1　この点に関しては、アラウィーとプリブミのムスリムとの関係をさらに検討する必要がある。インドネシア独立後、イルシャードと異なり、アラウィーの団体はマシュミ党の特別会員の資格を得ていない。Aboebakar (ed.), *Sejarah Hidup*, 385. アラウィーたちは、ナフダトゥル・ウラマーと協力関係にあったとされるが、これまでのところ、両団体の関係の具体的な検討はなされていない。Jonge, “Discord and Solidarity,” 85.

とによって、比較的容易に居場所を見出すことに成功した。したがって、近代になっても、アラブ人の間では、アイデンティティの流動性や複合性がある程度存続していたと理解すべきである。

さらに、アラブ人の社会統合を理解する上では、プリブミのムスリムの側が、ナショナリズムが高揚する中でも、彼らをその一部として受け入れていったことが重要である。1910 年代にはイスラーム同盟で居場所を失ったことから明らかなように、確かにアラブ人はインドネシアのイスラーム運動の中で周縁的な立場に追いやられていった。しかし、1920 年代に開催された東インド・イスラーム会議では、プリブミのムスリムはアラブ人を完全に排除しておらず、むしろ 1920 年代後半以降にはアラブ人との再接近の動きが認められる。1930 年代後半になると、もはやアラブ人を排除する動きは見られず、新たに結成されたミアイの中で、特にイルシャードはその重要な一角を担っている。そして、インドネシア独立後の 1950 年代に、マシュミは、イスラームに基づいたインドネシア社会の一部としてアラブ人を積極的に取り込んでいった。

このように、イルシャーディーらナショナリズムに対して明確な立場をとらなかったアラブ人たちも、イスラームに基づいてインドネシア社会の中に受け入れられることができた。インドネシアでは、国民国家形成の過程においてイスラームを統合原理として掲げる運動が社会の中で一定の力を持っており、このことがアラブ人の社会統合を容易にしたと言える。したがって、少なくともアラブ人とプリブミの間では、イスラームが社会的な紐帯としての役割を果たしていたことが明らかである。従来の研究では、プリブミを中心とした世俗的なナショナリズムが中心に論じられてきたが、イスラームも「人種」や「民族」の枠を超えた統合の原理として、国民国家形成期のインドネシアの中で一定の機能を果たしていたのである。

ただし、ここで問題として残るのは、インドネシアのイスラーム運動における汎イスラーム主義的な傾向と領域的な国民国家の概念との関係である。イスラーム同盟は 1920 年代後半に汎イスラーム主義を強調するようになり、そのことがアラブ人を受け入れるようになった要因のひとつと考えらえる。しかし、その後のインドネシアのイスラーム運動は、領域的なインドネシアの概念を認めるようになる。インドネシアにおける汎イスラーム主義と国民国家の整合性の問題は近年の研究でも取り上げられているが、1920年代末からオランダ植民地期の終わりまでのイスラーム運動全体の動向は充分には明らかにはなっていない[2]。しかし、本書が取り上げたアラブ人コミュニティの事例からは、この時期にプリブミのイスラーム勢力とアラブ人の関係が確固としたものになっていったことが推察される。インドネシアの統合原理としてのイスラームの位置づけについて考察を深めるためには、オランダ植民地期末期のイスラーム運動全体について詳細に検討していく必要があるだろう。

2　例えば、イスラーム同盟の指導者の一人、カルトスウィルヨを論じたフォルミチの研究があげられる。Formichi, *Islam and the Making of the Nation*.

参考文献

【定期刊行物】

Aliran Baroe (Surabaya 1938–1941).

Al-ʻArab (Singapore 1931–1935).

Al-Arkhabil (Jakarta 1994–).

Asia Raja (Jakarta 1942–1945).

Bataviaasch Nieuwsblad (Batavia 1885–1942, 1948–1950).

Berita Masjumi (Jakarta 1951–1954).

Al-Dahnā' (Surabaya 1928–1929).

Al-Dhakhīra al-Islāmīya (Batavia 1923–1924).

Al-Dhikrā (Singapore 1938–1940).

Doenia Islam (Batavia 1922–1923).

Fadjar Asia (Batavia 1927–1930).

Al-Fatḥ (Cairo 1926–1948).

Gema Pemuda Al-Irsjad (Jakarta 1954–1956).

Ḥaḍramawt (Surabaya 1923–1933).

Hikmah (Jakarta 1948–1960).

Al-Huda (Batavia 1930–1931).

Al-Hudā (Singapore 1931–1934).

De Indische Courant (Surabaya 1921–1942).

Insaf (Batavia 1937–1941).

Al-Irshād (Surabaya 1920–1921).

Al-Irshād (Pekalongan 1933).

Javasche Courant (Batavia 1829–1949).

Al-Kuwayt wa-l-ʻIrāqī (Batavia/Buitenzorg 1931–1932).

Al-Maʻārif (Batavia 1927–1928).

Majallat al-Mu'tamar al-Islāmī al-ʻĀmm li-l-Khilāfa bi-Miṣr (Cairo 1924–1925).

Al-Manār (Cairo 1898–1936).

Mir'āt Muḥammadīya (Yogyakarta 1926–1927).

Mir'āt al-Sharq (Yogyakarta 1928–1929).

Al-Miṣbāḥ（Surabaya 1929）.
Al-Murshid（Surabaya 1937–1939, 1956）.
Al-Nahḍa al-Ḥaḍramīya（Singapore 1933）.
Neratja（Batavia 1917–1924）.
Pandji Poestaka（Batavia 1922–1945）.
Panjimas（Jakarta 1959–60, 1966–）.
Perdamaijan（Bukit Tinggi 1929）.
Pertimbangan（Bandung 1916–1917）.
Ṣawt Ḥaḍramawt（Singapore, Batavia 1935–1941）.
Sawoenggaling（Surabaya 1927）.
Sin Po（Batavia 1910–1935）.
Soeara Perdamaian（Surabaya 1924–1927）.
Soerabaijasch Handelsblad（Surabaya 1853–1942）.
Tilburgsche Courant（Tilburg 1869–1931）.
Al-Turjumān（Batavia 1937–1938）.
Umm al-Qurā（Mecca 1924–）.
Zaman Baroe（Surabaya 1926–1927）.

【政府刊行物】

Algemeen Verslag van het Inlandsch Onderwijs in Nederlandsch Indië Loopende over de Jaren 1893 t/m 1897, met een Aanhangsel over de Jaren 1898 en 1899, Batavia: Landsdrukkerij, 1901.
Algemeen Verslag van het Onderwijs in Nederlandsch-Indië（Batavia 1917–1941）.
Handelingen van den Volksraad（Batavia 1918–1942）.
Hollansch-Inlandsch Onderwijs-Commissie 1930: *De Sociale en Geografische Herkomst van de Westersch Opgeleide Inlanders*, Weltevreden: G. Kolff.
Volkstelling 1930, 7 vols., Batavai: Landsdrukkerij, 1933–1935.

【未公刊資料】

"Verslag van het Eerste Al Islam-Congres Gehouden te Cheribon van 31 October-2 November 1922," Collectie R. A. Kern, H797, no. 290, KITLV.
"Kalifaatsaktie," Collectie R. A. Kern, H797, no. 316, KITLV.
"Verslag van het Buitengewoon Al Islam Kongres Gehouden te Soerabaja op 24, 25, 26 De-

cember 1924," Collectie R. A. Kern, H797, no. 337, KITLV.
"Inlichtingen over de Actie van den Heer Hadji August Salim te Mekka," mailrapport 949x/1927 in verbaar September 5, 1927, NA.
"Islam-Congres van 26 tot 29 Januari 1928 Gehouden to Jogjakarta," mairlapport 141x/1928, NA.

【冊子・手稿・その他】

Anṣārī, Muḥammad Nūr b. Muḥammad Khayr (ed.) 1943: *Tārīkh al-Irshād wa-Shaykh al-Irshādīyīn al-'Allāma al-Shaykh Aḥmad Muḥammad al-Anṣārī*, Ms.
Barūjrām Mu'tamar wa-Dhikrā 25 Sanat Jam'īyat al-Irshd [*Programma Congres-Jubileum 25 Tahun Al Irsjad*], n.p., n.d.
Elansari, Hamid [1964]: *Al-Irsjad: Selajang Pandang Perjoangan al-Irsjad pada Zaman Keemasannja*, Bogor: n.p.
Hādhā Bayān li-l-Nās, Surabaya: Dīwān al-Tarbiya wa-l-Ta'līm, n.d.
Al-Idāra al-'Ulyā li-Jam'īyat al-Iṣlāḥ wa-l-Irshād al-'Arabīya al-Markazīya bi-Batāfiyā, 1938: *Mabādi' al-Irshād wa-Maqāṣid-hā: Tadhkīr wa-Irshād wa-Naṣā'iḥ*, Batavia: n.p.
Ingrams, W. Harold 1940: "Report on tour to Malaya, Java and Hyderabad" Typescript, Mukalla.
Al-Irsyad Al-Islamiyyah: Propfil Organisasi, n.p., n.d.
Jam'īyat al-Irshād al-Islāmīya bi-Indūnīsiyā n.d.: *Mulakhkhaṣ Tārīkh al-Irshād fī Rub' Qarn*, n.p.
Jam'īyat al-Irshād Sūrābāyā 1936: *Jam'īyat al-Irshād Sūrābāyā* [*Al Irsjad Soerabaia: Verslag Tahoenan 1935–1936*], Surabaya: n.p.
Jam'īyat al-Iṣlāḥ wa-l-Irshād al-'Arabīya bi-Batāwī 1919: *Qānūn Jam'īyat al-Iṣlāḥ wa-l-Irshād al-'Arabīya: Al-Asāsī wa-l-Dākhilī*, Batavia: n.p.
Nājī, 'Umar Sulaymān n. d.: *Tārīkh Thawrat al-Iṣlāḥ wa-l-Irshād bi-Indawnaysiyā* vol. 1.
Saqqāf, 'Alī b. Aḥmad al- 1953: *Lamaḥāt Tārīkhīya 'an Nash'at Jam'īyat Khayr* [*Lintasan Sejarah Berdirinya (Lahirnya) "Jamiat Kheir"*], n.p.
Secretariaat Vereeniging Al-Irsjad 1931: *Gerakan Al-Irsjad*, Batavia: n.p.
Sūrkatī, Aḥmad [b.] Muḥammad al- [1915]: *Ṣūrat al-Jawāb*, n.p.
———1924: *I'lān 'an Madrasat al-Irshād al-Dākhilīya* [*Internaat "Al-Irsjad School"*], n.p.
———1925: *Al-Masā'il al-Thalāth*, Batavia: n.p.

【未刊行論文】

Affandi, Bisri 1976: "Shaykh Ahamd Al-Surkati: His Role in Al-Irsyad Movement in Java in the Early Twentieth Century," MA thesis, McGill University.

———1991: "Shaykh Ahmad Sūrktī: Pemikiran Pembaharuan dan Pemurnian Islam dalam Masyarakat Arab Hadrami di Indonesia," PhD dissertation, Institut Agama Islam Negeri Sunan Kalijaga.

Akhmad, Wardini 1989: "Kongres Al Islam 1922–1941: Satu Telaah tentang Integrasi dan Disintegrasi Organisasi-Organisasi Islam di Indonesia dalam Perkembangan Pergerakan Nasional," PhD disseation, Institute Agama Islam Negeri Syarif Hidayatullah.

Alfian 1969: "Islamic Modernism in Indonesian Politics: The Muhammadiyah Movement during the Dutch Colonial Period (1912–1942)," PhD dissertation, University of Wisconsin.

Arai Kazuhiro 2004: "Arabs who traversed the Indian Ocean: The history of the al -'Attas family in Hadramawt and Southeast Asia, c. 1600–c. 1960," PhD dissertation, University of Michigan.

[Ibn] Dohaish, Abdullatif Abdullah 1974: "A Critical and Comparative Study of the History of Education in the Hijaz during the Periods of Ottoman and Sharifi Rule Between 1869–1925," PhD dissertation, University of Leeds.

Haikal, Husain 1986: "Indonesia-Arab dalam Pergerakan Kemerdekaan Indonesia (1900–1942)," PhD dissertation, Universitas Indonesia.

Mandal, Sumit Kumar 1994: "Finding Their Place: A History of Arabs in Java under Dutch Rule, 1800–1924," PhD dissertation, Columbia University.

【単著】

Abaza, Mona 1994: *Indonesian Students in Cairo: Islamic Education, Perceptions and Exchanges*, Paris: Association Archipel.

'Abd al-Jabbār, 'Umar 1982: *Siyar wa-Tarājim Ba'ḍ 'Ulamā'-nā fī al-Qarn al-Rābi' 'ashr li-l-Ḥijra*, 3rd ed., Jeddah: al-Kitāb al-'Arabī al-Sa'ūdī.

Abeyasekere, Susan 1976: *One Hand Clapping: Indonesian Nationalists and the Dutch, 1939–1942*, Cheltenham: Centre of Southeast Asian Studies Monash University.

Aboebakar, H. (ed.) 1957: *Sejarah Hidup K.H.A. Wahid Hasjim dan Karangan Tersiar*, Jakarta: Panitiya Buku Peringatan Alm. K.H.A. Wahid Hasjim.

Abū al-Khayr, 'Abd Allāh Mirdād [Muḥammad Sa'īd al-Amūdī and Aḥmad 'Alī (eds.)] 1986:

Al-Mukhtaṣar fī Kitāb Nashr al-Nūr wa-l-Ẓahar fī Tarājm Afāḍil Makka fī al-Qarn al-'Āshir wa-l-Rābi' 'ashar, Jeddah: 'Ālam al-Ma'rifa.

'Abū Shawk, Aḥmad Ibrāhīm (ed.) 2000: *Tārīkh Ḥarakat al-Iṣlāḥ wa-l-Irshād wa-Shaykh al-Irshādīyīn al-'Allāma al-Shaykh Aḥmad Muḥammad al-Sūrkittī fī Indūnīsīya*, Kuala Lumpur: Research Centre International Islamic University Malaysia.

―――― (ed.) 2006: *Al-Āthār al-Kāmila li-Majallat al-Manār 'an Junūb Sharq Āsiyā (1898–1945)* 2 vols., Kuala Lumpur: Research Centre International Islamic University Malaysia.

Abdul Ghoni, Afrokhi 2014: *Kyai NU Menggugat Sholat: Koreksi Total Kitab Pasholatan Kyai Asnawi Kudus*, Surabaya: Laa Tasyuk! Press.

Adam, Ahmat B. 1995: *The Vernacular Press and the Emergence of Modern Indonesian Consciousness (1855–1913)*, Ithaca and New York: Cornell Southeast Asia Program.

Affandi, Bisri 1999: *Syaikh Ahmad Syurkati (1874–1943): Pembaharu dan Pemurni Islam di Indonesia*, Jakarta: Pustaka Al-Kautsar.

赤堀雅幸・東長靖・堀川徹編 2005：『イスラームの神秘主義と聖者信仰』（イスラーム地域研究叢書 7）東京大学出版会.

Algadri, Hamid 1984: *C. Snouck Hurgronje: Politik Belanda terhadap Islam dan Keturunan Arab*, Jakarta: Sinar Harapan.

――――1991: *Suka-Duka Masa Revolusi*, Jakarta: Penerbit Universitas Indonesia.

――――[Hamid Basyaib (ed.)] 1999: *Mengarungi Indonesia: Memoar Perintis Kemerdekaan Mr. Hamid Algadri*, Jakarta: Lentera.

Amelz (ed.) 1952: *H. O. S. Tjokroaminoto: Hidup dan Perdjuangannja*, 2 vols. Jakarta: Penerbit Bulan-Bintang.

アンダーソン、ベネディクト（白石隆・白石さや訳）2007:『定本想像の共同体――ナショナリズムの起源と流行』書籍工房早山.

Ananda, Endang Basri (ed.) 1985: *70 Tahun Prof. Dr. H. M. Rasjidi*, Jakarta: Harian Umum Pelita.

Alsagoff, Syed Mohsen 1963: *The Alsagoff Family in Malaysia: A.H. 1240 (A.D. 1824) to A.H. 1382 (A.D. 1962)*, Singapore: the author.

Atje, Aboebakar 1970: *Perbandingan Madzhab Salaf: Muhji Atsaris Salaf Gerakan Salafijah di Indonesia*, Jakarta: Permata.

Azra, Azyumardi 2004: *The Origins of Islamic Reformism in Southeast Asia: Network of Malay-Indonesian and Middle Eastern 'Ulama' in the Seventeenth and Eighteenth Centuries*, Honolulu: University of Hawai'i Press.

Badjerei, Hussein Abdullah 1996: *Al-Irsyad Mengisi Sejarah Bangsa*, Jakarta: Penerbit Presto Prima Utama.

———[Ridwan Saidi (ed.)] 2003: *Anak Krukut Menjelajah Mimpi, Sebuah Otobiografi*, Jakarta: LSIP.

Bakrī, Ṣalāḥ al- 1935–1936: *Tārīkh Ḥaḍramawt al-Siyāsī*, 2 vols., Cairo: Muṣṭafā al-Bābī al-Ḥalabī.

———1992: *Tārīkh al-Irshād fī Indūnīsiyā*, Jakarta: Jam'īyat al-Irshād al-Islāmīya.

Batanūnī, Muḥammad Labīb al-. 1911. *Al-Riḥla al-Ḥijāzīya li-Walī al-Ni'am al-Ḥājj 'Abbās Ḥilmī Bāshā al-Thānī Khidīw Miṣr*. 2nd ed. Cairo: Maṭba't al-Jamālīya.

Benda, Harry J. 1958: *The Crescent and the Rising Sun: Indonesian Islam under the Japanese Occupation 1942–1945*, The Hague and Bandung: W. van Hoeve.

Berg, L. W. C. van den 1886: *Le Ḥadhramout et les Colonies Arabes dans l'Archipel Indien*, Batavia: Imprimerie du Gouvernement.

Boland, B. J. 1982: *The Struggle of Islam in Modern Indonesia*, the Hague: Martinus Nijhoff.

Boxberger, Linda 2002: *On the Edge of Empire: Hadhramawt, Emigration and the Indian Ocean, 1880s-1930s*, New York: State University of New York Press.

Brown, Daniel W. 1996: *Rethinking Tradition in Modern Islamic Thought*, Cambridge: Cambridge University Press.

Brugmans, I. J. 1938: *Geschiedenis van het Onderwijs in Nederlandsch-Indië*, Groningen and Batavia: J. B. Wolters.

Bruinessen, Martin van 1994: *NU: Tradisi, Relasi-relasi Kuasa, Pencarian Wacana Baru*, Yogyakarta: LKiS.

Bubalo, Anthony and Greg Fealy 2005: *Joining the Caravan?: The Middle East, Islamism, and Indonesia*, New South Wales: Lowy Institute for International Policy.

Cleveland, William L. 1985: *Islam against the West: Shakib Arslan and the Campaign for Islamic Nationalism*, Austin: University of Texes.

コーエン、ロビン（駒井洋訳）2012：『新版グローバル・ディアスポラ』明石書店.

Dahm, Bernhard [Mary F. Somers Heidhues (tr.)] 1969: *Sukarno and the Struggle for Indonesian Independence*, Ithaca and New York: Cornell University Press.

Ibn Duhaysh, 'Abd al-Laṭīf 'Abd Allāh 1986: *Al-Katātīb fī al-Ḥaramayn al-Sharīfayn wa-Mā ḥawla-humā*, Makka: Maṭba'at al-Nahḍa al-Ḥadītha.

Egger, Vemon 1986: *A Fabian in Egypt; Salamah Musa and the Rise of the Professional Classes in Egypt, 1909–1939*, Lanham: University Press of America.

Elson, R. E. 2008: *The Idea of Indonesia: A History*, Cambridge: Cambridge University Press.

Federspiel, Howard M. 2001: *Islam and Ideology in the Emerging Indonesian State: The Persatuan Islam (PERSIS), 1923 to 1957*, Leiden, Boston, and Köln: E. J. Brill.

Feener, R. Michael 2007: *Muslim Legal Thought in Modern Indonesia*, Cambridge: Cambridge University Press.

Feith, Herbert 1962: *The Decline of Constitutional Democracy in Indonesia*, Ithaca and New York: Cornell University Press.

Field, Michael 1984: *The Merchants: The Big Business Families of Arabia*, London: John Murry.

Formichi, Chiara 2012: *Islam and the Making of the Nation: Kartoswiryo and Political Islam in 20th Century Indonesia*, Leiden: KITLV Press.

Freitag, Ulrike 2003: *Indian Ocean Migrants and State Formation in Hadhramaut: Reforming the Homeland*, Leiden: E. J. Brill.

Freitag, Ulrike and William G. Clarence-Smith (eds.) 1997: *Hadhrami Traders, Scholars and Statesmen in the Indian Ocean, 1750s-1960s*, Leiden: E. J. Brill.

Furnivall, J. S. 1967[1939]: *Netherlands India: A Study of Plural Economy*, Cambridge: Cambridge University Press.

Goutama, S. 1975: *Warga Negara dan Orang Asing: Berikut 42 Peraturan2 dan Contoh2*, 3rd ed., Bandung: Penerbit Alumni.

Groeneboer, Kees 1993: *Weg tot het Westen: Het Nederlands voor Indië 1600–1950*, Leiden: KITLV Press.

Hajjī, Ya'qūb Yūsuf al- 1993: *Al-Shaykh 'Abd al-'Azīz al-Rashīd: Sīrat Ḥayāt-hi*, Kuwayt: Markaz al-Buḥūth wa-l-Dirāsāt al-Kuwaytīya.

ハッラーク、ワーエル・B（黒田壽郎訳）2011：『イスラーム法理論の歴史――スンニー派法学入門』書肆心水.

Hamka 1951: *Kenang-kenangan Hidup*, vol. 1, Jakarta: Gapura.

————1961: *Pengaruh Muhammad 'Abduh di Indonesia*, Jakarta: Tintamas.

————1982: *Ayahku: Riwayat Hidup Dr. H. Abdul Karim Amrullah dan Perjuangan Kaum Agama di Sumatera*, 4th ed., Jakarta: UMMINDA.

Hasan, Noorhaidi 2006: *Laskar Jihad: Islam, Militancy, and the Quest for Identity in Post-New Order Indonesia*, Ithaca and New York: Cornell Southeast Asia Program.

弘末雅士 2004：『東南アジアの港市世界――地域社会の形成と世界秩序』岩波書店.

Hisyam, Muhamad 2001: *Caught between Three Fires: The Javanese Pangulu under the*

Dutch Colonial Administration 1882–1942, Jakarta: INIS.

Ho, Engseng 2006: *The Graves of Tarim: Genealogy and Mobility across the Indian Ocean*, Berkeley, Los Angeles and London: University of California Press.

Hourani, Albert 1983: *Arabic Thought in the Liberal Age, 1798–1939*, London: Oxford University Press.

Ingrams, W. Harold 1936: *A Report on the Social, Economic and Political Condition of the Hadhramaut*, London: His Majesty's Stationery Office.

————1966: *Arabia and the Isles*, 3rd ed., London: John Murray.

板垣雄三 1992：『歴史の現在と地域学――現代中東への視角』岩波書店.

井筒俊彦訳 1964：『コーラン』（全 3 巻）岩波書店.

Jabali, Fuad and Jamhari (eds.) 2002: *IAIN dan Modernisasi Islam di Indonesia*, Ciputat: Logos Wacana Indah.

Jacobsen, Frode F. 2009: *Hadrami Arabs in Present-day Indonesia: An Indonesia-Oriented Group with an Arab Signature*, London and New York: Routledge.

Jonge, Huub de and Nico Kaptein (eds.) 2002: *Transcending Borders: Arabs, Politics, Trade and Islam in Southeast Asia*, Leiden: KITLV Press.

Kāf, ʻAlī b. Anīs al- (comp. and commented) 2008: *Mukhtārāt min Kitābāt Shaykh al-Ṣiḥāfa al-Ḥaḍramīya al-Ustādh Muḥammad b. Hāshim*, Tarīm: Tarīm li-l-Dirāsat wa-l-Nashr.

Kahin, George McTurnan 1969: *Nationalism and Revolution in Indonesia*, Ithaca: Cornell University Press.

Kaptein, Nico (introduced and presented) 1997: *The Muhimmāt al-Nafā's: A Bilingual Meccan Fatwa Collection for Indonesian Muslims from the End of the Nineteenth Century*, Jakarta: INIS.

————2014: Islam, Colonialism and the Modern Age in the Netherlands East Indies: A Biography of Sayyid ʿUthman (1822–1914) Leiden and Boston: E. J. Brill.

小林寧子 2008：『インドネシア――展開するイスラーム』名古屋大学出版会.

小杉泰 1994：『現代中東とイスラーム政治』昭和堂.

Kramer, Martin 1986: *Islam Assembled: The Advent of the Muslim Congresses*, New York: Columbia University Press.

栗山保之 2012：『海と共にある歴史――イエメン海上交流史の研究』中央大学出版部.

Laffan, Michael Francis 2003: *Islamic Nationhood and Colonial Indonesia: The Umma Below the Winds*, London: Routledge.

MacVey, Ruth Tomas 1965: *The Rise of Indonesian Communism*, Ithaca and New York: Cornell University Press.

間苧谷栄 1983：『現代インドネシア研究——ナショナリズムと文化』勁草書房.

Mashhūr, ʻAbd al-Raḥmān b. Muḥammd b. Ḥusayn al-［Muḥammad Ḍiyāʼ Shihāb（ed.）］1984: *Shams al-Ẓahīra fī Nasab Ahl al-Bayt min Banī ʻAlawī* 2nd ed., Jidda: ʻĀlam al-Maʻrifa.

Metcalf, Barbara Daly 1982: *Islamic Revival in British India: Deoband, 1860–1900*, Princeton and New Jersey: Princeton University Press.

Mobini-Kesheh, Natalie 1999: *The Hadrami Awakening: Community and Identity in the Netherlands East Indies, 1900–1942*, Ithaca: Cornell Southeast Asian Program Publications.

永積昭 1980：『インドネシア民族意識の形成』東京大学出版会.

中村廣治郎 1997：『イスラームと近代』岩波書店.

西野節男 1990：『インドネシアのイスラム教育』勁草書房.

Niel, Robert van 1960: *The Emergence of the Modern Indonesian Elite*, The Hague and Bandung, W. van Hoeve.

Nieuwenhuis, G. J. and H. P. van der Laak 1929–1933: *Nederlands Taalboek* 12 vols., Groningen and Batavia: J. B. Wolters.

日本国際問題研究所・インドネシア部会編、播里枝監修 1972：『インドネシア資料集上』日本国際問題研究所.

Noer, Deliar 1973: *The Modernist Muslim Movement in Indonesia, 1900–1942*, Singapore and Kuala Lumpur: Oxford University Press.

————1983: *Administrasi Islam di Indonesia*, new ed., Jakarta: Penerbit CV. Rajawali.

大塚和夫 2005：『近代・イスラームの人類学』東京大学出版会.

蘭印経済部中央統計局編（大江恒太・中原善男訳）1941：『蘭印統計書 1940 年版、Statistisch Zakboekje voor Nederlandsch Indië 1940』国際日本協会.

Ochsenwald, William 1984: *Religion, Society and the State in Arabia: the Hijaz under the Ottoman Control, 1840–1908*, Columbus: Ohio State University Press.

Pijper, G. F. 1977: *Studiën over de Geschiedenis van de Islam in Indonesia 1900–1950*, Leiden: E. J. Brill.

Pluvier, J. M. 1953: *Overzicht van de Ontwikkeling der Nationalistische Beweging in Indonesia in de Jaren 1930 tot 1942*, 's-Gravenhage and Bandung: W. van Hoeve.

Raffles, T. S. 1817: *The History of Java*, 2 vols., London: Black, Parburry & Allen.

Rasjidi, M, 1972: *Koreksi terhadap Drs. Nurcholis Madjid tentang Sekularisasi*, Jakarta: Penerbit Bulan Bintang.

Reid, Anthony 1988: *Southeast Asia in the Age of Commerce, 1450–1680, Vol. I: The Lands below the Winds*, New Haven: Yale University Press.

———1993: *Southeast Asia in the Age of Commerce, 1450–1680, Vol. II: Expansion and Crisis*, New Haven: Yale University Press.

———2000: *Charting the Shape of Early Modern Southeast Asia*, Singapore: ISEAS.

Ricklefs, M. C. 2008: *A History of Modern Indonesia since c. 1200* 4th ed. Basingstoke: Palgrave Macmillan.

Riddell, Peter G. 2001: *Islam and the Malay-Indonesian World: Transmission and Responses*, Singapore: Horizon Books.

Roff, Wiilam R. 1972: *Bibliography of Malay and Arabic Periodicals Published in the Straits Settlements and Peninsular Malay States 1876–1941*, London: Oxford University Press.

———1994: *The Origins of Malay Nationalism*, 2nd ed. Kuala Lumpur: Oxford University Press.

Rosidi, Ajip 1990: *M. Natsir: Sebuah Biografi*, Jakarta: Girimukti Pasaka.

貞好康志 2016：『華人のインドネシア現代史――はるかな国民統合への道』木犀社.

Salam, Solichin 1963: *K. H. Ahmad Dahlan: Reformer Islam Indonesia*, Jakarta: Djajamurni.

———1965: *Muhammadijah dan Kebangunan Islam di Indonesia*, Jakarta: N. V. Mega.

Serjeant, Robert Betram 1957: *The Saiyids of Hadramaut*, London: Cambridge University Press.

Shamīkh, Muḥammad ʻAbd al-Raḥmān, 1973: *Al-Taʻlīm fī Makka wa-l-Madīna Ākhir al-ʻAhd al-ʻUthmānī*, Riyad: n.d.

Ibn Shihāb al-Dīn, Abū Bakr 1885/86: *Rashfat al-Ṣādī min Baḥr Faḍā'il Banī al-Nabī al-Hādī*, Cairo: al-Maṭbaʻa al-Iʻlāmīya.

塩崎悠輝 2016：『国家と対峙するイスラーム――マレーシアにおけるイスラーム法学の展開』作品社.

Shiraishi, Takashi 1990: *An Age in Motion: Popular Radicalism in Java, 1912–1926*, Ithaca and London: Cornell University Press.

Snouck Hurgronje, C.［J. H. Monahan（tr.）］2007［1931］: *Mekka in the Latter Part of the 19th Century*, Leiden and Boston: E. J. Brill.

Soerkati, Ahmad 1932: *Zedeleer uit den Qor'an*, Groningen and Batavia: J. B. Wolters.

———（Ahmad Soorkatti）1933: *Hak Soeami Isteri*, Bandung: Persatoean Islam.

Stark, Freya 1936: *The Southern Gates of Arabia*, London: Century Publishing.

Steenbrink, Karel A. 1986: *Pesantren, Madrasah, Sekolah: Pendidikan Islam dalam Kurun Modern*, Jakarta: LP3ES.

Suaidy, John Muhammad Rasuly, Indria Fernida Alphasonny, and Yudhi Dzulfadli Baihaqi (eds.) 2008: *Memerdekakan Islam: Jejak Perjuangan H. M. Saleh Suaidy (1913–1976) Ulama Perintis Kemerdekaan Indonesia*, Jakarta: Lubuk Print.

Sukarno 1965: *Dibawah Bendera Revolusi* vol. 1, Jakarta: Panitya Penerbit Dibawah Bendera Revolusi.

Suratmin 1989: *Abdul Rahman Baswedan: Karya dan Pengabdiannya*, Jakarta: Departemen Pendidikan dan Kebudayaan.

Suryadinata, Leo 1978: *Pribumi Indonesians, the Chinese Minority and China*, Kuala Lumpur: Heinemann Educational Books (Asia).

Tagliocozzo, Eric 2013: *The Longest Journey: Southeast Asians and the Pilgrimage to Mecca*, Oxford: Oxford University Press.

Tilaar, H. A. R. 1995: *50 Tahun Pembangunan Pendidikan Nasional, 1945–1995: Suatu Analisis Kebijakan*, Jakarta: Grasindo.

土屋健治 1994：『インドネシア——思想の系譜』勁草書房.

Vatikiotis, P. J. 1961: *The Egyptian Army in Politics*, Bloomington: Indiana University Press.

Voll, John Obert. 1994: *Islam: Continuity and Change in the Modern World*, 2nd ed., Syracuse and New York: Syracuse University Press.

Wal, S. L. van der 1961: *Some Information on Education in Indonesia up to 1942*, The Hague: Netherlands Universities Foundation for International Cooperation.

———— 1963: *Het Onderwijsbeleid in Nederlands-Indië, 1900–1940: Een Bronnenpubliekatie*, Groningen: J. B. Wolters.

———— 1965: *De Volksraad en de Straatkundige Ontwikkeling van Nederland-Indië: Een Bronnenpubliekatie*, vol. 2, Groningen: J. B. Wolters.

柳橋博之 2001：『イスラーム家族法——婚姻・親子・親族』創文社.

Yayasan Gedung-Gedung Bersejarah Jakarta 1974: *45 Tahun Sumpah Pemudah*, [Jakarta]: Gunung Agung.

Yazdani, Zubaida 1985: *The Seventh Nizam: The Fallen Empire*, Cambridge: Cambridge University Press.

Yunus, Mahmud 1979 [1960]: *Sejarah Pendidikan Islam di Indonesia*, 2nd ed., Jakarta: Mutiara.

Ẓawāhirī, Fakhr al-Dīn al-Aḥmadī 1945: *Al-Siyāsa wa-l-Azhar: Min Mudhakkirāt Shaykh al-Islām al-Ẓawāhirī*, Cairo: Maṭba'at al-I'timād bi-Miṣr.

Zayn, 'Abd Allāh Yahyā al- 2003: *Al-Nashāṭ al-Thaqāfī wa-l-Ṣuḥufī li-l-Yamanīyīn fī al-Mah-*

jar: Indūnīsiyā-Malaiziyā-Singapūra, 1900–1950, Damascus: Dār al-Fikr.

Ziriklī, Khayr al-Dīn al- 1986: *Al-A'lām: Qāmūs Tarājim li-Ashhar al-Rijāl wa-l-Nisā' min al-'Arab wa-l-Musta'ribīn wa-l-Mustashriqīn*, 7 vols, Beirut: Dār al-'Ilm li-l-Malāyīn.

【論文】

Abeyasekere, Susan 1973: "The Soetardjo Petition," *Indonesia* 15: 80–108.

Abushouk, Ahmad Ibrahim 2001: "A Sudanese Scholar in the Diaspora: Life and Career of Aḥmad Muḥammad al-Surkittī in Indonesia (1911–1943)," *SI* 8/1: 57–86.

————(Abu Shouk, Ahmad Ibrahim) 2002: "An Arabic Manuscript on the Life and Career of Ahmad Muhammad Sūrkatī and His Irshādī Disciples in Java," in de Jonge and Kaptein (eds.), *Transcending Borders: Arabs, Politics, Trade and Islam in Southeast Asia*, 203–217.

————2011. "An African Scholar in the Netherlands East Indies: al-Shaykh Ahmad Surkitti (1876–1943) and His Life, Thoughts and Reforms," *Islamic Africa* 2/2: 23–50.

アダル・ラジャ 2001：「シャキーブ・アルスラーン研究への視座――戦間期のアラブ世界とイスラーム思想をめぐって」『アジア・アフリカ地域研究』1: 300–307.

Adal, Raja 2006: "Constructing Transnational Islam: The East-West Network of Shakib Arslan," in Stéphan A. Dudoignon, Komatsu Hisao and Kosugi Yasushi (eds.), *Intellectual in the Modern Islamic World: Transmission, Transformation, Communication*, London and New York: Routledge, 176–210.

Alatas, Ismail bin Abdoellah, 1923: "De Arabieren," in Gent, L. F. van, W. A. Penard, and D. A. Rinkes (eds.), *Gedenkboek voor Nederlandsch-Indië: Ter Gelegenheid van het Regeeringsjubileum van H. M. De Koningin 1898–1923*, Batavia and Leiden: G. Kolff, 48–50.

Alatas, Ismail Fajrie. 2011. "Becoming Indonesians: The Bā 'Alawī in the Interstices of the Nation," *Die Welt des Islams* 51: 45–74.

Alatas, Syed Farid Alatas. 1997. "Hadhramaut and the Hadhrami Diaspora: Problems in Theoretical History," in Freitag and Clarence-Smith (eds.), *Hadhrami Traders, Scholars and Statesmen in the Indian Ocean, 1750s-1960s*, 19–34.

Aljunied, Syed Muhd Khairudin 2009: "Hadhramis within Malay Activism: The Role of al-Saqqāf(s) in Post-War Singpore (1945–1965)," in Ahmad Ibrahim Abushouk and Hassan Ahmed Ibrahim (eds.), *The Hadhrami Diaspora in Southeast Asia: Identity Maintenance or Assimilation?*, Leiden and Boston: E. J. Brill, 225–244.

新井和広 2000：「インド洋におけるハドラミー・ネットワークと英国――1920年代の事例より」『日本中東学会年報』15: 175–203.

———2001：「20世紀前半東南アジアのアラブ新聞・雑誌」『上智アジア学』19: 63–73.

———2001: "Arabs under Japanese Occupation: A Preliminary Overview," in Nishio Tetsuo (ed.), *Cultural Change in the Arab World*, Osaka: National Museum of Ethnology, 41–54.

———2005：「ハドラマウト及びハドラミー移民研究展望」『イスラム世界』65: 28–36.

———2011：「東南アジアにイスラームをもたらしたのは誰か？——ワリ・ソンゴの起源をめぐる問題とアラブ系住民」永原陽子編『生まれる歴史、創られる歴史——アジア・アフリカ史研究の最前線から』東京外国語大学アジア・アフリカ言語文化研究所、153–179.

———2012：「東南アジアから南アラビアへの留学——ハドラマウト地方の宗教学校、ダール・アル＝ムスタファー（預言者の家）の活動」床呂郁哉・酒井涼子・福島康博編『東南アジアのイスラーム』東京外国語大学出版会、51–73.

———2012: "The *Sayyid*s as Commodities: the Islamic Periodical *alKisah* and the *Sayyid* community in Indonesia," in Morimoto Kazuo (ed.), *Sayyids and Sharifs in Muslim Societies: The Living Links to the Prophet*, London and New York: Routledge, 247–266.

Arendonk, C. von [W. A. Graham], "Sharīf," EI^2, vol. 9, 329–337.

Azra, Azyumardi 1997: "A Hadhrami Religious Scholar in Indonesia: Sayyid 'Uthmān," in Freitag and Clarence-Smith (eds.), *Hadhrami Traders, Scholars and Statesmen in the Indian Ocean, 1750s-1960s*, 249–263.

———1999: "The Transmission of *al-Manār*'s Reformism to the Malay-Indonesian World: The Cases of *al-Imam* and *al-Munir*," *SI* 6/3: 77–100.

Azra, Azyumardi, Dina Afrianty, and Robert W. Hefner 2007: "Pesantren and Madrasa: Muslim Schools and National Ideals in Indonesia," in Robert W. Hefner and Muhammad Qasim Zaman (eds.), *Schooling Islam: The Culture and Politics of Modern Muslim Education*, Princeton: Princeton University Press, 172–198.

Bluhm-Warn, Jutta 1997: "*Al-Manār* and Ahmad Soorkattie: Links in the Chain of Transmission of Muḥammad 'Abduh's Ideas to the Malay-Speaking World," in Peter G. Riddell and Tony Street (eds.), *Islam: Essays on Scripture, Thought and Society. A Festschrift in Honour of Anthony H. Johns*, Leiden: E. J. Brill, 295–308.

Bruinessen, Martin van 1990: "Kitab Kuning: Books in Arabic Script Used in the Pesantren Milieu," *BKI* 146: 226–269.

———1994: "Pesantren and Kitab Kuning: Continuity and Change in a Tradition of Religious Learning," in Wolfgang Marschall (ed.), *Texts from the Islands: Oral and Written Traditions of Indonesia and the Malay World*, Berne: University of Berne Institute of Ethnology, 121–146.

———1995: "Muslims of the Dutch East Indies and the Caliphate Question," *SI* 2/3: 115–140.

Bujra, Abdalla S. 1967: "Political Conflict and Stratification in Ḥaḍramaut I," *Middle Eastern Studies* 3/4: 355–75.

Camelin, Sylvaine 1997: "Reflection on the System of Social Stratification in Hadhramaut," in Freitag and Clarence-Smith (eds.), *Hadhrami Traders, Scholars, and Statesmen in the Indian Ocean, 1750s-1960s*, 147–156.

Clarence-Smith, William Gervase 1997: "Hadhramaut and the Hadhrami Diaspora in the Modern Colonial Era: an Introductory Survey," in Freitag and Clarence-Smith (eds.), *Hadhrami Traders, Scholars and Statesmen in the Indian Ocean, 1750s-1960s*, Leiden: E. J. Brill, 1–18.

———1997: "Hadhrami Entrepreneurs in the Malay World, c. 1750 to c. 1940," in Freitag and Clarence-Smith (eds.), *Hadhrami Traders, Scholars and Statesmen in the Indian Ocean, 1750s-1960s*, 297–314.

———1997: "Hadhrami Arab Entrepreneurs in Indonesia and Malaysia: Facing the Challenge of the 1930s Recession," in Peter Broomgaard and Ian Brown (eds.), *Weathering The Storm: The Economies of Southeast Asia in the 1930s Depression*, Leiden: KITLV Press; Singapore: ISEAS, 229–248.

"De Djawakolonie en de Mystieke Broederschappen in Mekka," *Indische Gids* 37/1, 1915: 538–540.

ゾフィール、ザマフシャリ 1985：「プサントレンの伝統——ジャワのキアイとイスラム伝統主義」タウフィック・アブドゥルラ編（白石さや・白石隆訳）『インドネシアのイスラム』めこん、183–344.

Fealy, Greg 1996: "Wahab Chasbullah, Traditionalism and the Political Development of Nahdlatul Ulama," in Greg Fealy and Greg Barton (eds.), *Nahdlatul Ulama, Traditional Islam and Modernity in Indonesia*, Clayton: Monash Asia Institute: 1–41.

Feener, R. Michael 2004: "Hybridity and the 'Haghrami Diaspora' in the Indian Ocean Muslim Networks," *AJSS* 32/3: 353–372.

藤田英里 2007：「バンテン社会とイスラーム同盟」『史学研究』255: 49–72.

深見純生 1975：「成立期イスラム同盟に関する研究――イスラム商業同盟からイスラム同盟へ」『南方文化』2: 111–145.

――――1976：「初期イスラム同盟（1911–16）に関する研究（1）」『南方文化』3: 117–145.

――――1977：「初期イスラム同盟（1911–16）に関する研究（2）」『南方文化』4: 151–182.

――――1997：「「印欧人」の社会政治史――血統主義と属地主義の相克」『東南アジア研究』35/1: 31–54.

Gellner, Ernest 1969: "A Pendulum Swing Theory of Islam," in R. Robertson (ed.), *Sociology of Religion* (Harmondsworth: Penguin Books), 127–138.

Haddad, Mahmoud 1997: "Arab Religious Nationalism in the Colonial Era: Reading Rashīd Riḍā's Ideas on the Caliphate," *Journal of the American Oriental Society* 117/2: 253–277.

Hadler, Jeffrey 2008: "Home, Fatherhood, Succession: Three Generations of Amrullahs in Twentieth-Century Indonesia," *Indonesia* 65 (2008): 122–154.

Hefner, Robert W. 2001. "Introducation: Multiculturalism and Citizenship in Malaysia, Singapore, and Indonesia," in Robert W. Hefner (ed.), *The Politics of Multiculturalism: Pluralism and Citizenship in Malaysia, Singapore, and Indonesia*, Honolulu: University of Hawaii Press, 1–58.

弘末雅士 1999「近世国家の終焉と植民地支配の進行」池端雪浦編『東南アジア史 II――島嶼部』（新版　世界各国史 6）山川出版社、182–267.

Ho, Engseng, 1997. "Hadhramis abroad in Hadhramaut: the Muwalladīn," in Freitag and Clarence-Smith (eds.), *Hadhrami Traders, Scholars and Statesmen in the Indian Ocean, 1750s-1960s*, 131–146.

服部美奈 2007：「曖昧化する境界――マドラサの制度化とプサントレンの多様化」西野節男・服部美奈編『変貌するインドネシア・イスラーム教育』東洋大学アジア文化研究所・アジア地域研究センター.

Jankowski, James 1981: "The Eastern Idea and the Eastern Union in Interwar Egypt," *The International Journal of African Historical Studies* 14–4: 643–666.

Jansen, J. J. G. "Muḥammad Farīd Wadjdī," *EI*[2], vol. 7, 439.

Johns, A. H. 1988: "Quranic Exegesis in the Malay World: In Search of a Profile," in Andrew Rippin (ed.), *Approaches to the History of the Interpretation of the Qur'ān*, Oxford: Clarendon Press, 257–278.

Jong, F. de, "Djawharī, Ṭanṭāwī," *EI*[2], vol. 12, 262–263.

Jonge, Huub de 1993: "Discord and Solidarity among the Arabs in the Netherlands East Indies," *Indonesia* 55: 73–90.

———1997: "Dutch Colonial Policy Pertaining to Hadhrami Immigrants," in Freitag and Clarence-Smith (eds.) *Hadhrami Traders, Scholars and Statesmen in the Indian Ocean, 1750s-1960s*, 94–111.

———2000: "A Divided Minority: The Arabs of Batavia," Kees Grijns and Peter J. M. Nas (eds.), *Jakarta-Batavia: Socio-cultural Essays*, Leiden: KITLV Press, 143–156.

———2004: "Abdul Rahman Baswedan and the Emancipation of the Hadramis in Indonesia," *Asian Journal of Social Scinece* 32/3: 373–400.

———2009: "In the Name of Fatimah: Staging the Emancipation of the Hadhramis in the Netherlands East Indies," in Ahmad Ibrahim Abushouk and Hassan Ahmed Ibrahim (eds.), *The Hadhrami Diaspora in Southeast Asia: Identity Maintenance or Assimilation?*, Leiden and Boston: E. J. Brill, 245–262.

———2011: "Selective Accomodation: The Hadhramis in Indonesia during World War II and the Struggle for Independence," *CSSAAME* 31/2: 343–354.

Kahfi, Erni Haryanti 1997 "Islam and Indonesian Nationalism: The Political Thought of Haji Agus Salim," *SI* 4/3: 1–63.

Kaptein, Nico 1993: "An Arab Printer in Surabaya 1853," *BKI* 149/4: 352–356.

加藤博 1992：「エジプトにおける「民族」と「国民国家」」『歴史学研究』633: 13–25.

Kathirithamby-wells, Jeyamalar. 2009. "'Strangers' and 'Stranger-kings': The Sayyid in Eighteenth-century Maritime Southeast Asia," *Journal of Southeast Asian Studies* 40/3: 567–591.

Knysh, Alexander 1997: "The Cult of Saints and Religious Reforms in Hadhramaut," in Ulrike Freitag and William G. Clarence-Smith (eds.). *Hadhrami Traders, Scholars and Statesmen in the Indian Ocean, 1750s-1960s*, 199–216.

小林寧子 2011:「日本のイスラーム・プロパガンダとインドネシア・ムスリム」『新秩序の模索――1930 年代』（岩波講座　東アジア近現代通史 5）岩波書店 : 173–194.

Kostiner, Joseph 1984: "The Impact of the Hadrami Emigrants in the East Indies on Islamic Modernism and Social Change in the Hadramawt during the Twenties Century," Raphael Israeli and Anthony H. Johns (eds.), *Islam in Asia Volume II: Southeast and East Asia*, Jerusalem: The Hebrew University, 206–37.

Kroef, Justus M. van der 1953: "The Arabs in Indonesia," *Middle East Journal* 7: 300–323.

國谷徹 2004：「19 世紀末の蘭領東インドからのメッカ巡礼について――巡礼パスポー

ト制度の展開過程を中心に」『日蘭学会会誌』29/1: 15–28.

栗田禎子 1998：「マフディー運動の域内連関――19 世紀東スーダンと中東・アフリカ世界」『イスラーム世界とアフリカ』（岩波講座世界歴史 21）岩波書店、141–165.

Laffan, Michael 2004: "An Indonesian Community in Cairo: Continuity and Change in a Cosmopolitan Islamic Milieu," *Indonesia* 77, 1–26.

————2007: "Another Andalusia: Images of Colonial Southeast Asia in Arabic Newspapers," *The Journal of Asian Studies* 66/3: 689–722.

Lauzière, Henri 2010: "The Construction of Salafiyya: Reconsidering Salafism from the Perspective of Conceptual History," *International Journal of Middle East Studies* 42: 369–389.

Lekon, Christian 1997: "The Impact of Remittances on the Economy of Hadhramaut, 1914–1967," in Freitag and Clarence-Smith (eds.), *Hadhrami Traders, Scholars and Statesmen in the Indian Ocean, 1750s-1960s*, 264–280.

Löfgren, O., "Bā," EI^2, vol. 1, 828.

Mahfudz, Ahmad 1990: "Al-Ustadz Umar Hubeis: Ulama dan Pejuang Islam Indonesia," *Khazanah* 1: 25–31.

Mandal, Sumit K. 1997: "Natural Leaders of Native Muslims: Arab Ethnicity and Politics in Java under Dutch Rule," in Freitag and Clarence-Smith (eds.), *Hadhrami Traders, Scholars and Statesmen in the Indian Ocean, 1750s-1960s*, 185–198.

————2002: "Forging a Modern Arab Identity in Java in the Early Twentieth Century," in De Jonge and Kaptein (eds.), *Transcending Borders*, 163–184.

————2009: "Challenging Inequality in a Modern Islamic Idiom: Social Ferment amongst Arabs in Early 20th-century Java," in Eric Tagliacozzo (ed.), *Southeast Asia and the Middle East: Islam, Movement, and the Longue Durèe*, Singapore: NUS Press, 156–175.

————2011: "The Significance of the Rediscovery of Arabs in the Malay World," *CSSAAME* 31/2: 296–311.

Mastuki HS 1997: "Taṭawwur al-Ta'līm al-'Alī bi-Indūnīsiyā," *SI* 4/3: 171–218.

Melayu, Hasnul Arifin 2002 "Islam as an Ideology: The Political Thought of Tjokroaminoto," *SI* 9/3: 35–81.

Mobini-Kesheh, Natalie 1996: "The Arab Periodicals of the Netherlands East Indies, 1914–1942," *BKI* 152/2: 236–256.

森本一夫　1996：「サイイド系譜学の成立（10、11 世紀）――系譜統制との関わりを中心に」『史学雑誌』105/7: 583–619.

————2000：「サイイド樹系図用語集の研究――専門用語・記号の意味とその論理」

『歴史学研究』743: 2–12, 76.
————2005：「森本一夫「サイイド・シャリーフ研究の現状と展望」赤堀雅幸・東長靖・堀川徹編『イスラームの神秘主義と聖者信仰』（イスラーム地域研究叢書 7）東京大学出版会、229–254.

Morley, J. A. E. 1949: "The Arabs and the Eastern Trade," *JMBRAS* 22/1: 143–176.

森弘之 1969：「チョクロアミノトにおける宗教と社会主義」山本達郎編『東南アジアの宗教と政治』日本国際問題研究所、15–43.

ムタシム、ラジャサ 2010：「インドネシアのイスラーム高等教育機関——インドネシア・イスラーム総合大学（UIN）を目指す過程と展望」西野節男編『東南アジア・マレー世界のイスラーム教育——マレーシアとインドネシアの比較』、185–203.

中田考 1990：「イスラーム法学に於けるカリフ論の展開」『オリエント』33/2: 79–95.

中田有紀 2007：「プンガジアン・クルアーンからクルアーン幼稚園へ」西野・服部編『変貌するインドネシア・イスラーム教育』、63–92.

長津一史 2012：「インドネシアの 2000 年センサスと民族別人口」鏡味治也編『民族大国インドネシア』木犀社、37–48.

西野節男 2003：「インドネシアの公教育と宗教」江原武一編著『世界の公教育と宗教』東信堂、295–315.

O'Fahey, R. S. and M. I. Abu Salim 1992/1993: "A Sudanese in Indonesia: A Note on Ahmad Muhammad Surkitti," *Indonesian Circle* 59/60: 68–72.

Othman, Mohammad Redzuan 1998: "The Role of Makka-Educated Malays in the Development of Early Islamic Scholarship and Education in Malaya," *Journal of Islamic Studies*, 9/2: 146–157.

Plas, Ch. O. van der 1931: "De Arabische Gemeente Ontwaakt," *Koloniaal Tijdschrift* 20: 176–185.

大塚和夫 2005：「ネオ・スーフィズム論争とその射程」赤堀・東長・堀川編『イスラームの神秘主義と聖者信仰』（イスラーム地域研究叢書 7）東京大学出版会、137–158.

Powell, A. A. 1976: "Maulānā Raḥmat Allāh Kairānawī and Muslim-Christian Controversy in India in the Mid-19th Century," *Journal of the Royal Asiatic Society of Great Britain and Ireland* 1: 42–63.

Roff, William R. 1970: "Indonesian and Malay Students in Cairo in the 1920's," *Indonesia* 9: 73–87.

Rosental, F., "Nasab," *EI*[2], vol.7, 967–968.

Schaap, C. H. 1957: "De Buitenlanders in Indonesië," *Indonesië* 10: 168–170.

Schmidt, Jan 1992: "Pan-Islamism between the Porte, The Hague, and Buitenzorg," in *Through the Legation Window 1876–1926: Four Essays on Dutch, Dutch Indian and Ottoman History*, Istanbul: Nederlands Historisch-Archaoelogisch Instituut te Istanbul, 90–102.

Schrieke, Bertam J. O. 1922: "De Strijd onder de Arabieren in Pers en Literatuur," *Overdruk uit de Notulen van het Bataviaasch Genootschap van Kunsten en Wetenschappen* 58: 189–240.

Serjeant, Robert Betram 1962: "Historians and Historiography of Ḥaḍramawt," *Bulletin of the School of Oriental and African Studies* 25: 239–261.

島田竜登 2016：「近世バタヴィアのモール人」守川知子編『移動と交流の近世アジア史』北海道大学出版会、249–274.

白石隆 1972：「ジャワの華僑運動 1900–1918 年――複合社会の形成（1）」『東南アジア――歴史と文化』2: 35–74.

Slama, Martin 2014: "Hadhrami Moderns. Recurrent Dynamics as Historical Rhymes of Indonesia's Reformist Islamic Organization Al-Irsyad," in Volker Gottowik (ed.), *Dynamics of Religion in Southeast Asia: Magic and Modernity*, Amsterdam: Amsterdam University Press, 113–132.

Steenbrink, Karel 1994: "Hamka (1908–1981) and the Integration of the Islamic Ummah of Indonesia," *SI* 1/3 (1994): 119–147.

Tibbetts, G. R. 1957: "Early Muslim Traders in South-East Asia," *JMBRAS* 30/1: 1–45.

戸田金一 1971：「オランダ植民地時代とスカルノ体制下のインドネシアの教育」阿部宗光編『フィリピンとインドネシアの教育開発』アジア経済研究所 , 175–226.

――――1976：「インドネシア教育史」梅根悟監修、世界教育史研究会編『東南アジア教育史』（世界教育史大系 6）講談社 , 20–145.

Tomiche, N, "Nahḍa," *EI²*.

利光正文 1994：「植民地期ムハマディヤの学校教育について」『別府大学アジア歴史文化研究所報』12: 5–14.

――――1995：「植民地期アチェのムハマディヤ運動」『東南アジア――歴史と文化』24: 76–99.

Vredenbregt, Jacob 1962: "The Haddj: Some of its Features and Functions in Indonesia," *BKI* 118: 91–154.

Willis, John 2010: "Debating the Caliphate: Islam and Nation in the Work of Rashid Rida and Abul Kalam Azad," *The International History Review* 32/4: 711–732.

Wilson, Frank Harold Wilson c.2008 "Integration," in William A. Darity (ed.), *International Encyclopedia of the Social Science*, 2nd ed., vol. 4, Detroit: Macmillan Reference USA, Thomson Gale, 56–63.

家島彦一 1993：「南アラビア・ハドラマウトの人びとの移住・植民活動」『海が創る文明――インド洋海域世界の歴史』朝日新聞社 , 345–377.

湯川武 1990：「ウラマー遊学の世界」柴田三千雄他編『歴史のなかの地域』（シリーズ世界史への問い 8）岩波書店 , 225–248.

吉田信 2002：「オランダ植民地統治と法の支配――統治法 109 条による「ヨーロッパ人」と「原住民」の創出」『東南アジア研究』40/2: 115–140.

――――2008：「文明・人種・法――「日本人法」制定過程をめぐる議論から」『東南アジア――歴史と文化』37: 3–27.

Ziadeh, Farhat J. 1957: "Equality (*Kafā'ah*) in the Muslim Law of Marriage," *The American Journal of Comparative Law* 6: 503–17.

【インタビュー】

ファリダ・アフィッフ Faridah Afiff 氏、ボゴールのダルル・マルハマの所有者、2010 年 10 月 13 日、ボゴール.

ゲイス・アマル Geys Amar 氏、1980 年代から 2000 年代までイルシャードの会長、2008 年 9 月 2 日、ジャカルタ.

ゼイド・アマル Zeyd Amar 氏、イルシャードのジャカルタ本部の事務長（当時）、2010 年 10 月 18 日、2011 年 2 月 11 日、ジャカルタ.

バフティアル Bachtiar 氏、イルシャードのジャカルタ本部の本部長（当時）、2008 年 1 月 28 日、ジャカルタ.

アフマド・マフフーズ Ahmad b. Mahfoed 氏、オランダ植民期のイルシャードのスラバヤ校の卒業生、2009 年 2 月 19 日、スラバヤ.

アブドゥルアズィーズ・ビン・ターリブ Abd al-Aziz bin Thalib 氏、独立以前からインドネシアに住むイルシャードの関係者、2011 年 5 月 1 日、ジャカルタ.

【ウェブサイト】

http://alirsyad.org (2013 年 8 月 13 日閲覧)

あとがき

本書は、慶應義塾大学に提出した学位論文「インドネシア国家形成期におけるアラブ人団体イルシャードの変容——イスラーム改革主義・教育・国民統合」に、その後の研究成果を反映させて加筆・修正を加えたものである。刊行にあたっては、慶應義塾学術出版基金から出版助成の交付をいただいた。また、本書の研究を進めていく上では、日本学術振興会（特別研究員奨励費DC2、PD）及びりそなアジア・オセアニア財団から助成を受けた。記して謝意を表したい。

本書が完成に至るまでには、国内外の非常に多くの方々のご支援を賜った。まず、学位論文の主査を務めてくださった長谷部史彦先生、副査を引き受けてくださった嶋尾稔先生と弘末雅士先生、大学院に入学してから博士課程の途中までの指導教授である坂本勉先生に心より感謝を申し上げたい。特に長谷部先生には、本書のもとになった博士論文を作成する際に多くの助言・ご指摘をいただいた。それらがなければ本書のもとになった博士論文が完成することはなかっただろう。

また、弘末先生が立教大学で開講されているゼミには、大学院の途中から長いこと参加させていただいてきた。それ以前から東南アジア史の研究に取り組んでいたとは言え、筆者は元々は主に中東・イスラーム世界を扱う専攻の出身である。基礎的なことも含め、東南アジアの歴史研究に関わる知識の多くは、弘末先生のゼミ（とそのあとのお酒の場）での参加者の方々との議論の中で学んだ。東南アジア史の研究を進めていくことができたのは、弘末先生のご指導のお陰である。

インドネシア研究に関しては、他にも様々な方から助言やご指導をいただいた。なかでも、倉沢愛子先生が主宰されている研究会には長い間お世話になっている。筆者は文献史学を専門とするが、インドネシアでの滞在を通して現地社会を知ることの重要性も実感として理解できるようになった。倉沢先生の研究会の参加者には現代的な問題の研究をされている方が多く、筆者にとっては新しい知識と刺激を得る貴重な場所である。この研究会の参加者で、インドネシアのアラブ人研究の先輩でもある新井和広氏には、修士論文を書く際に貴重な史料を使わせていただき、その後も研究でも度々お世話になっている。また、小林寧子先生には、度々発表の機会を与えていただくとともにたくさんの激励の言葉をかけていただいた。

さらに、これらのゼミや研究会などを通して、多くの先輩方や同年代の研究者に出会い、助言をいただいたり、ときには議論をしたりもしてきた。色々な場所に参加してきたため筆者の研究とは対象地域や分野が異なる方も多いが、苦楽を共にする存在としていつも刺激を受けてきた。

インドネシアでお世話になった方々にも謝意を述べたい。2006年10月から2009年3月までの留学の経験は、研究を発展させていく上で重要な契機となった。この際には、ジャカルタのインドネシア国立イスラーム大学シャリフ・ヒダヤトゥッラ校付属の社会イスラーム研究所（PPIM）にカウンターパートとして受け入れていただいた。

本書で利用した史料の大部分は、これまで10年以上行ってきた現地調査で手に入れたものである。インドネシアでは、最も多くの時間をジャカルタの国立図書館で過ごしてきた。留学を始めたばかりの頃、新しい環境に戸惑う中で職員の方々に親切にしていただいたことは大いに励みになった。特に史料を探す上では、アリ・ムサ氏とアティカ氏にお世話なった。インドネシアを訪れた際には時間があれば国立図書館に通って史料を探すようにしているが、いつでも何か新しい発見がある。

イルシャードのメンバーをはじめ、インドネシアのアラブ人の方々との交流も、研究生活の中で得た貴重な財産である。自分たちの歴史に興味を持つ外国人の研究者に、どの方も喜んで力を貸してくださった。ここでは、史料・写真を提供してくださったナビエル・ハヤゼとアブドゥッラー・バタルフィ、貴重なお話を聞かせてくださったゼイド・アマルとヒルミ・スールカティー、インドネシア独立前からの歴史を知るアフマド・マフフーズ、そしてこれらの人々を紹介し、筆者の研究を支えてくださったゲイス・アマルの各氏の名前を特にあげておきたい。

これらのアラブ人の方々にはときどき、なぜインドネシアの中でもマイノリティである自分たちの歴史に興味を持つようになったのか、と尋ねられることがある。元々は、修士論文のテーマに行き詰っていた時に東南アジアのアラブ人の存在を知り、故郷から遠く離れた地でどのようなことをしてきたのか面白そうだ、というぐらいの漠然とした関心から始めた研究である。だが、今では、この人たちのバックグラウンドが持つ広大な世界と、彼らが今生きているインドネシア社会に魅力を感じている。この本を出版し、インドネシアのアラブ人の歴史を紹介することで、今までの恩に少しでも報いることができればと思う。

本書は、草稿の段階で一部分を鈴木恒之先生に読んでいただき、貴重なご指摘をいただいた。また、付されている地図は、小泉佑介氏が作成してくださり、初校の校正では、杉山隆一氏が協力してくださった。さらに、校了前の最終チェックでは、久礼克季、工藤裕子、土佐林慶太の各氏にご協力をいただいた。すべての皆様にこの場を借りてお礼を申し上げたい。編集を担当してくださった慶應義塾大学出版会の平原友輔さんには、原稿の執筆が大幅に遅れてしまい多大なご迷惑をおかけしてしまった。辛抱強く待っていただいたことに感謝を申し上げたい。

このように多くの人たちの援助を得で、ささやかではあるがこれまでの研究の成果を一書にまとめることができた。残念なのは、既に鬼籍に入られた湯川武先生と岩見隆先生に本書をお見せできないことである。湯川先生には研究者としての基礎を築いていただき、岩見先生にはアラビア語史料の読みを徹底的に教えていただいた。そもそも筆者が研究を始めたのも、最終的に続けていこうと決心したのもお二人のおかげである。

最後に、これまで育ててもらい、自分の好きなことをやらせてくれている両親に感謝を述べたい。

2018 年 3 月

山口元樹

人名索引

ア

アイダルース、アブドゥッラー　al-ʻAydarūs, ʻAbd Allāh b. Ḥusayn　90

アイダルース、アラウィー　al-ʻAydarūs, ʻAlawī b. ʻAlī　113

アサート　Assaat　219

アーザード　Āzād, Abū al-Kalām　132–133

アスナウィ　Asnawi　112, 120

アダム・マリク　Adam Malik　19

アッセガッフ、セガッフ　Assegaff, Segaff　174

アッタース、アブドゥッラー・ビン・アラウィー　al-ʻAṭṭās, ʻAbd Allāh b. ʻAlawī　75, 85, 100

アッタース、アブドゥッラー・ビン・サーリム　al-ʻAṭṭās, ʻAbd Allāh b. Sālim　87, 186, 189

アッタース、アブー・バクル　al-ʻAṭṭās, Abū Bakr b. ʻAbd Allāh　181

アッタース、イスマーイール　al-ʻAṭṭās, Ismāʻīl b. ʻAbd Allāh　100, 185

アッタース、ウマル　al-ʻAṭṭās, ʻUmar b. Sālim　78, 81, 147,

アッタース、ムハンマド　al-ʻAṭṭās, Muḥammad b. ʻAbd Allāh　74–75, 87–88, 100, 185–186, 188–189

アッバース・ヒルミー２世　ʻAbbās Ḥilmī al-Thānī　35

アブー・アル＝ファドル・サーッティー・スールカティー　Abū al-Faḍl Sāttī Muḥammad［al-］Sūrkatī al-Anṣārī　32, 48, 52, 75

アフガーニー、ジャマールッディーン　al-Afghānī, Jamāl al-Dīn　8, 73, 75

アブー・シュジャーウ　ʻAbū Shujāʻ al-Isfahānī　89–90

アブード、ムハンマド　ʻAbūd, Muḥammad b. ʻUbayd　85, 172

アブドゥッラー・アフマド　Abdullah Ahmad　35, 98–99, 118, 179

アブドゥフ、ムハンマド　ʻAbduh、Muḥammad　8, 17–18, 31, 37–38, 73, 75, 135

アブドゥルハック　ʻAbd al-Ḥaqq　45

アブドゥルハーリク　ʻAbd al-Khāliq　45

アブドゥルハリム　Abdul Halim　121–122

アフマド・ハッサン　Ahmad Hassan　82, 139, 221

アフマド・ビン・イーサー・アル＝ムハージル　Aḥmad b. ʻĪsā al-Muhājir　77

アフマド・ブン・アル＝アーキブ　Aḥmad b. al-ʻĀqib al-Anṣārī　75

アフマド・ブン・イドリース　Aḥmad b. Idrīs　41, 50

アミル・シャリフッディン　Amir Sjarifuddin　212

アムーディー、アブドゥッラー　al-ʻAmūdī, ʻAbd Allāh　203

アムーディー、ウスマーン　al-ʻAmūdī, ʻUsmān Bā ʻAbūd　114–115

アムーディー、ムハンマド・ビン・アブード　al-ʻAmūdī, Muḥammad b. ʻAbūd　115, 180–181

アムーディー、ムハンマド・ビン・アブドゥッラー　al-ʻAmūdī, Muḥammad b. ʻAbd Allāh　173–175, 216

アラウィー・ビン・ウバイドゥッラー　ʻAlawī b. ʻUbayd Allāh　143

アラタス、フシン　Alatas, Hoesin　182, 211

アリー（第四代正統カリフ）　ʻAlī b. Abū Ṭālib　78, 143, 157–158, 160

アリー・リダー、ムハンマド・アリー　ʻAlī Riḍā, Muḥammad ʻAlī b. Zaynal　54

アルガドリ、ハミド　Algadri, Hamid　101, 104, 209, 212, 217–219, 227

アルカッフ、ヌフ　Alkaff、Noeh　174

アルスラーン、シャキーブ　Arslān, Shakīb

135–137, 148–149, 153–165, 240–241
アワド・ビン・スンカル　‘Awad b. Sunkar al-‘Urmī　79
アンダーソン　Anderson, Benedict　7, 16, 19, 124, 242
アンワル・チョクロアミノト　Anwar Tjokroaminoto　211, 223
イブン・カイイム・アル＝ジャウズィーヤ　Ibn Qayyim al-Jawzīya　18, 50, 198
イブン・サウード　Ibn Sa‘ūd　118–120, 122–123, 132, 141, 161, 193
イブン・タイミーヤ　Ibn Taymīya　18, 50
イブン・ハジャル・アル＝ハイタミー　Ibn Ḥajar al-Haytamī　67, 142
ウォンドスディルジョ（ウォンドアミセノ）　Wondosoedirdjo（Wondoamiseno）　115, 121, 203, 211
ウマル・ブン・ハムダーン　‘Umar b. Ḥamdān al-Maghribī　51

カ

カーフ、ムハンマド　Kāf, Muḥammad　123
カラーリー、アスアド　al-Kalālī, As‘ad　121
クルーツベルフ　Creutzberg, K. F.　101

サ

サイイド・ウスマーン（ウスマーン・ビン・ヤフヤー）　Sayyid ‘Uthmān（‘Uthmān b. ‘Abd Allāh b. Yaḥyā）　81, 211
サースィー、タイイブ　al-Sāsī, Ṭayyib b. Ṭāhir　171
サッカーフ、イブラーヒーム　al-Saqqāf, Ibrāhīm b. ‘Umar　138–139, 147–150, 154–155, 161, 163
サッカーフ、アブドゥッラフマーン　al-Saqqāf, ‘Abd al-Raḥmān b. ‘Ubayd Allāh　90
サティマン　Satiman Wirjosandjojo　179
サマンフディ　Samanhoedi　106
サーリフ・ビン・アブダート　Ṣāliḥ b. ‘Ubayd b. ‘Abdāt　85
サリム、アグス　Salim, Agoes　109–110, 112, 116–118, 121–123, 141–142, 170, 196, 217, 221
サルトノ　Sartono　170
サンガジ　Sangadji, A. M.　115, 123
シムン　Simoen　115
ジャアファル・ウマル・タリブ　Ja‘far Umar Thalib　230, 235
ジャウハリー、タンターウィー　al-Jawharī, al-Ṭanṭāwī　194
シャーティビー　al-Shāṭibī, Abū Isḥāq Ibrāhīm　198
ジャナン・タイブ　Djanan Thaib　120, 181
シャフェイ、モハンマド　Sjafei, Mohammad　198
シャフバル、アワド　Shaḥbal, ‘Awaḍ b. ‘Abd Allāh　180, 184–185, 190, 205
シャフリル　Sjahrir, Sutan　212, 217
シャリーフ・フサイン　Sharīf Ḥusayn　45, 47, 52, 113, 118, 132, 141, 171
ジュフリー、ウスマーン　al-Jufrī, ‘Uthmān b. ‘Alī　186
ジーラーニー、アブドゥルワーヒド　al-Jīlānī, ‘Abd al-Wāhid　26, 142, 145, 155, 164
スアイディ、サレフ　Suayidi, Saleh　87
スィカ、ハサン　al-Thiqa, Ḥasan b. ‘Alī　26
スカルノ　Soekarno　123, 168, 170, 211–212, 216
スヌック・ヒュルフローニェ　Snouck Hurgronje, C.　33–34, 39–40, 42–43, 56, 81, 110
スフリーケ　Schrieke, B. J. O.　84, 186, 189
スマルリン　Soemarlin, J. B.　236
スモ・ウィディグド　Soemo Widigdo　116
スラティー、ハサン　Soerati, Hasan Ali　108, 115
スールカティー、アフマド　［al-］Sūrkatī, Aḥmad b. Muḥammad　10, 17–18, 21, 27–28, 31–32, 42, 48–53, 55–56, 60, 73, 75, 79–80, 82–91, 94, 112–116, 119, 121–123, 125–130, 132–134, 137–139, 145, 147, 149–150, 157–158, 162–163, 165, 174, 177–178, 191–196, 199–202, 205, 207, 210–211, 221, 232, 239–243
スルヨプラノト　Soerjopranoto　117

タ

タイイブ、ムハンマド　al-Ṭayyib, Muḥammad 55–56
ダッハーン、アスアド　al-Dahhān, As‘ad b. Aḥmad　51
ダッハーン、アブドゥッラフマーン　al-Dahhān, ‘Abd al-Raḥmān b. Aḥmad　50–52
タフターザーニー、ムハンマド・アル＝ガニーミー　al-Taftāzānī, Muḥammad al-Ghanīmī 153–154
ダフラン、アフマド　Dachlan, Ahmad　35, 69, 86–87
ダフラーン、アフマド・ブン・ザイニー Daḥlān, Aḥmad b. Zaynī　39–40, 55
タルマスィー、マフフーズ　al-Tarmasī, Maḥfūẓ b. ‘Abd Allāh　38–39, 52, 67
チョクロアミノト　Tjokroaminoto, Oemar Said 107–108, 110, 115–121, 211
ティルトアディスルヨ　Tirtoadisoerjo　105–106
デワントロ（スワルディ・スルヤニングラット）　Dewantoro, Ki Hadjar（Soewardi Soerjaningrat）　19–20, 117
ドハーンス　D’Haens, L. J.　198
ド・マン＝ソニュース　de Man-Sonius, A. M. 198

ナ

ナージー、ウマル　Nājī, ‘Umar b. Sulaymān 22, 48, 119, 122, 211, 229–230
ナシル　Natsir, Mohammad　220–225
ナワーウィー、ムハンマド　Nawāwī al-Bantanī, Muḥammad　37–38, 43–44
ニザーム、ウスマーン・アリー・ハーン Niẓām, ‘Uthmān ‘Alī Khān　45
ニューヴェンハイス　Neuwenhuis, G. J.　198

ハ

ハイヤート、ムハンマド・ブン・フサイン al-Khayyāṭ, Muḥammad b. Ḥusayn　45, 52, 138
ハイヤート、ムハンマド・ブン・ユースフ al-Khayyāṭ, Muḥammad b. Yūsuf　51–52, 55
バクリー、サラーフ　al-Bakrī, Ṣalāḥ ‘Abd al-Qādir　22, 48–49, 53, 68, 181–182
ハサン・ジャヤディニングラット　Hasan Djajadiningrat　69
ハサン・ブン・ハーミド　al-Ḥasan b. Ḥāmid al-Anṣārī　49, 75, 86
ハジ・ラスル（アブドゥルカリム・アムルッラー）　Hadji Rasoel（Abdul Karim Amroellah） 35, 118, 196, 210
ハーシミー、ムハンマド　Hāshimī, Muḥammad b. ‘Uthmān　25–26, 75, 100, 112, 126
ハシム・アシュアリ　Hasjim Asj’ari　35, 69, 119, 203, 210–211
バージュナイド、アフマド　Bā Junayd, Aḥmad 74, 106
バージュナイド、サイード　Bā Junayd, Sa‘īd 74, 106
バージュライ、アブドゥッラー　Bā Juray, ‘Abd Allāh b. ‘Aqīl　27, 138, 223
バジュレイ、フセイン　Badjerei, Hussein 223–224, 227
バスウェダン、アブドゥルラフマン　Baswedan, Abdul Rahman　174, 182, 206, 209, 211–212, 217, 225–227
ハスビ・アッスィッディーキ　Hasbi Ash Shddieqy　87, 232
ハスブッラー、アブドゥルワハブ　Chasbullah, Abdul Wahab　112, 115–117, 119–120, 142
ハッタ　Hatta, Mohammad　212, 216
ハッダード、アラウィー　al-Ḥaddād, ‘Alawī b. Ṭāhir　138–139
ハティーブ・アフマド　al-Khaṭīb al-Minankabāwī, Aḥmad b. ‘Abd al-Laṭīf　38, 52, 110, 154
ハティーブ、アブドゥルハミード　al-Khaṭīb, ‘Abd al-Hamīd b. Aḥmad　153–154
ハブシー、アブドゥッラー　al-Ḥabshī, ‘Abd Allāh b. Abū Bakr　85
ハブシー、アリー　al-Ḥabshī, ‘Alī b. ‘Abd al-Raḥmān　116–117, 210–211
ハブシー、フサイン　al-Ḥabshī, Ḥusayn b. Muḥammad　55

バフリー、ユーヌス　al-Baḥrī, Yūnus　137, 139
ハムカ（ハジ・アブドゥルマリク・［アブドゥル］カリム・アムルッラー）　Hamka（Hadji Abdoel Malik［Abdoel］Kalim Amroellah　196, 225–226
ハムザ・ファンスーリー　Hamzah Fansuri　226
ハムドゥーフ、アブドゥッラー　Ḥamdūh, ʻAbd Allāh b. Ibrāhīm　53–56
ハルハラ、アリー　Harhara, ʻAlī b. ʻAbd Allāh　155–156, 200
バルワイル、バルワイル　Balwaʻil,　Sālim b. ʻAwaḍ　85
ビン・シハーブ、アリー・ビン・シャイフ　Bin Shihāb, ʻAlī b. Shaykh　144–145
ビン・シハーブ、ムハンマド　Bin Shihāb, Muḥammad b. ʻAbd al-Raḥmān　116
ビン・スマイト、ハサン　Bin Sumayt, Ḥasan　108–109
ビン・ターリブ、ウマル　Bin Ṭālib, ʻUmar　230
ビン・ターリブ、ムハンマド　Bin Ṭālib, Muḥammad　119–120
ビン・ターリブ、ルバイヤ　Bin Ṭālib, Rubayʻa b. Ambārak　117
ファーティマ　Fāṭima bint Muḥammad　157, 160
ファード1世　Aḥmad Fuʻād b. Ismāʻīl　118, 132
ファーニヴァル　Furnivall, J. S.　7, 14
ファフルッディン　Fachroedin　112, 115–117
ファン・デル・ラーク　Van der Laak, H. P.　198
フバイス、ウマル　Hubayṣ, ʻUmar b. Sālim　114–115, 121, 200, 202–203, 211, 217, 226–227
ペイペル　Pijper, G. E.　14, 48, 73
ヘディーヴ・イスマーイール　Khedīv Ismāʻīl　33

マ

マジュズーブ、アフマド　al-Majdhūb, Aḥmad b. al-Ḥājj ʻAlī　50–51
マシュアビー、サイード　Mashʻabī, Saʻīd b. Sālim　85
マシュフール、アイダルース　al-Mashhūr, ʻAydarūs　114, 123, 147
マシュフール、アブドゥッラー　al-Mashhūr, ʻAbd Allāh b. ʻAfīf　103–104
マフムド・ユヌス　Mahmoed Joenoes　66, 99, 179, 199
マス・マンスル　Mas Mansoer　116, 119, 121, 203, 210–211
マンクーシュ、ウマル　Manqūsh, ʻUmar b. Yūsuf　81, 83, 85, 90
ムハンマド（預言者）　Muḥammad b. ʻAbd Allāh b. ʻAbd al-Muṭṭalib　10, 36, 41, 76–78, 80, 82, 91, 108, 112, 123, 139–143, 145, 147, 150–151, 153–154, 156–157, 159, 164, 240
ムハンマド・ヌール　Muḥammad Nūr b. Muḥammad Khayr al-Anṣārī Abū al-Anwār　22, 32, 75, 232
ムハンマド・バキル　Moehammad Bakir　119, 122
ムハンマド・ファリード・マアルフ　Muhammad Faried Maʻruf　87, 203
ムハンマド・ブン・アブドゥルハミード　Muḥammad b. ʻAbd al-Ḥamīd　55
ムハンマド・ブン・アブドゥルワッハーブ　Muḥammad b. ʻAbd al-Wahhāb　41
ムフタル・ヤフヤ　Moekhtar Jahja　179
ムンシ・アブドゥッラー（アブドゥッラー・アブドゥルカディル）　Munshi Abdullah（Abdullah Abdul Kadir）　226
メイエル　Meyer, H. Chr.　198
メフメト・カーミル・ベイ　Mehmet Kâmil Bey　74
ミフダール、フサイン　al-Miḥḍār, Ḥusayn b. Ḥāmid　172
モビニ＝ケシェー　Mobini-Kesheh, Natalie　15–16, 23, 26, 60, 197
モレスコ　Moresco, E.　100

ヤ

ヤマニー、マンスール　Yamanī, Manṣūr　114

ユヌス・アニース　Junus Anies　86

ラ

ラシディ、ムハンマド　Rasjidi, Muhammad　87, 177, 194

ラシード、アブドゥルアズィーズ　al-Rashīd, ʻAbd al-ʻAzīz　139, 163

ラデン・サレフ　Raden Saleh　226

ラフマトゥッラー・アル＝ウスマーニー　Raḥmat Allāh al-ʻUthmānī　44, 45, 52

ラッフルズ　Raffles, Thomas Stamford　60

リム・クン・ヒェン　Liem Koen Hian　174

リダー、ラシード　Riḍā, Muḥammad Rashīd　8, 17–18, 37, 73, 78–79, 82–84, 130–133, 135–136, 148–153, 156, 160–165, 239–241

ルム　Roem, Mohammad　223

ワ

ワヒド・ハシム　Wahid Hasjim　203, 211

事項索引

ア
アイダルース家　Āl al-'Aydarūs　12
アズハル　al-Azhar　33, 48–49, 54, 113–114, 120, 130, 149, 161, 182, 231–232
アダット（慣習法）　adat　38
アチェ　Aceh　62, 66, 99
アラウィー（バーアラウィー）　'Alawī（Bā 'Alawī）　10–12, 14–16, 20, 76–87, 90–91, 114, 116, 123, 135, 137–165, 171–172, 174, 181, 185–186, 210–211, 237, 239–240, 244
アラウィー・イルシャーディー論争　10, 14–15, 18, 21, 26, 28, 76, 80, 87, 91, 135, 137, 142, 161, 164, 167, 173, 240–241, 244
アラウィー連盟　al-Rābiṭa al-'Alawīya　116, 138–139, 147, 150, 158–159, 167, 172, 174, 176, 181–182
アラタス・スホール　Alatas School　71, 75, 100
『アラブ』（エルサレム）　*al-'Arab*　152–153
『アラブ』（シンガポール）　*al-'Arab*　144, 148, 150, 152–153, 155, 158, 162–163
アラブ・イスラーム協会　al-Jam'īya al-'Arabīya al-Islāmīya　71, 87, 180, 184–186, 188
アラブ系インドネシア人会議　Badan Konperensi Bangsa Indonesia Turunan Arab　219
アラブ系インドネシア人青年の誓い　Soempah Pemoeda Indoneisa Ketoeroenan Arab　175
アラブ主義　130–132, 134, 241
「アラブ定期刊行物」　22–27
アラブ同盟　al-Waḥda al-'Arabīya　173
アラブ連合共和国　al-Jumhūrīya al-'Arabīya al-Muttaḥida　231
『アリラン・バル』　*Aliran Baroe*　201
イエメン　6, 12–13, 47, 161
医科大学　geneeskundige hogeschool　96–97
イジュティハード（イスラーム諸学において自ら解釈して結論を得ること）　ijtihād　36–37, 46, 71, 88, 89, 91, 142, 151
イスタンブル　73–74, 87, 106
イスラミック・ガールズ・ボーディング・スクール　Islamic Girls Boarding School　236
イスラーミーヤ学院　al-Madrasa al-Islāmīya　45
イスラーム委員会　Komite Al-Islam　123
イスラーム改革主義　3–4, 7–11, 14, 16, 21–22, 28, 31, 36–37, 59–60, 71, 73, 76, 83–84, 91, 107, 136, 148, 194, 221, 239, 241, 243–244
イスラーム会議（エジプト）　al-Mu'tamar al-Islāmī　230–231
イスラーム教師協会　Persatuan Guru-guru Agama Islam: PGAI　179
イスラーム高等教育機関　Sekolah Islam Tinggi　179
イスラーム商業同盟　Sarekat Dagang Islamiah: SDI　74, 105–106
イスラーム世界会議　Mu'tamar al-'Ālam al-Islāmī　118–122, 196
イスラーム世界会議・東インド支部　Mu'tamar al-'Ālam al-Islāmī Far' al-Hind al-Sharqīya: MAIHS　120–121
イスラーム全体会議　al-Mu'tamar al-'Āmm al-Islāmī　129–130, 155
イスラーム同盟　Sarekat Islam　69, 74, 104–111, 114–115, 117, 120–124, 141, 170, 176, 190, 195–196, 203, 211, 221–223, 226, 245–246
『イスラームの至宝』　*al-Dhakhīra al-Islāmīya*（*Azzachiratoel Islamijah*）　27, 114, 128–129, 133
一般学校系統　228, 230, 232, 234, 238, 243　→スコラも参照
一般研究会　Algemeen Studieclub　168
イバーダート（神と人間との関係に関する規

定）'ibādāt　79
『イマーム』 *al-Imam*　22–23, 36
イルシャーディー（イルシャードの会員・支持者） Irshādī　10–11, 14–15, 20, 22, 25–27, 59, 86, 90, 114, 121–122, 126–127, 129–130, 135, 137, 140–147, 149, 152–155, 157, 159–165, 171–172, 176, 180, 191, 193–194, 200–202, 204, 207, 209, 211, 229–230, 232, 234–235, 240, 243–245
イルシャードの規約　84–85, 140, 145, 164, 197, 222–223, 233
イルシャード青年部　Pemuda Al-Irsjad　223–225, 229
イルシャード25周年記念大会　164, 199–202, 207
『イルシャード』（1920年創刊） *al-Irshād*　26
『イルシャード』（1933年創刊） *al-Irshād*　26, 119, 159–160
インドー・アラブ運動　Indo-Arabische Beweging: IAB　175, 216
インドー・アラブ同盟　Indo-Arabisch Verbond: IAV　173–175, 216
インドネシア・アスリ　Indonesia-Asli　217, 224　→プリブミ、「原住民」も参照
インドネシア・アラブ協会　Persatoean Arab Indonesia: PAI　11, 19–20, 135, 165, 167–168, 172, 174–177, 182–184, 188–190, 200–201, 206–207, 209, 211–212, 216, 219
インドネシア・イスラーム党　Partai Islam Indonesia: PII　87, 179, 203
インドネシア華人党　Partai Tionghoa Indonesia: PTI　174–176
インドネシア語　7, 9, 25, 27, 67, 109, 122, 169, 174, 201, 206, 211, 214–215, 226–230, 232, 235, 238
インドネシア国民党　Partai Nasional Indonesia: PNI　124, 168–170, 216, 219, 225–226
インドネシア社会党　Partai Sosialis Indonesia: PSI　212, 216, 226–227
インドネシア人民協議会　Madjelis Rakjat Indonesia　203
インドネシア・ナショナリズム　7, 19–20, 28, 93, 104, 174–177, 201–202, 206
インドネシア民族政治団体協議会　Permoefakatan Partai Politik Kebangsaan Indonesia: PPPKI　123
インド洋　4, 6, 11–13, 34, 215
ウラマー（伝統的なイスラーム知識人） 'ulamā'　4, 10, 32–33, 36–38, 40, 42–45, 49–50, 52, 55, 59, 78, 81, 88–90, 112–114, 116, 132, 139, 144, 179, 195, 210, 237
エジプト　10, 16, 26, 31, 33, 35, 37–38, 48, 56, 115, 118, 120, 123, 130, 132, 136, 149–150, 153–156, 173, 180–182, 184, 192–194, 196–198, 207, 230–231, 243
エルサレム　129–130, 152, 155
オスマン政府／オスマン帝国　39–40, 43, 47, 52, 73–74, 87, 112
オランダ語　9, 64, 69–70, 85, 88, 95–98, 103, 133, 141, 194, 198, 205–206, 215, 229
オランダ語アラブ人学院　Hollandsch Arabisch Instituut　183, 188, 190
オランダ語アラブ人学校　Hollands-Arabisch shool: HAS　100–101, 183–186, 188–190, 197–199, 201, 205–206, 215
オランダ語華人学校　Hollands-Chineese school: HCS　95–97, 100, 187, 198
オランダ語原住民学校　Hollands-Inlands school: HIS　95–103, 125, 184, 187–189, 197–198, 205, 220

カ

華人　5–7, 21, 59, 61–63, 72–73, 95, 98, 101–102, 105–107, 110, 123, 169, 174, 176, 194, 197, 213, 217–219, 237
外来東洋人　Vreemde Oosterlingen　6–7, 21, 62–63, 72, 95, 102–103, 169, 213
カイラーナ　Kairana　44
カイロ　16, 33, 37, 48–49, 73, 78, 84, 113–115, 117–118, 120, 130, 136–137, 180–182, 194, 217, 232
「覚醒」 Ar. nahḍa / Ind. sadar, kesadaran　28, 70–72, 74–76, 91, 123, 167, 200–201, 239
カスィーリー（部族） al-Kathīrī　77, 171–172
カスィーリー改革協会　al-Jam'īya al-Kathīrīya

al-Iṣlāḥīya　172, 190, 200
『固き絆』　*al-'Urwa al-Wuthqā*　8, 73
ガピ（インドネシア政治連合）　GAPI（Gaboengan Politik Indonesia）　176, 203
カピタン　kaptein　63, 79–80, 101
カーフ家　Āl al-Kāf　172
カリフ／カリフ位／カリフ制／カリフ論　74, 89, 111, 113, 115, 118, 128–134, 155, 241–242
カリフ制委員会　Comite Chilaafat　113–117, 181
カリフ制会議　→カリフ制のためのイスラーム全体会議を参照
カリフ制のためのイスラーム全体会議　al-Mu'tamar al-Islāmī al-'Āmm li-l-Khilāfa　113–118
慣習　'āda, 'urf　82, 142, 165
キタブ　kitab　67
キヤイ　kiyai　66–67, 112, 119, 195, 214
教育制度　16, 62, 93, 98–100, 103–104, 125–128, 133–134, 168, 178–179, 181, 183–186, 188, 190–191, 193–194, 197–199, 207, 214–215, 219–220, 229–231, 238, 242–243
　オランダ領東インドの――　94–98
　日本軍政期の――　215
　インドネシア独立後の――　228
「居住区制度」　wijkenstelsel　62
クアイティー（部族）　al-Qu'ayṭī　77, 171–172
『クウェートとイラク人』　*al-Kuwayt wa-l-'Irāqī*　137–139
クタラジャ　Koetaradja　62
クッターブ　kuttāb　43, 49, 53–56, 185
クライシュ族　Quraysh　130–132, 160
クルアーン　al-Qur'ān　15, 36, 41, 43, 49, 53–54, 66, 70–71, 88–89, 112, 130–131, 133, 214, 222, 235
クルアーン解釈学　'ilm al-tafsīr　39, 41, 46, 51, 66, 68–70
クルアーン児童教室　taman pendidikan al-Qur'an: TPA　234–236
クルアーン幼稚園　taman pendidikan al-Qur'an: TPA　235
継続学校　vervolgschool　96–97
系譜　nasab　10, 44, 76–78, 80, 83, 139, 143–148, 150, 153–154, 157, 159, 161, 164, 240–241
「原住民」　Inlanders　6–7, 142　→プリブミ、インドネシア・アスリも参照
原住民医師養成学校　school tot opleiding van inlandsche artsen: STOVIA　94, 97, 105, 110
原住民官吏養成学校　opleidingschool voor inlandsche ambtenaren: OSVIA　94, 107
「現地志向」　191, 196–197, 199–200, 202–204, 206–207, 209, 238, 242–244
「交易の時代」　4
工科大学　technische hogeschool　96–97, 168
高等市民学校　hogere burgerschool: HBS　96–97, 104, 110, 168
国籍法　218, 236
国民学校（日本軍政期、インドネシア独立後）　sekolah rakjat　215, 228
国民議会　Dewan Perwakilan Rakyat: DPR　218–219, 223, 226–227

サ

サイイド・シャリーフ（預言者ムハンマドの子孫）　10, 17, 76–79, 81–83, 91, 139, 143, 145, 147–148, 154, 156, 164–165, 239–241
――の手に口づけをする慣習　taqbīl, shamma　76, 80–82, 91, 139, 165
サイウーン　Say'ūn　55
サウディアラビア　6, 161, 231, 235
サウラティーヤ学院　al-Madrasa al-Ṣawlatīya　44–47, 51–53
『サラーム』（スラバヤ）　*Salām*　25, 76
『サラーム』（シンガポール）　*Salām*　163
シアック　Siak　5, 62
ジッダ　Jidda　35, 45, 54, 110, 118
ジハード（聖戦）　jihād　216
シフル　al-Shiḥr　6, 171
社会階層（ハドラマウト）　14, 76–77, 83
ジャカルタ　210–211, 218, 220, 223, 233, 237　→バタヴィアも参照
シャーフィイー学派　38–40, 51, 55, 66, 68, 70, 88–91, 142, 160, 198, 240
ジャムイーヤ・タフズィービーヤ　al-Jam'īya

al-Tahdhībīya　26, 114–115, 121, 173
ジャムイーヤト・ハイル　Jam'īyat Khayr　9–10, 23, 55–56, 60, 65, 69–71, 73, 75–76, 79, 81–83, 86–87, 116, 181–182
ジャムイーヤト・ムラーアート・アル＝イフワーン　Jam'īyat Murā'āt al-Ikhwān　173, 183
ジャムイーヤ・ハイリーヤ　al-Jam'īya al-Khayrīya　70–71, 108, 174, 203
シャマーイル・アル＝フダー　Shamā'il al-Hudā　71, 183, 186, 188–189
シャリーファ（アラウィーの娘）　sharīfa　76–79, 81, 91, 139, 142, 145
ジャーワ（アラビア語における東南アジア出身者の総称）　Jāwa　19, 32–33, 35–38, 41, 47, 66
ジャワ医師学校　dokter Djawa school　94
ジャーワのアズハル学生のための慈善協会　al-Jam'īya al-Khayrīya li-l-Ṭalaba al-Azharīya al-Jāwīya　120, 181
ジャワ奉公会　212
宗教学校系統　228, 230, 232, 234, 238　→マドラサも参照
シュッバーン・アル＝アラブ　Shubbān al-'Arab　173
「巡礼」（アンダーソンの『想像の共同体』における概念）　16, 124, 128, 133–134, 177, 180, 183, 196, 207, 242
首長学校　hoofdenschool　94
「少数派集団」　golongan kecil, minoritas　217–220, 225, 227, 236, 238, 243
ジョグジャカルタ　Yogyakarta　86–87, 108, 111, 116–117, 119, 121, 136, 177
ジョホール　Johor　139
神学　'ilm al-kalām　41, 66
シンガポール　22–26, 36, 73, 78–79, 82, 137–138, 148, 152–154, 163–164, 171–172
「進歩の時代」　zaman kemadjoean　9, 59, 98
スコラ（インドネシア独立後）　sekolah　228, 236　→一般学校系統も参照
スコラ・アダビーヤ　Sekolah Adabijah　98–99
スタルジョ請願　175–176
スーダン　10, 31, 45, 48–50, 52–53, 55, 75–76, 86, 123, 154, 232
スマラン　Semarang　11, 62–63, 110
スムヌップ　Sumenep　62
スーフィズム　taṣawwuf　36, 41, 66
スラカルタ（ソロ）　Surakarta（Solo）　69, 71, 79, 87, 94, 106–108, 164, 179–180, 183–184, 186, 188, 222, 225, 231–232
スラバヤ　Surabaya　22, 25–26, 62–63, 70, 76, 82, 87, 90, 107–108, 111–115, 117, 120–121, 123, 125, 127, 129, 140, 147, 163–164, 168, 173–175, 179–180, 183, 188–190, 193, 197–200, 202–203, 228, 230–231, 233
スンナ（預言者ムハンマドの慣行）　sunna　36, 41, 71, 82, 88–89, 112, 151, 222
スンナ派四法学派　36–37, 46–47, 88, 91, 119–120, 151, 199, 240
制憲議会　Konstituante　227
「青年の誓い」　Soempah Pemoeda　169, 175
世俗主義　192, 195–196, 207, 242
ソロガン　sorogan　67
村落学校（国民学校）　desaschool（volksschool）　96–97, 99, 215

タ

第一級小学校　eerste klasse school　94–95, 102
第二級小学校（標準学校）　tweede kalasse school（standaardschool）　94, 96–97
「対等性」　kafā'a　77–78, 80, 160
タクリード（先行するウラマーの見解に追従すること）　taqlīd　36, 88–89, 142
タフズィービーヤ　→ジャムイーヤ・タフズィービーヤを参照
『ダフナー』　*al-Dahnā'*　26, 114, 191
タリーカ　Ar. tarīqa / Ind. tarekat　36–38, 109, 154
タリーム　Tarīm　23, 237
ダール・アル＝ウルーム　Dār al-'Ulūm　33, 130
ダルル・マルハマ　Darul Marhamah　236
弾劾　ṭa'n　146
中央国民委員会　Komite Nasional Indonesia Pusat: KNIP　217
中央参議院　212

中華会館　Tiong Hoa Hwe Koan: THHK　72–73
チルボン　Cirebon　62, 103, 111–113, 119, 125
デーオバンド学院　Dār al-‘Ulūm Deobandī　44
トゥガル　Tegal　62–63, 125, 197
東洋連盟　al-Rābiṭa al-Sharqīya　136–137, 145, 148–150, 152–154, 159, 192
独立準備調査会　Badan Penyelidik Usaha-usaha Persiapan Kemerdekaan Indonesia: BPUKI　212
トトック　totok　7, 64, 167, 173–174, 184, 190
トルコ　47, 89, 113, 192
ドンゴラ　Dongola　48–49, 53

ナ

ナドワトゥル・ウラマー　Nadwat al-‘Ulama　44
ナフダトゥル・ウラマー　Nahdlatul Ulama　10, 35, 59, 119–120, 142, 203, 211, 216, 221, 226, 244
ニスバ（由来名）　nisba　48, 141, 143–144
「ネオ・スーフィズム」　41, 50

ハ

ハイダラーバード　Hayderabad　45
バイテンゾルフ　Buitenzorg　70, 105–106, 111, 137　→ボゴールも参照
ハイリーヤ学院　al-Madrasa al-Khayrīya　45–46, 52, 54
ハーグ円卓会議　218
『バシール』　al-Bashīr　23, 25
バタヴィア　Batavia　9–10, 16, 23–24, 27, 62–63, 65, 69–76, 80–81, 84, 86–87, 89, 94, 97, 99–100, 105, 110, 115–116, 119, 123, 125–128, 139, 147, 163, 172–174, 177, 179, 182, 189–190, 197–200, 204–205, 211　→ジャカルタも参照
パダン　Padang　98–99, 179,
パダンパンジャン　Padang Panjang　98, 179
ハディース学　‘ilm al-ḥadīth　38–39, 41, 46, 50–51, 66, 68–70
『ハドラマウト』　*Ḥaḍramawt*　114, 123, 141, 147–148, 150, 154–155, 160, 184–185, 205
ハドラマウト改革会議　171
「ハドラマウト志向」　173, 176–177, 191, 196–197, 199–200, 206–207, 236, 243
『ハドラマウトの声』　*Ṣawt Ḥaḍramawt*　24, 164
「ハドラミーの覚醒」　al-Nahḍa al-Ḥaḍramīya　15, 59–60
パムカサン　Pamekasan　189–190, 192
『バラーグ』　*al-Balāgh*　154, 181
ハラーム・モスク　al-Masjid al-Ḥarām　32, 37–44, 46–47, 52–53, 56, 66–67
——のウラマー長　shaykh al-‘ulamā’　39–40, 52
——の教授資格　40, 43, 46, 52–53, 56
ハルカ　Ar. ḥalqa / Ind. halakah　42, 67
パレンバン　Palembang　23, 47, 62, 71
汎イスラーム主義　8, 74, 111, 123–124, 134, 212, 242, 244–246
パンチャシラ　Pancasila　225
バンテン　Banten　5, 37, 69
バンドンガン　bandongan　67
バンドゥン　82, 86, 97, 111, 119, 129, 168, 220–221
東インド・イスラーム会議　Congres Al-Islam Hindia　88, 104, 109, 111–113, 115–121, 124, 129, 134, 220, 245
東インド・イスラーム評議会　Majlis al-Islam Hindia　113
東インド共産主義者同盟　Perserikatan Kommunist di Hindia　110–111
東インド社会民主主義同盟　Indische Sociaal-Democratische Vereniging: ISDV　110–111
ヒジャーズ　al-Ḥijāz　31–32, 37, 39, 43, 47, 49–50, 75, 118, 122–123, 141, 171, 193, 216
ヒジャーズ問題協議委員会　Comite Meremboeg Hidjaz　119
ビドア（逸脱）　bid‘a　36
「平等」／「平等主義」　musāwāt　78–79, 83, 91, 114, 128, 130, 132–134, 142, 146–148, 150, 165, 239, 241
ファトワー（法勧告）　fatwā　40, 78–79, 81, 142
ファフリーヤ学院　al-Madrasa al-Fakhrīya　45
ファラーフ学院　Madrasat al-Falāḥ　45, 51, 53–

56
フォルクスラート　Volksraad　74, 100, 103, 174–176, 185–186, 188–190, 193, 206, 212
プカロンガン　Pekalongan　26, 62, 71, 111, 119, 121, 125, 161, 163, 183, 186, 189–190, 233
「複合社会」　7, 14
プサントレン　pesantren　66–69, 90, 178, 228, 234–236
プサントレン・テブイレン　Pesantren Tebuireng　69
『フダー』　*al-Hudā*　26, 142–143, 145, 150, 152–153, 155, 158–160, 162–164
普通中学校　algemene middelbare school: AMS　96–97, 104, 220
ブディ・ウトモ　Boedi Oetomo　105
ブミアユ　Bumiayu　125
プラナカン　peranakan　7, 11, 26, 64, 68, 73, 114, 135, 165, 167, 173–176, 183, 202, 206
『ブリタ・マシュミ』　*Berita Masjumi*　221
プリブミ　pribumi　7, 16, 19, 21, 24, 62–63, 65, 67, 69, 72, 74, 86–87, 93–95, 97–98, 100, 103–107, 109–110, 112–113, 115–118, 124–128, 133–134, 162, 167–170, 175–176, 178–179, 189, 194–196, 199, 202, 205–207, 212–214, 217–219, 233, 236, 238–239, 242–246　→「原住民」、インドネシア・アスリも参照
プルシス（イスラーム協会）　Persis（Persatuan Islam）　10, 82, 86, 139, 160, 179, 221
プンガジアン　pengajian　66
プルリス　Perlis　5
ペラック　Perak　5
「ベンテン政策」　Sistem Benteng　219
『返答の形』　*Ṣūrat al-Jawāb*　79
法科大学　rechts hogeschool　96–97, 104
法源学　ʻilm uṣūl al-fiqh　38, 41, 46, 66, 68–70
ボゴール　Bogor　236　→バイテンゾルフも参照
ボジョヌゴロ　Bojonegoro　105
ポンティアナック　Pontianak　5, 62, 86
ボンドウォソ　Bondowoso　137, 200, 202, 233

マ

マアーリフ学院　Madrasat al-Maʻārif/Almaʻarif lager school　174, 189–190
マシュミ（日本軍政期の宗教組織）　Masjoemi（Madjelis Sjoero Muslimin Indonesia）　211, 216
マシュミ党（インドネシア独立後の政党）　Masjumi　87, 216, 220–227, 230, 238, 243–245
マスラハ（公益）　maṣlaḥa　79
マッカ　Makka　26, 28, 31–37, 39–40, 42–57, 64, 66–67, 75, 81, 110, 113, 118–122, 129, 132, 138, 154, 181, 193, 196
マッカ巡礼／大巡礼　32, 34–35, 40, 49, 118, 123, 137, 141, 191
マディーナ　al-Madīna　31, 48–51, 171, 193
マドゥラ　Madura　61, 62, 67, 99, 189, 192, 230
マドラサ　madrasa　43–47, 50, 52–54, 56, 68–72, 76, 91, 98–100, 138, 174, 178–179, 228, 236
『マナール』　*al-Manār*　8, 31, 73, 78, 82, 130, 132, 150, 152
マフディー運動　49, 53
マラン　Malang　111, 219, 230
『三つの問題』　*al-Masā'il al-Thalāth*　88
ミアイ（インドネシア・イスラーム最高会議）　MIAI（Madjlis Islam A'laa Indonesia）　203, 210–212, 220, 245
ミナンカバウ　Minangkabau　38, 110, 120, 179, 181, 220
ミュロー（拡充高等初等教育）　MULO: meer uitgebreid lager onderwijs　95–98, 104, 197, 220
ムアーマラート（人間同士の関係に関する規定）　muʻāmalāt　79
ムカッラー　al-Mukallā　6
ムハマディヤ　Muhammadiyah　10, 35, 69, 86, 88, 95, 99, 103, 111–112, 115–116, 119–122, 125, 177, 179, 195, 197, 203, 210–211, 221, 230
『ムニール』　*al-Munir*　35–36
ムフティー（法勧告を出す資格を持つ学者）　muftī　39, 52, 55, 128–129, 139
ムラユ語　9, 15 ,23, 25, 27, 64, 69–70, 82, 85, 88, 97, 114, 128–129, 133, 198–199, 201, 226
『ムルシド』　*al-Murshid*　229–230

モール人　Moor　60, 63

ヤ

預言者ムハンマド軍　Tentara Kandjeng Nabi Mohammad: TKNM　108–109, 117
ヨーロッパ人　6, 22, 59, 61–62, 72, 95, 98, 101, 106, 194, 213, 217–218
ヨーロッパ人小学校　Europese lagere school: ELS　95–97, 101, 103–104, 110, 168, 187, 189

ラ

ラカブ（尊称）　laqab　139–143, 145–148, 150–151, 153, 156–159, 161–162, 165, 174
ラート・アガマ　raad agama　112–113
ラート・ウラマー　raad oelama　112–113
ランガル（礼拝所）　langgar　65
留学生団派遣委員会　Lajnat al-Ba‘athāt al-‘Ilmīya　180, 184
両聖都援助者協会　Jam‘īyat Anṣār al-Ḥaramayn　122
「旅券制度」　passenstelsel　62, 72
理性　‘aql　15, 36, 38, 79, 88
「倫理政策」　Ethische Politiek　94–95, 98, 100
両聖都　al-Ḥaramayn　→マッカ、マディーナを参照
ルーテナント　luitenant　63
連鎖学校　schakelschool　95–97, 99, 101, 126–127, 183, 187, 197

ワ

ワクフ　Ar. Waqf / Ind. wakaf　43, 158, 211
ワッハーブ主義／ワッハーブ派　47, 83, 118, 141

山口元樹（やまぐち　もとき）

1979 年生まれ。慶應義塾大学大学院文学研究科博士課程単位取得退学。博士（史学）。日本学術振興会特別研究員（PD）を経て、2017 年より公益財団法人東洋文庫研究員。主要論文として、「アラウィー・イルシャーディー論争と中東の指導者たち―― 1930 年代前半における東南アジア・ハドラミー移民社会の内紛と仲裁の試み」『オリエント』49/2（2006）、“Islamic School and Arab Association: Aḥmad Sūrkatī's Reformist Thought and Its Influence on the Educational Activities of al-Irshād,” *Studia Islamika* 23/3（2016）がある。専門はインドネシア近現代史、東南アジア・イスラーム史。

インドネシアのイスラーム改革主義運動
――アラブ人コミュニティの教育活動と社会統合

2018 年 5 月 30 日　初版第 1 刷発行

著　者――――山口元樹
発行者――――古屋正博
発行所――――慶應義塾大学出版会株式会社
〒 108-8346　東京都港区三田 2-19-30
TEL〔編集部〕03-3451-0931
〔営業部〕03-3451-3584〈ご注文〉
〔　〃　〕03-3451-6926
FAX〔営業部〕03-3451-3122
振替　00190-8-155497
URL　http://www.keio-up.co.jp/
装　丁――――耳塚有里
印刷・製本――株式会社理想社
カバー印刷――株式会社太平印刷社

Printed in Japan　ISBN 978-4-7664-2517-8